시원스쿨 토익

Part 7

필수 전략서

시원스쿨 LAB

시원스쿨 토익
Part 7 필수 전략서

초판 1쇄 발행 2020년 4월 21일
초판 5쇄 발행 2023년 12월 1일

지은이 정상 · 시원스쿨어학연구소
펴낸곳 (주)에스제이더블유인터내셔널
펴낸이 양홍걸 이시원

홈페이지 www.siwonschool.com
주소 서울시 영등포구 국회대로74길 12 남중빌딩 시원스쿨
교재 구입 문의 02)2014-8151
고객센터 02)6409-0878

ISBN 979-116150-3349 13740
Number 1-110701-02020499-02

머리말

토익 Part 7의 초단기 완전 정복을 위해 이 책을 집필했습니다.

저는 일반 수험자의 입장으로 돌아가 토익을 직접 매번 접하면서 토익 경향을 분석하고 해법을 연구했습니다. "우리 학생들이 가장 힘들어 하는 부분은 무엇일까? 저자로서, 강사로서 어느 부분을 긁어줘야 수험생들이 시원하게 느낄까?"를 거듭 고민했습니다. 그리고 마침내 도달한 결론은 딱 하나! 그것은 바로 파트 7의 완전 정복입니다. 그리고 그 해법으로 이 책이 탄생하게 되었습니다.

토익 유형의 가장 중심에 자리잡은 것은 바로 '독해력 강화'입니다.

시간이 지날수록 토익 독해는 빠른 독해력을 기본으로 두고, 논리적 사고력이 있는가를 측정하는 시험으로 진화하고 있습니다. 수험생 입장에서는 달갑지 않은 변화겠지만, 시험의 긍정적 속성을 고려해 본다면, 올바른 방향으로 나가고 있다고 여겨집니다.

토익 Part 7의 양과 질이 심화되고 있습니다.

독해의 속도와 이해력은 파트 5/6, 심지어는 LC 영역에까지도 광범위하게 영향을 주고 있습니다. 즉, 독해력이 높은 사람이 절대적으로 유리한 시험이 되었다는 뜻입니다. 우리가 어려서부터 독서를 강조하고, 실제로 독서를 많이 한 학생이 뛰어난 학습 성과를 거두는 일이 빈번함을 생각해 보면, 토익의 이런 변화는 지극히 당연한 것입니다.

본서는 토익에서 가장 큰 비중을 차지하고 있는 파트 7에 대한 완전한 분석을 바탕으로 해법 제시, 연습 문제 풀이, 실전 문제 풀이에 이르기까지 방대한 양을 담았습니다. 한 권으로 이론 정리와 실전 문제 풀이까지 모두 오롯이 담아낸다는 것이 결코 쉬운 일이 아닙니다. 당연히 그런 책을 시중에서 찾아보는 것도 쉽지 않습니다.

저만의 토익 노하우를 집대성하여 독자 여러분 앞에 내놓습니다.

약 20년 간의 강의, 100회 이상의 토익 만점, 그리고 20여 권의 토익 교재 출간으로 쌓은 노하우는 토익에 대한 절대적인 해결책을 제시하는 데 부족함이 없을 것입니다. 넘쳐나는 토익 서적 중에서 본서를 택하시는 분들은 토익 탈출의 열쇠를 꼭 찾으시리라고 감히 바라고 믿습니다.

함께 수고하신 시원스쿨어학연구소 분들에게 무한한 감사를 전하며,
시원스쿨랩 동영상 강의 사이트에서 여러분을 기다리고 있겠습니다.

토익이 안되면 시원스쿨랩!!

저자 정상 강사 올림

목차

CHAPTER 1 질문 유형 집중 공략

CHAPTER 2 지문 유형 집중 공략

별책

- **[해설서]** 정답 및 해설
- **[미니북]** 기출 빅데이터 Part 7 최빈출 어휘집

온라인 lab.siwonschool.com

- 기출 빅데이터 Part 7 최빈출 어휘집
- Part 7 실전 모의고사 TEST 1, 2 해설 강의(QR 코드)
- Part 7 실전 모의고사 TEST 1, 2 ANSWER SHEET

왜 「시원스쿨 토익 Part 7 필수 전략서」인가?

1 문답으로 진행되는 초고속 정답 찾기 과정 시뮬레이션 체험

▷ 토익 100회 이상 만점자, 정상 강사의 논리 있는 초고속 정답 찾기 비법을 함께 따라할 수 있는 문제 풀이 시뮬레이션 과정을 제공합니다.

▷ 기출 변형 예제와 함께 빠르고 정확한 문제 풀이법을 제공하여 독해에 취약한 다음의 학습자들이 실전 시험에 바로 적용할 수 있는 독해 전략을 완벽하게 체득할 수 있도록 하였습니다.

    – 해석이 잘 안되는 초급자

    – 해석은 대략 가능하지만 답을 찾는데 어려움을 느끼는 중급자

    – 해석도 되고 답도 찾을 수 있지만 시간이 부족한 중 · 고급자

▷ 문제 풀이 과정을 쉽게 이해하고 적용할 수 있도록 문제 풀이 단계와 스킬을 선생님과 학생 사이의 대화 형식으로 제공합니다.

2 2주만에 끝내는 토익 Part 7 취약러를 위한 맞춤 독해 비법서

▷ Part 7이 취약한 학습자들이 단기간에 필수 독해 전략을 정리할 수 있도록 Part 7 빈출 질문 및 지문 유형을 집중적으로 분석하여, 이에 최적화된 정답 단서와 독해 전략을 제시하였습니다.

▷ UNIT별로 제공되는 [기출 구문 분석] 영역을 통해 토익 중요 구문과 문법을 학습할 수 있도록 하였습니다. 이를 통해, 토익 Part 7에서 자주 출제되는 복잡한 문장 구조에 대한 높은 이해도를 바탕으로 빠르면서도 정확한 독해가 가능하도록 하였습니다.

▷ UNIT별로 제공되는 [기초 다지기] 영역과 [실전 문제] 영역을 통해 학습한 독해 전략을 적용해보고 이해도를 확인할 수 있게 했으며, 도서의 마지막 부분에서 제공되는 HALF TEST 5회분, 그리고 토익 최신 경향을 반영한 실전 모의고사 2회분을 통해 실전 감각을 높이고 최종 마무리를 할 수 있도록 하였습니다.

▷ [빈출 질문/지문 유형 소개 → 유형별 정답 단서 및 해법 → 연습 문제 → 실전 문제] 순으로 본서를 구성하였고, 본서의 모든 문제를 기출 변형 문제로 구성하여 공부한 내용을 실전 시험에서 바로 적용할 수 있도록 하였습니다.

3 토익 100회 이상 만점자가 집필한 믿고 보는 Part 7 독해 전략서

▷ 정상 강사의 수십 년간의 토익 응시 경험 및 만점 경험을 바탕으로 Part 7 빈출 질문/지문 유형을 완벽하게 분석 및 제시하여 빈출 영역만 집중적으로 학습하여 Part 7에 있어 빠른 점수 향상이 가능하도록 하였습니다.

▷ [정답 단서]와 [한눈에 보는 유형 해법] 영역을 통해 문제를 푸는데 있어 꼭 필요한 부분만 빠르게 찾아 읽는 방법을 제시하여 Part 7 문제 풀이 시간을 단축하고 정답률을 높일 수 있도록 하였습니다.

▷ 가장 어려운 삼중지문 파트를 단독 챕터로 구성하여 삼중지문의 출제 경향 및 문제 풀이 해법을 집중 공략하여 고득점의 발판을 마련할 수 있도록 하였습니다.

4 정상 강사의 족집게 강의

▷ 약 20년간의 토익 강사 경력을 바탕으로 토익의 신, 정상 강사가 실전에서 바로 통하는 전략서로 가장 빠르고 쉽게 독해 점수를 올릴 수 있도록 족집게 강의를 제공합니다. 토익 초급~중급 단계의 학습자들에 대한 깊은 이해를 바탕으로 독해 전략을 효과적으로 체득하고 이를 실전 문제에 바로 적용할 수 있도록 최빈출 질문 및 지문 유형에 대한 핵심 포인트를 콕콕 집어 주며, 특히 초 · 중급 학습자들이 취약한 부분을 찾아 시원하게 긁어드립니다.

5 시험 영어 연구 전문 조직이 공동 개발

▷ 토익/텝스 베스트셀러 집필진과 토익 990점 수십 회 만점자, 시험 영어 콘텐츠 개발 경력 10년 이상의 원어민 전문 연구원, 미국/호주/영국의 명문 대학원 석사 출신 영어 테스트 전문가들이 포진한 시험 영어 전문 연구 조직인 시원스쿨어학연구소와 공동 개발하였습니다.

▷ 시원스쿨어학연구소의 연구원들은 정기적으로 토익 시험에 응시하여 시험에 나온 모든 문제를 철저하게 해부 · 분석함으로써 최신 출제 경향을 정확하게 꿰뚫고 있으며, 기출 문제 빅데이터 분석을 통해 가장 효율적인 고득점이 가능한 학습 솔루션을 개발하고 있습니다. 이러한 노하우를 바탕으로 「시원스쿨 토익 Part 7 필수 전략서」의 컨텐츠 개발과 검수를 완료하였습니다.

6 [미니북] 기출 빅데이터 Part 7 최빈출 어휘집

▷ 토익 Part 7에서 가장 자주 출제되었던 단어, 숙어, 그리고 패러프레이징 표현을 정리한 [기출 빅데이터 Part 7 최빈출 어휘집]을 제공합니다.

▷ 독해력을 높이기 위해 가장 중요시 되는 요소 중 하나인 단어와 숙어 표현을 하루에 20개씩 틈틈이 학습하여 독해 실력을 향상시킬 수 있도록 하였습니다.

▷ Part 7의 대다수의 문제가 본문의 표현이 패러프레이징되어 정답으로 등장하기 때문에 패러프레이징 표현을 하루에 5개씩 학습하여 패러프레이징에 대한 이해도를 높이고 정답률을 높일 수 있도록 하였습니다.

▷ 휴대가 간편한 미니북 형태로 제작하여 언제 어디서나 자주 들여다보며 외울 수 있도록 하였습니다.

7 최신 경향 Part 7 실전 모의고사 2회분

▷ 최종 마무리 학습을 위해 최신 토익 시험과 난이도 및 유형이 유사한 Part 7 실전 모의고사 2회분을 본서에서 제공합니다.

▷ QR 코드를 활용하여 토익 100회 이상 만점을 기록중인 토익의 신 정상 강사의 명쾌한 해설 강의를 무료로 수강할 수 있습니다.

이 책의 구성과 특징

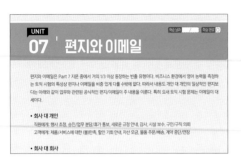

지문 유형별 분석

빈출 질문 유형뿐만 아니라 Part 7에서 자주 출제되는 지문을 유형별로 분류하여 내용을 구성하였습니다. 글의 일반적인 구성과 특징을 파악하여 주로 지문의 어느 부분에서 특정 문제가 출제되는지 터득함으로써 빠르고 정확한 문제 풀이가 가능하도록 하였습니다.

한눈에 보는 유형 해법

질문 및 지문 유형별 독해 전략을 [한눈에 보는 유형 해법] 영역을 통해 제공하였습니다. 이를 통해, 빠르고 정확한 문제 풀이로 문제 풀이 시간을 단축하여 단기간에 빠른 점수 향상이 가능하도록 하였습니다.

기초 다지기

정답 단서를 강조한 기출 변형 연습 문제를 통해 답을 정확하고 빠르게 찾는 연습을 하고, 독해 전략을 완벽하게 체득할 수 있도록 하였습니다. 특히, 예제 바로 밑에 토익 100회 이상 만점 강사의 논리 있는 초고속 정답 찾기 비법을 함께 따라할 수 있도록 선생님과 학생의 대화 형태로 문제 풀이 시뮬레이션 과정을 제공하였습니다.

기출 구문 분석

UNIT별로 제공되는 [기출 구문 분석] 영역을 통해 토익 중요 구문과 문법 사항을 함께 학습할 수 있도록 하였습니다. 이를 통해, 독해가 취약한 학습자들이 토익 Part 7에서 자주 출제되는 복잡한 문장 구조에 대한 이해도를 높여 정확하고 빠른 독해가 가능하도록 하였습니다.

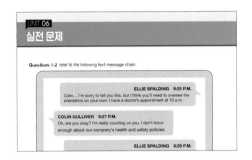

실전 문제

UNIT별로 빈출 질문/지문 유형별 출제 포인트를 담은 대표 기출 변형 문제를 [실전 문제] 영역을 통해 수록하였습니다. 이를 통해, 학습자들이 각 UNIT의 이론 부분에서 배운 독해 전략을 직접 적용해 보고, 이에 대한 이해도를 바로 확인할 수 있도록 하였습니다. 또한, 실전 문제를 풀어봄으로써 질문/지문 유형별 학습 내용에 대한 실전 적용력을 높일 수 있도록 하였습니다.

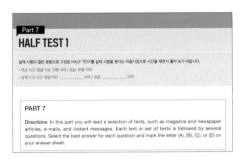

Part 7 HALF TEST

많은 분량 때문에 실전 문제 풀이를 어려워하는 초·중급 학습자들을 위해 실제 시험의 절반 분량으로 실제 시험에 대한 적응 훈련을 할 수 있도록 하였습니다. Part 7에서 제일 자주 나오는 유형으로만 구성된 HALF TEST 5회분을 제공하여 독해 자신감 뿐만 아니라 독해력을 향상시킬 수 있도록 하였습니다.

Part 7 실전 모의고사

향상된 실력 확인과 최종 마무리 학습이 가능하도록 토익 최신 경향을 반영한 Part 7 실전 모의고사 2회분을 제공합니다. 또한, QR 코드를 활용하여 100회 이상 토익 만점을 받은 경험이 있는 정상 강사의 명쾌한 해설 강의를 무료로 수강할 수 있도록 하였습니다.

[미니북] 기출 빅데이터 Part 7 최빈출 어휘집

토익 Part 7에서 가장 자주 출제되었던 단어, 숙어, 그리고 패러프레이징 표현을 정리한 [기출 빅데이터 Part 7 최빈출 어휘집]을 제공합니다. 휴대가 간편한 미니북 형태로 제작하여 언제든지 펼쳐서 학습할 수 있도록 하였습니다.

TOEIC이란

TOEIC은 ETS(Educational Testing Service)가 출제하는 국제 커뮤니케이션 영어 능력 평가 시험(Test Of English for International Communication)입니다. 즉, 토익은 영어로 업무적인 소통을 할 수 있는 능력을 평가하는 시험으로서, 다음과 같은 비즈니스 실무 상황들을 다룹니다.

기업일반	계약, 협상, 홍보, 영업, 비즈니스 계획, 회의, 행사, 장소 예약
제조	공장 관리, 조립 라인, 품질 관리
금융과 예산	은행, 투자, 세금, 회계, 청구
개발	연구, 제품 개발
사무실	회의, 서신 교환(편지, 메모, 전화, 팩스, E-mail 등), 사무용품/가구 주문과 사용
인사	입사 지원, 채용, 승진, 급여, 퇴직
부동산	건축, 설계서, 부동산 매매 및 임대, 전기/가스/수도 설비
여가	교통 수단, 티켓팅, 여행 일정, 역/공항, 자동차/호텔 예약 및 연기와 취소, 영화, 공연, 전시

토익 파트별 문항 구성

구성	파트	내용		문항 수 및 문항 번호		시간	배점
Listening Test	Part 1	사진 묘사		6	1~6	45분	495점
	Part 2	질의 응답		25	7~31		
	Part 3	짧은 대화		39 (13지문)	32~70		
	Part 4	짧은 담화		30 (10지문)	71~100		
Reading Test	Part 5	단문 빈칸 채우기 (문법, 어휘)		30	101~130	75분	495점
	Part 6	장문 빈칸 채우기 (문법, 문맥에 맞는 어휘/문장)		16 (4지문)	131~146		
	Part 7	독해	단일지문	29	147~175		
			이중지문	10	176~185		
			삼중지문	15	186~200		
합계				200 문제		120분	990점

# 접수부터 성적 확인까지

접수

▹ TOEIC 위원회 인터넷 사이트(www.toeic.co.kr)에서 접수 일정을 확인하고 접수합니다.

▹ 접수 시 최근 6개월 이내에 촬영한 jpg 형식의 사진이 필요하므로 미리 준비합니다.

▹ 토익 응시료는 (2023년 11월 기준) 정기 접수 시 48,000원, 특별추가 접수 시 52,800원입니다.

▹ 시험 30일 전부터는 특별추가 접수에 해당하여 추가 비용이 발생하니 잊지 말고 정기 접수 기간에 접수하도록 합니다.

시험 당일 할 일

▹ 아침을 적당히 챙겨 먹습니다. 빈속은 집중력 저하의 주범이고 과식은 졸음을 유발합니다.

▹ 고사장을 반드시 확인합니다.

▹ 시험 준비물을 챙깁니다.

　– 신분증 (주민등록증, 운전면허증, 기간 만료 전 여권, 공무원증만 인정. 학생증 안됨. 단, 중고등학생은 국내학생증 인정)
　– 연필과 깨끗하게 잘 지워지는 지우개 (볼펜이나 사인펜은 안됨. 연필은 뭉툭하게 깎아서 여러 자루 준비)
　– 아날로그 시계 (전자시계는 안됨)
　– 수험표 (필수 준비물은 아님. 수험 번호는 시험장에서 감독관이 답안지에 부착해주는 라벨을 보고 적으면 됨)

▹ 고사장으로 이동하는 동안에는 LC 음원을 들으며 귀를 예열합니다.

▹ 최소 30분 전에 입실을 마치고(오전 시험은 오전 9:20까지, 오후 시험은 오후 2:20까지) 지시에 따라 답안지에 기본 정보를 기입한 뒤, 가져온 시원스쿨 토익 Part 7 필수 전략서 부록 「기출 빅데이터 Part 7 최빈출 어휘집」을 천천히 훑어봅니다.

▹ 안내 방송이 끝나고 시험 시작 전 5분의 휴식 시간이 주어지는데, 이때 화장실에 꼭 다녀옵니다.

시험 진행

오전 시험	오후 시험	내용
9:30 – 9:45	2:30 – 2:45	답안지 작성 오리엔테이션
9:45 – 9:50	2:45 – 2:50	수험자 휴식 시간
9:50 – 10:10	2:50 – 3:10	신분증 확인, 문제지 배부
10:10 – 10:55	3:10 – 3:55	청해 시험
10:55 – 12:10	3:55 – 5:10	독해 시험

성적 확인

▹ 시험일로부터 10~12일 후 낮 12시에 한국 TOEIC 위원회 사이트(www.toeic.co.kr)에서 성적 확인이 가능합니다. 성적표 수령은 우편 또는 인터넷으로 가능한데, 이는 시험 접수 시 선택할 수 있습니다.

TOEIC Part 7 출제 경향

Part 7 핵심 트렌드

1. 난이도의 편차가 비교적 크다.

RC의 다른 파트에 비해 매월 난이도의 차이가 상당히 존재한다. 어렵게 출제될 경우 고득점자조차 시간 내에 풀기가 힘들 만큼 지문이 길고 문제의 난이도가 높다. 신토익에서는 Part 7의 난이도가 RC 전체의 난이도를 결정할 정도로 그 비중이 크므로 Part 7이 비교적 쉽게 출제되는 시험에서 고득점을 노리는 것이 좋다.

2. 지문의 길이가 전반적으로 길어졌다.

Part 7의 문항 수가 증가했을 뿐만 아니라 전반적인 지문의 길이 또한 길어졌다. 특히 이중/삼중지문의 25문제를 해결하는 데 오랜 시간이 걸리는 만큼 시간 안배가 가장 중요한 변수가 되고 있다.

3. 신유형 문제의 난이도는 중간 정도이다.

신토익 시행 전에는 신유형 문제에 대한 우려가 상당히 존재했지만, 실제 난이도는 크게 높지 않다. 채팅 지문 속의 의도 파악 문제는 어려운 구어체 표현이나 숙어가 거의 등장하지 않으며 문장 삽입 문제 또한 매월 비슷한 패턴으로 출제되고 있다.

Part 7 출제 현황

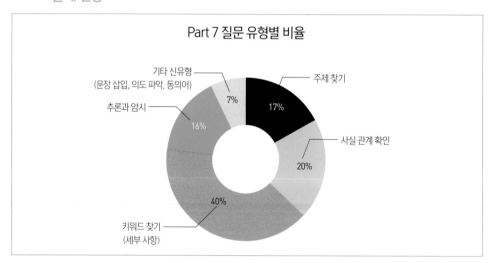

Part 7 질문 유형별 비율

- 기타 신유형 (문장 삽입, 의도 파악, 동의어) 7%
- 주제 찾기 17%
- 사실 관계 확인 20%
- 키워드 찾기 (세부 사항) 40%
- 추론과 암시 16%

경향 문제의 키워드와 본문 속에 Paraphrasing된 표현을 단순 매치하여 푸는 키워드 찾기(세부 사항) 유형의 비중이 가장 높으며, 보기 네 개의 진위 여부를 하나씩 본문과 비교해야 하는 사실 관계 확인 문제가 그 뒤를 잇고 있다.

대책 주제 찾기 유형은 초반부에서 정답을 주로 찾을 수 있으며 키워드 찾기(세부 사항) 유형은 문제의 키워드를 찾아 해결하는 등 각 문제 유형별로 풀이 방법이 다르기 때문에 접근법을 별도로 익히는 것이 중요하다.

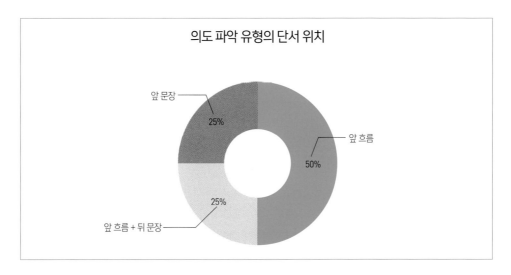

의도 파악 유형의 단서 위치

앞 문장 25%
앞 흐름 50%
앞 흐름 + 뒤 문장 25%

경향 의도 파악 유형은 "Why wait?", "I'll find"와 같이 짧고 함축적인 표현들이 등장하기도 한다. 대부분 해당 문장의 앞 흐름에 단서가 있으며 한 문장 보다는 두 세 문장을 읽어서 흐름을 파악하는 문제의 비중이 높다.

대책 표현 자체의 의미를 몰라도 문맥 속에서 의미를 유추할 수 있는 문제가 출제되므로 채팅 지문들에 주로 사용되는 짧은 대화 표현들에 익숙해지는 것이 중요하다. 또한 채팅 대화에서 빈번하게 사용되는 대명사, 대동사(do 동사, be동사) 등에 주목해서 훈련을 하는 것이 좋다.

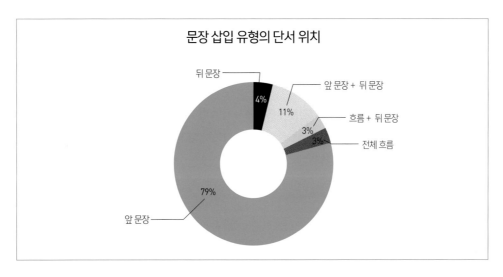

문장 삽입 유형의 단서 위치

뒤 문장 4%
앞 문장 + 뒤 문장 11%
흐름 + 뒤 문장 3%
전체 흐름 3%
앞 문장 79%

경향 문장 삽입 유형의 약 80%는 바로 앞 문장과의 내용적 연결을 확인하면 풀수 있다. 대부분 제시된 문장의 대명사(it, them 등), 지시어(this 등), 접속부사(also, thus 등)를 활용하는 문제들이 출제되고 있다.

대책 최근 추세는 빈칸 앞 문장과의 연결만 파악하면 풀이가 가능한 문제들이 출제되고 있으므로, 주로 출제되는 지시어와 접속부사 등을 숙지하여 앞 문장과의 논리를 꼼꼼히 따지는 훈련을 해야 한다.

TOEIC Part 7 공략법

제대로 알고 시작하면 반은 성공!

1. Part 7 시험의 구성

> **Part 7은 총 54문항** (Questions 147~200)
> - 단일지문 : 29문제
> - 이중지문 : 10문제
> - 삼중지문 : 15문제

Part 7은 총 54문항으로 이루어진다. 지문이 하나인 유형(단일지문)이 29문제이고, 지문이 두 개인 유형(이중지문)이 10문제, 마지막으로 지문이 세 개인 유형(삼중지문)이 15문제다. 지문이 하나인 유형의 경우는 질문이 2개에서 4개까지 주어지고, 지문이 2~3개인 유형의 경우는 질문이 다섯 개씩으로 정해져 있다.

학생들은 보통 Part 7에서 시간의 부족을 호소한다. 어떻게 시간을 관리하는 것이 가장 이상적인 문제 풀이법일까? 아래 설명을 잘 읽고 시간 관리를 효율적으로 한다면, 지금보다 훨씬 나은 점수를 받을 수 있다.

2. 시간 배분하기

```
Part 1~4 (LC)      45분
Part 7             60분
Part 6             7분
Part 5             7분 (+ 숨은 시간 3분)
마무리             1분
----------------------------------
                   = 120분 + 숨은 시간 3분 (주어진 시간은 마킹 시간 포함임)
```

(1) Part 7 → Part 6 → Part 5 즉, 어려운 것부터 먼저 풀어라!

자, 제일 중요한 얘기다. 이 얘기를 듣고 논리적으로 수긍이 안 된다면 그냥 Part 5, 6, 7의 순서로 차례대로 풀어도 좋다. 그러면 왜 Part 7을 먼저 풀라는 걸까?

단순히 말하자면 '심리전'에서 이기자는 얘기다. LC가 끝난 후, Part 5, 6를 끝내고, 남은 시간 동안 열심히 Part 7을 풀고 있는 대다수 수험생을 생각해 보자. 정신없이 풀다가 방송에서 "종료시간 15분 남았습니다"라고 하는 순간, 소위 '멘붕'에 빠지게 된다. 그때부터 지문은 눈에 들어오지 않고, 얼마나 남았나 하고 시험지 뒤쪽을 휘휘 넘겨보면 '이중/삼중지문'이라는 무시무시한 '복병'이 빼곡하게 포진되어 있다. 그래서 그냥 한숨만 쉬면서, 우왕좌왕하다가 결국 헛되이 아까운 15분을 날려버리고 만다.

이러한 '비극'을 피하기 위해서 먼저 어려운(아니 어려워 보이는) 것부터 풀면 시험 종료 시간이 얼마 남지 않아도 그다지 심리적 압박을 받지 않는다. 왜 그럴까? 먼저 Part 7을 끝내고, 이어서 Part 6도 끝냈다고 가정해 보자. 마지막으로 남은 Part 5는 한 문장씩 짧게 구성되어 있기 때문에 약 7~8분 정도 남은 상황에서도, 충분한 심적 여유가 생긴다 오히려 평소보다 더 집중해서 더 좋은 결과를 가져오기도 한다. 심지어 시험 종료 5분 전이라는 빙송이 나와도 최소 10개 이상은 더 풀 수 있는 것이 Part 5다. Part 7이라면 문제 풀이에 있어 전혀 무의미한 시간이 유의미한 시간으로 바뀌는 순간이다.

실제로 긴가민가하면서도, 시험에서 위의 전략을 시도해 본 학생들은 좋은 효과를 봤다.

(2) 총 시험 시간은 120분이 아니라, 123분이 되어야 한다!

시험 시간 120분 외 숨은 3분을 찾아라! 앞에서 정리한대로 Part 7은 약 60분 안에, Part 6는 7분, Part 5도 7분 안에 풀어야 한다. 그런데, 이 시간들은 대다수 수험생에게 '넘사벽'에 가깝다. 그래서 아주 유용한 팁을 알려드리고자 한다. 그것은 LC 시작 전, 시험지 배포 시간, 파본 검사 시간, Part 1, 2의 Directions 시간 등 자투리 시간을 최대한 이용하여 Part 5의 문제를 풀어 두는 것이다. 이렇게 아낀 시간이 약 3분 정도가 되는데, 이 시간을 잘 활용한다면 Part 5 약 10문제 정도를 풀 수 있는 시간이 된다. 그리고 10문제를 풀어둔 사람과 그렇지 않은 사람 사이에는 상당한 심리적 안정감의 차이가 생기게 된다.

이에 반발을 가지는 수험자들도 분명히 있을 것이다. 그 시간에 Part 3, 4의 문제와 보기를 미리 읽어야 한다고 말하면서 나에게 의심 어린 눈빛으로 질문을 하곤 한다. 정말 그 자투리 시간에 Part 5를 풀어야 하냐고 말이다. 그럼 나는 이렇게 되묻고 싶다. "Part 1, 2가 끝나고 바로 Part 3의 문제와 보기를 읽어 두면, Part 3이 시작되었을 때 다시 그것들을 안 읽고 문제를 풀 수 있던가요?"라고 말이다. 그러면 한 명도 빼놓지 않고 "아뇨, 다시 읽어야 하던데요."라고 대답한다. Part 5는 풀어 두면 다시 볼 필요가 없다. 그런데 Part 3, 4는 미리 읽어 두어도, 어차피 방송이 시작되고 다시 봐야 하기 때문에 아낀 시간 3분 남짓을 Part 5 문제 풀이에 쓰는 것이 좋다.

(3) Part 7은 1문항 당 1분 꼴!

위의 설명대로 Part 7을 푸는 데는 약 60분의 시간을 할애하는 것이 가장 이상적이다. 총 54문항이니 문항 당 약 1분 남짓의 시간이 주어지는 셈이다. 만약 질문이 3개짜리라면 3분, 5개짜리라면 5분 안에 지문을 읽고 문제 풀이, 심지어 마킹까지 끝내야 한다는 얘기다. 하지만, 단일지문은 이중/삼중지문에 비해 상대적으로 쉬운 경우가 많으므로, 단일지문은 한 문항 당 1분이 걸리면 안된다. 그래야 이중/삼중지문에서 좀 더 시간을 가질 수 있으니까 말이다. 대략 최적의 문제 풀이 시간은 이중/삼중지문의 경우 35분, 그리고 단일지문은 25분 정도이다.

3. 문제 풀이 노하우

> 1) 본문보다 질문을 먼저 읽어라!
> 2) 질문 유형 13가지에 따른 해법대로 접근한다.
> 3) 보기는 미리 읽지 않아도 좋다. (단, 사실 관계 확인 유형은 보기를 미리 읽는다.)
> 4) 본문의 내용이 보기의 어떤 단어로 바뀌었는지 반드시 확인한다.
> 5) 본문의 맨 앞과 맨 뒤에는 정답이 한 개씩 들어 있다.
> 6) 한 세트씩 가마킹, 그리고 4회로 나누어 본마킹을 한다.

(1) 본문보다 질문부터 읽어라!

질문을 미리 읽으면 그 유형에 따라, 지문의 어느 부분을 읽어야 할지가 정해진다. 그것이 이 책에서 핵심적으로 다루는 내용이다. 물론 시간이 남는 분은 지문의 어디를 탁 짚어 읽을 필요가 없을 것이다. 그냥 다 읽고 풀어도 시간이 될 테니 말이다. 그러나 토익 수험생 대부분은 문제 풀이 시간이 부족하기 때문에 질문을 미리 읽고 그에 맞는 전략을 활용하는 것이 좋다. 질문에 따라 지문의 어디를 보아야 하는지는 UNIT 01~06에서 자세히 설명되어 있다.

(2) 13가지 질문 유형에 따른 해법대로 접근한다.

상당수의 학생들은 질문을 미리 읽으라니까 한 단어, 한 단어 읽으면서 해석을 한다. 심지어는 질문 자체가 해석이 안되어 헤매는 학생들도 있다. 절대로 토익이 질문은 해석하는 게 아니다. 한눈에 탁 보고, '아, 무슨 실문 뉴영!'이라고 파악이 한 순간에 되어야 된다. 예를 들어, "What does this article mainly discuss?", "Why was this memo written?"이라고 쓰여 있으면 질문을 해석하는 게 아니라, '아, 주제를 묻고 있구나'라고 즉각적으로 파악해야 한다. 실제로 이렇게 접근을 하면 문제 풀이가 훨씬 쉽고 빨라진다.

(3) 보기는 미리 읽지 않아도 좋다.

보기를 미리 읽어도 본문을 읽을 때 보기 내용이 기억 나지 않아서, 다시 읽어야 하는 불편함이 있기 때문에 보기는 미리 읽을 필요가 없다. 질문만 미리 읽어서 그 유형에 따라 본문 중에 읽어야 할 곳을 짚어서 읽고, 그 다음에 질문으로 다시 돌아가서 보기를 읽는 것이 보다 시간을 절약하는 방법이다. 단, 사실 관계 확인 유형은 보기도 읽는 것이 좋다. 보기 (A)~(D)를 하나씩 본문과 대조해야 하는데, (A)~(D) 순서대로 본문에 나오지 않는 경우도 꽤 있기 때문에 미리 읽어 두면 정답 찾는데 시간을 절약할 수 있다.

(4) 본문의 내용이 보기의 어떤 단어로 바뀌었는지 반드시 확인한다.

본문의 말이 정답에 그대로 나오는 경우는 거의 없다. 오히려 그대로 나온 보기라면 오답일 가능성이 높다. 따라서 본문은 잘 해석하는데, 답을 자꾸 틀리는 학생들의 경우는 본문의 말이 바뀌어 있는 보기를 이해하지 못하는 것이 원인이라 볼 수 있다. 이것을 패러프레이즈(paraphrase)라고 하는데, 이걸 잘 이해하기 위해서는 단어 실력이 뒷받침 되어야 하는 것은 기본이고, 많은 글을 읽어 영어 문장의 이해 능력을 높여야 한다.

(5) 본문의 맨 앞과 맨 뒤에는 정답이 한 개씩 들어 있다.

보통 맨 앞은 주제 찾기 질문과 관련된 답을 찾기 위해 필요한 부분이다. 맨 뒤는 주로 '요청하는 사항'과 관련된 답이 들어 있다. 출제자는 수험자들이 가능한 끝까지 본문을 다 읽기를 바란다. 그래서 항상 맨 뒷부분에서 한 문제라도 출제하는 것이 출제자의 심리다. 따라서 맨 앞에서 주제를 찾고, 중간쯤에서 나른 문제에 대한 정답의 단서를 찾았다면, 마지막 문제는 중간을 과감히 생략하고 뒷부분으로 가서 보아도 답이 나온다. 이게 어느 정도 숙련되면, 나중에 정말 빨리 답이 있을 법한 지점을 짚어낼 수 있다.

(6) 한 세트씩 가마킹, 그리고 4회로 나누어 본마킹을 한다.

사람마다 자신만의 방법을 가지고 있겠지만, 나만의 방법을 소개한다. 지문 하나에 대해서 문제가 세 개라면 세 개 모두 시험지에 풀고 'A, C, B'와 같이 잠시 답을 기억하여 답안지에 살짝 표시를 한다. 완전한 마킹을 하는 것이 아니라 살짝 표시만 하는 거다. 이것을 '가마킹'이라고 한다.

시험지에 싹 풀고 나중에 한꺼번에 마킹하는 분들도 있는데, 그러다 보면 나중에 시간이 부족하여 미처 마킹을 다 못 하거나, 시간에 쫓겨 마킹하다 실수하여 밀려 쓰는 경우도 있을 수 있다. 따라서 한 세트씩 푸는 대로 마킹하는 게 실수를 줄이는 길이다.

또한 나는 가마킹 해둔 것을 중간 중간 정식 마킹을 한다. 삼중지문 끝나고 한번, 이중지문 끝나고 한번, 그리고 단일지문 10개 중 다섯 지문당 한번씩 마킹하는 식이다. 이렇게 하는 이유는 나중에 혹시라도 마킹을 못 할 수 있는 경우에 대비하기 위해서이기도 하고, 다음 단계를 들어가기 전에 잠시 머리를 식히는 기분 전환 효과도 있기 때문이다. 실제로 잠시 이렇게 하고 나면 머리가 맑아져, 다음 단계 문제를 푸는 데에 집중력이 높아지는 효과도 있다고 본다. 정말 오랫동안 직접 시험을 보면서, 이런 저런 시도를 해 본 뒤에 결국 최종적으로 내가 쓰는 방법이다. 가장 효과적이고 합리적인 방법이니, 자신만의 방법이 없거나 시간 관리가 어려운 분들은 이대로 따라 해보면 효과를 볼 수 있으리라 믿는다.

 # TOEIC Part 7 문제 엿보기

- 문항 수: 54문항 (147번~200번)
- 주어진 글을 읽고 질문에 답하는 유형입니다. 한 개의 지문을 읽고 푸는 유형, 두 개의 지문을 읽고 푸는 유형, 세 개의 지문을 읽고 푸는 유형이 있으며, 지문당 문제 개수는 지문에 따라 2~5개로 달라집니다.
- 단어 암기를 꾸준히 하고 지문 유형을 미리 익혀 두어야 합니다.

⊘ 단일지문

Questions 159-162 refer to the following letter.

Tepec Valley Business Bureau
221 Main Street
Tepec Valley, Montana

Date: May 5

Dear Sir/Madam,

As the owner of a local business, you might be interested in our new online business directory. It is associated with the Tourism Tepec site (www.tourismtepec.com), and as such, we expect it will attract a large viewer base.

For ease of use, the directory will be searchable by business name, the nature of your business and its location. The cost to subscribe to this directory is minimal, and guarantees your listing will remain active until the end of the following calendar year.

There is an option to link directly from our Tourism site to your own business Web site, if you have one. We also allow promotional materials from the business, such as discount coupons that may be printed by the viewer.

Please find attached an application form and fill it out online.

With best wishes for a profitable year,

Yours sincerely,

Martin Connolly

159. Who is the intended recipient of this letter?

(A) A business owner
(B) A marketing professional
(C) The mayor of Tepec Valley
(D) A visiting tourist

160. What is NOT mentioned as a type of search available to users?

(A) Searching by price
(B) Searching by location
(C) Searching by business name
(D) Searching by business type

161. What is indicated about the business directory?

(A) Advertising in it is free to local businesses.
(B) Business names will never be removed.
(C) A business may offer discounts online.
(D) Only businesses with Web sites are accepted.

162. What is the recipient of the letter encouraged to do?

(A) Visit a Web site
(B) Send in a coupon
(C) Fill in a form
(D) Call Mr. Connolly

Questions 176-180 refer to the following employment agreement and e-mail.

Employment Agreement

Between: Finest Jewelry Inc. of 777 5th Street, New York, New York (the 'Employer')

-and-

John Savage of 25 West Avenue, Chicago, Illinois (the 'Employee')

All terms of this agreement will be enforced as of the first day of employment.

Position and Duties:
1. The employee has been hired for the position of lead product researcher and developer.
2. The term of employment will commence on June 10.
3. Employee is expected to research market trends and create new products for our line of silver jewelry.

Employee Hours and Compensation:
1. Employee will work from 8:00 A.M. to 5:00 P.M. Monday through Friday.
2. Employee will receive compensation of $25 per hour.
3. Three weeks of vacation time in addition to five sick days and three personal days are allotted each year.

Employee Signature: _____   Employer Signature: _____
Date: _____   Date: _____

From: John Savage <jsavage@ilemail.com>
To: Marie King <marieking@finestjewelryinc.com>
Subject: Employment Agreement
Date: June 1

Hi Marie,

I just received my employment contract in the mail. I'm looking forward to beginning my position as lead product researcher and developer. I already have a few ideas for a new silver charm bracelet that would be perfect for the fall season.

The pay rate and the vacation time are indeed what we agreed to at the time of our interview. However, I believe you said I would have eight sick days, not five.

I don't want to jeopardize my future with your company, but I would like the contract changed to reflect our verbal agreement before I sign and return this document.

Thank you in advance for your attention to this matter. I look forward to beginning my career with Finest Jewelry on the mutually agreed-upon start date indicated in the agreement.

Sincerely,

John Savage

176. Where does Mr. Savage currently live?

(A) New York
(B) Chicago
(C) Los Angeles
(D) Detroit

177. When will Mr. Savage begin work?

(A) June 1
(B) June 5
(C) June 7
(D) June 10

178. What is Ms. King asked to do?

(A) Review an idea for a new product
(B) Alter the employment contract
(C) Contact Mr. Savage's former employer
(D) Bring forward a work start date

179. In the e-mail, the word "jeopardize" in paragraph 3, line 1 is closest in meaning to

(A) endanger
(B) expose
(C) presume
(D) predict

180. What point included in the agreement is NOT mentioned in the e-mail?

(A) The first work day
(B) The hours of work
(C) The pay rate
(D) The employee's position

정답 176. (B) 177. (D) 178. (B) 179. (A) 180. (B)

Questions 191-195 refer to the following advertisement, e-mail, and cover letter.

Advertisement
Position Vacant: Managing Director, pulp and paper facility

Central Coast Forest Products is accepting applications for a Managing Director within its pulp and paper division. The successful candidate will oversee one of our South Carolina locations.

CCFP manages 300,000 hectares of hardwood and softwood forest across the south eastern U.S. It is the world's leading producer of several types of glossy magazine paper. South Carolina operations include two pulp mills and three paper mills. The successful candidate will manage one of our paper mills.

Requirements for the position include:
- 10+ years management experience in the pulp and paper business
- Experience with international customers and regulations
- MBA or equivalent degree in a business field
- Demonstrated understanding of the international glossy paper market
- References required

Position includes relocation expenses for moves between states and salary commensurate with experience. Standard benefit package (including annual bonuses) will apply. CCFP does not discriminate on the basis of race, religion, gender, or sexual orientation.

Please apply by sending your résumé and cover letter to humanresources@CCFP.com.
Application deadline: July 19

From: rmallory@promail.net
To: humanresources@CCFP.com
Subject: Job Application
Date: July 25
Attachments: résumé.doc, coverletter.doc

Dear Sir/Madam,

I have attached my résumé and cover letter and wish to be considered for the management position at your South Carolina paper mill.

Please let me know whether you would like me to come in for an interview. I look forward to hearing from you.

Sincerely,

Richard Mallory

Cover Letter
Richard Mallory

Currently, I manage a Consolidated Paper newsprint mill in eastern Oregon. In the past, we had our own pulp mill supporting the paper mill, but it has been shut down for the last year. Due to recent economic problems, all but one of Consolidated Paper's newsprint producing mills on the west coast are being gradually shut down. The mill I currently manage will shut down some time in August.

I have worked for Consolidated Paper for twenty-five years, starting as a production engineer while earning my MBA in my spare time. During this time, I gained experience in cardboard production. As you probably know, Consolidated Paper is a large company, and as such, my experience has included communicating with our customers in Asia by e-mail and teleconferencing. Because I started out as an engineer, I believe I am well qualified to manage a production facility. I also already understand the intricacies of managing both a paper mill and a pulp mill.

Since my family is now grown up, I would welcome a move to another state and a change to a new company.

---

191. What is indicated about Central Coast Forest Products?

(A) It is constructing a new paper mill.
(B) It is currently seeking part-time staff.
(C) It operates several facilities.
(D) It recently relocated its head office.

192. In the advertisement, what is NOT mentioned as a requirement for the position?

(A) A business degree
(B) International experience
(C) A background in management
(D) A proven sales record

193. Why might Mr. Mallory not be considered for a position?

(A) He does not possess the right qualifications.
(B) He missed a due date for submission.
(C) He sent documents to the wrong address.
(D) His required salary will be too high.

194. What is most likely true about Mr. Mallory?

(A) He has applied for more than one position.
(B) He is a former employee of Central Coast Forest Products.
(C) He has spent time living and working in Asia.
(D) He would receive relocation expenses if hired.

195. In the cover letter, the word "earning" in paragraph 2, line 2 is closest in meaning to

(A) attaining
(B) financing
(C) saving
(D) working

정답 191. (C) 192. (D) 193. (B) 194. (D) 195. (A)

학습 플랜

- 다음의 학습 진도를 참조하여 매일 학습합니다.
- 해당일의 학습을 하지 못했더라도 앞으로 돌아가지 말고 오늘에 해당하는 학습을 하세요. 그래야 끝까지 완주할 수 있답니다.
- 본문의 학습을 모두 마치면 토익 최신 경향이 반영된 Part 7 실전 모의고사 2회분을 꼭 풀어보고 QR 코드로 제공되는 정상 강사의 명쾌한 해설 강의를 들어보세요.
- [기출 빅데이터 Part 7 최빈출 어휘집]에 있는 빈출 단어 표현과 빈출 숙어 표현 각 20개와 기출 패러프레이징 표현 5개를 하루에 학습하여 독해의 핵심 요소 중 하나인 어휘력을 높여보세요.

⊘ 2주 완성 학습 플랜

Day 1	Day 2	Day 3	Day 4	Day 5	Day 6	Day 7
UNIT 01~02	UNIT 03~04	UNIT 05~06	UNIT 07~08	UNIT 09~10	UNIT 11~12	금주 내용 복습
완료 □	완료 □	완료 □	완료 □	완료 □	완료 □	완료 □
Day 8	Day 9	Day 10	Day 11	Day 12	Day 13	Day 14
UNIT 13~14	UNIT 15, HALF TEST 1	HALF TEST 2~3	HALF TEST 4~5	실전 모의고사 TEST 1	실전 모의고사 TEST 2	금주 내용 복습
완료 □	완료 □	완료 □	완료 □	완료 □	완료 □	완료 □

⊘ 4주 완성 학습 플랜

Day 1	Day 2	Day 3	Day 4	Day 5	Day 6	Day 7
UNIT 01	UNIT 02	UNIT 03	UNIT 04	UNIT 05	UNIT 06	금주 내용 복습
완료 ☐	완료 ☐	완료 ☐	완료 ☐	완료 ☐	완료 ☐	완료 ☐
Day 8	**Day 9**	**Day 10**	**Day 11**	**Day 12**	**Day 13**	**Day 14**
UNIT 07	UNIT 08	UNIT 09	UNIT 10	UNIT 11	UNIT 12	금주 내용 복습
완료 ☐	완료 ☐	완료 ☐	완료 ☐	완료 ☐	완료 ☐	완료 ☐
Day 15	**Day 16**	**Day 17**	**Day 18**	**Day 19**	**Day 20**	**Day 21**
UNIT 13	UNIT 14	UNIT 15	HALF TEST 1	HALF TEST 2	HALF TEST 3	금주 내용 복습
완료 ☐	완료 ☐	완료 ☐	완료 ☐	완료 ☐	완료 ☐	완료 ☐
Day 22	**Day 23**	**Day 24**	**Day 25**	**Day 26**	**Day 27**	**Day 28**
HALF TEST 4	HALF TEST 5	실전 모의고사 TEST 1 문제 풀이, 해설 강의 1강	실전 모의고사 TEST 1, 해설 강의 2강~4강	실전 모의고사 TEST 2 문제 풀이, 해설 강의 5강	실전 모의고사 TEST 2, 해설 강의 6강~8강	금주 내용 복습
완료 ☐	완료 ☐	완료 ☐	완료 ☐	완료 ☐	완료 ☐	완료 ☐

시원스쿨 토익 Part 7 필수 전략서

질문 유형
집중 공략

UNIT 01 ' 주제 찾기

토익 독해 질문 중에 가장 자주 볼 수 있는 질문이 주제 찾기 유형이다.

• **주제를 묻는 질문이라는 것을 어떻게 알 수 있을까?**

질문에 직접적으로 '주제'란 뜻의 topic이나 subject라는 단어가 보이면, 바로 '주제 찾기 유형'임을 알아야 한다.
글을 쓴 목적(purpose, aim) 또는 왜(why) 이 글을 썼는가를 묻는 질문도 주제 찾기 유형에 속한다.

• **이런 유형의 질문은 어떻게 해결하는 것이 가장 빠른 방법일까?**

일차적으로는 질문을 재빨리 스캔하여 '주제 찾기 유형'임을 확인하는 것이다. 이 때 질문을 다 읽는 것이 아니라,
아래에 정리된 '주제 찾기 유형'의 키워드만 스캔하는 것이 중요하다. 그 다음에 재빨리 글의 앞부분을 읽어보면
쉽게 해결된다. 만약 글의 앞부분에서 주제가 쉽게 안 보인다면, 주저하지 말고 다른 문제들을 먼저 해결한 뒤에 시
간이 남으면 주제 찾기 유형을 푸는 것이 좋다.

✔ 질문 유형

질문을 다 읽는 것이 아니다! 표시된 키워드만 눈에 들어오면 된다!

What **is the article** about?   이 기사글은 무엇에 관한 것인가?

What is the purpose **of the letter?**   이 편지의 목적은 무엇인가?

What is the subject[main topic] **of the memorandum?**   이 회람의 주제는 무엇인가?

What is the announcement mainly about?   이 공지가 주로 논의하는 바는 무엇인가?

Why **did Mr. Chan write the e-mail?**   왜 Chan 씨가 이 이메일을 썼는가?

Why **did Mr. Tomas send the letter to Ms. Kwon?**

왜 Tomas 씨는 Kwon 양에게 이 편지를 보냈는가?

Why **was the letter sent?**   왜 이 편지가 보내졌는가?

Why **was the e-mail written?**   왜 이 이메일이 작성되었는가?

주제 찾기 유형은 어떤 글에서든 앞부분에 단서가 나온다. 특히 다음의 표현들 다음에 주제 찾기 유형의 정답이 제시된다.

❶ 편지나 이메일의 시작 부분

편지나 이메일에서는 아래와 같은 표현이 시작 부분에 나온다. 단, 편지의 경우, 과거 시제로 시작하면 주제가 아닌 경우가 많다. 지나간 일은 주제를 이야기하기 전에 상황을 상기시켜주려는 의도이기 때문이다.

> I'm writing in regard to 명사: ~에 관해 편지 드립니다.
> I'm writing to do(= so as to do = in order to do): ~하기 위해서 편지 드립니다.
> I am writing to inquire/apologize/confirm ~: ~의 문의/사과/확인을 위해 편지 드립니다.
> This letter serves as ~: 이 편지는 ~의 역할을 합니다.
> I am pleased(= honored) to do: ~하게 되어 기쁩니다(영광입니다).
> I would like to inform you that ~: 당신에게 ~라는 점을 알리고자 합니다.
> This is to remind you that ~: 당신에게 ~라는 점을 상기시키고자 글을 씁니다.
> Please be assured/informed/advised/reminded that ~: ~라는 점을 꼭 알아두시기 바랍니다.
> I wanted to let everyone know that ~: 모두에게 ~라는 점을 알려주고자 했습니다.

❷ 이메일과 광고의 시작 부분

이메일이나 광고의 경우, 제목이 나와 있다면 본문을 보지 않고도 답이 가능한 경우가 있다. 단, 최근 들어 이메일에서 Re라고 표시된 부분에 두리뭉실한 제목을 써 놓아서 정확한 주제를 알 수 없게 하여 본문 앞부분을 읽어야 확실한 주제를 파악할 수 있도록 하는 추세이다.

> Subject: '주제'란 뜻이며 무엇에 대한 내용인가를 알려주는 글의 제목 (이메일)
> Re: 혹은 RE: ~에 관하여(= regarding), 회신으로 (이메일)
> 글 제목: 진한 글씨로 맨 위 중앙에 크게 제시되는 것 (광고)

❸ 기타 다른 종류의 글인 경우

본문 첫 세 문장을 읽고 정답을 찾아낸다. 단, 기사글(article)은 첫 문장에서 속단하지 말고 적어도 한 단락은 다 읽거나, 아니면 다른 문제들부터 모두 푼 후, 마지막에 주제 문제를 푸는 것이 좋다. 특히 과거 시제로 나오는 단락은 주제가 아닐 가능성이 높은데, 기사는 새 소식을 전하는 역할을 하기 때문이다.

✅ 한눈에 보는 유형 해법

해법 1 이메일 또는 광고

시작 부분에 나오는 Re:, Subject 또는 굵은 글씨의 제목을 보고 답을 찾아 본다. 만약, 이 부분의 문구가 너무 막연해서 답을 찾기 어렵다면, 차선책으로 본문 앞부분을 읽어야 한다.

해법 2 주제 찾기의 정답은 십중팔구 맨 앞에 있다!

대부분의 글은 첫 세 문장 안에서 주제가 드러난다. 따라서 질문을 먼저 스캔하여 주제 찾기 유형임을 확인했다면, 바로 주어진 글 앞부분을 확인하도록 한다. 단, 편지에서 첫 단락이 의례적인 요식 행위인 감사 표현 등의 인사말이 나오거나 과거 시제로 시작하는 경우는 주제의 단서가 될 수 없다. 이 경우에 주제는 그 다음 단락에 나오는 것이 일반적이다.

해법 3 고득점을 노린다면?

가끔 기사문(article) 등에서 전체를 다 읽어야만 주제를 알 수 있는 경우도 있다. 따라서 고득점을 노린다면, 주제 찾기를 제외한 나머지 문제들부터 먼저 해결하고 나서, 주제 문제를 마지막에 해결하는 것이 좋다.

토익 빈출 어휘들은 익숙해질 때까지 훈련하는 것이 좋다. 영어 단어를 보고 한글 의미를 암기하고, 다음에는 한글 의미를 보고 영어 단어를 암기하도록 한다. 완전히 암기한 단어의 경우, 단어 앞에 있는 박스에 체크하여 학습 완료 여부를 확인한다.

☐ vendor	노점상, 행상인	☐ 구독자, 가입자	subscriber
☐ representative	대표자, 직원	☐ ~하도록 강요당하다 (= 어쩔 수 없이 ~하다)	be forced to do
☐ feature	특징, 특집으로 다루다, ~를 주인공으로 하다	☐ ~을 왕복하여	to and from
☐ assume	추정하다	☐ 자신의, 소유하다	own
☐ address the issue	문제를 다루다	☐ 피하다	avoid
☐ expand	확장하다	☐ 무료인, 공짜인	free (of charge), complimentary
☐ loyal	충성스런, 단골의	☐ 관심 있는	interested
☐ absolutely	절대적으로	☐ 흥미로운	interesting
☐ note	주목하다, 언급하다	☐ 설치하다	set up
☐ janitorial	관리의, 잡역의	☐ 무선의	wireless
☐ make changes	바꾸다, 변경하다	☐ 수수료	fee
☐ rising	증가하는	☐ 회계 관리	bookkeeping
☐ end	끝/종결, 끝내다	☐ ~마다	per
☐ be designed to do	~하기 위해 설계되다	☐ ~을 돌보다, 처리하다	take care of
☐ over	~에 걸쳐서, ~가 넘는, ~너머에	☐ 요구, 수요	needs

Question 1 refers to the following letter.

Dear Ms. Allingham,

❷ Rogers Cleaning Services has been taking care of your janitorial needs for the last five years. ❸ I am writing to inform you that <u>our company has recently been forced to make some schedule changes.</u> Due to the rising crime in the downtown area, we have decided to end the practice of cleaning offices in the evening hours. Instead, we believe that the hours from 5:00 to 7:00 in the morning will provide a safer environment for our janitors going to and from work. This will still allow us to provide daily janitorial service where needed, outside of normal business hours.

Please contact me at 555-4536 if you have any further questions.

Yours sincerely,

Doris Rogers
Rogers Cleaning Services

1. What is ❶ the reason for sending this letter?

(A) The cleaning company has hired new workers.
(B) Ms. Rogers is looking for legal assistance.
(C) The janitorial ❹ service schedule is changing.
(D) The cleaning company is terminating its contract.

알링햄 양에게,

로저스 청소서비스 사는 지난 5년간 귀사의 용역 업무를 맡아왔습니다. 최근 부득이하게 일정 변경을 했음을 알리고자 편지를 드립니다. 시내에서 증가하는 범죄 때문에, 저녁 시간대의 사무실 청소 서비스를 중단하기로 결정했습니다. 그보다 아침 5~7시가 청소부들이 출퇴근하기에 더 안전할 것으로 생각됩니다. 그렇게 해도 여전히 업무 시간 외에 필요한 곳에서 매일 청소 서비스를 제공할 수 있을 것입니다.

더 궁금하신 점은 555-4536으로 연락 주시기 바랍니다.

안녕히 계십시오.

도리스 로저스
로저스 청소서비스 사

1. 이 편지를 보낸 이유는 무엇인가?
(A) 청소 업체가 신입 직원을 채용했다.
(B) 로저스 양은 법률적 도움을 구하고 있다.
(C) 청소 서비스 일정이 변경될 것이다.
(D) 청소 업체가 계약을 종결시킬 것이다.

문답으로 짚어주는 문제 풀이 핵심 포인트

 질문 중간에 ❶ reason을 딱 보고 "아~하, 주제 찾기 문제구나!"라고 바로 떠올려야 해. 보통 ❷ 지문 첫 문장은 주제가 아니라 글을 쓰게 된 배경 설명이야.

그럼 위치가 중요한 게 아니라 단서 표현을 찾는 게 중요하단 거네요?

 그렇지~ 둘째 문장에서 ❸ I am writing to inform you라고 나오잖아. 무언가를 알려주려고 이 글을 쓴다는 뜻이니까, 딱 보면 feel이 오지 않아?

딱 오죠! that 이하가 답이겠네요? 근데 make some schedule changes가 없네요.

 패러프레이징이라고 들어봤지? 토익은 쉽게 답을 주지 않아. 항상 말을 살짝 바꿔서 헷갈리게 하지. 말의 핵심인 schedule과 changes만 봐.

그럼 ❹ service schedule is changing이 들어간 (C)가 답이네요!

기출 구문 분석

Rogers Cleaning Services <u>has been taking care of</u> <u>your janitorial needs</u>
                  ❶ 현재완료진행형   ❷ 목적어

<u>for the last five years.</u>
      ❸ 수식어

로저스 청소서비스 사는 ❸ 지난 5년간 ❷ 귀사의 용역 업무를 ❶ 맡아왔습니다.

---

❶ **현재완료 진행형 (have/has been -ing):** 과거에 ~했고, 지금 이 순간에두 ㄱ 일을 하고 있다

현재완료(have/has p.p)는 과거에 시작한 일이 지금까지 영향을 끼치는 경우에 쓰인다. 단, 그 동작이 말하는 시점에도 진행중이라는 것을 강조할 때는 과거분사(p.p.)를 진행형(be -ing)으로 바꾼 현재완료 진행형(have/has been -ing)을 사용한다.

- 현재완료: We <u>have studied</u> English for ten years.
  우리는 영어를 10년간 공부해왔다.(말하는 시점에도 하는 지는 모름)
- 현재완료진행: We <u>have been studying</u> English for ten years.
  우리는 10년 동안 영어 공부를 해오고 있는 중이다.

위 기출 구문 분석의 예시문에서 has been까지는 시제를 전달할 뿐, 의미상 중요한 것은 -ing부터다. 즉 **take care of(~을 돌보다/처리하다)가 의미를 전달하는 핵심 동사 역할**을 하고 있다.

> ☑ 조동사+동사원형, be -ing, be p.p, have p.p 등에서는 맨 뒤에 온 것이 핵심 동사
>
> **She can** finish **it soon.** 그녀는 그것을 곧 끝낼 수 있다. (finish가 핵심)
> **She is** examining **the item.** 그녀가 품목을 살펴보고 있다. (examine이 핵심)

❷ **영어 문장의 대다수는 「주어+동사+목적어」로 이루어져 있다.**

의미를 전달하는 핵심 동사까지 파악한 다음에 꼭 기억할 것은 **대다수의 영어 문장은 동사 뒤에 목적어로 쓰이는 명사가 나온다**는 사실이다. 목적어에 해당하는 명사는 '~을, ~를'을 붙여 해석하면 된다.

> ☑ 「주어+동사+목적어」로 이루어진 문장의 간단한 예
>
> **He opened** the letter. 그는 편지를 열었다.

❸ **「주어+동사+목적어」를 제외한 나머지는 수식어**

목적어 your janitorial needs 뒤에 온 for the last five years가 수식어다. **수식어 부분은 문장의 주요 의사를 전달하는 데 큰 영향을 미치지 않기 때문에 굳이 해석하지 않아도 된다.** 이렇게 「전치사+명사」의 형태를 지니는 수식어를 전명구라고 부른다.

> ☑ 「전치사+명사(전명구)」는 수식어로, 없어도 그만이다.
>
> In the afternoon, **the supervisor** of Marketing **will meet a client** from Japan.
> 마케팅 부장은 오후에 일본에서 온 고객을 만날 것이다.
> ➜ 전명구의 해석이 빠져도 '부장이 고객을 만날 것'이라는 의미는 변하지 않는다.

Question 2 refers to the following advertisement.

❷ Would you like to own your own business, but aren't sure where to start?

Come to a free information session at the Small Business Center and learn about ❸ the First-time Business Owner Program. The eight-month program is designed to help people start a successful business. Every month, you can choose from over 20 business classes: bookkeeping, marketing, computer skills, presentation skills, selling your product, and more! All classes are taught by local professionals. You'll also be matched with a business owner in your field. He or she will serve as your mentor during the program.

We only accept ten clients per month. Avoid disappointment; e-mail us now at business@fbop.com to reserve your spot!

2. What is ❶ the main purpose of the First-time Business Owner Program?

(A) To explain an application process
(B) To assign advisers to individuals
(C) To connect people with clients
(D) To ❹ help people start a business

창업을 하려는데, 어디서 시작할지 확신이 없나요?

중소기업 센터의 무료 정보 모임에서 신규 창업 프로그램에 대해 알아보세요. 이 8개월 프로그램은 사람들에게 성공적인 사업을 시작하는 데 도움을 드리기 위해 기획되었습니다. 회계 관리, 마케팅, 컴퓨터 기술, 발표 기술, 제품 판매, 기타 등등 매달 20개 이상의 비즈니스 강좌에서 선택하실 수 있습니다! 모든. 강좌는 지역 전문가들이 가르칩니다. 또한 여러분은 동종 업계 사업주들과 연결될 것입니다. 프로그램 동안 이분들이 여러분의 멘토 역할을 하게 될 것입니다.

한 달에 열 분만 받습니다. 실망하지 않으시려면 지금 business@fbop.com으로 메일 주셔서 자리를 예약하시기 바랍니다.

2. 신규 사업가 프로그램의 주목적은 무엇인가?
(A) 신청 과정을 설명하는 것
(B) 조언가들을 사람들에게 배정하는 것
(C) 사람들을 고객들과 연결하는 것
(D) 사업의 시작을 돕는 것

문답으로 짚어주는 문제 풀이 핵심 포인트

 질문 중간에 ❶ the main purpose를 보고 바로 "주제 찾기 문제다!"라는 느낌이 와야 해!

 근데 쌤! ❷ 첫 문장이 의문문이네요?

 그게, 광고문의 가장 큰 특징이지. '~하고 싶냐? ~가 지겹냐? 이런 자극적인 질문으로 주의를 확~ 끌려는 거야.

주의를 끄는 말이면 그게 정답의 단서가 될 수 있겠네요?

 그렇지! 근데 만약 구체적인 제품이나 서비스가 보이지 않으면 얼른 다음 문장까지 읽어야 해.

아~! 바로 밑에 ❸ help people start a successful business라고 보기 (D)의 내용이 나오네요.

이건 뭐 ❹에서 패러프레이징도 안되어 있으니까 거저 먹는 문제지.

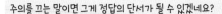

기출 구문 분석

The eight-month program is designed to help people start a successful business.
❶ 동사: 수동태   ❷ to부정사: 목적   ❸ 수식어: 목적보어

이 8개월 프로그램은 ❸ 성공적 사업을 시작하도록 ❷ 사람들을 돕기 위해 ❶ 기획되었습니다.

❶ 수동태에 대한 이해

영어 문장은 대부분 「주어+동사+목적어」로 구성된다. 그런데 「be+p.p」 형태 즉, 수동태는 목적어를 가지지 않는다. 수동태이 뼈대는 「주이+동사」로 끝나며 '~되다'로 해석한다. 참고로, 「be+p.p.」에서 **의미 전달의 핵심은 p.p**이므로 해석은 design에 초점을 둔다.

> ☑ **수동태에 목적어가 없는 이유**
>
> He loves her. (능동태) ➔ She is loved by him.
>
> ➔ 능동태의 목적어가 수동태의 주어 자리로 이동했으므로 수동태는 당연히 목적어가 없다!

❷ to부정사의 올바른 해석

가장 흔히 볼 수 있는 to부정사의 구조는 **완전한 문장 앞에 오거나 완전한 문장 뒤에 오는 것**이다. 단, 문장 앞에 올 때는 콤마(,)를 써서 문장과 분리된다. 이런 경우 to부정사는 '**~하기 위해서**'라고 해석하며 '부사적 용법'이라고 부른다. 위 문장도 designed까지가 완전한 수동태 문장이므로 to help 이하는 부사적 용법에 해당한다.

> ☑ **「주어+동사+목적어」의 완전한 문장 앞이나 뒤에 오는 to부정사는 '~하기 위해서'로 해석**
>
> To apply for the position, he moved to the city.
> 그는 그 자리에 지원하기 위해 그 도시로 이사했다.
>
> He contacted us to make an inquiry about the opening.
> 그는 빈 자리에 대해 문의하기 위해 우리에게 연락했다.

❸ help+목적어+(to) do 구문

목적어 people 뒤에 오는 동사 start는 원래 to start인데 to가 생략된 것이다. **목적보어 자리의 (to)부정사는 '(to) do하도록 목적어를 돕다'**라고 해석한다.

> ☑ **목적어 뒤가 복잡한 문장 구조**
>
> He helped her (to) finish the report. 그는 그녀가 보고서를 끝내도록 도왔다.
>
> ➔ 목적어 뒤에 오는 원형부정사를 목적보어라고 하며, 이 때 목적어를 주어처럼 해석한다. 그리고 목적보어인 to부정사도 목적어를 가질 수 있다. the report는 finish의 목적어이다.

Questions 1-3 refer to the following letter.

Ms. Elena Luoma
Via Da Vinci 32
2-10323 Roma
Italy

Dear Ms. Luoma,

We have recently expanded our services to include the Internet. As a loyal Viva cable subscriber, we are offering you high-speed, wireless Internet absolutely free for 12 months.

As an added bonus, we are also offering you one FREE movie a month on Viva Video!

If you are interested, please contact Silvio de Rulo at sderulo@viva.it. Mario Baggio, the technician assigned to your neighborhood, would then visit your home to set up the wireless modem.

Please note that at the end of the 12-month period, you must e-mail Ninetta Pino at npino@viva.it to cancel your Internet subscription. If we do not hear from you, we will start billing you the fee of $45 per month

Thank you for being a loyal customer. We hope you choose to add Internet service to your Viva plan.

Sincerely,

Alessandro Fievoli

1. What is the purpose of the letter?
   (A) To inquire about the Internet
   (B) To apply for a job
   (C) To set up an appointment
   (D) To promote a new service

2. Who should the recipient contact to cancel the plan?
   (A) Mario Baggio
   (B) Silvio de Rulo
   (C) Ninetta Pino
   (D) Alessandro Fievoli

3. What is the purpose of the technician's appointment?
   (A) To set up a television
   (B) To set up a modem
   (C) To cancel an Internet plan
   (D) To cancel a television plan

Questions 4-6 refer to the following e-mail message.

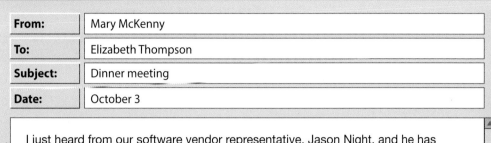

From:	Mary McKenny
To:	Elizabeth Thompson
Subject:	Dinner meeting
Date:	October 3

I just heard from our software vendor representative, Jason Night, and he has invited us to dinner this evening. He says that the next software version is going to have a lot of interesting features and he'd like to discuss them. He is also bringing his boss, Sally Jenkins, because they want to discuss the possibility of beta testing some of their software at our site. I'm assuming she'll be the one to address this issue.

This isn't a required meeting, but I think you will find it very interesting and useful if you can be there. We are meeting at The River Grill at 7:00 P.M.

Mary

4. What is the purpose of the dinner meeting?
   (A) To discuss future software plans and ideas
   (B) To meet a new vendor company employee
   (C) To schedule a new software installation
   (D) To evaluate the results of product testing

5. Why does Mary encourage Elizabeth to attend the meeting?
   (A) She is an acquaintance of the client.
   (B) She has specialized knowledge.
   (C) She is skilled at public speaking.
   (D) She will find it to be a beneficial experience.

6. Who will most likely make the presentation about the beta testing?
   (A) Mary McKenny
   (B) Elizabeth Thompson
   (C) Jason Knight
   (D) Sally Jenkins

UNIT 02 ' 키워드 찾기

- **Part 3, 4 (LC)나 Part 7 (RC)에서 '키워드 찾기'보다 더 자주 나오는 유형이 있을까?**

   너무 자주 나오는 유형이라 그런지 이게 하나의 유형에 해당한다는 것을 인식하지 못하는 분도 있을 것이다. 또한 초·중급자는 무엇이 키워드인지 판단하기 어려울 것이다. 키워드 찾기 유형을 육하원칙 유형 또는 세부 사항 유형이라고도 한다.

- **키워드가 무엇인지 한 마디로 간단히 설명해 볼까?**

   초보자들에게 가장 쉽게 키워드를 찾도록 만드는 방법은 '질문에서 끝부분'에 언급된 명사나 동사를 잘 살펴보는 것이다. 사실 키워드가 반드시 질문의 끝부분에 있는 것은 아니다. 때로는 조금 더 앞에, 때로는 중간 쯤에 나오기도 한다.

   사실 필자도 '키워드는 뭐다' 혹은 '어디에 있다'라고 배웠다기 보다는 문제를 많이 풀어 보면서 자연스럽게 감각을 터득하게 되었다. 따라서 여러분들도 아래에 예시로 제시된 질문들을 통해 키워드를 찾아 보는 연습을 해두면 문제 풀이 시간을 단축할 수 있다.

- **키워드 찾기 유형의 해결법은 무엇일까?**

   해결법은 일단 제일 먼저 질문을 읽고 질문의 키워드를 찾는 것이다. 그리고 나서 본문에서 키워드에 해당하는 부분을 빠르게 스캔히여 해결한다. 여기서 주익할 점은 본문을 해석하는 것이 아니라, '키워드를 스캔'하는 것이다.

   점점 더 토익 독해는 제대로 다 읽고 풀면 제 시간 안에 끝내지 못할 분량과 수준으로 출제되고 있다. 따라서 시간 부족을 느끼는 분일수록 '키워드 찾기 유형' 해법에 익숙해져야 한다. 즉, 다 해석하는 것이 아니라 질문의 키워드만 찾아서 그 부분만 해석하고 답을 찾아내는 것이다.

✔ 질문 유형

질문을 다 읽는 것이 아니다! 표시된 키워드만 눈에 들어오면 된다!

What is the best way to reduce unauthorized reproduction**?**
불법 복제를 줄이는 가장 좋은 방법은 무엇인가?

What is stated about the new enclosure**?**
새로운 구역에 관해 언급 되어진 것은 무엇인가?

On which day can attendees learn about domestic partners' benefit rights**?**
어떤 날에 참석자들은 국내 파트너들의 혜택 권리에 대해 배울 수 있는가?

On which day can members check out a book after 6:00 p.m.**?**

회원들은 어떤 날에 오후 6시 이후 책을 대여할 수 있는가?

Where was the business previously located**?**

이 사업체는 이전에 어디에 위치했었는가?

What will happen in November**?**

11월에 어떤 일이 일어날까?

What must employees do by December 5**?**

12월 5일까지 직원들은 무엇을 해야만 하는가?

Who is scheduled to work only during the second shift**?**

누가 오직 두 번째 교대 근무 시간에만 일을 하게 되어 있는가?

Who made the final decision **about the format?**

누가 그 형식에 관한 최종 결정을 했는가?

What was the company's best-selling product last year**?**

작년에 무엇이 이 회사의 가장 잘 팔린 물건이었는가?

◆ 한눈에 보는 유형 해법

STEP 1

질문의 키워드를 파악한다.

키워드는 주로 질문의 끝부분에 나온다. 특히 질문 뒷부분의 특정 명사나 동사, 숫자나 요일, 날짜 등이 키워드가 된다. 또한 사람 이름, 회사 이름, 부서명, 직책 등도 질문 끝부분에 나올 경우 그게 키워드인 경우가 많다.

STEP 2

본문에서 키워드를 스캔하라!

키워드를 찾았다면 본문을 다 해석하기 보다 철저히 키워드만 본문에서 스캔하여 해당 부분만 해석하여 답을 구한다.

STEP 3

패러프레이징에 유의하라!

키워드도 찾았고, 본문의 해당 부분도 해석했는데도 아쉽게 답이 안 찾아지는 경우가 있다. 이것은 토익 Part 7의 대다수의 정답이 패러프레이징, 즉 바꾸어 표현되어 나오기 때문이다. 따라서, 정확하게 보기의 한 단어, 한 단어가 본문에 특정 부분과 일치하는지, 아니면 어긋나는지를 정확하게 따져야 한다. 대충 감으로 맞추거나 상식에 의거하여 답을 삿으면 틀리기 쉽다. 오히려 오답일수록 본문에 나온 단어가 그대로 이용되는 일이 많으므로 주의해야 한다.

PART 7 기출 어휘

토익 빈출 어휘들은 익숙해질 때까지 훈련하는 것이 좋다. 영어 단어를 보고 한글 의미를 암기하고, 다음에는 한글 의미를 보고 영어 단어를 암기하도록 한다. 완전히 암기한 단어의 경우, 단어 앞에 있는 박스에 체크하여 학습 완료 여부를 확인한다.

☐ sort	분류하다	☐ 쓰레기	trash
☐ observe	지키다, 준수하다, 관찰하다	☐ 제거하다	remove
☐ depot	창고, 역, 버스 차고	☐ 뚜껑	lid
☐ top off	끝내다, 마무리 짓다	☐ 기부하다	donate
☐ zip code	우편 번호	☐ 미리	in advance
☐ familiarity	정통, 친밀함	☐ ~하게 되어 기쁘다	be delighted to do
☐ separate	분리하다	☐ 반값	half price
☐ triangle	삼각형	☐ ~에 따라	depending on
☐ take advantage of	이용하다	☐ 기념일	anniversary
☐ assistant	조수, 보조(의)	☐ ~에 참여하다	participate in
☐ qualification	자격요건	☐ ~대신에	instead of
☐ stamp	우표(를 붙이다)	☐ ~덕택에	thanks to
☐ account	회계, 계좌, 보고	☐ 놓고 가다	drop off
☐ annual	연례의	☐ 관련있는	relevant
☐ generosity	후함, 관대함	☐ 놀랄 만한, 기가 막힌	amazing

기초 다지기 1

Question 1 refers to the following form.

	구인 공고
JOB POSTING ANNOUNCEMENT	

Employer: Sassy Lion Children's Emporium Branch #21
Address: 7880 Broadway Ave.
City: Portland
State: Oregon
Zip code: 88342
Nature of business: Children's Clothing
❷ <u>Position to be filled: Assistant Accounts Clerk</u>
Employee qualifications: 6 months' relevant experience, familiarity with standard accounting software packages, good English skills
Numbers of positions open: 2
Wages or salary: $12-15 per hour, depending on experience

For more information, please call Suzanne at 20-878-9122.

1. What positions are ❶ open?

   (A) Junior sales assistants
   (B) Children's clothing purchasers
   (C) Accounting assistants
   (D) English translators in marketing

고용주: 세시 라이언 칠드런스 임포리엄 21번 지점
주소: 브로드웨이가 7880번지
도시: 포틀랜드
주: 오레건
우편 번호: 88342
업종: 아동 의류
모집 직종: 부회계원
자격 요건: 6개월 관련 경험, 표준 회계 소프트웨어 일괄 프로그램에 정통, 훌륭한 영어 실력
구인 인원수: 2명
급여: 시간당 12~15달러, 경력에 따라 상이

추가 정보를 위해서는, 20-878-9122번으로 수잔에게 전화하세요.

1. 무슨 자리가 공석인가?
   (A) 하급 영업 직원
   (B) 아동 의류 구매 업자
   (C) 회계원
   (D) 마케팅 부서의 영어 번역가

문답으로 짚어주는 문제 풀이 핵심 포인트

 질문 끝부분에 ❶ open을 보고 키워드 찾기 유형인지 알 수 있겠지?

쌤! 그럼 키워드 찾기 유형이니까 본문에서 open을 찾아야겠네요?

 그렇지! 그런데 본문에서 open을 찾을 수 있겠니?

본문에 open이 없어요, 쌤 ㅠㅜ

 자~ ❷ 일자리가 비어(open) 있으면 채워야(fill) 한다고 바꾸어 표현이 가능하겠지?

아하~ 그럼 본문의 ❷ Position to be filled에 나온 직책, 바로 (C)가 정답이 되겠네요~

 빙고! 주제 찾기와 마찬가지로 키워드 찾기 역시 패러프레이징에 꼭 유념해야 된단다.

기출 구문 분석

Wages or salary: $12-15 per hour, <u>depending on</u> experience
관용적 분사 구문

급여: 시간당 12~15달러, 경험에 따라 상이

❶ 관용적 분사구문

흔히 분사구문 문제는 -ing인지 p.p.인지를 선택해야 하는 유형이다. 그러나 다음과 같은 경우는 **관용적으로 사용되는 분사구문으로 숙어처럼 암기해 두는 것이 좋다.**

> ☑ 시험 지문에 자주 등장하는 관용적 분사구문
>
> depending on/upon+명사: ~에 따라서, ~에 달려서
> considering+명사: ~을 고려하면
> excepting+명사: ~을 제외하면
> taking+명사+into consideration
> (= account): ~을 고려하면
> judging from/by+명사: ~로 판단하건대
> seeing that SV: ~을 보아하니, ~때문에
> frankly speaking: 솔직히 말하자면
>
> roughly speaking: 대략 말하자면
> talking of = speaking of+명사: ~에 대해 말하자면
> granting/granted that = admitting that SV:
> ~은 인정한다 하더라도
> supposing = given (that) = provided (that)
> = providing (that) SV: ~라면
> compared with/to+명사: ~와 비교하면
> other things being equal: 다른 것들이 모두 같다면

❷ 기타 자주 등장하는 관용적 분사 표현

각각 -ing와 p.p.로 굳어진 표현이기 때문에 이 또한 암기해두면 좋다.

> ☑ 명사와 함께 외우면 해결되는 빈출 분사 모음 (-ing/p.p)
>
> opposing point of view 반대 견해
> contributing author 기고 작가
> outstanding debts 미불 채무
> promising candidates 유력한 후보자들
> missing luggage 분실 짐
> verifying document 입증 서류
> preceding years 지난 몇 해
> inviting atmosphere 친근한 분위기
> outstanding scholar 뛰어난 학자
> demanding customer 까다로운 고객
> remaining staff 남아 있는 직원들
> accomplished chefs 뛰어난 주방장들
> experienced employees 경험 있는 직원들
> repeated delays 반복된 지연
> dedicated employees 헌신적 직원들
>
> established company 자리잡은 회사
> customized product 맞춤 제품
> distinguished scholar 뛰어난 학자
> motivated staff 적극적인 직원
> skilled engineer 숙련된 기술자
> enclosed forms 동봉된 양식서
> preferred method 선호되는 방식
> complicated problems 복잡한 문제들
> detailed information 자세한 정보
> valued customer 소중한 고객
> designated parking space 지정 주차 공간
> limited time 제한된 시간
> qualified applicant 자격을 갖춘 지원자
> written statement 서면 진술

Question 2 refers to the following notice.

Ellerside Recycling Center
General Information

1. Hours: Monday - Friday: 7 a.m. - 8 p.m.
   Saturday and Sunday: 10 a.m. - 4 p.m.

2. Please sort recycling before you arrive. There is not enough room for the public to sort their trash on site.

3. All glass must be separated by color. Observe the labels on the recycling bins.

4. ❷ All plastic must be sorted by its recycling code (the number inside a triangle stamped on the base). Bins are labeled according to plastic number.

5. Remove lids from plastic and glass containers and place in the bins provided just for lids.

6. Please pick up any trash you drop. Help to keep your recycling depot clean!

2. What is mentioned about ❶ plastic items?

(A) They must be placed in the open shed.
(B) They must be sorted by number.
(C) They must be separated by color.
(D) They must be returned to a nearby store.

엘러사이드 재활용 센터
범용 정보

1. 시간: 월-금: 오전 7시 - 오후 8시
   토, 일: 오전 10시 - 오후 4시
2. 오시기 전 재활용품들을 분류하세요. 쓰레기를 현장에서 분류하기에 공간이 충분치 않습니다.
3. 모든 유리는 색상별로 분류되어야 합니다. 재활용 통에 붙은 라벨을 준수해 주세요.
4. 모든 플라스틱은 재활용 코드(하단부에 있는 삼각형 안에 찍혀 있는 번호)에 의해 분류되어야 합니다. 재활용통은 플라스틱 번호에 따라 라벨이 붙어 있습니다.
5. 플라스틱과 유리 용기에서 뚜껑을 제거해 주시고, 뚜껑만을 위해 준비된 통에 넣어 주세요.
6. 떨어뜨린 쓰레기는 주워 주세요. 재활용터를 깨끗이 유지하는데 도움을 주세요.

2. 플라스틱 물품들에 관해서 언급된 것은?
(A) 개방된 창고에 놓여져야 한다.
(B) 번호에 의해 분류되어야 한다.
(C) 색에 의해 분류되어야 한다.
(D) 근처 가게로 반납되어야 한다.

문답으로 짚어주는 문제 풀이 핵심 포인트

 질문 끝부분에 ❶ plastic items를 키워드로 보는 것은 이제 어렵지 않지?

네 ㅋㅋ, 그 부분은 이제 어렵지 않아요.

 그럼 이제 본문에서 plastic이 나오는 부분을 스캔해보겠니?

본문 항목 중 ❷ 4 번에 plastic이 바로 나오네요~ 그래서 정답은 (B)!

 그렇지! 이 문제는 패러프레이징이 안되어 있어서 쉬웠지. 하지만 토익 문제를 풀 때는 항상 패러프레이징을 염두에 두렴.

네, 쌤~ 명심할게용~

Please pick up any trash you drop.

목적격 관계대명사의 생략

당신이 떨어뜨린 어떤 쓰레기든 다 주워 주세요.

❶ '명명동'의 법칙

뭐가 생략되어 있는지를 묻는 문제는 절대 나오지 않기 때문에 뭐가 생략되었었는지는 중요하지 않다. 문장에서 「명사+명사+동사」로 이루어진 구조를 만나면, **첫 번째 나오는 명사를 그 뒤의 「명사+동사」가 수식하는 것으로 보고 해석**하면 된다. 즉, 위의 예문에서 trash라는 첫 번째 명사를 뒤에 나오는 「명사+동사」인 you drop이 수식한다는 것이다. 따라서 '쓰레기, 네가 버린(=네가 버린 쓰레기)'이라고 해석하면 되는 것이다. 자, '명명동'의 법칙을 기억했다면 아래 간단한 예제들을 직접 해석해 보는 연습을 하자.

❷ '명명동' 구조 해석 연습

주어진 문장에서 '명명동' 구조를 찾아보고 올바르게 해석해 보자.

> The book you read is quite popular.
> → The book you read
>   당신이 읽은 그 책은 꽤 인기가 있다.
>
> I am going to visit the place Mr. Kim recommended.
> → the place Mr. Kim recommended
>   나는 김 씨가 추천했던 그 장소를 방문할 것이다.
>
> There is a form you can pick up near the entrance.
> → a form you can pick up
>   입구 근처에 당신이 받아 가실 수 있는 양식서가 있습니다.

실전 문제

Questions 1-2 refer to the following notice.

Anniversary Sale!

Simply Natural invites you to our First Anniversary Sale Celebration on October 18.

For one day only,
take advantage of amazing deals on your favorite all-natural products:

Skin Care:
Instead of our regular "buy two, get one half off," our entire skin care line will be "buy two, get one free!"

Handsome Hands:
All soaps and hand creams will be half price (limit of five per customer).

Air Fresheners and Candles:
All air fresheners and candles are 40% off.

And, to top it all off, spend over $75 and receive a free gift!

---

1. What must customers do to get a free skin care item?
   (A) Buy one product
   (B) Buy two products
   (C) Buy four products
   (D) Buy five products

2. How much does a customer need to spend in order to get an item free of charge?
   (A) $5
   (B) $40
   (C) $50
   (D) $75

Questions 3-5 refer to the following memo.

Memorandum

TO: All Staff
FROM: Dina Raaska
DATE: October 29
RE: Food Drive

Dear Staff,

I hope you will once again participate in our annual food drive for the local homeless shelter.

I started this project five years ago. Every year, thanks to your generosity, I bring more and more food to the shelter! Last year, I had to make two trips to deliver everything. The shelter workers were delighted to see so many donations.

As I do every year, I will match any food item you bring in. If you donate two cans of corn, I will also contribute two cans. Every person who participates will also have his or her name put into a draw. Thanks to our manager, Mr. Tillman, this year's prize is an extra vacation day! This year, I will also donate some money in the company's name if more than 25 people participate.

Mr. Tillman's secretary, Drew Barry, will collect and organize the donations. There will be bins placed beside Drew's desk in the front office this afternoon. Let Drew know if you drop something off. He will make sure your name gets put into the draw.

If you would like to learn more about the shelter, come see me. I will give you their brochure.

Thank you in advance for your support of this project.

Dina

---

3. Who is Drew?
(A) The company manager
(B) The shelter contact
(C) The food drive organizer
(D) The manager's secretary

4. What is NOT indicated about the food drive?
(A) Dina will match every donation.
(B) Mr. Tillman will deliver the food.
(C) Participants could win a prize.
(D) Dina will give money to the shelter.

5. Why might a staff member speak with Dina?
(A) To inquire about the shelter
(B) To make a monetary gift
(C) To request vacation leave
(D) To learn about new work projects

UNIT
03 ˈ 사실 관계 확인

사실 관계 확인 유형을 NOT/true 유형이라고도 한다. '~가 아닌(NOT) 것은?'이라든가 '~가 사실(true)인 것은?' 이라고 묻기 때문이다. 그러나 질문에 반드시 NOT이나 true라는 단어가 반드시 있어야만 하는 것은 아니다. 왜냐하면 같은 NOT/true 유형일지라도 질문이 여러 형태로 바뀌어서 출제되고 있기 때문이다.

이 유형은 다른 유형에 비해서 푸는 데 대단히 많은 시간이 소요되는 편이다. (A)~(D) 선택지 하나하나를 본문과 꼼꼼하게 대조하여 확인해야 하기 때문이다. 또한 '대충 그렇겠지'하는 느낌만으로 풀다가는 오답을 선택하기 쉽다.

또한 전체 글에 대한 사실 관계 확인 유형이라면, 전체를 다 보고 풀어야 한다. 하지만, 본문의 특정 사실에 대한 사실 관계 확인 유형이라면 키워드를 찾아서 그 해당 부분을 스캔하여 사실 관계를 확인해야 한다.

✓ 질문 유형

아래에 표시된 딘어들이 보이면 사실 관계 확인 유형이다!

[true – 전체 본문과 일치하는 것을 찾는 유형]

What is mentioned **about the conference?** 이 컨퍼런스에 대해서 언급된 것은 무엇인가?

What is suggested **in the memorandum?** 회람에서 언급된 것은 무엇인가?

▶ 주의! Part 7 질문에서 suggest는 '제안하다'가 아닌 '말하다, 언급하다'라고 해석

What is indicated **in the text message?** 이 문자 메시지에서 명시된 것은 무엇인가?

What is true **about Fast Airlines?** 패스트 에어라인에 대해 사실인 것은 무엇인가?

[true – 본문 특정 사실과 일치하는 것을 찾는 유형]

What advantage of the plan is mentioned**?**

이 계획의 어떤 장점이 언급되어 있는가?

▶ 단점이 아닌 '장점' 부분에서 찾아야 함

What is said **about the job responsibilities?**

직무에 관해 언급된 것은 무엇인가?

▶ 구인 광고 여러 항목 중 '직무' 부분을 찾아야 함

What was stated **in the previous e-mail?**

이전 이메일에서 언급되었던 것은 무엇인가?

▶ 이번 이메일이 아닌 지난 이메일에서 언급된 것을 찾아야 함

[NOT – 전체 본문과 일치하지 않는 것을 찾는 유형]

What is NOT true about Quick Inc.? 퀵 주식회사에 대해서 사실이 아닌 것은 무엇인가?

What is NOT included in the survey? 이 설문에 포함되지 않은 것은 무엇인가?

What is NOT mentioned in the notice? 이 공고에 언급되지 않은 것은 무엇인가?

What is NOT suggested in the article? 이 기사글에 언급되지 않은 것은 무엇인가?

[NOT – 본문 특정 사실과 일치하지 않는 것을 찾는 유형]

What is NOT said about Mr. Fulmer?

펄머 씨에 대해 언급되지 않은 것은 무엇인가?

▶ 펄머 씨가 수신자인지, 발신자인지, 제 3자인지 확인 후 푼다. 펄머 씨가 수신자라면 본문에 you로, 발신자이면 I로, 제3자이면 Mr. Fulmer로 나온다.

What are employees NOT asked to do?

직원들이 하라고 요청 받은 사항이 아닌 것은 무엇인가?

▶ 보통 요청하는 사항은 글 후반부에 명령문이나 공손한 부탁의 표현으로 등장

What does the brochure say Office Interiors Inc. will NOT do?

이 소책자에 따르면, 오피스 인테리어 주식회사가 하지 않을 것은 무엇인가?

▶ 회사가 하는 일이 언급된 후, 하지 않는 일을 후반부에서 확인

Which item would NOT be included in the basic cost?

어떤 물품이 기본 비용에 포함되어 있지 않을 것인가?

▶ '기본 비용'을 키워드 삼아 스캔하여 확인

What type of experience is NOT mentioned in the letter?

이 편지에서 어떤 경험이 언급되지 않는가?

▶ 언급된 '경험'들을 찾아 보기에서 하나씩 소거

✅ 한눈에 보는 유형 해법

해법 1 참(true)을 묻는지, 거짓(NOT)을 묻는지 정확히 질문을 이해하라!

질문을 대충 보고 실수를 하는 경우가 있다. 가령 거짓(NOT)을 물었는데 본문에 일치하는 것(true)을 정답으로 선택하는 경우가 있다.

해법 2 선택지 (A)~(D)를 먼저 읽어라!

보통 다른 유형들은 질문만 보고 본문의 해당 부분을 찾아서 그 다음에 선택지를 보는 것이 시간을 아끼는데 도움이 된다. 그러나 '사실 관계 확인 유형'은 반드시 선택지 (A)~(D)를 먼저 읽는 것이 중요하다.

해법 3 선택지와 본문을 꼼꼼히 대조해야 한다.

선택지의 특정 단어가 본문의 특정 단어와 1:1로 대응되는지 면밀히 확인하여 정답을 선택해야 한다. 이때, 대충 선택지 단어가 본문에 있다고 사실(true)이라 판단하면 안된다. 보통 본문과 선택지는 같은 말이지만 단어는 바꾸어 내는 (패러프레이징, paraphrasing) 경우가 많기 때문이다. 오히려 그대로 쓰인 단어는 함정일 수 있다.

해법 4 정답은 거의 패러프레이징되어 출제된다.

정답은 거의 유사한 표현으로 바꾸어 나오는 편이며, 오답은 본문에 나온 단어를 그대로 이용하는 경우가 많다. 따라서 답을 찾을 때는 항상 패러프레이징에 주의해야 한다.

해법 5 모든 근거를 반드시 찾지 않아도 되는 경우가 있다.

가령 '사실(true)인 것은?' 하는 질문에서 정답에 해당하는 것을 본문에서 정확하게 찾았으면 나머지 3개를 굳이 확인하지 않아도 된다는 것이다. 왜냐하면 나머지 3개가 본문에 언급되지 않을 가능성도 있기 때문이다.

해법 6 선택지 (A)~(D)에 대한 근거가 모두 본문에 나오지 않는 경우도 있다.

(A)~(D)는 본문을 통해 정확히 참과 거짓이 확인되는 경우도 있지만, 아예 언급이 되지 않는 경우도 있다. 가령 What is mentioned?(언급된 것은 무엇인가?)라고 하면 본문에 언급된 것은 4개 선택지 중 하나만 언급된 것이 정답이다. 그렇기 때문에 나머지 3개의 선택지는 아예 언급이 되지 않을 수도 있고, 언급되었으나 틀리게 언급될 수도 있다.

해법 7 전체 본문을 봐야 하는 경우와 특정 부분을 봐야 하는 경우가 있다.

전체 지문을 다 봐야 (A)~(D)가 확인이 되는 경우가 있다. 이런 경우는 시간이 많이 걸리므로 이 질문을 제외한 나머지를 먼저 해결하고 나서 이 질문을 마지막에 푸는 것도 좋은 편법이다. 왜냐하면 다른 질문을 풀기 위해서 본문을 보는 중에 이 문제가 저절로 해결되는 경우가 많기 때문이다.

이와 달리 특정 부분을 봐야 하는 경우라면, 키워드 찾기 유형과 마찬가지로 질문의 키워드를 가지고 본문을 스캔하여 해당 부분에서 재빨리 답을 찾으면 된다.

PART 7 기출 어휘

토익 빈출 어휘들은 익숙해질 때까지 훈련하는 것이 좋다. 영어 단어를 보고 한글 의미를 암기하고, 다음에는 한글 의미를 보고 영어 단어를 암기하도록 한다. 완전히 암기한 단어의 경우, 단어 앞에 있는 박스에 체크하여 학습 완료 여부를 확인한다.

□ be similar to	~와 유사하다	□ 치료(법)	treatment
□ in some ways	어떤 면에서는	□ 막다른 곳, 궁지	dead end
□ turn out	~라고 판명나다	□ 중대한	crucial, important
□ end up -ing	결국 ~하고 말다	□ 현존하는	existing
□ take the risk	위험을 떠안다	□ 출시하다	release, launch
□ be superior to	~보다 더 뛰어나다	□ 중요하다	matter
□ as a mark of	~의 표시로	□ ~에 관한	concerning, regarding, about
□ get involved in	~에 관여되다	□ 장려하다, 격려하다	encourage
□ make a difference	변화를 가져오다	□ 회수하다	retrieve
□ associated with	~와 관련된	□ 불일치	discrepancy
□ be interested in	~에 관심이 있다	□ 사건	incident
□ suit needs	니즈(요구 사항)을 충족시키다	□ 목적	objective, aim, goal purpose
□ apply to	~에 적용하다	□ 감동시키다, 깊은 인상을 주다	impress
□ be on sale	세일 중이다	□ 훑어보다	browse
□ please note that	~을 알아두세요	□ 후회하다, 유감으로 여기다	regret

기초 다지기1

Question 1 refers to the following advertisement.

Sammy's Suit Spectacular

❸ <u>We offer a fine selection of business suits, ties, and shoes</u> to ensure you look your absolute best at work. Whether you want to impress colleagues and clients while staying on a tight budget or dress in the finest apparel possible, we have something to suit your needs. All merchandise is 25% off from January 1 through to January 8. Also, don't forget that our usual 10% discount on any purchase of $200 or more still applies, even to items that are already on sale.

Also, starting on January 12, you'll be able to browse our merchandise online and see our stylish offerings from the comfort of your own home. Just go to www.sammyssuitspectacular.com. Once you've settled on something, just come in to get it fitted. Or, send in your measurements and order online. Please note, though, that we can only guarantee the size, not the fit, of such orders.

1. What is ❶ NOT mentioned as a ❷ product sold by the store?

(A) Belts
(B) Shoes
(C) Suits
(D) Ties

새미의 환상적인 정장

저희는 좋은 품질의 정장, 타이, 그리고 구두를 제공합니다. 당신이 직장에서 절대적으로 최고의 모습으로 보이는 것을 확실히 하기 위해서죠. 당신이 적은 예산으로 동료들과 고객들에게 깊은 인상을 주기를 원하든, 혹은 가능한 최고의 의복으로 차려 입기를 원하든, 저희는 여러분의 니즈를 충족시킬 어떤 것을 가지고 있습니다. 모든 상품은 1월 1일부터 1월 8일까지 25% 할인됩니다. 또한, 잊지 마실 것은 저희가 평소 하던 200달러 이상의 구매시에 10% 할인을 하는 것도 여전히 적용된다는 것입니다. 심지어 이미 세일 중인 물품들에도 적용됩니다.

또한, 1월 12일부터 시작해서, 우리 상품들을 온라인으로 살펴보고 저희의 멋진 물건들을 집에서 편하게 보실 수 있습니다. 그저 www.sammyssuitspectacular.com 으로 가기만 하세요. 무언가를 선택하셨다면, 그저 (키케모) 오셔서 몸에 맞추도록 하세요. 혹은 당신의 신체 측정치를 보내주시고 온라인으로 주문하세요. 하지만 알아두실 것은 그런 주문에 대해서는 딱 맞게 어울리는지가 아니라, 사이즈만 보장해 드릴 수 있습니다.

1. 이 가게에 의해서 팔리는 제품으로 언급된 것이 아닌 것은?
(A) 벨트
(B) 신발
(C) 정장
(D) 타이

문답으로 짚어주는 문제 풀이 핵심 포인트

질문에 ❶ NOT mentioned가 보이니까 사실 관계 확인 유형이네요. 그럼 선택지와 본문을 하나하나 확인해야 겠네요? 시간이 많이 걸리겠어요. ㅠㅠ

 그렇지. 근데 질문 끝부분에 나온 ❷ '가게에서 팔리는 물건'은 특정 부분만 보면 되니까 시간이 그렇게 많이 걸리지는 않아. 광고글에서 무엇을 파는지는 가장 중요한 주제에 해당하기 때문에, 질문에 대한 단서가 글의 서두에 나올 것이란 짐작을 하고 앞부분을 보도록 하자.

본문 맨 앞에 ❸ we offer 이후에 나오는 것들을 선택지와 차분히 대조하면서 소거해나가면 정답은 (A)네요.

기출 구문 분석

We offer a fine selection of business suits, ties, and shoes to <u>ensure you look</u>
동 (that) 명　　동

your absolute best at work.

저희는 좋은 품질의 정장, 타이, 그리고 구두를 제공합니다. 당신이 직장에서 절대적으로 최고의 모습으로 보이도록 확실히 하기 위해서죠.

● 명사절 접속사 that의 생략

명사절 접속사 that의 생략은 자주 볼 수 있는 현상이다. 이때 that의 생략을 알아채지 못하면 해석이 꼬일 뿐 아니라, 문장이 틀린 것으로 보이게 되어 문장의 해석을 방해하게 된다. 그럼 that의 생략은 어떤 경우에 나타나며 그걸 쉽게 알아채는 방법은 무엇일까?

> ☑ 동 (that) 명 동
>
> 동사가 있고 그 뒤에 「명사+동사」의 형태가 나타나면 that이 생략된 걸로 간주한다. 또한 이때 「(that) 명+동」은 전체가 앞에 있는 동사의 목적어 역할을 한다고 생각하고 해석도 목적어로 해야한다.
>
> 바로 저 문장에서 표시된 ensure you look이 정확히 「동 (that) 명 동」의 구조이다. 따라서 '당신이 ~해 보이도록 하는 것을(목적어) 확실히 하기 위해(to ensure)'라고 해석하면 된다.

Please note, <u>though</u>, that we can only guarantee the size, <u>not the fit</u>, of such
　　　　　　삽입구　　　　　　　　　　　　　　　　　　　　　　삽입구

orders.

그러나, 우리가 단지 그런 주문의 사이즈만 보장할 뿐, 딱 맞게 어울리는지를 보장하는 것은 아니란 점을 알아두세요.

● 삽입구의 처리

양쪽 콤마 사이에 있는 단어나 구, 혹은 절(주+동)을 삽입구라 하며, **이 부분이 없다고 생각하고 콤마 앞부분과 뒷부분을 연결해서 해석하면 된다.** 이때, 삽입구는 먼저 해석하거나 나중에 해석하면 된다.

즉, 위에서도 though를 빼고 please note that~을 'that 이하를 알아두세요'라고 해석하면 된다. 마찬가지로 not the fit을 빼고 the size of such orders(그러한 주문의 사이즈)라고 이해하면 된다.

기초 다지기 2

Question 2 refers to the following letter.

Dear Mr. Bergdorf,

Thank you for your letter dated August 3, concerning the freshness of a package of Sunny-Surprise dried fruit. We regret that the interior package was damaged and the fruit had mold on it when you opened the box.

Seven years ago, we switched to using inner plastic bags for our dried raisins, apples, and cherries. ❹ We tested the bags for strength and found that they are superior to other forms of packaging.

We can only assume that, somehow, your particular box of dried fruit had its packaging damaged. ❺ Whether it happened before it left our factory or en route during shipping cannot be determined. ❸ I assure you that every package is fully inspected before being sent out. ❻ I would also expect the grocery store to visually inspect shipments as they arrive. I have retrieved our inspection logs and daily records for the lot numbers you provided, and I have found no discrepancies or unusual problems occurring with that particular lot.

I hope you will accept these coupons for free Sunny-Surprise products as a mark of our regret that this incident happened.

Yours sincerely,

Eleanor Howells
Customer Service Manager
Sunny-Surprise Foods

2. What is ❶ NOT mentioned about the ❷ food packaging?

(A) Packages are inspected thoroughly.
(B) The inner plastic bags are very strong.
(C) The shipper reported package damage.
(D) Grocery stores should inspect it.

버그도르프 씨에게

8월 3일자 편지에 감사드립니다. 써니-서프라이즈 건과일의 포장의 신선도에 관한 것이었죠. 당신이 상자를 열었을 때, 내부 포장이 훼손되었고, 과일에는 곰팡이가 있었다는 것에 대해 유감으로 생각합니다.

7년 전, 저희는 내부 포장재를 비닐봉지를 이용하는 쪽으로 바꾸었습니다. 저희의 건포도, 건사과, 그리고 건체리에 대해서 말이죠. 우리는 그 비닐봉지의 강도를 테스트 해봤고, 다른 포장재 형태보다 더 뛰어남을 알았습니다.

저희가 단지 추정하는 바는 어쨌든 당신의 건과일 특정 상자의 포장재가 훼손되었다는 것입니다. 이것이 공장을 나서기 전에 발생한 일인지 혹은 배송 중에 일어난 일인지는 밝혀지지 않습니다. 당신에게 확실하게 말씀드릴 것은, 모든 상품은 발송 전 완벽하게 검수된다는 겁니다. 저는 또한 식료잡화점이 물건 배송을 받으면 외형 검수를 하도록 기대합니다. 당신이 제공한 제품 번호에 대한 점검 조사 일지와 일일 기록을 회수하였고 그 특정 제품에 있어서 어떤 불일치라든가 평소와 다른 문제점이 발생한 것은 찾지 못했습니다.

무료로 써니-서프라이즈 제품들을 이용하실 수 있는 이 쿠폰들을 받아주시길 바랍니다. 이런 사고가 발생한 것에 대한 저희의 유감의 표시입니다.

안녕히 계십시오.

엘러너 하월스
고객 서비스 매니저
써니-서프라이즈 식품

2. 식품 포장에 대해서 언급되지 않은 것은?
(A) 제품들은 철저히 검사된다.
(B) 내부 비닐봉지는 매우 튼튼하다.
(C) 선적회사가 제품 손상을 보고했다.
(D) 식료 잡화점들이 그것을 점검해야 한다.

문답으로 짚어주는 문제 풀이 핵심 포인트

 질문에 ❶ NOT mentioned가 보이니 '사실 관계 확인 유형'이고 질문 끝에 ❷ food packaging이 보이니 '특정 부분을 보는 유형'이구나.

그럼, food packaging을 키워드로 본문을 스캔하겠습니다~

 그렇지! 본문에 포장(packaging)이 나온 ❸, ❹, ❺, ❻을 선택지 (A)~(D)와 차분하게 대조해 소거하면~

(C)가 본문에 없으니 이게 정답이네요~

기출 구문 분석

Whether it happened before it left our factory or en route during shipping cannot

명사절 whether(주어)

be determined.

이런 일이 공장을 나가기 전에 발생했는지 혹은 배송 도중에 발생했는지는 밝혀지지 않습니다.

● 명사절 whether (~인지)

주로 명사절을 이끄는 접속사 whether는 문장에서 주어나 목적어, 혹은 보어가 되는 문장을 이끄는 접속사이다. 그 중에 주로 쓰이는 경우인 주어와 목적어를 알아 두는 것이 좋다.

☑ Whether가 주어가 되는 명사절을 이끌 때

Whether you understood it (or not) is not certain.
네가 이것을 이해했는지 (아닌지는) 확실하지 않다.

whether ~ (or not)까지가 is의 주어가 되는 명사절이다. 보통 이렇게 주어 부분이 길 경우는 가주어/진주어 용법으로 바꿔 It is not certain whether you understood it (or not)으로도 쓸 수 있다. 이것은 Part 5의 문법 문제에서 빈칸에 it이나 whether를 넣는 문제로 자주 나오니 꼭 이해가 필요하다.

특히 가주어, 진주어 구조로 쓰면 문장 구조 파악이 쉽지만, whether절을 문장 맨 앞에 쓰면 어디까지가 주어인지, 동사는 어디에 있는지 헷갈린다. 따라서 아래의 공식을 알아두면 좋다. Whether부터 시작해서 동사 2 바로 앞까지를 통으로 문장의 주어로 보는 방법이다.

Whether 주어 + 동사 1 ~ 동사 2 ~.

☑ Whether가 목적어가 되는 명사절을 이끌 때

Mr. Park wondered whether(= if) the manager would accept his idea (or not).
박 씨는 그 매니저가 그의 아이디어를 받아들일지 궁금해 했다.

동사(wonder) 뒤에 whether나 if절이 나오면 '~인지를'이라고 해석하면서 그 동사의 목적어로 해석하면 된다. 특히 이렇게 동사 뒤에 if절이 나오면 '~라면'이라고 해석하지 않도록 주의해야 한다.

참고로 whether는 '~인지'라는 그 뜻의 특성상 '잘 모르겠다(don't know)', '궁금하다(wonder)', '물어본다(ask)', '확실하지 않다(not sure, uncertain)'와 같은 말들과 흔히 어울려 쓰인다는 것도 알아두면 Part 5 문제를 풀 때도 도움이 될 것이다.

Questions 1-3 refer to the following letter.

Ms. Judy Chang
902 Wagner Avenue
New York, NY 11369

Dear Ms. Chang,

My name is Joshua Wakefield. I am a high school student at South Central High. I am helping to organize a youth conference next October 15th to 19th. The objective is to encourage high school students to get involved in the community and make a difference.

During the conference, we will perform volunteer work with different local groups, meet in discussion groups, and make a personal action plan for change. We will also hear from a different inspirational speaker every day. We invite a variety of speakers to share their stories with us, reminding students that youths of all ages can make a difference.

I am writing to you to ask you to be one of our keynote speakers. My cousin Allison saw you on TV last year and heard you tell the story of how you raised funds to build a new hospital in Thailand. Since she watched that documentary, Allison has been planning a trip to Ecuador to help poor villagers there. Her life will never be the same, thanks to you. I was thinking you might change all our lives for the better.

Please let me know if you are interested in joining us. You can learn more about the conference by visiting YouthForCommunityChange.org. You can also contact me directly with any questions.

Thanks for your consideration.

Sincerely,

Joshua Wakefield

1. What is NOT mentioned as a feature of the conference?
   (A) Learning about conditions in poor nations
   (B) Listening to speakers share their accomplishments
   (C) Volunteering at organizations in the community
   (D) Joining with other youths to set personal goals

2. Why did Mr. Wakefield write to Ms. Chang?
   (A) To offer his help
   (B) To request a donation
   (C) To invite her to speak
   (D) To ask for advice

3. What does Mr. Wakefield say about his cousin?
   (A) She plans to study medicine at university.
   (B) She was greatly affected by Ms. Chang's story.
   (C) She organized the youth conference last year.
   (D) She prefers traveling over volunteering.

Questions 4-7 refer to the following e-mail message.

---

* E-mail *

To: Harrison Dean

From: James Ford

Re: Research Funding

Harrison,

I know you don't like the idea, but I really think we should fund Peter Redmond's new research. It's true that the new cancer treatment he's trying to develop is similar in some ways to research that was done in the 1980s. And yes, that research turned out to be a dead end. However, I've reviewed his results personally, and they're solid. He's essentially got a cure for cancer in mice – not just one type of cancer, but pretty much any type of cancer. Getting it to work in humans will be difficult, but it's shown a lot of promise in primates already. I'm convinced that he'll be ready to progress to human trials within five years. It's only a matter of time before he finds a company that's willing to provide financial support. It's crucial that we be that company. Many of our existing drugs are anti-cancer. We can't allow a competitor to release a cure. That would completely destroy our business. Even if the research ends up being another dead end, it doesn't matter. We simply can't take the risk.

Sincerely,

James Ford
Director of Research and Development

---

4. What is the purpose of the e-mail?

(A) To request additional staff
(B) To make a recommendation
(C) To criticize someone's research
(D) To announce new funding

5. What does Mr. Ford say about Mr. Redmond's research?

(A) It is similar to older research.
(B) It involves no animal testing.
(C) It will take too long.
(D) It is very expensive.

6. What sort of company does Mr. Ford most likely work for?

(A) A drug company
(B) An accounting firm
(C) A medical device maker
(D) A veterinary practice

7. Who most likely is Mr. Ford?

(A) A company CEO
(B) An academic researcher
(C) A department head
(D) A medical doctor

UNIT 04 ˈ 추론과 암시

'추론과 암시', 이 단어들만 봐도 절대 만만한 문제 유형이 아닐 것이라는 생각이 들 것이다. 사실 토익 독해에서 수험자들이 가장 어려워하는 문제 유형이 바로 이 추론과 암시 유형이다. 이유를 간단히 말하자면 답을 알려주는 부분이 명확하게 드러나 있지 않기 때문이다. 해석을 분명하게 했는데도, 답이 없는 것 같기도 하고 혹은 이게 맞다 싶어 답으로 선택했는데 다른 것이 답이기도 하다. 초보자들의 경우는 한글로 된 해석을 보아도 왜 이것이 답인지를 쉽게 납득하지 못하는 것이 바로 이 추론과 암시 유형이다.

추론과 암시 유형은 단순하게 영어 실력만으로 해결되는 부분은 아니다. 영어 실력은 기본이고, 추가로 논리적인 사고력이 문제 해결에 큰 역할을 하기 때문이다. 그리고 토익 독해는 점점 더 '직접적인 영어 실력 평가+논리적인 사고력'을 갖추기를 요구하고 있다. 본 추론과 암시 유형은 바로 전 단원인 사실 관계 확인 유형과 비슷하긴 하지만, 난이도가 훨씬 높다.

✅ 질문 유형

[글의 출처나 대상자를 추론하는 유형]

Where would the information most likely be found**?** 이 정보글은 어디에서 볼 수 있겠는가?
Where would the information most likely appear**?** 이 정보글은 어디에 나타날 것 같은가?
For/To whom is the letter most likely written**?** 이 편지는 누구를 위해 작성되었을 것 같은가?
For whom is the announcement intended**?** 누구를 위해 이 공지글은 의도되었는가?

[특정 키워드를 찾아 추론하는 유형]

What is implied about the new system**?** 새로운 시스템에 대해 암시되어진 것은 무엇인가?
Who most likely is Mr. Hugo**?** 휴고 씨는 누구일 가능성이 높은가?
What probably happened earlier this month**?** 이달 초에 아마도 어떤 일이 있었겠는가?
What is suggested about the contractor**?** 이 계약업자에 관해 언급되어진 것은 무엇인가?
At 11:38 A.M., **what does Ms. Corley most likely mean when she writes,**
"I don't care"?
오전 11시 38분에, 콜리 양이 "난 신경쓰지 않아"라고 쓴 것은 무엇을 의미하는 것 같은가?

[전체 내용을 봐야 풀리는 유형]

What can be inferred from **the article?** 이 기사글로부터 추론되는 것은 무엇인가?

What can be inferred about the slide show? 슬라이드 쇼에 대해서 추론되는 것은 무엇인가?

What is implied in the letter? 이 편지에서 암시되는 것은 무엇인가?

✔ 유형 정답 단서

❶ 글의 출처나 대상자를 추론하는 유형

글의 출처나 대상자를 추론하는 유형의 정답은 보통 지문의 맨 앞부분에 나오는 편이다. 다만, 정확하게 명시되는 것이 아니라 '추론'의 특성상 추측을 해야 하는 어려움이 있다.

> [출처를 묻는 경우]
> → 주로 기사문이나 안내문에서 흔히 출제된다. 앞부분만 읽고 풀리는 경우도 있지만, 때로는 전체를 다 읽어야만 풀리는 경우도 있다. 이 경우 오답률이 굉장히 높은 편이다.
>
> [대상자를 묻는 경우]
> → 편지나 이메일, 혹은 공지글 등에서 흔히 출제된다. 역시 앞부분을 읽으면 정답을 찾을 수 있다. '당신/여러분'을 지칭하는 you나, '고객(customers, clients, readers/subscribers, members 등)'을 지칭하는 것이 바로 대상자임을 눈치채야 한다.

❷ 특정 키워드를 찾아 추론하는 유형

기본적으로는 키워드 찾기 유형과 같다고 볼 수 있다. 즉, 질문의 끝부분에 나오는 특정 키워드를 본문에서 스캔하여 찾아낸 후, 그 부분을 해석해서 답을 고르면 된다. 다만, 키워드 찾기 유형에서는 답을 보다 직접적으로 보여준다면, 추론과 암시 유형에서는 답이 직접적으로 보이지 않는다.

❸ 전체 내용을 봐야 풀리는 유형

이 유형은 사실 관계 확인 유형에 '추론'이 덧붙여진 형태라 이해하면 되겠다. 다만, 본문의 특정 부분에서만 정답의 힌트가 주어지는 것이 아니라, 여기서 조금, 저기서 조금씩 힌트가 흩어져 있고, 또한 정답의 단서가 암시되어 있어 이를 종합해서 답을 찾아야 한다.

❹ 이중/삼중지문에서의 추론 유형

176번 이후에 제시되는 이중/삼중지문의 경우, 질문에 '사람 이름, 직책, 부서, 회사 이름, 날짜, 시간, 요일, 금액' 등이 나오는 경우 십중팔구 두 개 혹은 세 개의 지문을 연계해서 풀어야 한다. 이 때, 단순히 답이 보이는 경우도 있지만 추론을 해야 하는 경우도 점점 늘고 있으니 **'이름, 숫자' 등이 질문에 들어 있으면 반드시 두세 개의 지문을 연결하여 정답을 추론하도록 한다.**

❺ 보기를 먼저 읽고 본문을 본다.

보기 (A)~(D)가 본문에 꼭 차례대로 나오는 것은 아니다. 그래서 보기 하나만 읽고 본문에서 근거를 찾으면 글을 두세 번 읽어야 하는 경우가 생긴다. 그렇기 때문에 4개의 보기를 반드시 미리 보고, 쭉 읽어나가다가 해당보기의 내용이 나오면 정답을 바로 표시한다.

❻ 최신 경향은 지문 전체를 다 읽어야 하는 문제가 늘고 있다.

아쉽게도 다른 유형과 달리, 추론과 암시 유형은 최근 들어 어느 특정 부분만 읽어서는 답을 고를 수 없고, 본문전체를 다 읽고 산발적으로 나오는 힌트들을 보기와 연계하여 추론해야 하는 어려운 문제들이 많아지고 있다. 그렇기 때문에 당연히 시간이 부족하기 마련이다. 따라서 ❺에서 제시한대로 보기를 먼저 읽고, 보기의 키워드에 해당하는 부분이 나오면 그 부분을 집중해서 다시 읽는다. 이렇게 하면 정답을 찾을 확률이 좀 더 높아진다.

❼ 정답은 패러프레이징되어 제시된다.

다른 유형도 마찬가지지만, 특히 이 유형은 정답이 본문과 다른 말로 바뀌어 표현되는데, 학습이 부족한 수험생들은 같은 표현인지 모르는 경우가 많다. 따라서 독해의 절대적인 양을 늘려서 비슷한 표현에 대한 이해력을 높여야 고득점이 가능하다는 점을 기억하자.

✔ 한눈에 보는 유형 해법

STEP 1	**추론과 암시 유형의 질문임을 확인!** most likely, probably, intend, imply, infer와 같은 단어들이 질문에 보이면 추론과 암시 유형에 해당한다. 따라서 답이 쉽게 보이지는 않을 것임을 알고 문제를 풀어야 한다.
STEP 2	**질문 유형별로 보아야 할 곳을 재빨리 본다!** 출처나 대상자는 답을 찾기 위해 지문의 앞을 봐야 하고, 키워드 찾기와 연계한 추론 유형은 키워드가 나오는 곳을 봐야 한다. 하지만, 전체 지문을 대상으로 한 추론 문제의 경우, 다른 문제들부터 해결하고 마지막에 해결하는 것도 하나의 노하우이다.

토익 빈출 어휘들은 익숙해질 때까지 훈련하는 것이 좋다. 영어 단어를 보고 한글 의미를 암기하고, 다음에는 한글 의미를 보고 영어 단어를 암기하도록 한다. 완전히 암기한 단어의 경우, 단어 앞에 있는 박스에 체크하여 학습 완료 여부를 확인한다.

☐ make an arrangement	마련하다, 준비하다	☐ ~을 포함하여	including
☐ not only ~ but (also)	~뿐 아니라 또한 ···도	☐ 채택하다	adopt
☐ be aware that	~을 알다	☐ 혁신적인	innovative
☐ commitment to	~에 대한 헌신	☐ 알리다	inform
☐ qualify for	~에 대한 자격을 가지다	☐ 의도	intention
☐ no longer	더 이상 ~이 아닌	☐ 확실하게 하다	ensure
☐ too ~ to do	너무 ~해서 ···할 수 없다	☐ 일관성	consistency
☐ company-wide	전 회사에 걸친, 전사적인	☐ 설립, 기관	establishment
☐ semi-annual	반년마다의, 1년에 두 번 하는	☐ 결점 없는	flawless
☐ get to work	출근하다	☐ 접근(하다)	access
☐ see for oneself	스스로 알아보다	☐ 필수적인	vital
☐ register for	~에 등록하다	☐ 결심한	determined
☐ leap to one's feet	벌떡 일어나다	☐ 도전적인, 힘든	challenging
☐ encourage A to do	A가 ~하도록 장려하다/ 격려 하다	☐ 그러나, 아무리 ~한다 해도	however
		☐ 최신의	latest

Question 1 refers to the following memo.

❷ TO: Marketing managers
FROM: Greg White, general manager
DATE: May 1
RE: Marketing Workshop

Our next semi-annual marketing workshop will be held at our offices in Wilberton, Illinois. This is the site where we make our best selling GreenEx and Aidette products. The workshop dates are June 3-4 and we encourage all marketing managers company wide, including international managers, to attend. The company is adopting several dynamic and innovative new marketing strategies, so you will want to understand these in order to roll them out to your own staff. The workshop will include a dinner with the company founder and president, which will be a real treat.

Please e-mail Maria at maria.stein@WeyerPharm.com to inform her of your intention to attend, and she will make all hotel and flight arrangements for you. You will not want to miss out on this vital company-wide meeting.

1. Who is the memo ❶ intended for?

(A) Production line managers
(B) Sales division employees
(C) Corporate executives
(D) Marketing managers

수신: 마케팅 매니저들
발신: 그렉 화이트, 국장
날짜: 5월 1일
회신: 마케팅 워크숍

우리의 다음 반기 마케팅 워크숍은 일리노이즈주, 월버튼시에 있는 우리 사무소에서 열릴 것입니다. 이곳은 우리가 우리의 주력 상품인 그린엑스와 에이데트 제품들을 만드는 곳입니다. 워크숍 날짜는 6월 3일~4일이며, 회사의 모든 마케팅 매니저들이 참여하기를 권고하는 바입니다, 국제 매니저들도 포함하여 말입니다. 회사는 여러 개의 역동적이고 혁신적인 새로운 마케팅 전략들을 채택 중입니다. 따라서 여러분은 이런 것을 이해하기를 원할 것입니다. 그것들을 여러분의 직원들에게도 도입하려면 말입니다. 이 워크숍은 회사 창업주이자 회장님과의 식사를 포함하게 될 것인데, 성대한 대접이 될 것입니다.

마리아에게 maria.stein@WeyerPharm.com으로 이메일 보내서 참석 여부를 알려주시면, 그녀가 모든 호텔과 비행편 준비를 여러분을 위해서 해줄 것입니다. 여러분은 이런 중요한 전사적 모임을 놓치지 않는 것이 좋습니다.

1. 이 메모는 누구를 위해 의도되었는가?
(A) 생산라인 매니저들
(B) 영업부 직원들
(C) 기업 중역들
(D) 마케팅 매니저들

문답으로 짚어주는 문제 풀이 핵심 포인트

 질문에 ❶ intended를 딱 보고 "아~하, 추론과 암시 유형이구나!"라고 떠올라야 해.

쌤! 근데, intended for로 질문이 끝났어요. 전치사 뒤에 아무것도 안 올 수가 있나요?

 좋은 질문이구나. 원래는 for 뒤에는 의문사 whom이 있었는데, 의문사가 문장 앞으로 가면서 who가 된 거란다. 즉 본 문제는 '메모가 누구에게 의도된 건가?'라며 메모의 대상자를 묻는 거지.

메모 처음에 ❷ 전치사 to와 함께 대상자가 바로 나오네요. 정답은 (D)!

 그렇지~ 참고로 첫 줄에 마케팅 워크숍이 있다 했고, 셋째 줄에서 '마케팅 매니저들'이 모두 참여하기를 독려하고 있지. 이 부분들까지 읽으면 더 정확히 답이 나오지.

기출 구문 분석

The company is adopting <u>several dynamic and innovative new</u> marketing
2개 이상의 형용사가 명사를 수식
strategies.

이 회사는 여러 개의 역동적이며 혁신적인 새로운 마케팅 전략들을 채택 중입니다.

대다수 영어문장은 「주어+동사+목적어」로 이루어져 있다. 이 문장 역시 주어(the company), 동사(is adopting), 목적어(marketing strategies)로 이루어져 있다. 이 때 동사와 목적어 사이에 있는 단어들은 있어도 되고 없어도 되는 수식어이다. 위 문장의 경우 그 수식어로 형용사를 무려 4단어(several, dynamic, innovative, new)나 사용하고 있다.

● 2개 이상의 형용사가 명사를 수식하는 경우

이렇게 형용사가 많은 문장을 자주 보지는 못할 테니 저런 문장을 만나면 당황스럽고 해석이 잘 안 될 수도 있을 것이다. 위의 문장처럼 **명사 앞에 형용사는 한 단어만 오는 게 아니라 두 단어, 세 단어, 그 이상도 가능하다.** 모두 명사를 수식하기만 하면 된다.

> ☑ **2개의 형용사가 명사를 수식하는 경우**
>
> 1) 「형용사+형용사+명사」: a <u>good young</u> boy 착한 어린 소년
> 2) 「형용사 and 형용사+명사」: a <u>wise and intelligent</u> girl 현명하고 총명한 소녀
> 3) 「형용사, 형용사+명사」: an <u>efficient, up-to-date</u> system 효과적인 최신 시스템

즉, **형용사와 형용사 사이에 아무것도 안 쓰거나, and 같은 등위접속사를 쓰거나, 혹은 콤마(,)를 찍어 명사를 수식할 수 있다.** 이런 모습을 처음 보면 매우 낯설겠지만, 이렇게 3가지가 모두 가능하다고 한 번 알아두면 그 다음부터는 구조 파악이나 해석에 많은 도움이 된다.

You will not want to miss out on this vital company-wide meeting.
~하지 않는 것이 좋다
이 중요한 전사적 모임을 놓치지 않는 게 좋겠어요.

● ~하지 않는 것이 좋겠어요 (권유)

이 표현은 알아두면 매우 멋진 표현이 된다. '왜 이 좋은 걸 안하냐', '~해야 하지 않겠느냐', '이거 하면 좋을 것이다' 이런 의미이다.

> **You will not want to miss this great opportunity!**
> 이런 멋진 기회를 놓치고 싶지 않을 것입니다. (= 꼭 이번 기회를 잡으세요.)

기초 다지기 2

Question 2 refers to the following notice.

ATTENTION ALL EMPLOYEES:

Please be aware that ❷ Queen Street will be closed for construction starting next Monday. If you take the bus to work, you will have to take the King Street bus instead of the Queen Street one and walk to the office from the bus stop. If you drive, you won't be able to access this building's parking lot. You can try to find parking along King or Victoria Avenue and walk from there. However, parking is limited, so you may not find a spot. If that happens, I'd suggest using the parking lot at the corner of Victoria and Farmer. Please allow yourself a few extra minutes in the morning to get to work to ensure this street closure will not cause you to be late.

2. What can be ❶ inferred about Queen Street?

(A) Its subway station is being renovated.
(B) It is regularly closed for construction.
(C) It will be inaccessible to vehicles next week.
(D) It is a popular shopping street.

전직원 주목:

퀸 스트릿가 다음주 월요일부터 공사를 위해 폐쇄될 것이란 점을 알아두세요. 버스로 출근하시는 분이라면, 퀸 스트릿 버스 대신에 킹 스트릿 버스를 이용해서 버스 정류장에서 사무소까지 걸어야 할 것입니다. 직접 운전하신다면, 이 건물 주차장에 접근할 수 없을 것입니다. 킹대로나 빅토리아대로를 따라 주차 공간을 찾아 보시고 거기서 걸어오실 수 있습니다. 그러나 주차 공간이 한정되어 있어서 자리를 찾지 못할 수 있습니다. 그런 일이 발생하면, 빅토리아가와 파머거리가의 코너에 있는 주차장을 이용할 것을 제안합니다. 아침에 몇 분 더 여유를 가지고 출근하세요. 이번 도로 폐쇄 조치로 인해 늦지 않는 것을 확실히 하기 위해서 말이죠.

2. 퀸 스트릿에 대해 추론되는 바는?
(A) 지하철역이 개조 공사 중이다.
(B) 공사를 위해 주기적으로 폐쇄된다.
(C) 다음 주에 차량 통행이 불가할 것이다.
(D) 인기있는 쇼핑거리이다

문답으로 짚어주는 문제 풀이 핵심 포인트

 질문에 ❶ inferred를 보고 추론과 암시 유형임을 알 수 있겠지?

그럼요, 쌤! 그리고 키워드는 ❶ 'Queen Street'이고요~

 그럼 키워드를 본문에서 빨리 스캔해보렴.

대문자로 쓰여 있으니 빨리 스캔할 수 있을 것 같아요. 음...찾았다! 첫 줄에 ❷ Queen Street will be closed라고 바로 나와요.

 그렇지. 첫 줄에 '다음 주 퀸스트릿이 폐쇄된다'는 말이 나오고, 다음 줄에 '퀸 스트릿 버스 대신 킹 스트릿 버스를 타라'고 하니 차로는 접근이 불가능함을 추론할 수 있지. 그래서 정답은 (C)란다.

기출 구문 분석

I'd __suggest using__ the parking lot at the corner of Victoria and Farmer.
   suggest -ing
빅토리아가와 파머가의 코너에 있는 주차장을 이용할 것을 제안합니다.

- ### suggest -ing (~할 것을 제안하다)

대다수 동사 뒤에는 목적어가 온다. suggest는 -ing 형태를 목적어로 가진다(명사도 가능). 따라서 저 문장에 using이 suggest의 목적어이다. 여기서 using은 use가 변형된 것으로, use 역시 원래 타동사이므로 뒤에 목적어가 와야 한다. 따라서 the parking lot이 using의 목적어이고 at 이하는 수식어이다.

Please __allow yourself a few extra minutes__ in the morning to get to work to ensure
            ❶ 동사 + 목적어 + 목적보어   ❷ 수식어
__this street closure will not cause you to be late.__
          ❸ 명사절 접속사 that 생략, ensure의 목적어
❶ 몇 분 더 여유를 가지세요, ❷ 아침에 직장에 도착하는 것을 확실히 하기 위해서, ❸ 이런 도로 폐쇄 조치가 당신을 지각하게 하지 않도록

- ### 길고 복잡한 문장 분석하기

  #### ❶ 동사 뒤에 「목적어+목적어」

  yourself가 첫 번째 목적어이고 그 뒤에 형용사 2개(a few, extra)의 수식을 받는 minutes가 두 번째 목적어이다. 이렇게 목적어가 2개 온 문장을 4형식 문장이라고 하며 '~에게 ~을/를 ···하다'라고 해석한다. 따라서 시간 여유를 가지라는 뜻으로 직역하면 '당신에게 추가적 몇 분을 허락해라'라는 의미이다.

  #### ❷ 수식어에 대한 이해

  앞의 내용이 4형식으로 끝났다. 그 뒤부터는 모두 수식어에 해당한다. in the morning처럼 전명구도 수식어이고 to부정사도 수식어이다. to부정사는 문장이 끝나고 쓰이면 보통 '~하기 위해서'라고 해석되기 때문에 to get~이나 to ensure~ 모두 '~하기 위해서'라고 해석하면 된다. 이때, 부사와 같이 수식어 역할을 하는 to부정사는 부사적 용법으로 쓰인 것이다.

  #### ❸ 명사절 접속사 that의 이해

  UNIT 03에서 「동사+명사+동사」의 구조이면 that이 생략된 것이라고 정리한 바 있다. 따라서 ensure 뒤에 that이 생략되어 있다고 봐야 하며 that이하는 ensure의 목적어로 보면 된다.

실전 문제

Questions 1-4 refer to the following notice.

Hotel Association of America Annual Convention

February 14-16, Valley Convention Center, 100 First St., San Bernardino, California

This year's focus: The Business Guest
See for yourself the latest trends in keeping and attracting business customers. Learn ways to make your hotel the first choice for business people from all over the world. See what the leaders in the industry are doing.

Attracting the business guest
No longer is it enough to provide high speed Internet in every room. Today's business travelers want even more from their hotel. See innovative business tricks and solutions from toiletries to technology. Green room.

Hotel chains – making consistency count
Some of the foremost hotel chains in the country showcase their approaches and solutions for maintaining consistency across the country and across the world. Any large hotel can use these tools in their own establishment. Blue Room.

Empty weekends?
A short film on ways to sell weekend time in your hotel. Weekday business clients often have bored families waiting to go places when work is over. Two hotels show their novel approach to solving the empty weekend issue. Gold Room.

Meet and Greet
Unlimited opportunities for networking and brainstorming. Snack/coffee bar with computers available from 6 A.M. to 10 P.M. Convention Lobby.

To register for the conference see www.hotelassociationofamerica.com. Register before September 1 for a 30 percent discount on the conference. Attendees staying at the San Bernardino Conference Hotel qualify for a 10 percent discount during conference dates. This is a busy hotel, so it is recommended to book before December 1 to be sure of a room.

---

1. What is the purpose of the notice?
   (A) To promote an event
   (B) To advertise a new hotel
   (C) To seek volunteers
   (D) To attract customers to a store

2. Which session would most likely include family-oriented ideas?
   (A) Attracting the business guest
   (B) Hotel chains
   (C) Empty weekends
   (D) Meet and greet

3. Which area of the building would be the best place to check e-mail?
   (A) The green room
   (B) The blue room
   (C) The gold room
   (D) The convention lobby

4. When should conference attendees book a room by?
   (A) September 1
   (B) December 1
   (C) February 14
   (D) February 16

Questions 5-8 refer to the following review.

Sibelius's Challenging Concerto No Problem for Young Violinist

Fourteen-year-old Simon Tourin dazzled a sold-out audience with his performance of Jean Sibelius's Violin Concerto. Tourin was the winner of the Young Performers Concerto Competition, for players under age 18. The prize: $5,000 toward violin lessons at the Music Conservatory and the chance to perform as a soloist with the Conservatory Orchestra.

Tourin picked up his father's violin at the age of three and asked his parents for lessons. "We thought he was too young to play, but he showed incredible focus from that young age," said his mother, Mary-Anne. "Even as young as five years old, he practiced often and showed a commitment to improving. At the age of ten, he performed in his first competition," continues his mother. "He lost the competition to a young girl who played the Sibelius concerto. From then on, he was determined to play it one day."

And Simon played it! Forget the practice of waiting to applaud at the end of the piece. The audience leapt to their feet after the first movement.

Not only was Simon's performance of the Sibelius concerto technically flawless, but he also played it with such deep emotion for a young boy. His teacher, Samuel Seguin, agrees: "He conveys an incredible range of emotion: love, hate, passion, guilt. I feel them all when I hear him play. His sound is a gift."

Tourin will perform the concerto twice more with the Conservatory Orchestra. Visit simontourin.com for ticket information.

5. Why was Simon invited to perform with the Conservatory Orchestra?
   (A) He takes lessons at the Music Conservatory.
   (B) His teacher plays in it.
   (C) He won a competition.
   (D) He recently finished a music course.

6. What does Simon's mother say about her son's violin playing?
   (A) He was taught how to play the violin by his father.
   (B) He began taking part in competitions at the age of five.
   (C) He has less and less time to practice these days.
   (D) He was dedicated to improving his playing early on.

7. How does the reviewer indicate the performance he saw was a success?
   (A) The crowd asked Simon to play another piece.
   (B) The crowd applauded before the concerto was done.
   (C) The next shows are already sold out.
   (D) The orchestra has offered Simon full membership.

8. What does Mr. Seguin mention about Simon's playing?
   (A) He needs to improve his performance technique.
   (B) He improved quickly because of his father.
   (C) He has been well taught by his instructors.
   (D) He has a gift of conveying complex emotions.

UNIT
05 ' 이중/삼중지문

토익 독해에서 가장 시간을 많이 소요하는 부분이 바로 이중/삼중지문이다. 단일지문에 해당하는 147번~175번을 모두 해결하는데 적절한 시간은 25분 안팎이다. 총 29문제이니 한 문항당 문제 풀이에 1분이 채 걸리지 않게 하는 것이다. 그런데 이중/삼중지문은 176번~200번까지 총 25문제를 푸는데 35분 안에 풀면 잘 푼 셈인데 35분이 걸려도 다 못 푸는 사람이 많기 때문이다. 이중/삼중지문에서는 한 문항당 1분이 넘게 소요될 만큼 많은 시간이 필요하다.

> 단일지문　　　　147번~175번 ➜ 29문제, 25분
> 이중/삼중지문　 176번~200번 ➜ 25문제, 35분

제시된 25분과 35분은 상위권 학생들에게 권장되는 문제 풀이 시간이기 때문에 중·하위권 학생들은 그 이상의 시간이 소요된다. 그렇다면 총 75분이 주어지는 RC에서 Part 5, 6를 위한 시간은 잘해야 15분 남짓 밖에 되지 않는다. 그렇다면 결국 RC에서의 성패는 Part 7, 그 중에서도 이번 UNIT에서 다룰 이중/삼중지문을 얼마나 효율적으로 처리하느냐에 달려있다 해도 과언이 아니다.

1 이중지문에 대한 이해

이중지문은 **읽어야 할 지문이 2개가 한 세트**이다. 예를 들어, 어떤 회사에서 구인 광고문을 냈다면, 그 구인 광고문을 보고 지원하는 지원자의 편지나 이력서 등이 한 세트가 되는 식이다.

이 두 지문이 이루는 한 세트의 지문에 대해서는 **총 5개의 질문**이 출제된다. 따라서 176번~180번이 한 세트, 그리고 181번~185번이 또 한 세트 이렇게 총 두 세트가 등장한다. 시간 관리는 대략 한 세트의 지문과 5개의 질문을 다 푸는데, 약 6~7분내에 풀 것을 권장한다.

✔ 지문 구성

지문 1	지문 2
구인 광고	구직 문의나 구직 신청
신문이나 잡지 기사	광고/문의/오보에 대한 정정 요청
제품/서비스 등에 관한 광고	주문/추가 문의/불만 사항 접수
제품 사용에 관한 문의/항의 등	답변, 사과 및 보상, 문제 해결 방법 설명
제품, 서비스에 대한 고객측 불만족	사과와 환불/교환 절차 설명

상품 광고	보증서, 사용 후기, 주문이나 문의
제품/서비스 구매에 대한 고객 감사 편지	감사의 뜻으로 전하는 각종 공연 입장권 등
회사 정책, 편의 시설, 혜택 설명	문의나 건의 사항
회사내에서의 지원 요청	담당자, 연락처, 담당 업무 등을 담은 표

✓ 한눈에 보는 유형 해법

해법 1 먼저 두 지문의 유형을 대략적으로 파악한다.

예) **Questions 176-180** refer to the following **advertisement** and the **e-mail**.

176~180번은 다음의 광고와 이메일을 참조하시오.

첫 지문이 광고고, 두 번째 지문이 이메일이라는 것을 파악한 후, 대략적으로 광고에 이어질 이메일의 내용을 예상한다. 대부분 광고 다음에 이어지는 이메일은 구매(문의) / 사용 후기 / 항의와 같은 내용이 주로 나오기 때문에 글의 종류만 미리 확인해 두어도 문맥을 파악하는데 훨씬 수월하다.

해법 2 질문을 하나씩 읽고, 해당 유형별로 대처

5개의 질문을 모두 한꺼번에 읽는 것은 별로 도움이 되지 않는다. 질문 5개의 내용을 다 기억하기가 어렵기 때문이다. 또한 본문을 다 읽고 그 다음에 질문을 읽는 것 역시 좋은 방법은 아니다. 왜냐하면 질문을 읽으면서 '어? 이게 어디 있더라?'하면서 다시 지문을 읽어야 하는 경우가 많이 생겨 결국 두세 번씩 읽게 되기 때문이다. 따라서, 권장하는 방법은 **질문 하나 읽고 위에서부터 읽다가 그 문제에 해당하는 답이 나오면 체크하고, 그 다음 문제 읽고 또 읽어 나가다가 답을 찾는 식으로 하나씩 해결해 나가는 것**이다. 대부분의 경우 질문의 순서대로 본문에 답이 포진되어 있기 때문에 이러한 방식이 가능하다.

또한 앞선 여러 UNIT에서 배운 질문 유형에 해당하는 것이 있다면 그에 맞는 해법대로 진행해도 좋은데, 시간을 아낄 수 있기 때문이다. 다만 초보자의 경우, 중간중간 찾아서 읽다가 오히려 더 답을 못 찾고 우왕좌왕하여 시간을 더 까먹는 일도 생기기 때문에 주의해야 한다.

2 삼중지문에 대한 이해

난이도에 있어서 '끝판왕'이라고 할 만큼 토익 독해에서 가장 어려운 부분이 바로 삼중지문이다. 세 지문의 양도 상당하거니와 한 세트당 다섯 개로 이루어진 질문 중에 1~3개는 두 지문 혹은 세 지문을 연계하여 풀어야 하기 때문에 정말 많은 시간이 걸리는 유형이다.

그런데 가장 어려운 이 삼중지문을 가장 먼저 풀라고 권하고 싶다. 시험 종료가 가까워질수록 마음이 조급해져 삼중지문은 풀 엄두가 나지 않기 때문이다. 단, 초보자라면 삼중지문에서 여러 개를 맞출 확률이 낮기 때문에 차라리 단일지문에 집중하는 것이 더 낫다. 하지만 삼중지문을 오래 붙잡고 있으면 안되고 한 세트당 6~7분씩 해서, 15문제인 3세트를 푸는데 최대 20분 이상은 넘기지 말아야 한다. 그 이상 시간이 걸리면 연쇄적으로 다른 파트의 문제 풀이 시간이 줄어들어 결국 시험을 망치게 될 것이다.

삼중지문은 그 자체의 양도 많은데, 우리를 가장 힘들게 하는 것은 삼중지문 연계 유형이다. 즉, 1번과 2번 지문, 혹은 2번과 3번 지문, 심지어는 1번과 3번 지문의 내용을 연계해서 푸는 문제이다. 아무리 해석을 잘 한다 해도, **지문과 지문 사이의 연계성**을 깨닫지 못하면 정답을 빨리 찾기 힘들다.

✔ 지문 구성

지문1	지문2	지문3
제품/서비스 광고문	사용 후기	감사/항의/반품 등의 이메일
행사 변경/통지	신청 양식서	참가/불참/문의 편지
제품/회사 소개 웹 페이지	신문 기사	문의/제안 이메일
이벤트 알림글	인물/책 평가	문의/신청 편지
회사/인물/제품 관련 기사글	일정표, 양식서	소감/부탁/감사 이메일

✔ 한눈에 보는 유형 해법

(해법 1) **삼중지문 연계 유형인지 알아보는 법**

어떤 것이 삼중지문 연계 유형인지를 몰라서 못 푸는 분들도 많다. 하지만, 질문이나 보기에 **고유명사(사람 이름 등), 숫자(금액, 날짜/요일)** 등이 등장하면 삼중지문 대조 유형이라 보면 된다. 한 지문과 다른 지문에 그런 키워드를 단서 삼아 문제를 출제하기가 좋기 때문이다. 또한 문제를 푸는 수험생 입장에서도 그런 게 복잡하고 어렵게 느껴지기 때문에 연계 유형으로 자주 출제된다.

(해법 2) **삼중지문 연계 유형 해법**

위에 언급한 복잡한 내용이 나오면 삼중지문 대조 유형임을 직감하고, 본문을 침착하게 해석하면서 **해당 부분(이름, 숫자 등)에 동그라미를 쳐 두고, 다음 지문에 또 그런 부분이 나오면 두 지문을 면밀히 대조한다.** 이때, 실제 연계되는 부분을 찾으면 선을 그어 표시해 두면 더욱 좋다.

PART 7 기출 어휘

토익 빈출 어휘들은 익숙해질 때까지 훈련하는 것이 좋다. 영어 단어를 보고 한글 의미를 암기하고, 다음에는 한글 의미를 보고 영어 단어를 암기하도록 한다. 완전히 암기한 단어의 경우, 단어 앞에 있는 박스에 체크하여 학습 완료 여부를 확인한다.

☐	be attributed to	~의 탓이다/덕분이다	☐	자회사	subsidiary
☐	a letter of recommendation	추천장	☐	잉여의, 남는, 해고된	redundant
☐	coordinate with	~와 협력하다	☐	수익	revenue
☐	based in	~에 근거를 둔	☐	상기시키다	remind
☐	as you know	당신도 알다시피	☐	창의력	ingenuity
☐	be in existence	존재하다	☐	임시의	temporary
☐	look forward to -ing	~하는 것을 몹시 고대하다	☐	다음의	following
☐	tie up loose ends	마무리를 짓다	☐	휴가	a leave of absence
☐	a great deal of	대단히 많은	☐	알리다, 통지하다	inform
☐	be thrilled to do	~하게 되어 전율을 느끼다/ 설레다	☐	명성	reputation
☐	be responsible for	~에 대해 책임지다	☐	회복하다	recover
☐	due to	~때문에	☐	공과금	utilities
☐	apologize for	~에 대해 사과하다	☐	잠정적으로, 임시로	provisionally
☐	at the moment	지금 현재는	☐	확신시키다	assure
☐	cut services	서비스를 중단하다	☐	가구가 갖추어진	furnished

Question 1-3 refers to the following memo and e-mail.

MEMO

TO: Lesley Holland
FROM: Mark Enbright, Human Resources
SUBJECT: Tokyo marketing position
DATE: April 18

Congratulations! It has been decided that you will be offered the position of Marketing Manager for the Asian division, based in Tokyo, with the salary and benefits we discussed. As you know, this branch of our company has only been in existence for a short time, so this newly created position requires a great deal of experience and ingenuity.

You will coordinate with Serena MacIntyre, who is the CEO for marketing, and also ❷ Leo Bruner, who is responsible for all our business outside the United States. Ling Lo, our current Tokyo office manager, will be happy to orient you to the office there.

As we discussed, we understand you need some time to finish up your current projects at TechFabrics, ❹ so I am setting your start date for June 1. Please report to me in the San Francisco office at that time. You can expect to move to Tokyo by June 15.

We are looking forward to working with you and I wish you every success.

Mark Enbright

To: Mark Enbright <menbright@tokyomarket.com>
From: Lesley Holland <lholland@techfabrics.com>
Subject: Tokyo position

Thank you very much for informing me so soon about the Tokyo position. I am thrilled to have the opportunity to develop a strong presence there for your company. I already have many ideas in mind, and a list of Asian marketing avenues to explore.

회람

수신: 레슬리 홀란드
발신: 마크 엔브라잇, 인사부
제목: 도쿄 마케팅 직책
날짜: 4월 18일

축하합니다! 당신에게 아시아 사업부에 대한 마케팅 매니저 자리가 제공될 것이라고 결정되었습니다. 도쿄에 주재하실 것이며 급여나 혜택 사항들은 논의한 대로입니다. 아시다시피, 우리 회사의 이 지점은 생긴 지 불과 얼마 안되었고, 그래서 이 새롭게 만들어진 자리는 상당한 경험과 창의력을 필요로 합니다.

당신은 마케팅 대표이사인 세레나 맥킨타이어 씨 그리고 또한 미국 외의 모든 사업을 책임지는 레오 브루너 씨와 협력하게 될 것입니다. 현 도쿄 사무실 매니저인 링 로 씨가 기꺼이 당신을 그곳 사무실로 적응시켜 드릴 것입니다.

논의한 대로, 우리는 당신이 현 프로젝트들을 테크패브릭 사에서 마무리할 시간이 다소 필요하다는 것을 이해합니다, 그래서 저는 당신의 시작 날짜를 6월 1일로 정할 것입니다. 그때에 샌프란시스코 사무소에 있는 제게 보고해 주세요. 당신은 6월 15일까지 도쿄로 이사하게 될 것이라고 예상하시면 됩니다.

함께 일하게 되기를 고대하며, 하시는 일이 모두 성공하길 바랍니다.

마크 엔브라잇

수신: 마크 엔브라잇
　　　<menbright@tokyomarket.com>
발신: 레슬리 홀란드
　　　<lholland@techfabrics.com>
제목: 도쿄 직책

도쿄 직책에 대해서 그렇게 빨리 저에게 알려주셔서 대단히 감사합니다. 당신의 회사를 위해 그곳에서 강력한 존재감을 발전시킬 기회를 가지게 되어 설렙니다. 저는 이미 많은 아이디어들을 염두해 두고 있고, 탐구할 아시아 마케팅 방법의 목록을

Thank you also for giving me time to tie up loose ends here at TechFabrics. As it happens, this has been easier to do than I anticipated, and ❸ <u>I will be available to start working for you two weeks earlier than you suggested</u>, if that suits you. ❺ <u>A friend is back in the states for nine months, and has provisionally loaned me his apartment in Tokyo, so I can move there as soon as I like</u>.

Lesley Holland

1. Who most likely is ❶ in charge of all overseas offices?

(A) Mark Enbright
(B) Serena McIntyre
(C) Leo Bruner
(D) Ling Lo

2. When would Mr. Holland prefer to start work?

(A) On April 18
(B) On May 15
(C) On June 1
(D) On June 15

3. What is mentioned about accommodations in Tokyo?

(A) Mr. Holland must make his own arrangements.
(B) Mr. Holland needs to be living there by June 1.
(C) Mr. Holland will only be living there temporarily.
(D) Mr. Holland has already found a place to live.

가지고 있습니다.

또한 이곳 테크패브릭 사에서 마무리를 할 시간을 주셔서 감사드립니다. 공교롭게도, 제 예상보다는 마무리 하기가 더 쉬웠고, 그래서 당신이 제안했던 것보다 2주 일찍 일을 시작할 수 있을 것입니다. 당신만 괜찮으시다면요. 제 친구가 미국으로 9개월 동안 돌아가 있게 되어서, 임시로 제게 도쿄 아파트를 빌려주었습니다. 그래서 제가 원하는 대로 그곳으로 이사갈 수 있습니다.

레슬리 홀랜드

1. 누가 모든 해외 사무소들을 책임지고 있는 것 같은가?
(A) 마크 엔브라잇
(B) 세레나 멕킨타이어
(C) 레오 브루너
(D) 링 로

2. 홀랜드 씨는 언제 일을 시작하기를 선호하는가?
(A) 4월 18일에
(B) 5월 15일에
(C) 6월 1일에
(D) 6월 15일에

3. 도쿄 숙박지에 대해서 언급된 것은?
(A) 홀랜드 씨는 자기 자신의 준비를 해야만 한다.
(B) 홀랜드 씨는 거기에 6월 1일까지는 살아야 한다.
(C) 홀랜드 씨는 거기에 임시로만 살 것이다.
(D) 홀랜드 씨는 이미 살 장소를 찾았다.

문답으로 짚어주는 문제 풀이 핵심 포인트

 자~ 딱 봐도 이중지문 유형인 건 알겠지? 1번부터 풀어보도록 하자 꾸나.

❶ 해외 지사 담당자를 키워드로 해서 스캐닝을 했는데 in charge of란 단어가 본문에 없네요. 그런데 본문에 비슷한 표현인 ❷ is responsible for가 있어요. 그럼 정답은 (C)네요!

 그렇지. 자 이제 2번 문제는 날짜가 나오니 이중지문 연계 유형일 확률이 높겠지? 홀랜드 씨가 원하는 날짜이니까 이 사람이 쓴 두 번째 지문을 보자 꾸나.

두 번째 지문 마지막 문단 중간쯤에 ❸ 2주 더 빨리 시작할 수 있다고 되어 있고, 첫 번째 지문에서 ❹ start date for June 1이라고 되어 있어요. 그럼 2번 정답은 (B)네요. 3번은 도쿄 숙박을 키워드로 잡아서 스캐닝하면 되겠네요. 음... 첫 지문에는 없고, 두 번째 지문 마지막 줄의 ❺ apartment in Tokyo가 일종의 accommodation이고 언제든 들어갈 수 있으니 정답은 (D)네요.

기출 구문 분석

It has been decided that you will be offered the position…
가주어   진주어

당신에게 그 자리가 제공될 것이라 결정되었습니다…

● 가주어, 진주어 구문

It ~ that S+V나 It ~ to do는 가주어, 진주어 구문이다. 즉, 주어(That S+V, To do)가 너무 길어서 뒤로 보내고 대신 그 자리에 가짜 주어(가주어)로 It을 쓰는 방식이다. **일단 It으로 시작하면 가주어, 진주어 구문을 의심해 보자. 그리고 몇 단어 뒤에 that S+V나 to부정사가 나오면 무조건 가주어, 진주어 구문이다.** 이때는 의미가 없는 it을 해석하지 말고 that이하나 to부정사 부분을 문장의 주어로 해석하면 된다.

> 예1) It is necessary to wrap up your proposal before the end of this month.
> 당신의 제안서를 이달 말 이전에 마무리하는 것이 필요하다.
>
> 예2) It was expected that Mr. Kim would be transferred to another branch.
> 김 씨가 다른 지점으로 전근될 것으로 예상되었다.

~ you need some time to finish up your current projects
to부정사의 형용사적 용법

~ 당신의 현 프로젝트들을 끝마칠 약간의 시간이 필요하시죠

- **'~할'이라 해석되는 to부정사의 형용사적 용법**

  보통 to부정사에서 가장 자주 하게 되는 해석은 '~하기 위해서'이다. 그러나 이따금 '~할'이라고 해석되는 경우가 있는데, 이는 특정 명사 뒤에 to부정사가 올 경우에 그렇게 해석하면 된다. 위 예문의 경우 time이 그런 특정 명사에 해당한다. **이때 to부정사는 그 앞 명사(time)를 수식**하는 것으로 이해하면 된다.

  참고로 두 번째 지문에서도 '~할'이라 해석되는 경우가 여러 번 나왔다.

  예1) I am thrilled to have the opportunity to develop a strong presence there.
  거기서 강력한 존재감을 발달시킬 기회를 가지게 되어서 가슴이 설렙니다.

  예2) I already have a list of Asian marketing avenues to explore.
  나는 이미 탐구할 아시아 마케팅 방법의 목록을 가지고 있다.
  ▶ 여기서 avenue는 도로, 거리를 의미하는게 아니라 방법(way)을 의미

  예3) Thank you also for giving me time to tie up loose ends here.
  나에게 이곳에서 남은 일을 처리할 시간을 주셔서 감사합니다.

  ☑ **'~할'이라고 해석하게 되는 특정 명사들 암기법**

  means to do(~할 수단)과 way to do(~할 방법)을 가리지 않고 자기의 right to do(~할 권리)나 authority to do(~할 권한)만 내세우는 것보다는, ability to do(~할 능력)에 맞게 effort to do(~할 노력)하고 time to do(~할 시간) 관리를 잘 하고 plan to do(~할 계획)하는 사람이 진정한 opportunity/chance to do(~할 기회)를 가지게 된다.

실전 문제

Questions 1-5 refer to the following memo and e-mail.

Efficiency Apartment for Lease

Furnished or unfurnished upstairs efficiency suite available for lease May 1. Includes kitchen area, separate bathroom with tub, large closet and balcony. Ideal for student or young professional. Apartment is above a small cheese-making establishment. Located 5 miles east of town, with superb views. No bus service; renter must own a car. Rent $850 per month, includes utilities, cable TV, and Internet, but not phone service. Security deposit required. Please supply references.

Contact: Margaret Golds(Margaret.golds@SedgeCheeses.com)
Sedge Cheeses
Marmot Valley, Washington
Phone (334) 352-2200

From:	P.Hayes@bestmail.com
To:	Margaret.golds@SedgeCheeses.com
Subject:	Apartment

Hello, Margaret,

I found your advertisement online and I am interested in renting your furnished apartment. I am a biology professor at the University of Phoenix, and I am taking a leave of absence for one year, starting on May 23. I intend to write a book during this year off, and therefore I am looking for a quiet place away from the city, where I can work. I would also like to be somewhere cooler than Arizona.

I do not require accommodation until a month after your place becomes empty, but I would be happy to pay for the extra month up front. I also own my own home in Phoenix that I am not planning to sell—this is one of the main reasons I'm looking for a rental. As such, I do not have any previous landlord references, but can supply letters of recommendation from professionals I work with.

I shall look forward to hearing from you.

Penny Hayes
Faculty of Natural Sciences
University of Phoenix

1. What is being advertised?
   (A) A vacant workspace
   (B) A business opportunity
   (C) A residential property
   (D) A storage facility

2. What is the renter expected to pay for?
   (A) Parking
   (B) Telephone
   (C) Television
   (D) Electricity

3. When does Penny Hayes intend to move in?
   (A) May 1
   (B) May 23
   (C) June 1
   (D) June 23

4. What is NOT given as a reason why Penny wants the rental?
   (A) She wants a cooler climate.
   (B) She needs a quiet location.
   (C) She wants to live closer to her workplace.
   (D) She is not selling her home.

5. What does Penny offer to do?
   (A) Telephone Sedge Cheeses
   (B) Assist in the factory work
   (C) Provide landlord references
   (D) Pay the May rental amount

Questions 6-10 refer to the following article, letter and e-mail.

Massive Changes at Jet Express

By Glen Chapman

NEW YORK – Jet Express, a subsidiary of Jet Airways formed in 2003, has announced that 150 staff will be made redundant in December due to global economic conditions.

The airline, which employs 370 workers, has already cut services on some of its routes with 50 less domestic flights per month. In September, the company also moved its call center offshore from Chicago to Delhi, India.

Last year, the company recorded a 25 percent drop in revenue, which was attributed to poor economic conditions and a downturn in leisure travel. Jet Express senior manager Vincent Furlong said that despite the downturn in sales, he was sure the airline could recover due to its great reputation and low cost airfares.

"While the economic situation isn't good at the moment, you have to remember that this is affecting every sector. All major airlines have made cuts over the past year. I am sure that Jet Express will be able to recover by the end of the next financial quarter in January."

October 26

Ruth Cooper, Editor
Business Travel Monthly
660 Hartford Terrace
Houston TX 43902

Dear Ms. Cooper,

I am writing regarding Glen Chapman's article on Jet Express in the October 15th edition of *Business Travel Monthly*. While I appreciate the information contained in the article is mostly correct, there are a number of inaccuracies that I wish to point out.

Jet Express employs 470 workers, not 370, and 125 of them lost their jobs, not 150 as reported in the article. Also, we decided earlier this month not to relocate our call center to India but instead move it to New York to combine it with our head office.

If possible, could you please publish these corrections in the next edition of your newspaper so that your readers have the correct information? If you have any questions, please call my assistant, David Sanders, on the following number – (0600) 998-4226.

Yours sincerely,

Anna Griffin (Mrs)
Public Relations Manager
Jet Express

From:	Ruth Cooper <ruthcooper@NYexpress.com>
To:	Anna Griffin <a.griffin@jetexpress.net>
Subject:	Article corrections
Date:	October 28

Dear Ms. Griffin,

I am writing to personally apologize for the mistakes made in the article featuring Jet Express. I spoke to your assistant on the phone this morning, and have assured him that the corrections will be published in tomorrow's edition of the New York Enquirer. I have also met with the writer of the article, and reminded him of the high standards we expect of our journalists here. Furthermore, I plan to write another article about your company at the end of the next financial quarter. Would it be possible to arrange an interview with you for then? That way, we can ensure all facts are correct before publishing.

Regards,

Ruth Cooper
Editor
New York Enquirer

6. What is indicated about Jet Express?
   (A) It is experiencing financial problems.
   (B) It will merge with Jet Airways.
   (C) Its airfares have been increased.
   (D) It is currently hiring new employees.

7. What can be inferred about Mr. Furlong?
   (A) He believes there is too much competition in the industry.
   (B) He is employed at a Jet Express office in Chicago.
   (C) He is actively seeking new sources of funding.
   (D) He feels positive about the future of the business.

8. What does Ms. Griffin ask Ms. Cooper to do?
   (A) Write a new article
   (B) Fix some errors
   (C) Send some information
   (D) Place a job advertisement

9. Who did Ms. Cooper most likely speak to on the phone?
   (A) Anna Griffin
   (B) Vincent Furlong
   (C) David Sanders
   (D) Glen Chapman

10. When does Ms. Cooper plan to write another article on Jet Express?
    (A) In September
    (B) In October
    (C) In December
    (D) In January

06 ' 기타 신토익 유형 총정리

UNIT 05까지 다루지 않았던 나머지 유형들을 이번 UNIT에서 총정리하도록 한다.

1 문장 삽입 유형

문장 삽입 유형은 Part 6와 Part 7에서 모두 출제되고 있는데, 각 Part별로 약간의 차이가 있다. **Part 6에서는 보기 4개의 문장 중에 적절한 문장 하나를 본문 특정 위치에 넣는 형태이다. 하지만 Part 7에서는 4개의 문장이 아닌 1개의 문장이 주어지고, 이것을 본문의 4군데 중에 어느 곳에 넣는 것이 자연스러운지 묻는 문제이다.** 문제 형태는 약간 달라도 문제를 푸는 근본 원리는 같다. Part 7에서 문장 삽입 유형은 보통 2문항 정도 출제된다.

토익 시험에서는 2016년 5월부터 새롭게 출제된 유형이지만, 수능에서는 이전부터 오랫동안 출제되어 왔기 때문에, 다소 익숙한 유형이라 볼 수 있다. 하지만 유형만 익숙할 뿐이지, 체감 난이도는 상당히 높다. 이 유형을 해결하기 위해서는 논리적 사고 능력이 필요하다. 이것은 단순하게 영어 공부만으로 해결되는 것은 아니고, 근본적으로는 어려서부터 책을 많이 읽고 생각하는 힘을 기르는 등의 오랜 시간의 훈련이 필요하다. 해당 UNIT에서는 시험에서 바로 적용 가능한 직접적인 해법을 제시한다.

✅ 질문 유형

In which of the positions marked [1], [2], [3], and [4] does the following sentence best belong?

"Otherwise, I will have no option but to take legal action against Ballantine Fitness."

[1]~[4]로 표시된 곳 중에 다음 문장이 들어가기에 가장 적합한 곳은?

"그렇지 않으면, 저는 발렌타인 피트니스를 상대로 법적 조치를 취하지 않을 수 없습니다."

In which of the positions marked [1], [2], [3], and [4] does the following sentence best belong?

"Developments over the past few years have necessitated a move to new premises."

[1]~[4]로 표시된 곳 중에 다음 문장이 들어가기에 가장 적합한 곳은?

"지난 몇 년간의 발전 사항들은 새로운 곳으로의 이동을 필요하게 만들었습니다."

In which of the positions marked [1], [2], [3], and [4] does the following sentence best belong?

"The other teams struggled to sell half as many of those products as we did."

[1]~[4]로 표시된 곳 중에 다음 문장이 들어가기에 가장 적합한 곳은?

"다른 팀들은 우리가 판 판매량의 절반 정도를 가까스로 팔았을 뿐이다."

✓ 한눈에 보는 유형 해법

제일 중요한 것은 '주어진 문장을 정확하게 파악하는 것'이다. 정확하게 파악한다는 의미는 단순히 해석만을 말하는 것이 아니다. 주어진 문장에서 앞부분과 뒷부분을 유심히 보면, 반드시 정답의 단서가 되는 연결고리가 있다. 즉, **정답이 되는 위치의 앞 문장은 주어진 문장의 앞부분과, 반대로 주어진 문장의 뒷부분은 정답이 되는 위치의 뒤 문장과 연결되는 고리(= 단서)가 반드시 있다.**

해법 1 주어진 문장부터 잘 파악한다!

만약 주어진 문장의 시작이 '지시대명사, 인칭대명사, 연결어'등으로 시작한다면 이것이 아주 큰 힌트가 되기 때문에 대단히 쉽게 풀리는 문제이다. 따라서 그런 말이 있다면, 본문의 4군데 위치 중, **지시대명사, 인칭대명사, 연결어 등과 잘 연결될 부분을 찾아 본다. 즉, 4군데 위치의 앞 문장의 끝부분과 주어진 문장의 첫 부분을 열차를 연결하는 기분으로 연결**하면 된다.

지시대명사/형용사/정관사 : this, that, these, those, such, the 등

인칭대명사 : he, she, they, it, I, you 등

연결어 : Instead (그 대신에) ▶ 앞 문장이 부정문인 경우에 정답

If so (만약 그렇다면) ▶ 앞 문장이 의문문인 경우에 정답

For example = For instance (예를 들어) ▶ 앞 문장이 대명제, 주어진 문장의 예시인 경우

However = Still (그러나) ▶ 앞뒤 문장이 서로 반대되는 내용일 때

Otherwise (그렇지 않으면) ▶ 앞 문장에 대한 반대적 상황을 가정할 때

Furthermore = Moreover (더욱이, 게다가) ▶ 같은 맥락의 추가적인 말을 할 때

Nevertheless (그럼에도 불구하고) = Nonetheless ▶ 앞뒤 문장이 반대 내용일 때

Then (그리고 나서) ▶ 시간적 선후 관계를 나타낼 때

Thus (그래서), Therefore (따라서) ▶ 인과 관계를 나타낼 때

해법2 **주어진 문장의 끝부분과 빈칸 뒤 문장도 연결해 봐야 한다.**

최근 빈칸 뒤 문장을 보고 정답을 맞추어야 하는 경우도 늘고 있다. 따라서 앞 문장만 신경 쓰지 말고, 정답이라 생각되는 위치의 뒤 문장과도 자연스럽게 연결되는지를 확인해 보자. 즉, **3칸의 기차처럼, 빈칸의 앞 문장+주어진 문장+빈칸 뒤 문장이 논리적으로 잘 연결**되어야 한다.

② 화자의 의도 파악 유형

본문에 나오는 한 문장을 지정해서 그 의미를 묻는 질문 유형을 화자의 의도 파악 유형이라고 한다. 이런 유형은 문자 메시지(text message chain)나 인터넷 채팅(online chat) 지문에서 출제되고 있다. 보통 문자 메시지에서 1문제, 인터넷 채팅에서 1문제로 총 2문제가 출제된다.

당연한 얘기지만, 단순히 글자 그대로 해석하여 답을 선택하면 자칫 오답을 고를 가능성이 높다. 문자 메시지나 인터넷 채팅의 특성상 구어적 표현이 주로 출제되고 있기 때문이다. 그렇기 때문에 앞/뒤 문맥을 따져서 자연스럽게 대체될 수 있는 말을 보기 중에서 선택해야 한다.

✔ 질문 유형

At 9:45 A.M., what does Ms. Hogan mean when she writes, "It couldn't be simpler"?

오전 9시 45분에, 호건 양이 "It couldn't be simpler"라고 쓴 의도는 무엇이겠는가?

At 6:35 P.M., what does Mr. Gulliver mean when he writes, "Don't mention it"?

오후 6시 35분에, 걸리버 씨가 "Don't mention it"이라고 쓴 의도는 무엇이겠는가?

At 11:34 A.M., what does Ms. Prentice mean when she writes, "We're all set"?

오전 11시 34분에, 프렌티스 양이 "We're all set"이라고 쓴 의도는 무엇이겠는가?

✔ 한눈에 보는 유형 해법

해법1 주어진 문장을 본문에서 찾는다.

해법2 본문에서 해당 부분의 앞뒤 문맥을 이해한다.

해법3 여러 가지로 해석 가능한 주어진 문장을 본문에 맞게 풀이한 것을 정답으로 택한다.

해법4 자신 없으면, 해당 자리에 (A)~(D)를 하나하나 대입하여 문맥에 맞는 것을 선택한다.

해법5 주의할 것은, 답이 반드시 주어진 문장과 100% 일치하지 않을 수도 있다는 것이다.

즉, (A)~(D) 중에 넣어서 말이 되는 것을 답으로 택한다.

PART 7 기출 어휘

토익 빈출 어휘들은 익숙해질 때까지 훈련하는 것이 좋다. 영어 단어를 보고 한글 의미를 암기하고, 다음에는 한글 의미를 보고 영어 단어를 암기하도록 한다. 완전히 암기한 단어의 경우, 단어 앞에 있는 박스에 체크하여 학습 완료 여부를 확인한다.

☐ out of	~로 부터	☐ 설립하다, 세우다	found
☐ 비교급 ~ than ever before	전에 없이 더 ~하다	☐ 가까스로	narrowly
☐ feel free to do	마음 놓고 ~하다	☐ 이용 가능한	available
☐ be eager to do	~하기를 갈망하다	☐ 결석, 부재	absence
☐ consumer base	고객층	☐ 감동시키다, 인상을 심어주다	impress
☐ take place	일어나다, 발생하다	☐ 관장하다, 감독하다	oversee
☐ attempt to do	~하는 것을 시도하다	☐ 촉진하다, 홍보하다	promote
☐ in the near future	가까운 미래에	☐ 이익이 나는	lucrative
☐ struggle to do	가까스로 ~하다	☐ 파산	bankruptcy
☐ pull out	발을 빼다, 관두다	☐ 경험 있는	experienced
☐ keynote speaker	기조 연설자	☐ 치솟다	soar
☐ give a talk	연설하다	☐ 그러나	however, still
☐ cover for	~를 대신하다	☐ 전략, 전술	tactic
☐ what a relief	다행이다, 안심이다	☐ 즉	namely
☐ count on	의존하다, 의지하다	☐ 자신감 있는	confident

기초 다지기1

Question 1 refers to the following memo.

MEMO – LOWTON OFFICE SUPPLIES

To: Sales Team C Members
From: Barney Hanlon, Sales Team C Leader
Re: Reward Dinner
Date: Wednesday, December 20

Team members:

I have just attended a meeting with Lowton Office Supplies management, and I have some good news. — [1] —. As we expected, our team performed the best this year, which means we have been awarded this year's team bonus.

— [2] —. Management was particularly impressed by the number of large machines you all sold, namely ❷ the color printer manufactured by Osirus Inc., and the photocopier launched by Artax Electronics in April. — [3] —.

As this bonus is for all of us, I think it would be best to use it for a team dinner. — [4] —. I want you all to consider various restaurants in the local area and submit your recommendation to me. The dinner will take place on December 30th, and you can suggest any type of food. I'd like to receive your feedback by this Friday.

Well done, everyone!
Barney Hanlon, Sales Team C Manager

1. In which of the positions marked [1], [2], [3], and [4] does the following sentence best belong?
"The other teams struggled to sell half as many of ❶ those products as we did."

(A) [1]
(B) [2]
(C) [3]
(D) [4]

회람 – 로우톤 사무 비품

수신: 영업 C팀 팀원들
발신: 바니 한론, 영업 C팀 팀장
회신: 보상 회식
날짜: 수요일, 12월 20일

팀원들에게:

저는 방금 로우톤 사무 비품 경영진과의 회의에 참석했고, 좋은 소식을 가지고 왔습니다. — [1] —. 예상했듯이, 우리 팀은 올해 가장 성과가 좋았습니다, 이것이 의미하는 바는 우리가 올해의 팀 보너스를 수여받았다는 것이죠. — [2] —. 경영진은 특히 여러분 모두가 판매한 큰 기계류들의 수량에 감명받았습니다. 즉, 오시러스 주식회사에 의해 제조된 컬러 프린터와 4월에 아르택스 전자에 의해 출시된 복사기 같은 기기 말입니다. — [3] —.

이 보너스는 우리 모두를 위한 것이기에, 제 생각에는 이것을 우리 팀 회식에 사용하는 것이 가장 좋을 것 같아요. — [4] —. 저는 여러분 모두가 이 지역에 있는 다양한 식당들을 고려해 보고 추천 장소를 제게 제출해주셨으면 해요. 회식은 12월 30일에 있을 것이고, 어떤 종류의 음식이든 추천하실 수 있습니다. 여러분의 피드백을 금요일까지 받고자 합니다.

여러분 모두 수고하셨습니다!
바니 한론, 영업 C팀 매니저

1. [1]~[4]번 중에 다음 문장이 들어가기에 가장 적합한 곳은?
"다른 팀들은 우리가 판 판매량의 절반 정도를 가까스로 팔았을 뿐이다."

(A) [1]
(B) [2]
(C) [3]
(D) [4]

문답으로 짚어주는 문제 풀이 핵심 포인트

 문제를 보니 문장 삽입 유형이구나. 질문의 주어진 문장에 ❶ those products란 말이 있으니, 빈칸 앞에는 그런 제품들이 먼저 언급되어야겠지?

아~! 이 지시대명사가 가리키는 제품이 먼저 찾아보면 구체적인 제품들이 언급된 ❷ 뒤로 주어진 문장이 부드럽게 연결되니 정답은 (C)네요.

기출 구문 분석

> **Management was particularly impressed by the number of large machines you all sold, namely the color printer manufactured by Osirus Inc., and the photocopier launched by Artax Electronics in April.**
>
> 경영진은 특히 여러분 모두가 판매한 큰 기계류들의 수량에 감명받았습니다. 즉, 오시러스 주식회사에 의해 제조된 컬러 프린터와 4월에 아르택스 전자에 의해 출시된 복사기 같은 기기 말입니다.

● 정동시와 준동사의 구분

❶ 정동사: 문장의 진짜 동사로 한 문장에 하나씩 있다. 하지만 접속사가 있으면 정동사는 한 개 더 들어갈 수 있다.

[예문 연습]

He insisted (that) you (should) attend the seminar.

그는 당신이 세미나에 참여해야 한다고 주장했다. (정동사는 insisted)

---

❷ 준동사: 동사와 비슷하게 보이지만 실제로는 동사가 아닌 것

  1) 분사: 현재분사(-ing, ~하는/~하는 중인), 과거분사(p.p., ~되어진)
  2) 동명사: -ing(~하는 것)
  3) to부정사: to 동사원형(~하는 것/~할/~하기 위해서)

[예문 연습]

Saving(= To save) singing **birds** caught **by hunters is our mission** to complete to make the woodland area a better place.

사냥꾼들에 의해서 잡힌 노래하는 새들을 구하는 것이 숲을 더 나은 장소로 만들기 위해서 완수해야 할 우리의 임무이다.

saving = to save: 동명사, to부정사, 명사 기능, 둘 다 '~하는 것'으로 해석 (구하는 것)

singing: 현재분사, 형용사 기능, '~하는'으로 해석 (노래하는)

caught: 과거분사, 형용사 기능, '~되어진'으로 해석 (잡힌)

to complete: to부정사, 형용사 기능, '~할'로 해석 (완수해야 할)

to make: to부정사, 부사 기능, '~하기 위해서'로 해석 (만들기 위해서)

---

❸ 앞의 기출 구문에서 정동사와 준동사를 구분해 보자.

  정동사 : 1) was impressed (감명받았다)

    ➔ 수동태 be p.p.는 하나의 동사로 취급한다.

  2) sold(팔았다)

    ➔ 명명동 법칙이 적용된 것으로 machines와 you 사이에 접속사가 생략되어 정동사가 또 사용 가능하다.

  준동사 : manufactured(제조된), launched(출시된)

    ➔ 둘 다 과거분사로 형용사 기능을 하여 바로 앞의 명사인 프린터(the color printer)와 복사기(the photocopier)를 수식하며 수식어이므로 생략 가능하다.

기초 다지기 2

Question 2 refers to the following online chat discussion.

LANA PRENTICE 10:21 A.M.
Hi, Roger. Are you busy? I have an update about the technology conference we are organizing. Professor Higgins has pulled out.

ROGER SHILTON 10:22 A.M.
Ah… I'm sorry to hear that. We'll need to find another keynote speaker. <u>Are there any problems with the rest of the speakers?</u>

LANA PRENTICE 10:24 A.M.
No… ❶ We're all set. But, what should we do about Professor Higgins?

ROGER SHILTON 10:26 A.M.
I wouldn't worry about it too much. I'm sure there will be plenty of people available who are eager to take part.

LANA PRENTICE 10:31 A.M.
What a relief!

2. At 10:24 A.M., what does Ms. Prentice mean when she writes, "We're all set"?

(A) She would like Mr. Shilton to confirm his attendance.
(B) She assures Mr. Shilton that a schedule is confirmed.
(C) She is grateful for Mr. Shilton's advice.
(D) She has changed the dates of a conference.

라나 프렌티스   오전 10:21
안녕, 로저. 바빠? 우리가 준비 중인 기술 컨퍼런스에 대한 새 소식이 있어서 말이야. 히긴스 교수께서 안하신대.

로저   오전 10:22
아… 유감인걸. 다른 기조 연설자를 찾아야겠군. 다른 연설자들에게는 혹시 문제가 있니?

라나 프렌티스   오전 10:24
아니… 모두 잘 준비되었어. 하지만 히긴스 교수에 대해선 어떻게 하지?

로저 쉴튼   오전 10:26
큰 걱정은 안 해. 참가하기를 열망하는 사람들 중에 시간이 되는 사람들이 많이 있을 거라 확신하거든.

라나 프렌티스   오전 10:31
다행이네!

2. 오전 10시 24분에, 프렌티스 양이 "We're all set"이라고 쓴 의도는 무엇이겠는가?
(A) 쉴튼 씨가 참석을 확인해 주기를 바란다.
(B) 쉴튼 씨에게 일정이 확정되었음을 확언해준다.
(C) 쉴튼 씨의 조언에 감사하다.
(D) 회의 일정을 바꾸었다.

문답으로 짚어주는 문제 풀이 핵심 포인트

이 문제 역시 신유형으로 화자의 의도 파악 유형임은 쉽게 알 수 있겠지?

네, 질문에 "따옴표"부분이 있고, 프렌티스 씨가 의미하는 바를 묻고 있네요.

그렇지. 이제 지문에 ❶ 10시 24분의 "We're all set" 부분을 찾으면 되지.

그 부분을 이해하려면 결국 그 앞문장도 읽어서 이해해야 겠네요?

맞아, 앞 문장에서 "다른 연설자들에게는 어떤 문제가 있니?"란 말이 나오지. 그에 대한 대답으로 "아니…, 모두 잘 준비되었어"란 말이 나오니 대답의 의미는 '모든 게 다 확정되었다'는 (B)가 정답이지.

신유형 문제들이 생각보다 어렵지 않은 것 같아요. 자신감을 갖고 열심히 공부해서 신토익 고득점을 노려보겠습니다!

기출 구문 분석

We'll need <u>to find</u> another keynote speaker.

목적어가 될 수 있는 to부정사

우리는 다른 기조 연설자를 찾을 필요가 있을 것이다.

● 목적어가 될 수 있는 to부정사

원래 동사인 것이 명사, 형용사 혹은 부사로 사용될 때 그 동사 앞에 to를 붙이는데 이걸 to부정사라고 한다. to부정사는 문장에서 주어, 목적어, 보이로 사용되고(명사 기능), 명사를 수식하며(형용사 기능), 동사나 형용사 혹은 부사를 수식하는(부사 기능) 역할이 모두 가능하다.

많은 동사들이 뒤에 목적어를 가지며 목적어로는 명사, 대명사, 동명사, to부정사, 명사절 이렇게 5가지가 쓰일 수 있다. 위의 문장에서도 need 뒤에 온 to부정사인 to find는 명사 기능을 하는 목적어로 쓰였다. 문장이 to find에서 끝나는 것이 아니라 다시 find의 목적어로 another keynote speaker가 왔다. 그래서 어찌 보면 '기조 연설자를 찾는 것을 필요로 한다'라는 의미로 목적어가 두 번 나오는 것처럼 해석된다.

주의할 것은 to부정사는 아무 때나 목적어로 쓰이지 않고 특정 동사 뒤에서만 쓰인다는 사실이다.

> ☑ to부정사/명사만 목적어로 취하는 동사들은 '소풍 가는 단어'라고 암기
>
> "소풍 가기를 원하는 (want, wish, hope, expect) 아이들에게
> 동의(agree)하는지, 거절(refuse)하는지, 의향(intend)을 물어보고
> 가기로 결심(decide)한 사람만 모아서, 약속(promise)하고 계획(plan)할 필요(need)가 있다."
>
> ▶ 참고: to부정사를 목적어로 갖는 동사들은 미래지향적 의미를 가진다.

실전 문제

Questions 1-2 refer to the following text message chain.

ELLIE SPALDING   9:25 P.M.

Colin... I'm sorry to tell you this, but I think you'll need to oversee the orientation on your own. I have a doctor's appointment at 10 a.m.

COLIN GULLIVER   9:27 P.M.

Oh, are you okay? I'm really counting on you. I don't know enough about our company's health and safety policies.

ELLIE SPALDING   9:29 P.M.

I'm sorry, it's just not possible. I guess I have the flu. There's no way I'd be able to give a talk, and I don't want anyone else to catch this.

COLIN GULLIVER   9:31 P.M.

I totally understand! I think I can ask Carol in Personnel to cover for you. And, I'll let our manager know about the situation.

ELLIE SPALDING   9:33 P.M.

That's really kind of you... thanks. I was afraid that my absence would cause a huge problem with the orientation.

COLIN GULLIVER   9:35 P.M.

Don't mention it. Just focus on getting well, and I'll see you at the office soon.

ELLIE SPALDING   9:36 P.M.

Okay. And, if you need me anytime tomorrow, feel free to give me a text or a call.

---

1. What is suggested about Ms. Spalding?
   (A) She has recently been hired by a company.
   (B) She wants to enroll in a health and safety course.
   (C) She is unable to attend an event tomorrow.
   (D) She will meet with Mr. Gulliver in the morning.

2. At 9:35 P.M., what does Mr. Gulliver mean when he writes, "Don't mention it"?
   (A) He advises Ms. Spalding to keep some information private.
   (B) He wants Ms. Spalding to know he is happy to help.
   (C) He thinks Ms. Spalding should contact her manager.
   (D) He will discuss a matter with Ms. Spalding later.

Questions 3-5 refer to the following article.

The Pittsburgh Times

Ranger Goes From Strength to Strength
By Joel Kinmond

When it was first founded by Ray Gould almost ten years ago, Ranger Sportswear operated out of a small office in Pittsburgh and employed a staff of ten. For its first few years, the company struggled to establish a strong consumer base, and narrowly avoided bankruptcy on more than one occasion. However, the recruitment of Dave Schnapp five years ago signaled the beginning of a dramatic reversal of the company's fortunes. Taking over from Fred Bennigan as the firm's director of marketing, Mr. Schnapp began using social networking sites to reach new consumers and promote the company's product ranges. This tactic brought immediate success, with sales almost doubling during his first year at the company. — [1] —.

Mr. Gould is more confident than ever before about the company's future. — [2] —. Ranger Sportswear is now based in a five-story office building and employs over one hundred experienced staff members. — [3] —. With domestic sales soaring, Mr. Gould anticipates that the firm will attempt to break into lucrative foreign markets in the near future and establish itself as a global leader in sportswear. — [4] —.

3. What is the article mainly about?
   (A) A rise in demand for sportswear
   (B) The resignation of a company founder
   (C) An innovative recruitment strategy
   (D) The growth of a local business

4. What is NOT indicated about Ranger Sportswear in the article?
   (A) It profited through online advertising.
   (B) It experienced financial problems in the past.
   (C) It has achieved high sales overseas.
   (D) It appointed a new executive five years ago.

5. In which of the positions marked [1], [2], [3], and [4] does the following sentence best belong?
   "Developments over the past few years have necessitated a move to new premises."
   (A) [1]
   (B) [2]
   (C) [3]
   (D) [4]

CHAPTER

2

지문 유형
집중 공략

UNIT 07 | 편지와 이메일

편지와 이메일은 Part 7 지문 중에서 거의 1/3 이상 등장하는 빈출 유형이다. 비즈니스 환경에서 영어 능력을 측정하는 토익 시험의 특성상 편지나 이메일을 비중 있게 다룰 수밖에 없다. 따라서 내용도 개인 대 개인의 일상적인 편지보다는 아래와 같이 업무와 관련된 공식적인 편지/이메일이 주 내용을 이룬다. 특히 요새 토익 시험 문제는 이메일이 대세이다.

• 회사 대 개인

직원에게: 행사 초청, 승진/업무 분담/휴가 통보, 새로운 규정 안내, 감사, 시설 보수, 구인/구직 의뢰

고객에게: 제품/서비스에 대한 (불)만족, 할인 기회 안내, 자선 모금, 물품 주문/배송, 계약 중단/연장

• 회사 대 회사

행사 안내(총회, 세미나 등), 제품 광고, 사과, 오류 정정, 요청, 회사와 거래처의 기타 업무 내용

위 내용을 일부러 외울 필요는 전혀 없고 출제 내용을 봐두면 된다. 이보다 더 중요한 것은 토익 시험에 나오는 지문의 주된 패턴을 미리 알아두는 것이다.

▪ 편지/이메일 지문 패턴

1. 도입부(Introduction): 인사말, 배경 언급(본격적인 주제가 나오기 전에 배경 설명)
2. 본문(Body): 주제, 문제점, 편지나 이메일을 쓴 이유
3. 마무리(Closing): 해결책 제시, 당부 사항, 연락처, 마무리 인사말 등

이렇게 세 부분으로 나누어 기억하면 질문을 읽고 그 질문의 답이 있을 법한 곳을 쉽게 찾을 수 있을 것이다. 가령 수/발신자에 대한 정보를 묻는다면 도입부를 봐야 한다. 그리고 편지를 쓴 이유/주제를 물어보면 도입부 다음을 보면 된다. 상대방에게 부탁하는 바는 마무리 부분을 봐야 한다.

이렇게 글이 일정 패턴에 의해 구성되므로 그 패턴을 미리 알아두면, 정답과 관련된 부분의 위치를 대략 알 수 있다. 그러면 당연히 문제만 보고 해당 부분을 찾아 푸는 것이 가능하며, 결과적으로 빠른 문제 풀이가 가능하다.

❶ 도입부 (Introduction)

- 수/발신자 정보 묻기: 무슨 일을 하는 사람인지, 무슨 회사인지, 어떤 관계인지 등을 묻는 문제

  편지: 맨 위와 맨 아래 수/발신자의 이름, 직책, 회사명 확인

  이메일: to(수신), from(발신) 부분 확인

[꼭 기억해야 할 빈출 표현]

'누구의 소개로 연락 드린다'라고 언급 ▶ 만난 적이 없다는 의미

'지난번 만남'을 언급 ▶ 전부터 알고 지낸 사이라는 의미

- 편지/이메일을 쓴 이유/주제/목적 묻기

  편지는 보통 인사말이 먼저 나오고 그 다음에 주제가 나오지만, 이메일은 주제가 바로 나오는 것이 차이점이다. **글의 주제**를 물어보는 질문이 나온다면 두 경우 모두 **다음의 표현을 서두**에서 찾아보면 빨리 답을 찾을 수 있다.

[글의 목적]

I am writing to inquire/apologize/confirm: 문의/사과/확인을 위해 편지를 드립니다

I'm writing in regard to ~: ~에 관해 편지 드립니다

I am pleased to ~: ~하게 되어 기쁩니다

I would like to inform/remind you that ~: ~라는 것을 알려드리고 싶습니다

I regret to tell/inform you that ~: ~라는 사실을 말하게/알리게 되어 유감입니다

I would like to express/extend my thanks/gratitude for ~ = I really appreciate ~

= Thank you for ~: ~에 대한 감사를 표하고 싶습니다, ~에 대해 감사드립니다

We are delighted to inform you that ~: ~라는 사실을 알리게 되어 기쁩니다

We apologize for the inconvenience: 불편에 대해 사과드립니다

This is a letter to ~: 이것은 ~하기 위한 편지입니다

---

❷ 본문 (Body)

사실 본문 부분에서 가장 지주 나오는 질문 유형은 **사실 관계 확인, 키워드 찾기, 추론과 암시 유형**이며, UNIT 01~06의 각 단원에서 배운 요령에 따라 답을 찾으면 된다. 따라서 그 부분은 생략하고 여기서는 다음과 같은 질문에 대한 해법만 추가로 다루었다.

> **[글쓴이가 요청하는 바는?]** ➔ 편지라면 보통 본문 중반 이후, 이메일이라면 보통 서두에 언급
>
> **I would appreciate it if you ~:** 당신이 ~해주신다면 감사하겠습니다
> **I expect/want/hope ~:** ~을 기대하다/원하다/바라다
> **I would like you to ~:** 당신이 ~해주시면 좋겠습니다
> **You are required/reminded/advised/asked to ~:** ~하라고 요구/상기/권유/요청됩니다.
>
> **[글쓴이가 알고 싶어 하는 바는?]** ➔ 편지라면 보통 본문 중반 이후, 이메일이라면 보통 서두에 언급
>
> **I wonder if ~:** ~인지 궁금합니다
> **Please let me know if ~:** ~인지 알려주세요
> **I just want to know ~:** 저는 그저 ~에 대해 알고 싶습니다

❸ 마무리 (Closing)

마무리에서 물어볼 수 있는 내용은 주의 사항, 당부 사항, 연락처, 웹 사이트나 전화 관련 사항 등으로 한정된다. 따라서 이런 질문이 나오면 마무리 부분을 보면 된다.

> **[연락이나 추가 정보 등을 받고 싶다면?]** ➔ 주로 끝부분에 언급
>
> **Please feel free to contact + 사람/연락처:** 마음 놓고 ~에게/~로 연락하세요
> **Please visit our Web site:** 우리 홈페이지를 방문하세요
> **Do not hesitate to call +사람/연락처:** 망설이지 말고 ~에게/~로 연락하세요

✅ 한눈에 보는 유형 해법

해법 1 편지나 이메일의 일정한 양식에 익숙해지자. (도입부 ➔ 본문 ➔ 마무리)

해법 2 선택지를 제외한 질문만 먼저 읽고, 키워드를 기억하면서 본문을 읽는다.

해법 3 질문 유형에 따라 본문에 답이 나올 만한 곳을 찾아 이것이 문제의 키워드와 일치하는지 확인한다.

해법 4 편지의 경우 맨 앞과 맨 뒤의 상투적인 인사말은 중요하지 않은 경우가 많다.

해법 5 패러프레이징에 유의하면서, 보기를 본문과 하나씩 대조해서 오답을 지운다.

PART 7 기출 어휘

토익 빈출 어휘들은 익숙해질 때까지 훈련하는 것이 좋다. 영어 단어를 보고 한글 의미를 암기하고, 다음에는 한글 의미를 보고 영어 단어를 암기하도록 한다. 완전히 암기한 단어의 경우, 단어 앞에 있는 박스에 체크하여 학습 완료 여부를 확인한다.

☐ so ~ (that)	너무 ~해서 결국 ~하다	☐ 불평	complaint
☐ I would appreciate it if	~라면 감사하겠다	☐ ~에 관한	concerning
☐ look over	검토하다	☐ 관리의, 잡역의	janitorial
☐ seem to do	~해 보인다	☐ 간과하다	overlook
☐ be worried that	~라고 걱정하다	☐ 지원자	applicant
☐ apply for	~에 지원하다	☐ 권위	authority
☐ go too far	너무 지나치다	☐ 감사하다, 진가를 알아보다	appreciate
☐ engage in	~에 관여하다	☐ 장려하다	encourage
☐ for instance	예를 들어	☐ 비우다, 빈	empty
☐ commit to -ing	~할 것을 약속하다, ~하는데 헌신하다	☐ 중대한	significant
☐ far more	훨씬 더 (많은)	☐ 형제자매	sibling
☐ due to	~때문에, ~로 인해	☐ 복종하지 않는	disobedient
☐ consider -ing	~하는 것을 고려하다	☐ 해결하다	resolve
☐ take an approach	접근법을 택하다	☐ 묘사하다	depict
☐ put to use	이용하다	☐ 불쾌하게 하다	offend

기초 다지기 1

Question 1 refers to the following ❶ letter.

Mr. Doug Stephenson
1938 Main Street
San Diego, CA

Dear Mr. Stephenson,

❸ It was a pleasure to meet with you this afternoon. I appreciated the invitation to interview for your sales clerk position.

As I mentioned at our meeting, the position fits perfectly with my university schedule, and I could commit to working for you for the next four years as I finish my studies. Perhaps after I graduate, there would even be a position for me in the accounting office, where my skills will be best put to use.

Thank you again for your time. I hope we will have the opportunity to meet again.

Shirley Mahoney

1. ❷ Where did Shirley and Doug meet?

(A) At a restaurant
(B) At the university
(C) At a career fair
(D) At a job interview

더그 스티븐슨 씨
메인가 1938번지
캘리포니아주 샌디에이고시

스티븐슨 씨께,

오늘 오후 당신을 만나서 즐거웠습니다. 당신의 영업직 면접에 초대해주셔서 감사했습니다.

만났을 때 말씀드렸듯이, 그 자리는 제 대학에서의 학업 일정과 완벽하게 잘 맞습니다. 그래서 저는 향후 4년간의 학업이 끝나는 때에 당신을 위해서 일할 수 있다고 약속드릴 수 있습니다. 아마도 졸업한 후에, 이 회계 부서에 제게 어울릴만한 자리가 있을 것입니다. 그 부서에서 저의 능력이 가장 잘 사용될 것입니다.

시간 내주셔서 다시 한 번 감사드립니다. 다시 만날 기회가 있길 바랍니다.

셜리 마호니

1. 어디에서 셜리와 더그는 만났는가?
(A) 식당에서
(B) 대학에서
(C) 직업 박람회에서
(D) 면접에서

문답으로 짚어주는 문제 풀이 핵심 포인트

 일단 글의 종류는 ❶ 편지임을 확인하고 ❷ '어디서 만난 적이 있냐'는 질문은 '도입부'에서 답이 나올 만하지.

처음 부분에서 ❸ '인터뷰 초대에 감사했다'는 말로 보아, 면접에서 만난 것임을 알 수 있겠어요. 따라서 정답은 (D)죠?

 맞아. 이제 잘 푸는구나 ~^^

기출 구문 분석

I could commit <u>to working</u> for you.
to + 동명사

당신을 위해 일할 수 있다고 약속드릴 수 있습니다.

● **to 뒤에 동사원형을 쓸 때와 동명사(-ing)를 쓸 때의 구분**

to 뒤에는 보통 동사원형이 오는 일이 많아서(to부정사) 어지간하면 to 뒤에는 동사원형을 쓰면 된다. 하지만 to가 전치사로 쓰이는 경우에는 뒤에 반드시 명사나 동명사가 오는데 이런 경우가 많은 건 아니므로 보통 숙어로 암기하는 것이 좋다.

즉, 숙어로 외운 to -ing 형태라면 to가 전치사로 쓰여 명사나 동명사가 온다는 뜻이고, 숙어로 외운 게 아니라면 to가 to부정사의 일부로 쓰여 뒤에 동사원형을 쓴다는 뜻이다. **아래와 같이 to 뒤에 -ing 형태가 오는 것을 꼭 암기해 두길 바란다.**

> ☑ **시험에 자주 나오는 to -ing 구문**
>
> object to -ing(= be opposed to -ing) ~에 반대하다
> look forward to -ing ~하는 것을 기대하다
> be/get/become accustomed(= used) to -ing ~에 익숙하다
> be dedicated /devoted /committed to -ing ~에 몰두/전념/헌신하다

UNIT 07

기초 다지기 2

Question 2 refers to the following e-mail.

To: Victoria Stevens
❶ From: Charles **Hammersmith**
Re: Hiring Policy Review

Victoria,

❸ <u>I've looked over our hiring policies as you requested.</u> They don't seem to need any significant changes. I know you were worried that our engineering department has been hiring far more men than women. After my review, I don't believe this is due to any management practices. The simple explanation is that more men than women are applying for jobs.

If you really want to diversify the engineering department, you're going to have to find ways to encourage more women to apply for jobs here. You might consider recruiting from the local university. The university has programs designed to prepare females for jobs in science-related fields. If graduates knew you were looking to hire, you'd almost certainly see a sharp increase in the number of female applicants.

Sincerely,

❷ Charles **Hammersmith**

2. What was Charles asked to do?

(A) Provide training to new engineering recruits
(B) Research university engineering degrees
(C) Investigate a department's hiring practices
(D) Find a suitable female candidate for a job

수신: 빅토리아 스티븐스
발신: 찰스 해머스미스
회신: 고용 정책 검토

빅토리아,

네 요청대로 우리 고용 정책을 검토해 봤어. 중대한 변경이 필요해 보이지는 않더라. 우리 엔지니어링 부서가 여성보다 남성을 훨씬 많이 고용하는 것에 대해 네가 걱정했던 거 알아. 검토해 보고 나니, 이게 우리 경영 관행 때문이라고는 생각하지 않아. 간단히 설명하면 여성보다 남성들이 이 직종에 더 많이 지원하기 때문이야.

정말로 엔지니어링 부서를 다양화하고자 한다면, 더 많은 여성이 이곳의 일자리에 지원하도록 장려하는 방법을 찾아야 해. 지역 대학에서 고용하는 것을 고려해 볼 수도 있어. 대학은 여성들이 과학 관련 분야의 일자리에 대해 준비할 수 있도록 만들어진 프로그램을 가지고 있거든. 만약 졸업생들이 네가 고용할 사람을 찾고 있다는 것을 안다면, 여성 지원자들의 수가 급격히 증가하는 것을 거의 분명히 보게 될 거야.

잘 있어.

찰스 해머스미스

2. 찰스는 무엇을 하도록 요청받았는가?
(A) 새로운 엔지니어링 직원들에게 훈련을 제공하라고
(B) 대학 엔지니어링 학위를 조사하라고
(C) 한 부서의 고용 관행을 조사하라고
(D) 그 일에 적합한 여성 지원자를 찾아보라고

문답으로 짚어주는 문제 풀이 핵심 포인트

 먼저, 질문에 등장한 찰스가 글을 쓴 사람인 것은 확인할 수 있겠지?

그럼요. 글 처음 ❶ From에 써 있고, 글 마지막 ❷ Sincerely 다음에 있으니까요.

 그럼, 찰스가 요청받은 게 뭐냐고 묻고 있는데, 그 부분은 어디 있을까?

지문 첫 문단 첫 줄에 ❸ 'as you requested', 즉, 상대방이 요청한 ❸ '고용 정책 검토'가 나오네요. 정답은 (C)네요!

 보통 발신자가 요청받은 사항은 이전 일이기 때문에 서두에서, 수신자가 요청받는 사항은 앞으로 할 일이라 지문 후반부에 나온단다.

기출 구문 분석

● 명사절 접속사 that의 생략

이전 단원에서 명사절 접속사 that의 생략에 대해서 배운 적이 있다.

다시 한 번 정리하자면 「주+동+주+동」의 패턴인 경우, **첫 번째 동사 뒤에 that이 생략된 것**이고 그 생략된 that 뒤의 **「주+동」 부분은 첫 번째 동사의 목적어로 취급해서 해석**해야 한다.

바로 앞 본문에 그런 문장이 여러 개 등장하고 있다. 아래 답을 보기 선에 그 문장들을 스스로 찾아보자.

[정답]

I know (that) you were worried.
당신이 걱정했다는 것을 알아요.

I don't believe (that) this is due to any management practices.
저는 이것이 경영 관행 때문이라고는 생각하지 않아요.

If graduates knew (that) you were looking to hire,
만약 졸업생들이 당신이 고용할 사람을 찾고 있다는 것을 안다면,

실전 문제

Questions 1-4 refer to the following letter.

Gregor Samson
718 Chester Road,
New York, NY
95676

February 21

Dear Mr. Samson,

I am quite concerned about your new marketing campaign. I realize that you wish to make your soft drink seem exciting to the youth market, but I believe you have gone too far. Many of your ads depict kids defying authority or engaging in violence after drinking your products. This may make more kids want to drink your soda, but it is also making parents much less likely to buy it for them. Remember, it is parents who make the grocery store purchases, not their children. Clearly, most parents don't want to encourage their children to be disobedient.

I am particularly disappointed because your company has until now always taken a very family-friendly approach to developing advertisements. I still like your cookie ads showing various disagreements between siblings being resolved nicely with a peace offering of cookies, for instance. Likewise, your ads for your chocolate bars and chips are amusing to children and do not offend adults. I hope you will revise your soft drink ads to be more suitable.

Sincerely,

Harriett Tyler

1. What is the purpose of the letter?
   (A) To complain about an advertising campaign
   (B) To recommend a particular brand of soft drink
   (C) To ask for advice in selecting good snack foods
   (D) To suggest ways of better disciplining unruly children

2. In paragraph 1, line 3, the word "depict" is closest in meaning to
   (A) expect
   (B) demand
   (C) portray
   (D) create

3. What is suggested about the soft drink marketing?
   (A) It focuses on nutritional aspects.
   (B) It contains inaccurate data.
   (C) It primarily appears online.
   (D) It promotes bad behavior.

4. What is NOT mentioned as a product the company sells?
   (A) Chips
   (B) Cookies
   (C) Crackers
   (D) Chocolate

Questions 5-7 refer to the following e-mail.

To: mreynolds@MelSym.com
From: abridges@MelSym.com
Subject: Janitorial Services
Date: February 3rd

Hi, Marlee,

In the last month we have had a lot of complaints concerning the new janitorial service. I know we changed contractors a month ago.

Most complaints are about the perfume smells in the restrooms. Most of the complainants are women, but some men have also commented that the bathrooms are so highly perfumed it makes them sneeze or start to wheeze. I don't know whether the janitors are spraying perfume in there. Perhaps their cleaning products have very strong scents?

There are also complaints about trash cans in our offices not being emptied. Do you know if the new contract reduced the frequency of this service, or if perhaps the janitors are just overlooking them?

I would appreciate it if you would please phone the janitorial company and resolve these issues.

Thanks,

Andrew Bridges
Human Resources Manager

---

5. What is the main topic of the e-mail?
   (A) Issues with employees wearing perfume
   (B) Difficulties finding new janitors
   (C) Problems with the office cleaners
   (D) Concerns about employee illness

6. What is NOT mentioned about the restrooms?
   (A) The toilets are not being properly leaned.
   (B) The complaints about them are mainly from women.
   (C) The smell is causing some workers to sneeze.
   (D) The janitors may be spraying perfume in them.

7. What does Andrew ask Marlee to do?
   (A) Empty the trash bins regularly
   (B) Talk to the contractors involved
   (C) Give him the janitor's phone number
   (D) Hire a new janitorial company

UNIT 08 | 회람과 공지

회람이란 한 집단 내에 여러 사람에게 읽힐 목적으로 돌리는 글을 말한다. 공지는 공적인 내용을 널리 알리는 글을 말한다. 따라서 이 둘은 본질적으로 같은 것이라고 볼 수 있다. 그러므로 글의 종류를 말해주는 제일 윗부분을 봤을 때 memo(= memorandum), announcement, notice 등으로 되어 있으면 모두 같은 것으로 생각하면 된다.

회람과 공지에서 주로 나오는 유형은 주제 찾기와 사실 관계 확인 유형이다. 물론 이러한 유형의 문제를 푸는 데 있어서 키워드 찾기라든가 패러프레이징에 대한 이해는 기본이다. 당연히 사실 관계 확인 유형보다 심화된 유형인 추론과 암시 유형도 출제된다. 결론적으로 앞서 배운 모든 질문의 종류는 다 나올 수 있다. 그래도 회람과 공지에 자주 나오는 내용을 아래와 같이 미리 정리해 둔다면 지문 내용에 대한 이해가 좀 더 쉬울 것이다. 왜냐하면 어떤 내용이 나올지를 짐작할 수 있기 때문이다.

> **· 회람과 공지에 자주 나오는 내용**
>
> 1) 제품 안내: 제품 사용 설명서, 이용 주의 사항, 보증 기간, 반품, 환불 안내 등
> 2) 행사 안내: 강좌, 세미나, 전시회 등의 주요 내용과 요금 및 이용 시간 안내
> 3) 사내 안내: 승진/퇴사/입사, 아이디어 공모, 교육 프로그램 안내, 안전 방침, 시설 개/보수
> 4) 기타 안내: 각종 변경 사항, 제도 안내, 특정 장소의 변경 사항 안내, 약의 복용 방법
> 5) 회의록(minutes): 회의 내용 요약 및 후속 조치 안내
> 6) 알림 글(reminder): 각종 예약 확인, 주의 및 당부 사항 안내
> 7) 전화 메시지(notes): 전화 내용 전달, 일정 확인, 후속 조치 당부

이러한 내용이 주로 나온다는 것을 미리 알아두면 독해가 쉽게 느껴진다. 비슷한 영어 실력을 갖추고 있어도, 예문을 많이 본 사람은 훨씬 빠르고 정확하게 문제를 푼다. 글에 익숙하므로 정답이 나올 만한 위치를 알고 있으며, 조금 막히는 부분이 나와도 늘 보던 유형의 글이니, 대략적인 내용을 미루어 짐작할 수 있기 때문이다.

[주제 찾기 유형]

What is the purpose of[reason for] **the information?** 이 정보의 목적[이유]은 무엇인가?

Why was the memo written? 이 회람은 왜 작성되었는가?

What is the notice about? 이 공지는 무엇에 관한 것인가?

What does the announcement mainly discuss? 이 공지가 주로 말하는 바는 무엇인가?

[사실 관계 확인 유형]

What information **is being given** about the item? 그 상품에 대해 무슨 정보가 주어지고 있나?

What is suggested **in the memorandum?** 이 회람글에서 언급된 것은?

▶ 주의! suggest는 Part 7 질문에서는 '제안하다'가 아닌 '말하다, 언급하다'라고 해석

What is NOT mentioned **in the notice?** 이 공지에서 언급되지 않은 것은?

[유추가 필요한 유형 – 전체 내용을 읽고 유추해야 하는 다소 어려운 유형]

For whom **is the information** intended? 이 안내문은 누구를 대상으로 하는 것인가?

What can be inferred from the notice? 이 공지로부터 추론되는 바는 무엇인가?

✔ 한눈에 보는 유형 해법

해법 1 **회람과 공지의 구성 형태에 익숙해지자.**

서론(배경) ➜ 본론(주제/이유/문제점) ➜ 결론(당부/해결책/향후 일정)

해법 2 **반드시 질문을 먼저 읽고 질문 유형별로 대처법과 보아야 할 곳을 먼저 생각한다.**

해법 3 **질문의 키워드를 기억하여 본문에서 이에 맞는 표현을 찾는다.**

해법 4 **주제 찾기와 글의 대상을 묻는 유형은 글의 앞부분을 본다.**

해법 5 **사실 관계 확인 유형은 다른 질문과 달리 (A)~(D) 보기를 먼저 본 후, 보기의 키워드를 기억하면서 본문과 하나하나 침착하게 대조하여 확인한다.**

해법 6 **추론 유형도 사실 관계 확인 유형과 같은 요령으로 푼다.**

보기 (A)~(D)를 먼저 보고, 보기의 키워드를 본문과 대조한다. 다만, 난이도가 좀 더 높으니 주의해야 한다.

해법 7 **요청이나 요구 사항을 묻는다면 글의 끝부분을 본다.**

명령문, 공손한 부탁, 청유/권유이 표현을 이용하여 답을 찾는다.

해법 8 **추가 정보를 얻는 방법이나 연락처 등을 묻는다면 맨 마지막 부분을 본다.**

PART 7 기출 어휘

토익 빈출 어휘들은 익숙해질 때까지 훈련하는 것이 좋다. 영어 단어를 보고 한글 의미를 암기하고, 다음에는 한글 의미를 보고 영어 단어를 암기하도록 한다. 완전히 암기한 단어의 경우, 단어 앞에 있는 박스에 체크하여 학습 완료 여부를 확인한다.

☐ look over	검토하다	☐ 붕괴시키다, 망쳐버리다	ruin
☐ on the other side	다른 쪽에, 반대쪽에	☐ 실행하다	implement
☐ please note that	~라는 것을 알아두세요	☐ 의심스러운	suspicious
☐ be on guard	경계하다	☐ 연례의	annual
☐ office hours	근무 시간	☐ 부피가 큰	bulky
☐ be sure to do	반드시 ~하다	☐ 발생	incidence
☐ pass through	통과하다	☐ 특징으로 하다, 주연이 ~이다	feature
☐ put up	세우다	☐ 최대 ~까지	up to
☐ hand back	되돌려 주다	☐ 확보하다	secure
☐ at all times	늘, 항상	☐ 무료의	complimentary, free
☐ at least	적어도	☐ 절도, 도난	shoplifting
☐ in writing	서면으로	☐ 길게 하다	lengthen
☐ instead of	~대신에	☐ 예방하다	prevent
☐ be stuck with	~을 (억지로) 계속 하게 되다, 꼼짝 못하다	☐ 할당하다, 배정하다	assign
☐ in advance	미리	☐ 모든, ~마다	every

Question 1 refers to the following notice.

Red River Dentistry
230 Main St. #5A
Red River, WY 97893

How healthy are your teeth?

❷ Your last dental examination was on January 16. The American Dental Health Review recommends checkups every six to twelve months. ❸ It is now time for your annual checkup.

❹ Call 218-227-1253 to book your next visit.

Office Hours:
Tuesday–Friday 9:00 A.M.– 6:00 P.M.
Monday 10:00 A.M – 7:00 P.M.
Saturday 9:00 A.M – 12:00 P.M.

Mr. Roger Branson
1253 Hill Top Drive
Red River, WY 97892

1. What is ❶ the purpose of the notice?

(A) To explain the value of regular checkups
(B) To inform patients about new services
(C) To remind a patient to book a checkup
(D) To announce the opening of a dental clinic

레드 리버 치과
메인가 230번지 #5A
레드 리버, 와이오밍주 97893

당신의 치아는 얼마나 건강하죠?

당신의 지난번 치과 검진은 1월 16일이었습니다. 미국 치아 보건 리뷰에서는 6~12개월마다 검진을 받을 것을 권고합니다. 이제는 당신의 연례 검진을 할 때입니다.

218-227-1253으로 전화해서 다음 방문을 예약하세요.

운영 시간:
화요일–금요일 오전 9시-오후 6시
월요일 오전 10시-오후 7시
토요일 오전 9시-오후 12시

로저 브랜슨
힐탑로 1253번지
레드 리버, 와이오밍주 97892

1. 이 공지글의 목적은 무엇인가?
(A) 정기 검진의 가치를 실명하는 것
(B) 환자에게 새로운 서비스에 대해 알려주는 것
(C) 검진을 예약하도록 환자에게 상기시키는 것
(D) 치과의 개업을 알리는 것

문답으로 짚어주는 문제 풀이 핵심 포인트

질문에 ❶ the purpose가 나온 것을 보니까 주제를 묻는 질문 유형이구나. 자~ 주제는 보통 어디에 나온다고 했지?

지문 앞부분에 나오죠.

그렇지~ 이번 지문은 워낙 짧은 글이라 앞부분이다, 뒷부분이다 할 것도 없지만, ❷ '지난번 검진은 언제였다', ❸ '연례 검진을 받을 때가 되었다', ❹ '전화해서 방문 예약을 해라'라는 부분이 가장 정확하게 주제를 드러냈다고 볼 수 있지. 그래서 정답은 (C)!

이렇게 쉬운 문제가 많이 나오면 얼마나 좋을까요 ^^

기출 구문 분석

How healthy are your teeth?
how의 해석

당신의 치아는 얼마나 건강합니까?

• how의 해석

how는 '얼마나'와 '어떻게'라는 두 가지 해석이 있다. 구분은 다음과 같이 한다.

> ☑ '얼마나' 일 때: how+형용사/부사
>
> **How old are you?** 당신은 얼마나 나이가 들었나요? = 몇 살인가요?
>
> ☑ '어떻게' 일 때: how 뒤에 바로 「동사+주어」
>
> **How are you?** 당신은 어떤가요? = 잘 지내요?

• 의문문 만들기

일단, 의문문의 기본 원칙을 다음과 같이 알아두자.

> ☑ 의문문의 어순은 「주+동」이 아닌 「동+주」
>
> **He is young. ➔ Is he young?** 그는 어리니?
>
> ☑ 의문사가 있다면, 의문사는 맨 앞에 사용
>
> **He is James.** 그는 제임스이다.
> James라는 답변을 얻기 위해서 He를 의문사 who로 바꾸고, 이것을 문장 맨 앞에 둬서 'Who is he?(그는 누구인가?)'로 쓴다.
>
> ☑ be 동사나 조동사는 그냥 「동+주」의 순서로 구성되지만, 일반동사의 경우 조동사 do를 동사 자리에 활용
>
> **He was energetic. ➔ Was he energetic?** 그가 열정적이었는가?
> **He can finish it. ➔ Can he finish it?** 그가 이것을 끝낼 수 있는가?
> **He works hard. ➔ Does he work hard?** 그가 열심히 일하니?
> **He worked hard. ➔ Did he work hard?** 그가 열심히 일했니?
>
> ☑ 간접의문문은 「의문사+주어+동사」의 어순으로 구성
>
> **You are my father. ➔** 1) 직접의문문: **Who are you?** 당신은 누구세요?
> 2) 간접의문문: **I don't know who you are.** 난 당신이 누군지 몰라요.

Question 2 refers to the following notice.

Have you always wanted to be on TV?

Here's your chance! Be part of our studio audience for the Comedy Club show and see how your favorite program is made. Comedy Club, ❹ a live show featuring popular comedians, is recorded weekly on Fridays in Toronto, and ❸ screens daily at 4 p.m. on CanWest TV.

Up to four complimentary tickets can be requested. Please e-mail our office at canwest@productions.ca and be sure to include the date you want to attend. You need to arrive at the studio by 9 a.m. to secure your seat as seating is not pre-assigned. ❷ All studio audience members must be aged over 20 and not have any medical conditions. Complimentary drinks and snacks will be provided after the filming is completed.

2. ❶ What information is given **about the show?**

    (A) **It has won** many awards.
    (B) **It is** for children and teens.
    (C) **It screens** four days per week.
    (D) **It features** live performers.

늘 TV에 나오기를 원하셨나요?

여기에 기회가 있습니다! 코미디 클럽 쇼의 방청객이 되셔서 당신이 좋아하는 프로그램이 어떻게 만들어지는지를 보세요. 유명한 코미디언들이 나오는 라이브 쇼인 코미디 클럽은 토론토에서 매주 금요일마다 녹화됩니다. 그리고 방송은 매일 오후 4시에 캔웨스트 TV에서 방영됩니다.

최대 4장의 무료 티켓을 요청하실 수 있습니다. canwest@productions.ca로 저희 사무실에 이메일 주시고 반드시 참석을 원하는 날짜를 포함해 주세요. 스튜디오에 오전 9시까지 오셔야 자리를 확보하실 수 있습니다. 좌석은 미리 지정되지 않으니까요. 모든 방청객은 반드시 20세가 넘어야 하며 그 어떤 건강상의 문제가 없어야 합니다. 촬영이 완료된 후에 무료 음료와 간식이 제공될 것입니다.

2. 이 쇼에 대해서 무슨 정보가 주어져 있는가?
(A) 이것은 많은 상을 받았다
(B) 이것은 아이들과 10대들을 위한 것이다.
(C) 이것은 일주일에 4일간 방영한다.
(D) 이것은 생방송 공연자들을 특징으로 한다.

문답으로 짚어주는 문제 풀이 핵심 포인트

 질문을 보니, ❶ 쇼에 대한 정보를 묻고 있는 사실 관계 확인 유형이구나.

그러면 보기를 먼저 읽어야 되는 거 맞죠?

 그렇지! 보기를 읽으며 키워드를 표시해야겠지. (A)는 many awards, (B)는 for children and teens, (C)는 four days per week, (D)는 live performance를 체크하면 되겠지.

본문에 키워드를 언급하는 부분들이 있는지 찾아 볼게요. (A)는 언급되지 않았고, (B)는 본문에서 ❷ 20살이 넘어야 된다고 했으니 오답이고, (C)는 본문에서 ❸ daily, 즉 매일 방영된다고 했으니 오답이네요. (D)는 앞부분에 ❹ 'a live show featuring popular comedians'라고 했으니 정답은 (D)!

 Very good! 사실 관계 확인 유형은 이것처럼 보기 하나하나를 본문과 대조를 해야 정답을 맞출 확률이 높아지지. 아주 잘했구나.

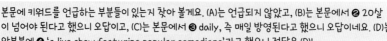

기출 구문 분석

Be sure to include <u>the date you</u> want to attend.
관계부사의 생략

반드시 참석하고자 하는 날짜를 포함하세요.

● **관계부사의 생략**

선행명사가 '시간, 장소, 이유, 방법'과 관련된 명사인 경우, 그 뒤에 관계부사로 when, where, why, how를 각각 쓴다. 이때 **선행명사나 관계부사는 생략될 수 있다.**

주어진 문장에서는 시간 관련 선행명사인 the date 뒤에 관계부사 when이 생략된 것으로 'you ~ attend'가 date를 수식하도록 해석해야 한다.

따라서 앞으로도 '시간, 장소, 이유, 방법'과 관련된 명사가 있고 그 뒤에 「주어+동사」의 형태가 보이면 「주어+동사」가 그 명사를 수식한다고 생각하면 된다.

예) I visited the place he was born. 나는 그가 태어난 장소를 방문했다. (where 생략)

실전 문제

Questions 1-3 refer to the following memo.

Memo

To: All Airport Security Personnel
Re: E-reader Problems

The screens on some e-readers may be ruined if these devices pass through the X-ray machines we use to scan carry-on luggage. Apparently the problem isn't with the X-rays themselves, but with the static charge that builds up on the conveyor belt. We've ordered new conveyor belts that don't have this problem. Until they arrive, though, we're stuck with the ones we've got. We'll be putting up signs warning people of the problem, but I'd like you all to ask passengers if they have an e-reader in any of their bags before running them past the scanners. If they say yes, have them take it out and look it over yourself. Then, hand it back to them on the other side of the scanners.

Sincerely,

Charles Guthrie

---

1. How does going through airport security affect e-readers?
   (A) The X-rays from the scanners damage the screen.
   (B) The X-rays from the scanners damage the circuitry.
   (C) The static from the conveyor belts damages the screen.
   (D) The static from the conveyor belts damages the circuitry.

2. What is the airport planning to do to solve the problem?
   (A) Put up signs in the airport
   (B) Install new equipment
   (C) Implement a ban on e-readers
   (D) Offer to replace damaged items

3. What is airport security personnel asked to do?
   (A) Ask people if they have e-readers in their carry-on bags
   (B) Tell people that they cannot bring e-readers on the plane
   (C) Install new conveyor belts into the X-ray scanners before using them
   (D) Distribute information pamphlets to passengers

Questions 4-6 refer to the following memo.

From: Randy Brightman, store manager
To: All associates
Date: May 21
Re: Seasonal changes

The tourist/summer season will officially begin in all of our North American stores in one week. Please note that the following changes will be implemented at the beginning of the season:

1. The store hours will be lengthened. We will stay open until 9 P.M. on weekdays. On weekends, we will open at 10 A.M. instead of 11 A.M. and close at 7 P.M. Since this is a busy location, we are expecting a rise in the incidence of shoplifting. All employees should be on guard at all times to prevent this. Note that shoplifters often wear more clothes than the weather would indicate. Be on the lookout for suspicious activity among shoppers wearing bulky clothing. Common activity to watch for includes people spending a long time in the store and then purchasing small items, such as gum or soda.

2. All time off must be requested in writing at least a month in advance. We understand that store employees wish to take summer vacations. Please work with us by notifying us early so we can cover your shifts.

Let's all work together for a prosperous and successful summer!

---

4. What is the purpose of the memo?
   (A) To announce new personnel changes
   (B) To discuss changes in products sold
   (C) To explain each worker's job responsibilities
   (D) To describe seasonal store changes

5. What are the new store hours on Sundays?
   (A) 10 A.M. to 7 P.M.
   (B) 10 A.M. to 9 P.M.
   (C) 11 A.M. to 7 P.M.
   (D) 11 A.M. to 9 P.M.

6. What is NOT mentioned about shoplifters?
   (A) They may be overdressed.
   (B) They are usually young people.
   (C) They tend to stay in the store for a long time.
   (D) They often purchase inexpensive items.

UNIT 09 | 기사글과 정보문

기사글(article)과 정보문(information)은 매우 비슷하다. 기사글은 정보 전달을 목적으로 하기 때문에 정보문과 흡사할 수밖에 없다. 이번 단원에서는 둘 중에 높은 난이도로 출제되고 있는 기사글 위주로 설명하고자 한다.

기사글은 대부분 글이 길고 복잡하기 때문에 여러 개 출제되면 해당 시험의 난이도가 매우 높아진다. 기사글의 주된 질문 유형은 주제 찾기와 사실 관계 확인, 그리고 추론과 암시이다. 물론 여기에 키워드 찾기와 패러프레이징을 바탕으로 복합적으로 문제가 구성된다.

✔ 빈출 내용

- **보도 기사:** 인사 이동, 신임 임원 소개, 회사 확장, 회사의 합병, 구조 조정, 제품 리콜, 정부 정책, 공공 시스템 변경, 사고 보도 등

- **경제 기사:** 지역/나라 경제 상황/예상, 신제품 개발, 수출입 관련 무역 기사, 물가 등의 각종 인상/인하 소식 등

- **해설 기사:** 신기술 소개, 새로운 트렌드 소개, 특정 사실에 대한 설명, 특정 회사나 산업의 전망과 이에 대한 설명, 환경이나 특정 지역 관련 기사 등

- **인터뷰 기사:** 특정인이나 특정 업체에 대한 인터뷰 기사, 서평, 영화/공연 관련 기사 등

✔ 질문 유형

- **주제 찾기 유형:** 주제는 보통 지문의 맨 앞부분에 나오지만, 기사글의 경우 글 전반에 걸쳐 주제가 드러나는 경우도 있다. 이런 경우가 주제 찾기 유형에서 꽤 어려운 편에 속한다. 특히 기사글에서 첫 단락이 과거 시제인 경우, 그 단락은 주제가 아닌 경우가 많다. 기사글은 새 소식(news)을 전하는 것이 기본 목적이므로, 과거 시제로 나오는 부분은 주제가 아닌 글의 배경을 설명하는 도입부(Intro)에 해당한다.

- **사실 관계 확인 유형:** 다른 유형과 달리 보기 (A)~(D)를 먼저 읽는 것이 중요하다. 이때 각 보기의 키워드에 동그라미를 치고 각 보기의 키워드를 기억하면서 지문과 대조하여 참/거짓 여부를 판단한다.

- **추론 유형:** 사실 관계 확인 유형의 심화 단계라고 생각하면 된다. 본문에 슬쩍 던져진 힌트를 미루어 짐작해서 풀어야 하는데, 질문에 infer, indicate, suggest, most likely 등의 단어가 나오면 추론 유형이라 볼 수 있다.

✔ 한눈에 보는 유형 해법

해법 1 **기사글 주제는 전체 내용을 이해해야 한다.**

기사글에서는 전체 내용을 읽어야 주제를 찾을 수 있는 경우가 많다. 따라서 다른 문제부터 해결하고 주제 찾기 유형은 마지막에 푸는 것이 요령이다.

해법 2 **보기를 미리 읽고 키워드를 기억한다.**

사실 관계 확인 유형이나 추론과 암시 유형은 반드시 보기를 미리 읽고 키워드를 기억해서 본문에서 일치하는 부분들을 찾아 해결해야 시간을 절약할 수 있다.

해법 3 **대충 읽으며 훑어보기(Skimming/Scanning)**

빠르게 독해할 수 있는 사람은 먼저 본문을 대충 빠르게 읽고, 질문을 읽은 후에 해당 부분을 찾아서 그 부분만 다시 한 번 정독하는 것도 좋은 방법이 될 수 있다.

해법 5 **고유명사 표시**

글 내용이 복잡한 경우, 간략한 내용을 메모하면서 읽는 것이 좋다. 특히 사람 이름, 회사 이름, 지명 등이 다수 등장하면 꼭 표시를 해둬야 한다.

해법 5 **통과 (초보자의 경우)**

시간이 모자라서 어차피 못 푸는 문제가 평균 10개 정도 된다면, 차라리 기사글을 포기하고 다른 지문을 공략하는 것이 좋은 방법일 수 있다. 기사글 때문에 다른 문제마저 못 푸는 사태를 방지하기 위해서이다.

PART 7 기출 어휘

토익 빈출 어휘들은 익숙해질 때까지 훈련하는 것이 좋다. 영어 단어를 보고 한글 의미를 암기하고, 다음에는 한글 의미를 보고 영어 단어를 암기하도록 한다. 완전히 암기한 단어의 경우, 단어 앞에 있는 박스에 체크하여 학습 완료 여부를 확인한다.

□ it appears that	~인 것 같다	□ 일반 투표	referendum
□ instead of	~대신에	□ 보도 자료	press release
□ work from home	재택근무하다	□ 살짝, 조금	slightly
□ as well as	~뿐만 아니라	□ 인구 통계(의)	demographic
□ on one's behalf	~를 대신하여	□ 소화하다	digest
□ be slated to do	~할 예정이다	□ 명백한, 분명한	obvious
□ be expected to do	~하기로 예상되다	□ 교외의	suburban
□ at full capacity	최대 용량으로	□ (가격이) 적정한	affordable
□ lead to	~라는 결과를 일으키다	□ 헌신적인, 전용의	dedicated
□ look for	~을 찾다	□ 완성하다	complete
□ come with	~이 딸려있다	□ 실망한	disappointed
□ well-established	기반이 잘 닦인	□ 집세, 임대	rent
□ go through	겪다, 통과하다	□ 현존하는	existing
□ be likely to do	~할 것 같다	□ 여론 조사(하다)	poll
□ lead A to B	A를 이끌어 B하게 하다	□ 경쟁자	competitor

기초 다지기 1

Question 1 refers to the following information.

Go To Lunch!

❷ Recent research shows that employees who are "too busy" to take lunch breaks are less productive over the whole work day.

Taking a regular lunch break is proven to have the following benefits:

- Stepping outside the office for even a short period of time gives the brain a rest. Your mood will be slightly elevated for the rest of the day.

- The body needs refueling, but meals eaten on the go cannot be digested as thoroughly. To avoid afternoon sleepiness or hunger, take the time to enjoy a balanced mid-day meal.

Brief social time spent with fellow workers promotes better cooperation on the job. Eat your lunch with a buddy from work!

1. What is ❶ the purpose of this article?

(A) To praise employees who work without breaks
(B) To encourage workers to stop for lunch
(C) To promote good social skills in workers
(D) To tell employers to provide lunch rooms

점심 식사 하러 가세요!

최근 연구는 "너무 바빠서" 점심 먹을 시간이 없는 직원들은 근무하는 온종일 덜 생산적이라는 것을 보여줍니다.

규칙적인 점심 시간을 가지는 것은 다음과 같은 혜택들을 가지는 것으로 입증되었습니다:

· 잠시라도 사무실 밖을 나가는 것은 뇌에 휴식을 줍니다. 남은 하루 동안에 기분이 조금 더 고양될 것입니다.

· 몸은 재충전이 필요합니다만, 일하면서 먹은 식사는 완전히 소화될 수 없습니다. 오후의 졸림이나 배고픔을 피하기 위해서는, 시간을 내서 균형 잡힌 중식을 즐기도록 하세요.

동료 직원들과 보낸 짧은 교제 시간은 직장에서 더 나은 협력을 촉진합니다. 직장에서의 단짝과 점심을 드세요!

1. 이 기사글의 목적은 무엇인가?
(A) 휴식 없이 일하는 직원들을 칭찬하는 것
(B) 직원들에게 점심 식사를 위해 일을 멈출 것을 장려하는 것
(C) 직원들 사이에서 훌륭한 대인관계 기술을 장려하는 것
(D) 고용주들에게 점심 먹을 공간을 제공하라고 말하는 것

문답으로 짚어주는 문제 풀이 핵심 포인트

 질문에서 ❶ purpose가 있으니 주제 찾기 유형이지. 그리고 이런 유형은 단서가 주로 어디에 있다고 했었지?

지문 앞부분이요~

 그렇지! 첫 줄에 ❷ '너무 바빠서 점심을 거르면 덜 생산적이 된다'는 말을 보고 정답을 (B)로 선택하면 되지.

쌤~ 저 이제 주제 찾기 유형은 자신 있어요!

기출 구문 분석

Recent research shows that employees who are "too busy" to take lunch breaks
<u>too ~ to do</u>
are less productive over the whole work day.

최근 연구는 "너무 바빠서" 점심 먹을 시간이 없는 직원들은 근무하는 온종일 덜 생산적이라는 것을 보여줍니다.

• too ~ to do

too ~ to do 구문은 not이나 never 같은 부정 어구가 직접 보이지 않아도 '너무 ~해서 ~할 수 없다'라고 부정형으로 해석한다. 참고로 too 뒤에는 형용사나 부사가 오며 to 뒤에는 동사원형이 온다.

예) This is too difficult to understand. 이것은 너무 어려워서 이해할 수 없다.

☑ **enough to do**

enough to do는 too ~ to do의 반대 표현으로 '충분히 ~해서 …할 수 있다'라고 해석한다. 주의할 것은 어순이다. too ~ to do의 경우, too 형용사/부사 to do의 어순이지만, enough to do는 형용사/부사 enough to do 또는 enough 명사 to do의 구조로 사용된다.

예 1) This is <u>easy</u> enough to understand. 이것은 충분히 쉬워서 이해할 수 있다.
　　　　　형용사
예 2) They provide enough <u>information</u> to solve this. 그들이 충분한 정보를 줘서 이것을 해결할 수 있다.
　　　　　　　　　　　　　　　명사

Question 2 refers to the following article.

It seems obvious that companies doing market research for their products should target the people who are actually in that market. ❸ <u>However</u>, many companies, including many large and well-established ones, conduct surveys of consumer groups that are either too broad or too narrow. For example, some companies use massive generalized calling lists created by market research firms. These are almost always useless. If the goal is simply to survey as many people as possible, you could just start going through the phone book.

What is needed is a survey targeting consumers who are likely to buy the products a company is offering. ❹ <u>However</u>, this often leads companies to survey their existing customers or to poll those who visit their websites. These surveys can be useful in some situations, but are often too limited. The people you catch in these sorts of surveys aren't a representative sample of the market – they are a sample only of those already attracted to your company strongly enough and who are interested enough in your company to fill out the survey. Assuming you want to grow beyond your existing customer base, a survey of such people may not be all that helpful.

A better approach is to target multiple segments of your market. For instance, you might poll your competitors' customers as they come out of their stores. You could also work out deals with magazines that are broadly popular with your target demographic to conduct surveys on your behalf.

2. What can be ❶ inferred about ❷ market research surveys?

(A) They are difficult to design to achieve good results.
(B) They should be used more broadly by larger firms.
(C) They work better for online firms.
(D) They work best when narrowly focused.

그들의 제품에 대한 시장 조사를 하는 회사들이 실제로 그 시장에 있는 사람들을 대상으로 (조사를) 해야 함은 분명해 보인다. 그러나, 크고 기반이 잘 닦인 회사들을 포함한 많은 회사들이 너무 광범위하거나 너무 좁은 소비자 그룹을 대상으로 설문 조사를 실시한다. 예를 들어, 몇몇 회사들은 시장 조사 회사들로부터 받은 대량의 일반화된 전화 리스트를 사용한다. 이런 것들은 거의 항상 쓸모가 없다. 만약에 목표가 그저 단순히 가능한 많은 사람을 설문 조사 하는 것이라면, 당신은 그저 전화번호부 책을 훑으면서 시작할 수 있을 것이다.

필요한 것은 회사가 제공하는 제품을 살 것 같은 고객들을 대상으로 하는 설문 조사이다. 그러나 이것은 종종 회사로 하여금 기존의 고객들을 설문 조사하거나 혹은 그들의 웹 사이트를 방문하는 사람들을 여론 조사하게 한다. 이런 설문 조사들은 어떤 상황들에서는 유용하기도 하지만, 종종 너무 제한적이다. 이런 종류의 설문 조사에서 당신이 마주치게 되는 사람들은 시장의 대표적인 샘플이 아니다 – 그들은 그저 이미 당신의 회사에 충분히 강력하게 끌린 사람들 그리고 당신의 회사에 충분히 관심이 있어서 설문 조사지를 작성하는 사람들의 샘플이다. 당신의 기존 고객층을 넘어서서 성장하기를 원한다면, 그런 사람들에 대한 설문 조사는 그다지 도움이 되지 않을지도 모른다.

더 좋은 접근법은 당신의 시장의 여러 부분을 대상으로 삼는 것이다. 예를 들어, 당신은 경쟁사의 고객들이 경쟁사의 매장에서 나올 때 여론 조사를 할 수도 있다. 또한, 당신이 대상으로 하는 연령대에게 폭넓게 인기 있는 잡지사와 거래를 맺고 당신을 대신해서 설문 조사를 하도록 할 수도 있다.

2. 시장 설문 조사에 대해 무엇이 추론될 수 있는가?
(A) 좋은 결과를 도출하도록 설계하는 것이 어렵다.
(B) 큰 회사들에 의해 더욱 폭넓게 사용되어야 한다.
(C) 온라인 회사들에게 더 효과가 좋다.
(D) 범위를 좁혀 초점을 좁게 잡았을 때 가장 효과가 좋다.

문답으로 짚어주는 문제 풀이 핵심 포인트

 자~ 질문에 ❶ inferred를 보고 추론과 암시 유형임을 알 수 있지? 그리고 질문 마지막에 키워드, ❷ '시장 설문 조사'가 나오지?

 근데 쌤! 본문 전체가 시장 조사에 대한 거예요. 이럴 때는 그냥 본문을 다 읽고 풀어야겠네요?

 그렇지. 첫 문단부터 분석해보자꾸나. 첫 단락에 한 마디 명제를 던져놓고 다시 이를 부정하는 ❸ However가 나오면서 잘못된 설문 조사에 대한 설명이 나오고 있지? 두 번째 단락 역시 한 마디 명제를 던진 후 다시 ❹ However 이후에 잘못된 설문 조사에 대한 설명이 나오고 말이야.

 그렇네요. 글에 그런 흐름이 있네요.

 생각해 보렴. 기존의 잘못된 접근 방식들이 글에서 이야기하는 핵심이겠니? However가 나온 첫 두 단락은 다 잘못된 방식들 얘기였고, 세 번째 단락에서야 비로소 필자가 좋다고 생각하는 여론 조사의 방식을 말하고 있지. 이를 유추하면 그만큼 올바른 여론 조사는 어렵다는 이야기가 될 수 있고 결국 정답은 (A)지.

 결국 Part 7을 잘 보기 위해서는 전체 글의 내용을 파악하는 기본 독해 능력이 필요한 거네요.

 맞아. 일단 글에서 생각의 덩어리라고 할 수 있는 각 단락이 무슨 내용을 전하는지 파악하며 글의 흐름을 이해하는 연습을 해보렴.

기출 구문 분석

It seems obvious **that companies doing market research for their products should target the people.**

그들의 제품에 대한 시장 조사를 하는 회사들이 그 사람들을 대상으로 해야 함은 분명해 보인다.

What is needed is a survey.

필요한 것은 설문 조사이다.

● 가주어, 진주어

위의 두 문장 중 첫 번째 문장에 있는 that 이하가 원래는 전체 문장의 주어였는데 너무 길어서 문장 뒤로 빼고 원래 자리에 가짜 주어인 It을 썼다. 이런 구문을 **가주어, 진주어 구문**이라고 한다. 한편 두 번째 예문에서는 what ~ needed가 전체 문장의 주어가 된다. 이렇게 짧은 경우는 가주어를 쓰지 않고 주어를 그대로 쓴다.

● 명사절을 이끄는 접속사 what과 that

명사절 접속사로 가장 자주 등장하는 것들이 what과 that이다. 두 접속사가 이끄는 **절(「주어+동사」로 이루어진 말덩어리)**은 전체 문장에서 주어나 목적어, 혹은 보어 역할을 한다.

● what과 that의 차이점

이 두 명사절 접속사의 해석은 '**~것**'으로 똑같지만 중대한 차이점이 존재하는데, **that은 완전한 절과 쓰이지만, what은 불완전한 절과 쓰인다**는 점이다.

위의 첫 문장을 보면 that 이하가 주어(companies), 동사(should target), 목적어(the people)를 모두 갖춘 완전한 절이다. 그러나 두 번째 문장의 what 절은 what을 빼고 보면 is needed의 주어가 없는 불완전한 절이다.

따라서 what과 that 중에서 답을 선택해야 할 때, 완전한 절이면 that을, 불완전한 절이면 what을 답으로 선택하면 된다. 다음 예시문을 보자.

예) I know (what/that) you did last summer.
　　나는 네가 지난 여름에 한 것을 알고 있다.

위의 예시를 보면 빈칸 이후에 you did라는 「주어+동사」는 있지만, 목적어가 없는 불완전한 절이다. 따라서, 빈칸에는 What이 들어가야 한다. 참고로 last summer는 목적어가 아니라(지난 여름을 한 것이 아니니까), 동사(did)를 수식하는 부사이다(지난 여름에 했다).

실전 문제

Questions 1-4 refer to the following article.

Finding affordable office space is becoming increasingly difficult in this city. The economic boom we've been experiencing has caused more and more companies to establish offices here. While construction companies have been working at full capacity, new businesses are filling office buildings as fast as they are being built. This has led to higher real estate prices and higher rent for existing offices. This can make it hard for new businesses to locate a place to start up, or for old ones to find space to expand into. If you're looking for office space, though, you shouldn't despair. Try looking for space in outlying suburban communities instead of in the downtown core itself. Businesses like the status that comes with having offices situated downtown, but many don't really need to be so central. Also, ask yourself if any of your employees could work from home. Many employees will jump at the chance to do so if it's at all practical, and this reduces the amount of office space you need for your operations.

1. According to the article, why is office space difficult to find?
   (A) Only a few office buildings exist in the city.
   (B) Building construction costs have increased.
   (C) Most offices were bought by one company.
   (D) Many new companies are moving to the city.

2. How has the economic boom affected rental rates?
   (A) It has lowered them.
   (B) It has raised them.
   (C) It has held them steady.
   (D) It has caused them to fluctuate.

3. Where does the article recommend looking for office space?
   (A) In the countryside
   (B) In the suburbs
   (C) In wealthy neighborhoods
   (D) In the downtown area

4. According to the article, how can companies reduce the amount of space they need?
   (A) By laying off non-essential employees
   (B) By giving employees less personal space
   (C) By using technology to complete more tasks
   (D) By encouraging employees to work from home

Questions 5-9 refer to the following article.

The results of the city-wide public vote were announced today in a press release from City Hall. It appears that we are getting the refurbished light rail bridge over the river, and the last section of the ring road will be built, but a new convention center is not in our immediate future.

It is estimated that five million dollars will be needed to repair and refurbish the light rail bridge. Matching federal funds are available, which makes this a very attractive project, as well as an important one. It is estimated it will take a year to complete, and the work is slated to begin before the end of the month. During construction, trains will continue to run, with occasional delays.

The much needed extension to the William Ratherton Highway has also been approved. It will also include some federal funding. The new link will run from Johnson Street in the southeast, to the junction between Highway 32 and Richards Boulevard in the northeast. The mayor stated that the new road is desperately needed to ease congestion along the current airport approach road. There will be a dedicated exit from the new highway straight into the airport. Construction will begin on this project next month, and it is expected to take 18 months.

Unfortunately, the city populace did not vote to approve a sales tax hike to build the new convention center. Tourist businesses and restaurant owners will surely be disappointed.

5. Who voted on the issues discussed in the article?
   (A) City residents
   (B) City councilors
   (C) Foreign investors
   (D) National leaders

6. The word "dedicated" in paragraph 3, line 5, is closest in meaning to
   (A) devoted
   (B) grateful
   (C) specific
   (D) honorary

7. What is NOT true about the bridge?
   (A) Part of its cost will come from federal sources.
   (B) Trains will continue to use it during construction.
   (C) The work is expected to take a year to complete.
   (D) Repair work will be started next month.

8. What roadway will be extended?
   (A) William Ratherton Highway
   (B) Johnson Street
   (C) Highway 32
   (D) Richards Boulevard

9. What is implied as a possible reason why the convention center will not be built?
   (A) People enjoy using the current convention center.
   (B) The restaurant and tourist businessmen all voted against it.
   (C) An increase in sales tax was necessary to pay for it.
   (D) There was too much construction taking place already.

UNIT 10 | 광고문

광고문은 토익 시험에 나오는 글 유형 중에, 각종 양식과 더불어 가장 쉬운 유형이 아닐까 싶다. 게다가 각종 양식은 출제 빈도가 낮은 편이니, 실질적으로 매달 빠짐없이 출제되면서 난이도도 쉬운 광고문이 가장 만만한 지문 유형일 것이다. 하지만 쉽다고 해서 여유를 가질 수는 없다. 남들보다 단 1초라도 시간을 아껴서 빠르게 문제를 푸는 것이 관건이다. 그래야 다른 어려운 유형에 대해 고민할 시간을 가질 수 있다. 그렇다면 어떻게 해야 빠르고 정확하게 풀 수 있을지 다음을 보자.

✅ 유형 정리

광고는 보통 한 시험에 1~2문제 나오며 유형(제품) 광고와 무형(서비스, 구인 등) 광고로 나눌 수 있다.

- 유형 광고: (전자) 제품, 식당(음식), 연간 회원권, 부동산, 잡지 정기 구독, 약품, 차량 등
- 무형 광고: 구인, 이사 대행, 케이터링(catering, 출장 연회업), 여행 상품, 공연, 세미나, 도로 보수, 시설물, 시설물 신축/개축, 자원봉사자 모집, 입주민 공지 사항, 행사 일정, 구매한 물건 교환/환불 등

✅ 질문 유형

[도입부에서 확인할 질문]

What is the purpose of the advertisement?

이 광고문의 목적은 무엇인가? ▶ 주제 찾기

What is the main objective of the advertisement?

이 광고문의 주요 목적은 무엇인가? ▶ 주제 찾기

What position is being advertised?

어떤 직책이 광고되고 있는가? ▶ 대상 확인

For whom is the advertisement most likely intended?

이 광고는 누구를 대상으로 하는 것 같은가? ▶ 대상 확인

[본문에서 확인할 질문]

What is true about the advertised product?

광고된 제품에 대해서 사실인 것은 무엇인가? ▶ 사실 확인

What is not mentioned as a safety precaution?

안전 예방 수칙으로 언급되지 않은 것은 무엇인가? ▶ 사실 확인

What qualifications are required?

어떤 자격 요건들이 필요로 되는가? ▶ 사실 확인, 키워드 찾기

What should residents do if they wish to get reimbursed?

만약 입주민들이 변제를 받으려면 무엇을 해야 하는가? ▶ 사실 확인, 키워드 찾기

[마무리에서 확인할 질문]

What should applicants do if they are interested?

관심 있다면, 지원자들은 무엇을 해야 하는가? ▶ 사실 확인, 키워드 찾기

What information is not available on the Web site?

웹 사이트에서 이용 가능한 정보가 아닌 것은 무엇인가? ▶ 사실 확인, 키워드 찾기

STEP 1

도입부에서 확인할 질문들

· 주제나 대상은 글의 맨 앞에서 확인 가능하다. 특히 광고문의 경우 제목이나 진한 글씨를 빨리 찾아본다.

· 만약 제목이 없다면 글의 처음 한두 줄을 읽고 파악하면 된다. 단, 광고문에서 흔히 쓰는 기법인 '~하세요? ~하지 않나요?'라고 물어보는 문장은 광고의 분위기를 띄울 뿐 주제를 직접적으로 나타내는 것은 아니다. 그러나 힌트는 될 수 있다.

· 누가, 누구에게, 무엇을 전달하는지를 글의 서두에서 빠르게 파악한다.

STEP 2

본문에서 확인할 질문들

· 사실 관계 확인 유형 혹은 추론과 암시 유형은, 먼저 보기를 다 읽는다. 이때 보기를 그냥 읽지 말고 반드시 키워드에 표시를 하면서 읽는다.

· 질문과 보기의 키워드를 기억하면서 본문과 꼼꼼하게 하나하나 대조하여 오답을 제거한다. 이때 정답을 확실하게 찾았으면 굳이 나머지 내용은 본문에서 확인하지 말아야 한다. 시간을 절약하기 위해서이다.

· 키워드 찾기와 패러프레이징에 익숙해져야 한다. 특히 많은 정답이 패러프레이징 되어 나오기 때문에 어휘 실력도 키워야 한다. 더불어 본문에 나온 단어가 그대로 보기에 쓰인 경우에는 오히려 의심해 보는 것이 좋다.

STEP 3

마무리에서 확인할 질문들

보통 마무리에서는 연락처나 요청 사항, 다음 일정, 웹 사이트와 관련된 질문이 잘 나온다. 따라서 이런 것을 묻는다면 마무리 부분을 보아야 한다. 특히 이런 질문에 대한 정답으로 자주 등장하는 아래의 '공손한 부탁의 표현'을 알아두자. 정답은 공손한 부탁 부분에서 자주 등장하고 있다.

[공손한 부탁의 표현]

Please + 동사원형: ~해 주세요

주어 + be advised/reminded/asked/required to do: ~하도록 권유됩니다
(= ~해주세요)

I suggest = recommend: 추천드립니다

Why don't you/we~?: ~하는 게 어때요?

How about = What about~?: ~하는건 어떨까요?

I would like you to do~: 당신이 ~하기를 바랍니다

You had better~: ~하시는 것이 더 좋겠습니다

It might be better if you~: 당신이 ~하신다면 더 좋겠습니다

토익 빈출 어휘들은 익숙해질 때까지 훈련하는 것이 좋다. 영어 단어를 보고 한글 의미를 암기하고, 다음에는 한글 의미를 보고 영어 단어를 암기하도록 한다. 완전히 암기한 단어의 경우, 단어 앞에 있는 박스에 체크하여 학습 완료 여부를 확인한다.

☐ take advantage of	~을 이용하다	☐ 견적서	estimate
☐ advance registration	사전 등록	☐ 문구류	stationery
☐ both A and B	A와 B 둘다	☐ 이력서	résumé
☐ due to	~때문에	☐ 공석, 결원	opening
☐ either A or B	A이거나 혹은 B	☐ 시간을 잘 지키는	punctual
☐ along with	~와 더불어서	☐ 신뢰할 만한	reliable
☐ stop by	~에 잠시 들르다	☐ 필수적인, 요구되는	required
☐ ask for	~을 요청하다/요구하다	☐ 훌륭한, 멋진	terrific
☐ customer base	고객층	☐ 2개 국어를 하는	bilingual
☐ year-round	연중 내내	☐ 선도적인	leading
☐ bi-weekly	격주의, 주 2 회의	☐ 바로, 곧, 올바른, 오른쪽의, 권리	right
☐ human resources	인적 자원, 인사부	☐ 관습, 맞춤의	custom
☐ choose from	~에서 선택하다	☐ 관세, 세관	customs
☐ baked goods	제과	☐ 전문 지식	expertise
☐ business card	명함	☐ 추천(서)	reference (letter), recommendation letter

Question 1 refers to the following advertisement.

Welcome to Coffee Culture

We have been keeping our customers happy for the last 20 years by serving over 30 varieties of coffee and tea along with a selection of the finest home-made cakes and baked goods.

Try something new today! ❷ Receive a free sample of our iced tea when you order a coffee.

Sit in our new outdoor patio and enjoy the view of our rose garden. You may even spot our friendly cat in the garden.

Purchase 9 drinks and your 10th beverage is free!

1. What will you receive ❶ when you order a cup of coffee?

(A) A discount
(B) A rose
(C) An iced tea
(D) A cake

커피 컬처에 오신 것을
환영합니다

저희는 지난 20년간 고객님들을 행복하게 해왔습니다. 30종이 넘는 커피, 차와 더불어 엄선된 고품질의 가정식 케이크와 과자류도 제공함으로써 말이죠.

오늘 새로운 것을 맛보세요! 커피를 주문하실 때 무료 아이스티 샘플을 받아보세요.

저희의 새로운 야외 공간에 앉아서 장미 정원의 경치를 즐겨보세요. 심지어 정원에서 저희의 친근한 고양이를 발견할 수도 있습니다.

9잔의 음료를 구매하시면 10번째 음료는 무료입니다!

1. 커피 한 잔을 주문하면 무엇을 받게 될 것인가?
(A) 할인
(B) 장미
(C) 아이스티
(D) 케이크

문답으로 짚어주는 문제 풀이 핵심 포인트

질문의 키워드인 ❶ '커피를 주문하면'에 주목하렴.

쌤! 이제 키워드를 찾는 것은 어렵지 않아요.

그럼 본문에서 찾아 볼 수 있겠니?

본문 중간에 키워드인 '커피를 주문할 때'가 본문에 거의 그대로 나오면서 ❷ '무료 아이스티 샘플을 받아보라'고 되어있으니 정답은 (C)입니다!

그렇지. 광고문은 보다시피 쉽기 때문에, 키워드를 빨리 찾아 정확히 풀어야 해. 쉬운 문제일수록 빠르게 풀어 시간을 절약하는게 중요하단다.

기출 구문 분석

We have been keeping our customers happy for the last 20 years by serving over 30 varieties of coffee and tea along with a selection of the finest home-made cakes and baked goods.

우리는 우리 고객들을 지난 20년간 행복하게 해왔습니다. 30종도 넘는 커피와 차를 제공하고 더불어 고품질의 가정식 케이크와 제과를 제공함으로써 말이죠.

● **긴 문장을 쉽게 파악하는 법**

❶ **영어 문장의 기본 틀은 「주어+동사+목적어」로 구성되어 있다.**

영어 문장은 기본적으로 「주어+동사+목적어」로 구성된다. 첫 번째 명사를 주어로(~이/~가), 그 다음 동사 형태를 찾아(~한다, 했다) 동사로, 그 뒤의 명사를 목적어(~을/를)로 처리하면 된다. 위의 문장을 예로 들자면, we가 주어 have been keeping이 동사, our customers가 목적어가 된다.

❷ **기본 틀을 제외한 나머지는 모두 수식어 처리한다.**

수식어란 위의 ❶에서 말한 기본 틀을 꾸며주는 나머지 말들을 의미한다. 수식어가 들어가면 문장의 의미가 풍요롭게 되는 장점은 있지만, 거꾸로 수식어 때문에 의미를 파악하는 일이 느려지거나 어려워지기도 한다. 따라서 수식어들에 너무 큰 의미를 부여하지 말고, 의미를 파악하는 데 필요한 보조 수단 정도로 간주해야 한다.

☑ **대표적인 수식어**

1) 명사를 수식하는 형용사에 해당하는 것들: 순수한 형용사, 전명구(전치사+명사), 분사(-ing, p.p), to부정사의 형용사적 용법(~할), 관계사절(= 형용사절)

2) 동사 등 기타 나머지를 수식하는 부사에 해당하는 것들: 순수한 부사, 전명구, to부정사의 부사적 용법(~하기 위해서), 부사절(although, because, when, if 등으로 시작)

---

1) 형용사에 해당하는 것들

We have been keeping <u>our</u> <u>customers</u> <u>happy</u> for the last <u>20</u> <u>years</u> by serving over <u>30</u> <u>varieties</u> of coffee and tea along with a selection of the <u>finest</u> <u>home-made</u> <u>cakes</u> and <u>baked</u> <u>goods</u>.

이때 happy, fine(est), home-made와 같은 단어를 순수한 형용사라 부르며, our와 같은 소유격, 그리고 20, 30과 같은 숫자도 형용사 기능을 한다는 것을 알아두자. baked 같이 동사에 '-ed'나 '-d'가 붙은 것을 과거분사(p.p)라 하는데, 이런 분사도 형용사 기능을 할 수 있다.

2) 부사에 해당하는 것들

We <u>have been keeping</u> our customers happy <u>(for the last 20 years)</u> <u>(by serving over 30 varieties</u>

<u>of coffee and tea)</u> <u>(along with a selection of the finest home-made cakes and baked goods)</u>.

for the last 20 years / by serving ~ tea / along with ~ goods 모두 전명구에 해당하며, 모두 동사(have been keeping)를 수식한다.

● 최종 정리

문장에서 가장 기본이 되는 「주어+동사+목적어」를 찾아서 정확히 해석한다. 나머지는 모두 수식어이니 꼼꼼하게 해석하지 않되, 맥락에 맞게 만들어 간다. 즉 아래와 같은 방식으로 해석을 진행한다.

예) We have been keeping our customers **happy for the last 20 years by serving over 30 varieties of coffee and tea along with a selection of the finest home-made cakes and baked goods.**

"아, 고객을 그동안 유지해 왔구나… happy? 뭐 고객이 행복하겠지, 20년간 했구나, 뭐 엄청 다양한 커피랑 차를 줬나 보네, 아, 커피숍 얘기인가 보다… 케이크랑 제과 같은 것도? 그렇지, 커피숍에서 그런 것도 파니까…."

➔ 일단 커피숍 얘기고, 오래된 곳이고 다양한 것들을 제공해서 고객을 행복하게 만든 커피숍 얘기네.

Question 2 refers to the following advertisement.

❷ <u>Need a fast and flexible business printer</u>?

BizPrint, the nation's leading print services company, has opened a new local branch. Now the speediest and best printers are available to serve you and your company, right here in town!

• Custom graphic design expertise available in-store
• Same-day delivery for business cards and stationery
• Enormous selection of specialty and business paper stock
• Overnight printing for single sheet flyers and small brochures
• Free local delivery (within 10 miles)

Call 555-8728 for a free consultation and estimate, or stop by our store at 2700 Broadway.

For more information, visit us online at www.BizPrint.com

2. What type of company is ❶ being advertised?

(A) A printing shop
(B) A stationery store
(C) A shipping firm
(D) A Web site developer

빠르고 융통성 있는 비즈니스 프린터가 필요하신가요?

비즈프린트는 전국 최고의 인쇄 서비스 회사로, 새로운 지점을 열었습니다. 이제 가장 빠르고 가장 좋은 프린터가 당신과 당신의 회사에 서비스를 제공해 드리기 위해 이용 가능합니다. 바로 이 마을에서요!

· 매장 내에서 맞춤 그래픽 디자인 전문 기술 이용 가능
· 명함과 문구류 당일 배송
· 엄선된 특수 용지와 기업용 용지 재고 다량 보유
· 단면 전단과 소량 책자에 대한 익일 인쇄
· 무료 지역 배송(10마일 이내)

555-8728로 전화 주셔서 무료 상담과 견적을 받아 보시거나 브로드웨이 2700번지에 있는 저희 매장을 들러주세요.

더 많은 정보를 원하시면 www.BizPrint.com으로 저희를 방문해 주세요.

2. 어떤 종류의 회사가 광고 되고 있는가?
(A) 인쇄소
(B) 문구점
(C) 배송 회사
(D) 웹 사이트 개발 업체

문답으로 짚어주는 문제 풀이 핵심 포인트

질문을 읽어보니 ❶ 광고 대상을 묻고 있구나. 이런 유형은 지문 앞쪽에서 힌트를 얻을 수 있지. 특히 광고에서 제목은 중요하니까 반드시 읽으렴.

제목에서 ❷ 비즈니스 프린트가 필요하냐고 바로 나오네요! 정답은 (A)!

이렇게 쉬운 건 누구나 맞출 수 있어. 다만 중요한 건 남보다 몇 초라도 더 빨리 풀어야 한다는 거야~

기출 구문 분석

Now the speediest and best printers <u>are available</u> to serve you and your company, right here in town!

이제 가장 빠르고 제일 좋은 프린터가 이용 가능합니다. 당신과 당신의 회사에 서비스를 제공하기 위해서. 바로 이 마을에서요!

● 2형식 문장에 대한 이해

앞서 대다수 문장이 「주어+동사+목적어」로 이루어진다고 했는데 그렇지 않은 문장으로 자주 볼 수 있는 형태가 2형식이다. 2형식이라는 용어는 몰라도 좋다. 다만, 2형식 동사인 **be, become, remain 뒤에는 목적어인 명사가 아닌 보충해 주는 말, 즉 보어가 오며, 여기서 보어는 주로 형용사라는 사실을 알아두면 좋다**(실제로는 명사도 보어가 가능하지만 토익에서 자주 볼 수 없음). 다시 말해 be, become, remain 뒤에는 주어를 보충 설명해 줄 형용사가 온다.

즉, 주어인 프린터를 찾아 놓고, '프린터가 뭐? 아, 이용 가능(available) 하구나'라고 이해하면 된다. 물론 to serve 이하는 없어도 되는 수식어로, 여기서는 '~하기 위해서'라고 해석되는 to부정사의 부사적 용법으로 사용되었다.

실전 문제

Questions 1-4 refer to the following advertisement.

Customer Support Staff Needed

Due to an expanding customer base, WestTel is hiring six new customer support technicians to work in its San Diego office.

Successful applicants will be bilingual in Spanish and English, and will have 1-3 years of experience in technical sales or support. Computer, telecommunications, or other technical experience is acceptable. Preference will be given to those with post high-school education. Part-time university students and interns will be considered. References from previous employers required.

These junior support positions involve providing office-based e-mail and telephone support. Work schedule will be either weekday mornings (7-3) (3 openings) or evenings (3-7) (3 openings). Employees will be expected to be punctual and reliable. The start date for all positions is April 14.

For further information, please call the office at 555-7336 and ask for Sally. Send letters or résumés to humanresources@WestTel.com.

---

1. Why is WestTel hiring more customer support people?
   (A) The company is getting more customers.
   (B) Customers are asking more questions.
   (C) A new company location recently opened.
   (D) Additional services are being introduced.

2. What is NOT mentioned as a requirement?
   (A) Speaking two languages
   (B) Relevant work experience
   (C) A technical college diploma
   (D) References from past bosses

3. According to the advertisement, what will employees be expected to do?
   (A) Attend training sessions
   (B) Take regular business trips
   (C) Work on the weekends
   (D) Arrive to work on time

4. How can individuals find out more about the position?
   (A) By consulting a Web site
   (B) By visiting the office
   (C) By calling the company
   (D) By sending an e-mail

Questions 5-8 refer to the following excerpt from a brochure.

The new Family Fun Fitness passes are finally here, brought to you by Civic Fitness Center.

Each family has different fitness needs. Choose from four new membership packages to take advantage of our amazing new facility.

Swimming/Fitness Package $475 for a family of 4
This package works best for families that regularly enjoy our Olympic-sized swimming pool. This package also qualifies adults for one weekly aquafit class (advance registration required)!

Skating/Fitness Package $550 for a family of 4
Take advantage of our bi-weekly family skating time. The arena is open year-round for a fresh, fun, family activity. Rental of two pairs of skates are included per visit. Your teenagers will love this one!

Swim, Skate, & Sweat Package $600 for a family of 4
This package grants you unlimited swimming and skating. It also gives each member 10 fitness classes per month. This is a perfect combination for adults who are just discovering the joy of fitness classes.

Super Fitness Fun Package $700 for a family of 4
This package is perfect for families who enjoy fitness classes and circuit training. This unlimited pass entitles adults to use the fitness room. It also allows both adults and children to attend various workout classes. These include aerobics, kick boxing, yoga, step, and cross fit.

Visit civicfitnesscenter.com to register your family for one of these terrific packages.

---

5. What is the main purpose of the brochure excerpt?
   (A) To correct a print error
   (B) To announce price changes
   (C) To introduce new packages
   (D) To describe job opportunities

6. What activity requires registration in advance?
   (A) Skating
   (B) Aquafit
   (C) Yoga
   (D) Cross fit

7. What is implied about the arena?
   (A) It is only open on weekends.
   (B) It is an open-air facility.
   (C) It is open in the summertime.
   (D) It is only open to children.

8. According to the brochure excerpt, who would most enjoy the Swim, Skate, & Sweat Package?
   (A) Parents of young children
   (B) Children who are learning how to skate
   (C) Teenagers who are trying to lose weight
   (D) Adults who are new to fitness classes

UNIT 11 | 표와 양식

글씨만 빼곡한 지문들을 보다가 표나 양식 형태로 되어 있는 지문을 만나면 만만해 보이는데, 실제로 쉬운 유형이기도 하다. 그러나 아쉽게도 다른 지문 유형에 비해 표나 양식은 단일지문에서 출제 빈도가 매우 낮아졌다.

대신 이중지문이나 삼중지문에서는 표나 양식이 자주 등장하는 편이다. 특히 삼중지문의 경우 세 개의 글 모두 지문을 빼곡하게 해서 출제하면 난이도가 너무 높아지는 경우를 대비해 수험자를 배려하는 측면에서 세 개의 글 중에 한 개 정도는 표나 양식을 넣어 출제하고 있다. 따라서 이번 UNIT은 삼중지문에서 나오게 될 표나 양식을 따로 분리해서 미리 살펴보는 느낌으로 학습하면 좋을 것이다. 물론 추후에 삼중지문을 집중적으로 다루는 UNIT에서도 표나 양식은 다시 다루어질 것이다.

표나 양식 유형에서 주로 나오는 내용은 설문지, 초대장, 송장, 일정표, 가격표 등이다. 여기서 가장 중요한 요령이라면 절대 본문을 먼저 보지 말라는 것이다. 즉, 본문보다 질문을 먼저 읽은 후, 정답이 있을 만한 곳만 본문에서 골라서 읽고, 재빨리 답을 찾으면 된다.

✔ 주요 내용

❶ 종류

설문지, 송장, 일정표, 가격표, 초대장, 제품 사용 설명서, 광고용 전단지, 서식, 도표, 차트, 그래프 등

❷ 주요 내용

설문지: 질문 내용은 여러 개이지만 실제 체크된 내용이 중요

송장: 주문 정보, 지불 정보, 배송 정보, 고객 정보, 주문 내용, 금액, 지불 조건, 주의 사항 등

여행 일정표 : 고객 이름, 여행사 이름, 여행 날짜, 목적지, 교통편, 시간별 일정 등

가격표: 고객 정보, 제품 정보, 단가, 수량, 총액, 할인이나 환불 조건 등

초대장: 수/발신인 정보, 행사 제목/내용/일시/장소, 참석 인원, 해야 할 일, 당부 사항 등

제품 설명서: 제품 이름, 용도, 사용법, 주의 사항, 보증 내용, 연락처 등

광고용 전단지: 제품/서비스 소개, 회사 소개, 광고 세부 내역, 연락처 정보 등

서식, 도표, 차트, 그래프 등: 각종 변경 사항, 경향/추세, 수량 파악 등

출입국 신고서: 개인 정보, 출입국 목적, 소지품, 주의 사항 등

신청서: 잡지나 각종 서비스 등의 구독 신청, 신청 시 받는 혜택/조건 등

전화 메모: 전화를 받은 사람과 건 사람, 시간, 전달하고자 하는 내용 등

기타: 제품 설명서, 조리법, 진료 카드, 생산 관련 도표 등

[주제 찾기 유형]

표의 대략적인 윤곽을 통해 주제 파악

What is the main purpose **of this questionnaire?**

이 설문지의 주 목적은 무엇인가?

[사실 관계 확인 유형]

질문의 키워드를 기억하여 보기의 내용과 본문의 정보를 하나씩 차례로 대조하여 정답 결정

What is not mentioned as a means of payment**?**

지불 수단으로 언급되지 않은 것은 무엇인가?

What information is included **in the form?**

이 서식에 어떤 정보가 포함되어 있는가?

✓ 한눈에 보는 유형 해법

해법 1) **질문을 먼저 읽고, 질문의 키워드를 먼저 찾아 낸다.**

그 후에 본문에서 키워드에 해당하는 부분을 찾아 답을 찾아낸다.

해법 2) **각종 양식의 경우, 절대로 본문을 다 읽고 답을 선택할 필요가 없다.**

해법 3) **평소 다양한 양식의 유형을 익혀두어 정답을 빨리 찾는다.**

해법 4) **표와 양식에서 시간을 조금이라도 아껴서 다른 글을 좀 더 자세히 볼 시간을 마련한다.**

해법 5) **답과 관련된 부분만 보고 나머지 부분은 보지 않아 시간을 절약한다.**

토익 빈출 어휘들은 익숙해질 때까지 훈련하는 것이 좋다. 영어 단어를 보고 한글 의미를 암기하고, 다음에는 한글 의미를 보고 영어 단어를 암기하도록 한다. 완전히 암기한 단어의 경우, 단어 앞에 있는 박스에 체크하여 학습 완료 여부를 확인한다.

☐ bring back	다시 가져오다	☐ 설명, 묘사	description
☐ take a moment	시간을 내다	☐ 쳐부수다, 무찌르다	defeat
☐ fill in	작성하다	☐ 억제, 금지	inhibition
☐ deal with	다루다, 처리하다	☐ 약한, 희미한, 현기증 나는	faint
☐ full refund	전액 환불	☐ 사건	incident
☐ turn out (to be) + A	A라 판명나다	☐ 주소, 연설, (문제를) 처리하다	address
☐ make sense	이치에 맞다, 합당하다	☐ 지식이 있는, 박식한	knowledgeable
☐ lead up to	~로 이어지다	☐ 추가적인	additional
☐ that is	즉, 다시 말해	☐ 영구적인	permanent
☐ burst into flame	펑 하며 불꽃을 내다	☐ 합리적인	reasonable
☐ medical insurance	의료 보험	☐ 즉각	immediately
☐ paid vacation	유급 휴가	☐ 연장하다	extend
☐ equal opportunity employer	고용 평등 고용주 (성, 인종 등의 차별을 하지 않고 능력으로만 채용하는 고용주)	☐ 직면하다	confront
☐ right away	즉각	☐ 결함 있는	defective
☐ put out	(불을) 끄다	☐ 다음의	following

기초 다지기 1

Question 1 refers to the following advertisement.

Company name	Ace consulting
❷ Address	2202 Mallard drive, Jacksonville, Florida, 66765
Nature of business	Consulting Firm
Position to be filled	Secretary
❸ Employee qualification	Must have two years of relevant experience, and be computer literate with good organizational skills.
Number of employees needed	One
Type of job	Permanent
❹ Payment	$15 an hour
Days	Monday to Friday
Benefits	medical, paid vacation

We are an equal opportunity employer.

For more questions, contact Human Resources Manager Thomas Ravanel at 555-5309.

회사 이름	에이스 컨설팅
주소	플로리다주 잭슨빌시 66765 맬러드가 2202번지
사업 형태	컨설팅 회사
채용 직무	비서직
자격 요건	2년간의 관련 경험이 반드시 있어야 함. 그리고 컴퓨터를 다룰 수 있어야 하고, 조직화 기술을 가지고 있어야 함
필요 인원	한 명
고용 형태	정규직
급여	시급 15달러
근무일	월~금
혜택 사항	의료 보험, 유급 휴가

우리는 고용평등을 실천하는 업체입니다.

추가 질문에 대해서는 인사팀장 토마스 라바넬에게 555-5309로 연락주세요.

1. What information is ❶ NOT provided in the advertisement?

(A) The working hours
(B) The job location
(C) The experience required
(D) The hourly pay rate

1. 광고에 제공되지 않은 정보는 무엇인가?
(A) 근무 시간
(B) 직장 위치
(C) 요구되어지는 경력
(D) 시급

문답으로 짚어주는 문제 풀이 핵심 포인트

자! 질문에 ❶ NOT을 보고 사실 관계 확인 유형임을 눈치 채야겠지?

보기 (A)~(D)를 하나씩 읽고 해당 부분을 본문에서 찾으라는 말씀이죠? ㅠㅠ

광고문에 표가 있으니 아주 쉽게 정보들을 찾을 수 있단다. 그러니 울지 말고.

(B), (C), (D)는 각각 ❷ '주소' ❸ '자격 요건', ❹ '급여'에서 확인 가능하지만, (A)는 본문에서 근무일(Days)만 언급할 뿐 근무 시간(Hours)은 언급하지 않아서 이게 정답이네요.

빙고! 근무 시간과 근무일은 다른 거지.^^

기출 구문 분석

We are <u>an equal opportunity employer</u>.

우리는 고용 평등 업주입니다.

● 보어가 명사인 경우

앞 UNIT에서 be, become, remain과 같은 2형식 동사 뒤에는 주어를 보충 설명해주는 말로 형용사가 주로 쓰인다고 했다. 그리고 가끔 명사도 보어로 쓰인다고 했는데, 위 예문이 바로 명사가 보이로 쓰인 에이다.

주어인 we 뒤에 동사 are가 보인다. 즉, be동사로 이루어진 2형식 문장이다. 이때 be동사 뒤에는 주로 형용사가 주어를 보충하는 역할(보어)로 사용되지만, 저 경우는 명사가 왔다. **명사가 보어가 되면 주어와 일치하는 특징**이 있다. 이와 달리 **형용사 보어는 주어와 일치하는 게 아니라 주어를 수식하는 관계**에 있다. 다음의 간단한 예문을 통해 알아보자.

☑ 형용사 보어

She is energetic. 그녀는 열정적이다. ▶ '열정적인'이 주어 '그녀'를 수식

☑ 명사 보어

She is a new manager. 그녀는 신임 매니저이다. ▶ '매니저'가 곧 '그녀'. 주어와 일치

Question 2 refers to the following invoice.

INVOICE

Cragshead Crystal
Beauty for Every Occasion

Tom Potter,
President
302 Helm Lane
Jackson, Missouri, 78490   Invoice #138
Phone: 376-555-5489   Date: October 22
Fax: 376-555-1289

To/Ship To:
John Ripper
70 Gardner Avenue
Jackson, Missouri, 78490
376-555-2478

QUANTITY	DESCRIPTION	UNIT PRICE	TOTAL
1	Crystal Lion (Large)	$2000.00	$2000
❸ 7	❷ Crystal Dwarf (Small)	$70.00	$490
1	Crystal Cottage (Large)	$3000	$3000
1	Crystal Lady (medium)	$300	$300
	SUBTOTAL		$5790
	SALES TAX		$579
	SHIPPING & HANDELING		$80
	TOTAL DUE		$6449

2. What item did the purchaser ❶ buy multiple units of?

(A) Crystal Lady
(B) Crystal Cottage
(C) Crystal Dwarf
(D) Crystal Lion

송장

크랙스헤드 크리스탈
모든 경우에 어울리는 아름다움

톰 포터
회장
헬름 레인가 302번지
미주리주 잭슨시 78490
전화: 376-555-5489
팩스: 376-555-1289
송장 번호 138
날짜: 10월 22일

수신/배송지:
존 리퍼
가드너 가 70번지
미주리주 잭슨시 78490
376-555-2478

수량	내용	단가	총합
1	크리스탈 사자 (대)	2천달러	2천달러
7	크리스탈 난쟁이 (소)	70달러	490달러
1	크리스탈 오두막 (대)	3천달러	3천달러
1	크리스탈 여인 (중)	3백달러	3백달러
	소계		5790달러
	판매세		579달러
	배송비		80달러
	총계		6449달러

2. 무슨 물품을 구매자가 여러 개 샀는가?
(A) 크리스탈 여인
(B) 크리스탈 오두막
(C) 크리스탈 난쟁이
(D) 크리스탈 사자

문답으로 짚어주는 문제 풀이 핵심 포인트

 질문 끝부분에 나오는 ❶ 'buy multiple units(여러 개를 사다)'를 키워드로 삼아 본문에서 찾아볼까?

수량을 나타내는 quantity항목을 보면 대부분 1개씩 구매했지만, 유일하게 ❷ Crystal Dwarf 항목만 ❸ 7이라 표시되어 있네요. 그러면 (C)가 정답이네요.

기출 구문 분석

구문 분석을 위한 문장이 등장하지 않은 대신 Invoice의 용어 몇 가지만 알아두자.

• Invoice 용어 정리

❶ subtotal (소계)

세금이 붙지 않은 순수 물건 가격만의 합계, pre-tax(세전)의 개념이다.

❷ sales tax (판매세)

우리나라 부가가치세(VAT) 개념이라 보면 된다. 국가마다, 주마다(미국의 경우) sales tax의 비율은 다르다. 하지만 보통 토익 시험에서는 subtotal의 10%가 sales tax로 많이 표시되어 나온다.

❸ shipping & handling (charge) (배송비)

배송비가 붙는지 안 붙는지, 일정 수량 이상 구매 시 배송비가 무료인지, 신규 혹은 단골 고객에게 배송비가 무료인지 묻는 문제가 자주 출제되고 있다.

❹ total due(지불해야 할 총합)

'내야 할 돈'이란 뜻이다. 참고로 due는 '예정된', overdue는 '예정일을 넘겨 연체된'이란 뜻이고 pre-paid는 '선불로 이미 낸'이란 뜻이다.

Questions 1-4 refer to the following form.

Please take a moment to fill in the following customer incident report for our records.

Name: _Bill Nolan_
Address: _92 Guigol Lane_
City: _Chicago_   State: _IL_   Zip: _30243_
Phone: _555-4524_

What was the nature of your complaint?

Defective merchandise ✓   Poor service
Overcharging on the bill   Other

How would you describe the customer service rep who dealt with your problem?

Rude   Not Knowledgeable
Polite ✓   Knowledgeable ✓

Was the problem resolved to your satisfaction?

Yes   No ✓

Additional comments:

I ordered a coffee maker from your site in November as a Christmas present for my wife. However, when she opened it and plugged it in, it burst into flames almost immediately. Fortunately, we put it out right away and no one was hurt. However, the machine was clearly defective, so I tried to return it and get my money back. While the customer service rep I dealt with was very pleasant and knowledgeable, he said that he could not refund any purchase made more than thirty days ago. This was repeated by his manager when I spoke to her. This may be a reasonable policy normally, but it makes no sense in the months leading up to Christmas.

---

1. What can be inferred about Mr. Nolan?
   (A) He thinks that the employee he dealt with is professional.
   (B) He is a regular customer of the business.
   (C) He made his purchase at a brand new store location.
   (D) He paid for some merchandise by credit card.

2. What did Mr. Nolan most likely request?
   (A) A repair service
   (B) A refund
   (C) A replacement item
   (D) A gift voucher

3. What happened to Mr. Nolan's coffeemaker?
   (A) It wouldn't turn off.
   (B) It fell apart.
   (C) It wouldn't turn on.
   (D) It caught fire.

4. Why was the customer service rep unable to fulfill Mr. Nolan's request?
   (A) He had waited too long to return the item.
   (B) He purchased the item during a sale.
   (C) He forgot to provide an original store receipt.
   (D) He decided not to buy a product warranty.

Questions 5-7 refer to the following schedule.

Movie Title	Category	Description	Time
Happy Land	Family	A fun film about magical creatures that live in an unseen land. Unseen, that is, until Noah discovers a secret door in his basement which leads him to Happy Land. This is a great film for kids of all ages.	2 P.M.
Extreme Victory	Action	By popular demand we're bringing back *Extreme Victory* for those of you who missed it the first time. A fast-paced drama that will have you on the edge of your seat. Come along as Nelson Baldry defeats evil in high speed chases and daring feats. Not for children under 16.	4 P.M., 6 P.M.
Dancing Till Dawn	Romantic Comedy	A light-hearted comedy that follows a young woman as she confronts her inhibitions by joining a dance group, where she unexpectedly finds love. Not for children under 16.	7 P.M., 9 P.M.
Scare Fest	Horror	We are extending the run of Scare Fest for another week. Not for the faint hearted, this is a movie full of suspense and fear. If you like to be scared, this is the movie for you. Restricted to people over 18.	11 P.M.

5. What movie is most suitable for children?

   (A) *Happy Land*
   (B) *Extreme Victory*
   (C) *Dancing Till Dawn*
   (D) *Scare Fest*

6. When can moviegoers see a horror movie?

   (A) In the morning
   (B) In the afternoon
   (C) In the early evening
   (D) At night

7. What can be inferred about the films?

   (A) They are all directed by the same person.
   (B) They are all award-winning films.
   (C) Some are remakes of old movies.
   (D) Some have been screened before.

시원스쿨 토익 Part 7 필수 전략서

삼중지문
집중 공략

12 편지와 이메일 삼중지문

지금까지 단일지문들을 바탕으로 질문 유형별, 그리고 지문 유형별로 Part 7을 공략하는 방법을 배워왔다. 이제는 이중지문과 삼중지문을 공략할 차례이다.

이중지문이나 삼중지문도 질문 유형 자체와 지문 유형은 단일지문과 똑같다. 그래서 다소 난이도가 높을 수는 있어도 삼중지문만 착실히 학습하면 이중지문은 저절로 해결된다.

지금부터 이어질 삼중지문에 대한 학습은 새로운 것을 배운다기 보다는 UNIT 01~11에서 배운 내용을 총 복습하는 내용이므로 지금껏 학습한 것을 확인하는 차원에서 내용을 가볍게 읽어 본 뒤 바로 HALF TEST와 실전 모의고사를 풀면 된다.

✓ 지문 유형

- 이메일이나 편지 + 이메일이나 편지: 예약, 문의, 요청, 상품이나 서비스에 대한 불만/해결 등
- 이메일이나 편시 + 광고나 발표문: 광고 내용과 그에 대한 문의/요청 혹은 물변 세기 통
- 이메일이나 편지 + 회람이나 공지글: 행사 등에 대한 공지와 문의, 그에 대한 후속 조치 등
- 이메일이나 편지 + 기사글: 제품/인물/회사 등에 대한 소식과 오류 지적/추가 조치 등
- 이메일이나 편지 + 표나 양식: 행사나 일정 등에 대한 양식과 그에 대한 문의/수정/부탁 등

위를 보면 삼중지문에서는 지금까지 배운 글의 종류들이 하나가 아니라 둘 혹은 셋이 조합되어 나온다. 물론 여기에는 단일지문에서는 볼 수 없었던 이중지문 대조 유형(심지어는 삼중지문 대조 유형)이 나와서 난이도가 더 높아질 수 있다.

✓ 유형 정답 단서

❶ 도입부에서 확인할 사항

주제를 물어보는 질문이 나오면 편지나 이메일 모두 도입부 부분을 보면 된다. 단, 주의할 점은 편지의 경우 **첫 문장이 고맙다는 말이나 지난번 일(과거 시제)에 대한 언급으로 시작되면 그 첫 단락은 주제가 아닌 경우가 많다**는 점이다. 이런 경우는 그 다음 단락까지 읽어야 한다. 특히 다음과 같은 표현은 주제를 알려주는 중요한 단서 표현들이다.

[주제를 알 수 있는 힌트 표현들]

I'm writing in regard to ~에 관해 편지 드립니다.

This is a letter to 이 편지는 ~에 관한 편지입니다.

I am writing to inquire[apologize, confirm] 문의/사과/확인을 위해 편지를 드립니다.

I would like to inform[remind] you that ~라 알려드리고/상기시켜드리고 싶습니다.

I regret to tell[inform] you that ~라 말하게/알리게 되어 유감입니다.

❷ 본문에서 확인할 사항

본문에서 주로 다루어지는 것은 사실 관계 확인을 바탕으로 한 키워드 찾기 유형이다.

[키워드 찾기 유형]

항상 질문을 먼저 읽어야 한다. **키워드는 대부분 질문의 끝부분에 있다.** 아직도 키워드가 뭔지 모르는 분들은 **자기가 푼 문제들을 복습하면서 뭐가 키워드였는지를 자꾸 확인해 보는 연습**을 하면 된다. 몇 번 그렇게 하다 보면, '아, 이런 게 키워드구나'하는 감이 온다. 이런 감을 가지게 되었다면, 키워드에 해당하는 것을 본문에서 빠르게 찾아 그 부분을 중점적으로 읽으면 된다. **특히, 질문 뒷부분의 특정 명사나 동사, 숫자나 요일, 날짜 등이 키워드**가 된다.

[질문에서 찾는 키워드의 예시]

What is indicated about the benefit?
혜택 사항에 관해 무엇이 나타나 있는가? ▶ benefit을 본문에서 찾아야 함

What does Ms. Schubert indicate about Manilo Masonry?
슈베르트 양은 마닐로 마손리에 관해 무엇을 암시하고 있는가? ▶ Manilo Masonry를 본문에서 찾아야 함

❸ 끝부분에서 확인할 사항

연락처나 추가 질문 시, 지문 끝부분에서 '어떻게 해라' 등의 내용을 확인해야 되므로 다음에 제시된 표현에서 정답을 찾는다.

[연락처나 추가 정보를 알 수 있는 힌트 표현들]

Please feel free to contact + 사람/연락처 등: 자유롭게 ~에게/~로 연락하세요

Please visit our Web site 우리 웹 사이트를 방문하세요

Do not hesitate to call + 사람/연락처 등: 망설이지 말고 ~에게/~로 연락하세요

해법 1 **먼저 질문만 읽는다.**

초중급자: 대략 700점 이하의 학생이 여기에 해당한다. 질문을 한 개씩만 읽은 후에 그 문제의 키워드를 기억하면서 본문을 읽고 정답을 찾았으면 거기서 멈추고 해당 문제의 정답을 표시한다. 그리고 그 다음 문제를 읽고 또 키워드를 찾아 지문에서 멈춘 부분 이후부터 다시 읽어서 정답을 찾는 과정을 반복적으로 해서 5문제를 다 푼다. 결국 모든 지문을 다 읽는 것이다.

중상급자: 점수가 700점이 넘고 독해력이 빠른 분들은 그냥 이중지문 두 개를 모두 빠르게 대략적으로 읽는 것이 좋다. 그리고 나서 문제를 보면서 해당되는 내용만 다시 꼼꼼히 읽어, 보기와 대조하여 정답을 찾아 내는 것이다. 단, 이 방법의 단점은 처음 대략적으로 한번 읽는 시간과 문제를 본 후 다시 지문을 보는 시간까지 합치면 시간이 꽤 소요된다는 것이다. 따라서 독해 속도가 빠르지 않다면 이 방법을 택하지 않는 것이 좋다.

초고수: 900점 이상의 고수들은 단일지문을 풀 때와 마찬가지로 질문만 먼저 읽고 질문 유형에 따른 공략법대로 풀면 된다. 즉, 이런 유형은 어디쯤 답이 나오니 그쯤으로 가서 읽고 답을 체크하는 것이다. 물론 이 점수대라면 다 읽고 풀어도 시간이 충분할 것이다. 정답이 나올 부분만 찾아서 읽는 방식으로 풀리는 건 풀고, 이 방식으로 풀어서 정답이 안 보일 때는 본문 전체를 읽는 것이 좋다.

해법 2 **질문의 키워드를 기억하고, 패러프레이징에 유의하면서 답을 선택 한다.**

아예 해석이 안 되는 분들이라면 해석 연습부터 차근차근 해야 한다. 그런데 해석은 되는데 의외로 점수가 안 나오는 분들도 꽤 많다. 이유는 정확히 질문의 키워드를 모르고 '대충 맞겠지'하면서 풀기 때문이다. 혹은 패러프레이징에 약해서 그런 경우도 많다. 따라서 많은 문제를 풀면서, 또 이 책으로 공부하면서 키워드 찾기와 패러프레이징에 익숙해 져야 한다.

해법 3 **이메일이나 편지부터 읽는 것도 좋다.**

앞의 '지문 유형'에서 여러 가지 이중 혹은 삼중지문 유형들을 봤는데, 보다시피 기본적으로 이메일이나 편지에 다른 종류의 글이 붙은 형태이다. 이때 양식이나 표가 자주 함께 출제되는데, 하나의 요령이라면 이메일/편지만 자세히 읽고 양식/표는 질문을 보면서 필요한 부분만 찾아서 보는 것도 좋은 방법이다.

토익 빈출 어휘들은 익숙해질 때까지 훈련하는 것이 좋다. 영어 단어를 보고 한글 의미를 암기하고, 다음에는 한글 의미를 보고 영어 단어를 암기하도록 한다. 완전히 암기한 단어의 경우, 단어 앞에 있는 박스에 체크하여 학습 완료 여부를 확인한다.

☐	free of charge	무료로	☐	동봉된	enclosed
☐	qualify for	~에 대한 자격을 가지다	☐	견적(서)	estimate
☐	promotional offer	홍보용으로 제공하는 것	☐	재료	material
☐	would like to do	~하고 싶다	☐	전환, 변환	conversion
☐	in regard to	~에 관하여	☐	몹시	extremely
☐	over the phone	전화상으로	☐	기쁜	pleased
☐	wonder if	~인지 궁금하다	☐	영향을 끼치다	affect
☐	on the basis of	~을 기초로	☐	주장하다, 말하다	insist
☐	put together	합치다, 모으다	☐	~을 알아차리다	note
☐	family-run	가족에 의해 운영되는	☐	청구	billing
☐	as well as	~뿐만 아니라	☐	문의	inquiry
☐	feel free to do	마음 놓고 ~하다	☐	기회	opportunity
☐	carry out	실행하다	☐	개조	renovation
☐	look forward to -ing	~하기를 고대하다	☐	따라서, 그래서	therefore
☐	as such	그것으로서, 그런	☐	감사하는	grateful

Questions 1-5 refer to the following e-mails and information.

To:	Mark Broughton, GenServe Inc.
From:	Rich Gallagher, RG Building Contractor
Subject:	April 13
Date:	Bid for remodeling work

Dear Mr. Broughton,

Please find enclosed our bid for the remodeling work that you wish to do in your office building. Using the measurements taken during my visit, and the discussions we had together, I have put together an estimate that includes a choice of different materials for the flooring in your new offices. Your options are as follows:

1) Carpet: $200
2) Tile: $350
3) Concrete: $400
4) Hardwood: $550

You expressed some concern that we are only a small family-run business. Therefore, I am enclosing a list of past customers from the local community. These projects include both home building and renovations as well as office outfitting. Please feel free to contact these references if you have any questions about the way we do business.

Hoping to hear from you soon!

Yours sincerely,

Rich Gallagher

RG Building Contractor – Past Customers

Name	Phone #	Project	Duration of Project
Roger Carston	445-9292	Antique barn conversion to home	5 months
Wendy March	446-8284	Office building construction	7 months
Jack Bryce	445-8195	Home remodeling	2 months
Murdoch King	445-9856	Warehouse with office construction	5 months

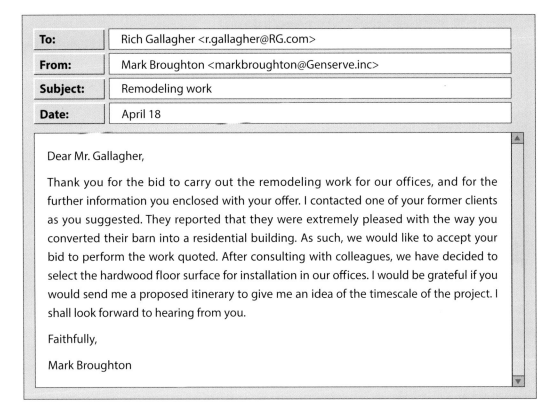

To:	Rich Gallagher <r.gallagher@RG.com>
From:	Mark Broughton <markbroughton@Genserve.inc>
Subject:	Remodeling work
Date:	April 18

Dear Mr. Gallagher,

Thank you for the bid to carry out the remodeling work for our offices, and for the further information you enclosed with your offer. I contacted one of your former clients as you suggested. They reported that they were extremely pleased with the way you converted their barn into a residential building. As such, we would like to accept your bid to perform the work quoted. After consulting with colleagues, we have decided to select the hardwood floor surface for installation in our offices. I would be grateful if you would send me a proposed itinerary to give me an idea of the timescale of the project. I shall look forward to hearing from you.

Faithfully,

Mark Broughton

1. What is the purpose of the first e-mail?
   (A) To request a job application form
   (B) To explain the company's history
   (C) To deliver a work proposal
   (D) To inquire about past employment

2. In the first e-mail, the word "concern" in paragraph 2, line 1 is closest in meaning to
   (A) regard
   (B) topic
   (C) worry
   (D) fault

3. How much will Mr. Broughton pay for floor materials?
   (A) $200
   (B) $350
   (C) $400
   (D) $550

4. Which former customer did Mr. Broughton contact?
   (A) Jack Bryce
   (B) Wendy March
   (C) Roger Carston
   (D) Murdoch King

5. What does Mr. Broughton ask about in his e-mail?
   (A) How much some materials cost
   (B) How long some work will take
   (C) When a payment should be made
   (D) When a consultation will take place

Questions 6-10 refer to the following letter, invoice, and e-mail.

Comstat Communications
Arlington, TX
Account Number 29301

Dear Mr. Kent,

Thank you for choosing Comstat Communications for your computer needs. We are always here to serve you. Payment is due in full 30 days after the order was sent. Please note that all returning customers are sent a complimentary laptop case free of charge when they make a second order. If you have qualified for this promotional offer, you will find it enclosed with your order.

We would also like to make you aware that Comstat Communications will soon be holding its annual summer sales event at the New York technology convention. We hope you will attend this fabulous opportunity.

Dan Wheeling
Comstat Communications

Bill to: Michael Kent, Beimans IT Solutions

Order number: 3993
Order shipped: September 1

Item	Quantity	Cost	Per unit	Subtotal	Item number
TP Laptop Computer	4	$798	each	$3192.00	A56
Aston Micro Printer	1	$119	each	$119.00	X60
XTD 36" Monitor	4	$450	each	$1800.00	H330
Supersaver Scanner	3	$220	each	$660	S8
Comstat Laptop Case	1	$0	each	$0	CL3

| Total | | | | $5771.00 | |

For billing inquiries, email us at comcoms@cc.com. Or call us at 1-888-999-4553.

* E-mail *

To:	Dan Wheeling (comcoms@cc.com)
From:	Michael Kent (mkent@Beimens.com)
Re:	Order 3993

Dear Mr. Wheeling,

I am writing in regards to an issue with the invoice. Although I was not charged VAT as requested, there is an obvious mistake in the order. The invoice indicates that I am being billed for four of item number H330. However, I only received one of these. I hope you'll rectify this and send the remaining items immediately. Also, the clerk who received my order over the phone insisted that I qualified for free shipping due to the significant size of the order. Therefore, I do not intend to pay for shipping on the three undelivered items whenever you send them, either.

Michael Kent

6. In the letter, the word "holding" in paragraph 2, line 2, is closest in meaning to
   (A) transporting
   (B) carrying
   (C) staging
   (D) demonstrating

7. When is payment due for Order 3993?
   (A) September 1
   (B) October 1
   (C) October 18
   (D) November 30

8. What is implied about Mr. Kent?
   (A) He has ordered from Comstat Communications before.
   (B) He will be attending a promotional event.
   (C) He works for Comstat Communications.
   (D) He knows Mr. Wheeling personally.

9. Which items were missing from the order?
   (A) Some monitors
   (B) Some laptop computers
   (C) A scanner
   (D) A printer

10. What is suggested about the shipping fee?
    (A) It is waived for large orders.
    (B) It was already paid by Mr. Kent.
    (C) It should be paid on delivery.
    (D) It is included in the total amount.

UNIT 13 기사문 삼중지문

대부분의 토익 시험 응시생들은 RC를 풀 때, Part 5, 6, 7의 순서로 푼다. 하지만 앞으로 RC를 풀 때는 이중/삼중지문부터 풀 것을 강력히 추천한다. 시간이 부족할수록 뒷부분의 긴 지문을 가지고 씨름하면 심리적 압박감 때문에 좋은 결과를 거둘 수 없기 때문이다. 이번 UNIT에서는 이중, 삼중지문에서도 가장 시간이 많이 소요되는 기사문 관련 삼중지문을 다룰 것이다.

- **RC 시간 관리 요령**

  LC 끝나고 이중/삼중지문 ➔ 단일지문의 순서로 푸는 것이 심리적 압박이 덜하다!

  1. 이중/삼중지문 총 25문항: 권장 소요 시간 35분
  2. 단일지문 총 29문항: 권장 소요 시간 25분

✔ 지문 유형

기사글로만 삼중지문이 구성되는 경우는 없나. 보통은 편지나 이메일과 연계해서 출제된다. 자주 출제되는 내용은 다음과 같다.

- 기사문: 회사나 제품, 혹은 어떤 인물이나 경제에 관한 기사글
- 편지나 이메일: 기사문과 관련된 문의, 요청, 제안 등

✔ 한눈에 보는 유형 해법

해법 1 질문부터 읽는다.

앞 UNIT에서 설명한 대로다. 질문을 하나씩 읽고 질문 유형을 파악한 뒤, 본문의 해당 부분을 꼼꼼히 해석하여 답을 찾아낸다. 5개의 질문에 대한 답을 다 찾았다면 굳이 남은 부분은 읽지 않아도 좋다. 하지만 기사문의 경우는 어려운 편이기 때문에 빠트리는 부분 없이 모두 읽는 것이 좋다.

해법 2 평소 시간 관리 연습을 한다.

모의고사 등의 실전 문제를 통해 시간을 재면서 문제를 푸는 연습을 하는 것이 좋다. 시간 관리는 위에서 말한 대로 35분(이중/삼중지문), 25분(단일지문), 15분(Part 5/6) 전략이 가장 좋다. 실수할 우려가 있기 때문에 너무 빨라도 좋지 않다. 나중에는 시계를 보지 않아도 문제를 풀고 나면 거의 시간이 맞을 정도가 되어야 한다. 특히 LC ➔ 이중/삼

중지문 → 단일지문 → Part 5, 6의 순서로 문제를 푸는 연습을 하지 않은 사람이, 시험장에 가서 갑자기 이 방식으로 문제를 풀면 시험을 더 망칠 수도 있다. 따라서 **반드시 모의고사 등을 통해 연습**한 후에 본 시험에 임하는 것이 좋다.

해법 3) 문제 풀이 요령은 단일지문과 같다는 것을 명심한다.

삼중지문이라고 다를 것은 하나도 없다. 단일지문 유형에서 학습한 문제 풀이 요령을 그대로 적용하면 된다. 주제 찾기 유형의 경우, 주로 지문의 맨 앞부분에서 단서를 찾고 어려운 문제의 경우는 다른 문제를 다 해결하고 나서 마지막에 풀면 된다. 나머지 문제들도 앞서 학습한 질문 유형별 해법으로 풀되, 질문의 키워드를 기억하여 본문에서 패러프레이징된 표현에 유의하면서 문제를 푼다. 실전에서 이 요령을 척척 적용하려면, 무엇보다 많은 지문을 **통해 연습**하는 것이 가장 중요하다. 빠른 독해 속도는 요령만으로 되는 것은 절대로 아니고 연습을 통해 가능해지는 것이다.

해법 4) 이중지문 대조 유형에 주의하자.

이름, 날짜, 요일, 숫자 등이 나오면 대부분이 이중지문 대조 유형이다. 특히 3개의 지문에 도표나 양식을 하나 두고 기사나 이메일 등과 대조하여 푸는 것이 자주 출제되고 있다. **한 지문만 보고 섣불리 답하지 않도록 주의**한다.

해법 5) 만약 몇 문제 포기해야 한다면?

어차피 시간 내에 문제를 다 못 푼다면 **자신이 풀 수 있는 문제 위주로 접근**하는 것이 현명한 방법이다.

> [독해 능력이 현저히 부족한 경우]
>
> 이런 경우는 이중/삼중지문을 포기하는 것이 좋다. 어차피 시간을 가지고 풀어도 못 맞추기 때문이다. 또한, 본 UNIT의 주제인 기사글을 포기하는 것도 한 방법이다. 보통 기사글이 난이도가 높기 때문이다. 그러나 명심할 것은 당연히 포기한 만큼 좋은 점수를 기대해서는 안 된다는 점이다. 강조하고 싶은 바는, 어차피 못 풀 어려운 문제는 버리고 풀 수 있는 수준의 문제를 먼저 해결하라는 것이다.
>
> [독해 능력은 있으나 시간적 압박이 큰 경우]
>
> 이런 경우는 위에 언급한 대로 이중/삼중지문 → 단일지문 순서로 풀도록 한다. 물론 무한정 시간을 가지고 풀면 안 되고 35분 → 25분에 맞추어 풀어야 한다. 또한, 이렇게 이중/삼중지문을 먼저 풀면 상대평가가 적용되는 시험이기 때문에 어려운 난이도 문제를 먼저 풀어 맞췄을 때 높은 배점을 받을 수 있다는 이점도 있다.

✅ **질문 유형**

주제 찾기 유형은 모든 글의 종류에서 나올 수 있는 질문 유형이다. 기사글의 경우에도 주제는 앞에서 찾으면 된다. **이보다 더 어려운 것은 사실 관계 확인 유형이다.** 기사글의 성격상 정확한 사실 이해는 매우 중요한 요소이기 때문이다.

사실 관계 확인 유형은 시간을 매우 많이 잡아먹는다. 따라서 질문이나 보기의 키워드를 파악하여 본문과 정확하고도, 빠르게 대조하는 것이 중요한데, 많은 연습을 거쳐야만 시간이 단축된다는 점을 알아두어야 한다. 결코, 요령으로 넘어설 수 없는 부분이기 때문에 꾸준한 연습이 필요하다.

특히, 독해 문제를 풀 때 다음 두 가지를 명심하도록 한다.

첫째, 대충 확인하고서 답을 정하면 100% 틀린다. 따라서 단어 하나하나를 본문과 정확히 대조하여 확실하게 확인되는 것만 정답으로 택해야 한다.

둘째, 거의 모든 정답은 패러프레이징 된다는 점을 잊지 말자. 질문도, 선택지도 본문과 다른 표현으로 바뀌어 나오니 그걸 재빨리 찾아내어 확인하는 것이 바로 실력의 척도이다.

위 두 가지를 함께 적용하여, **질문과 선택지의 각 단어가 본문과 정확하게 패러프레이징 되어 있는지를 확실하게 확인한 후 답으로 선택**하라는 것이다.

PART 7 기출 어휘

토익 빈출 어휘들은 익숙해질 때까지 훈련하는 것이 좋다. 영어 단어를 보고 한글 의미를 암기하고, 다음에는 한글 의미를 보고 영어 단어를 암기하도록 한다. 완전히 암기한 단어의 경우, 단어 앞에 있는 박스에 체크하여 학습 완료 여부를 확인한다.

☐	those who	~하는 사람들	☐	드러내다, 밝히다	reveal
☐	interest rates	이자율	☐	대략	approximately
☐	on the market	(팔려고) 시장에 나와 있는	☐	아껴 쓰는	frugal
☐	to whom it may concern	관계자분께	☐	오해하게 만드는	misleading
☐	in regard to	~에 관해서	☐	판단 기준	criteria
☐	bring A to one's attention	~을 …의 관심 사항으로, 가져가다(= 알게 하다)	☐	엄격한	stringent
☐	short of	부족한	☐	잘 알려진	well-known
☐	across the country	전국에서	☐	분명히	definitely
☐	based on	~에 기초를 둔	☐	매력적인	fascinating
☐	benefit from	~로부터 혜택을 입다	☐	참석자	participant
☐	right away	즉각, 당장	☐	배반	betrayal
☐	for a long time	오랫동안	☐	악명 높은	notorious
☐	at the very least	최소한으로	☐	산출하다, 포기하다, 양도하다	yield
☐	apply to	~에 적용되다	☐	응답자	respondent
☐	put it	말하다, 설명하다	☐	실직인	out of work

실전 문제

Questions 1-5 refer to the following articles and schedule.

Exciting New Action Thriller Opens in Theaters January 17

Never See Tomorrow opens in theaters across the country tomorrow. Action movie addicts will love this movie, which is a remake of *See the Sun.*

Starring Richard Adams and Sally Lee Jones, the movie is set in the 1950s and explores the legacy of the real-life Garcia gangster family through the eyes of Adams, who plays the youngest son. Jones plays his love interest in this violent story of betrayal and honor.

Over $50 million was spent filming the movie, which was directed by industry veteran Adam Golding. Golding is well-known for his action thrillers. To date, he has directed over 30 movies, and he has said that *Never See Tomorrow* is one of his best movies to date.

"When I saw the script, I knew right away that I had to direct this movie. I've wanted to do a thriller based on a true story for a long time, so it was a great opportunity for me. Richard and Sally are the perfect couple for the lead roles and everyone worked really hard to produce this movie."

The premiere of *Never See Tomorrow* is being held tonight and the movie will start playing tomorrow in theaters across the country.

Never See Tomorrow
Promotional Activities Schedule

Date	Venue	Staff Attending	Activity
January 15	California News studio, San Diego	Adam Golding	Television Interview
January 16	Chinese Theatre, Los Angeles	All	Movie Screening
January 19	KBX Studios, San Francisco	Richard Adams	Radio Interview
January 23	Patterson Library, San Francisco	Sally Lee Jones & Adam Golding	Q & A Session
January 25	Seattle Tribune offices, Seattle	Sally Lee Jones & Richard Adams	Newspaper Interview

Never See Tomorrow
Reviewed by Lucy Kelly

Fans of action movies with a gangster theme will definitely enjoy Adam Golding's new movie *Never See Tomorrow* which opened last week.

The movie offers a fascinating insight into the life of the notorious Garcia family. The Garcias were in control of America's largest gang throughout the 1950s in Chicago, New York and Las Vegas.

The lead roles are played by popular actors Richard Adams and Sally Lee Jones. While Jones plays her character perfectly, some may find Adams' accent slightly annoying. Mr. Adams himself admitted this might be an issue in an interview with Jon Draper on January 19.

The movie was shot on location in Chicago, and many of the city's landmarks are highlighted during the chase scenes which take place during the middle of the night.

An excellent soundtrack adds to the movie with many well-known songs from the 1950s.

At over two hours, the movie may be slightly too long for some audience members, and could have benefited from being about 30 minutes shorter.

1. What is indicated about *Never See Tomorrow*?
   (A) It was adapted from a novel.
   (B) It is suitable for young children.
   (C) It contains some elements of romance.
   (D) It was filmed in several different countries.

2. What is suggested about Mr. Golding?
   (A) He has starred in numerous movies.
   (B) He is unable to attend the movie premiere.
   (C) He is an experienced director.
   (D) He has received several awards for his work.

3. Where is the movie premiere being held?
   (A) San Francisco
   (B) Seattle
   (C) San Diego
   (D) Los Angeles

4. Who most likely is Jon Draper?
   (A) A radio presenter
   (B) A newspaper journalist
   (C) A television host
   (D) An actor

5. What did the reviewer NOT like about the movie?
   (A) Its direction
   (B) Its duration
   (C) Its setting
   (D) Its music

Survey Conducted With Those Who Recently Purchased a Home Shows That People Are Spending Less Than They Did a Couple of Years Ago

By Carrie Schwartz
May 30

North News Corp. — A recent survey conducted by the Illinois Real Estate Research Group revealed that the average amount spent on a new home between January and March of this year was $146,000. A similar survey a couple of years ago found that the average purchase price was approximately $170,000. The survey was put to Illinois homeowners this April.

The results were somewhat surprising. Interest rates are lower than they have been in decades and property taxes are reasonable. There are also plenty of newer homes on the market.

The number one reason given for purchasers' more frugal home buying decisions was worries about job security. As one respondent put it, "My spouse and I have good jobs right now, but that could all change tomorrow. We wanted to make sure we could still handle our mortgage payments if one of us were out of work for several months."

With indications in recent months that the state's economy is improving, it's possible that a similar study next year could yield very different results.

Illinois Real Estate Research Group Summary of Annual Surveys (Average Spending on New Homes)

Survey ID#	A5692	A5487	A5182	A5189
Average Purchase Price	$146,000	$158,000	$170,000	$179,000
Number of Survey Participants	1,428	1,588	1,652	3,398

North News Corp.
8463 Oak Drive
El Paso, Illinois
87653

To whom it may concern:

I am writing in regard to an article on home buying trends that appeared in the May 30 edition of your newspaper. As president of the Chicago Real Estate Board, I was somewhat surprised at the information presented. I believe some of it may be incorrect, or misleading at the very least. The real estate brokers and agents I spoke with agreed. I'd like to bring the following points to your attention:

The statement that property taxes are reasonable cannot be applied to the entire state. While they may have remained low in tiny communities such as El Paso, they have increased by an average of 10 percent in Chicago over the past year alone.

It's true that interest rates are lower, but banks in the state of Illinois and across the country have also made their lending criteria more stringent. Due to unreasonable repayment plans, many people do not have a sufficient source of income that would allow them to comfortably repay a loan. In the long run, they simply cannot afford it.

Also, I feel that your previous survey, which listed an average spending amount just short of 180,000 dollars, was a more accurate representation of the situation, as a much higher number of people were surveyed.

Sincerely,

Brent Tucker

6. When was this year's survey conducted?
(A) In January
(B) In March
(C) In April
(D) In May

7. According to the article, why are people purchasing less expensive homes?
(A) They are worried about losing their jobs.
(B) They have lower incomes than in the past.
(C) They can't get reasonable interest rates.
(D) They must budget for higher taxes.

8. How many people most likely participated in this year's survey?
(A) 1,428
(B) 1,588
(C) 1,652
(D) 3,398

9. What aspect of the article is NOT addressed in the letter?
(A) The time at which the article was written
(B) The decreasing number of jobs
(C) The taxes charged on real estate
(D) The interest rates

10. Which survey does Mr. Tucker believe is the most accurate?
(A) A5692
(B) A5487
(C) A5182
(D) A5189

UNIT 14 ' 광고와 공지문 삼중지문

광고란 제품이나 서비스를 널리 알리는 글이기에, 널리 알린다는 속성을 가진 공지문과 별반 차이가 없다. 다만 판매를 목적으로 하는 것이 광고라면, 판매라는 목적이 없는 것이 공지문이다. 이런 광고나 공지문이 다른 형식의 글과 어떻게 이중/삼중지문으로 연계되어 나오는지, 그리고 무엇보다 이중/삼중지문 문제의 '꽃'이라 할 수 있는 이중지문 연계 유형에 대해서 다룰 것이다.

✅ 지문 유형

- 광고 + 이메일/편지: 광고되는 상품이나 서비스에 대한 문의나 (불)만족 등을 표하는 (이)메일
- 광고 + 기사: 광고되는 상품이나 서비스에 대한 평가, 홍보 등을 담은 기사문
- 광고 + 양식: 광고되는 상품이나 서비스에 대한 설문지(survey), 송장(invoice) 등의 양식
- 공지 + 이메일/편지: 승진/퇴사/모임/행사 공지문과 그에 대한 요청/당부의 (이)메일 등
- 공지 + 양식: 업무/비품/공사/새로운 정책 등의 공지와 이에 대한 신청이나 변경 양식 등

✅ 질문 유형

❶ 광고 질문 유형

주제 찾기 유형과 사실 확인 유형은 질문 유형별 UNIT에서 학습한 대로 단일지문을 풀 때와 같은 요령으로 풀 수 있다. 따라서 단일지문에서 학습한 그대로 질문 유형을 파악하고 유형별로 문제를 풀면 된다. 하지만, **이중/삼중지문이니 고유명사, 숫자, 날짜, 요일 등이 나오면 이중지문 연계 유형**이라고 생각하고 보다 많은 주의를 기울여야 한다.

광고문은 비교적 필요한 정보를 찾기가 쉬운 편이다. 따라서 광고문 보다는 다른 나머지 글(상대적으로 길고 복잡한 글)을 먼저 읽고, **광고문은 필요에 따라, 필요한 부분만 찾아서 읽는 방식**으로 접근하면 시간을 단축하는 데 많은 도움이 된다.

❷ 공지문 질문 유형

공지문은 광고보다 다양한 종류의 글이 제시되고, 글 내용도 더 복잡하다. 하지만 질문 유형은 다른 글들과 다를 바 없다. 역시 **주제 찾기 유형**이 가장 자주 출제 되는 편이고, **글의 대상자**를 묻는 문제도 가끔 어렵게 출제된다. 그 외 **사실 관계 확인 유형**이나 **추론과 암시 유형** 등도 비교적 문제를 푸는데 시간이 오래 걸리고 어려운

편이다. 질문 유형별로 문제 푸는 연습을 다음의 '정답 단서'와 '한눈에 보는 유형 해법'에 제시된 대로 하는 데 집중하는 것이 고득점을 위한 비법이다.

❶ 광고 대처법

- 주제 찾기나 광고 대상을 물어보는 질문은 글의 앞부분에서 해결한다. 특히 광고의 특성상 제목이나 진한 글씨로 강조된 부분이 있다면 아주 좋은 힌트가 된다.

- 질문을 반드시 먼저 읽고, 유형별 해법대로 접근하는 연습을 해야 한다.

- 질문의 키워드를 기억하면서, 본문을 적절히 패러프레이징한 것을 정답으로 선택한다.

❷ 공지문 대처법

- 항상 앞부분에서 '무슨 내용을 중점적으로 전달하는지'에 대한 정보를 확인할 수 있다. 따라서 **첫 단락을 올바르게 이해**하는 것은 대단히 중요하다. 제목이 있는 경우, 광고문과 마찬가지로 좋은 힌트가 된다.

- '누구를 대상으로 하는 글인가'를 묻는 질문도 앞부분에서 정답을 찾아야 한다. 단, 명시적으로 드러나지 않는 경우는 유추가 필요한 부분이다. 이 글이 게재될 만한 곳도 글의 대상을 묻는 것과 마찬가지로 앞부분에서 유추하여 답을 구하면 된다.

- 사실 관계 확인 유형의 경우, 질문만 읽지 말고, 선택지 4개도 모두 먼저 읽어 두는 것이 좋다. 그 후, 질문과 선택지의 키워드를 기억하면서 본문과 차분히 대조하여 소거법으로 정답을 선택하면 된다.

- **어떤 문제를 풀든 패러프레이징을 유념**하여 문제를 푼다는 점을 잊지 말아야 한다.

❸ 광고와 공지문 연계 질문 대처법

- 5문제가 한 세트로 이루어진 이중/삼중지문 유형에서 반드시 두 문제, 세 문제 이상의 문제는 두 지문을 연계해서 풀어야 한다. 만약 5문제 모두를 각각 하나의 지문만 보고 풀었다면 문제를 잘못 접근하고 있다는 얘기다.

- 이중지문 연계 유형은 대부분 **고유명사, 숫자, 날짜, 요일 등에서 출제**되고 있다. 따라서 이에 대해 충분한 연습이 되고 나면, 질문을 보기도 전에 본문만 읽어도 '아, 이 부분에서는 이중지문 연계 유형이 출제되겠구나' 하고 감이 온다.

- 대표적인 이중지문 연계 유형 패턴을 알아두면, 문제에 보다 쉽게 접근할 수 있다. 가령 첫 글에서 A, B, C라는 제품을 광고했는데 두 번째 글에서 'A 제품을 샀는데'라는 내용의 이메일이 나온다면, 두 글에서 A 제품에 대한 정보를 연계해서 풀어야 한다.

해법 1 이중지문 유형의 한 세트인 5문제 중, 2문제 이상은 반드시 두 개의 지문을 연결해서 풀어야 한다.

해법 2 이중지문 연계 유형은 보통 5문제 중 2번째~4번째 문제에 해당한다.

해법 3 패러프레이징과 추론을 통해 두 지문의 연결 고리를 찾아내야 한다.

해법 4 각 지문의 수/발신자, 연락처 정보, 글을 작성한 날짜 등은 자칫 간과하기 쉬운 부분이지만, 의외로 그런 데서 답의 근거를 발견하는 경우들도 적지 않으니 주의해서 읽어야 한다.

해법 5 고유명사, 날짜, 숫자, 금액, 요일 등은 이중지문 연계 유형에서 빈출되는 부분이다. 또한, 선행하는 글에서 언급된 것을 다음 글에서 the, this, that 등의 지시어를 써서 나타내는 경우도 이중지문 연계 유형에 포함된다.

해법 6 두 지문이 어떻게 연계되는지 모르는 경우에는, 첫째 글의 후반부와 둘째 글의 초반부를 내소아어 읽어 보는 것도 하나의 요령이다 반드시 그런 것은 아니지만, 그렇게 출제되는 경우가 많기 때문이다.

토익 빈출 어휘들은 익숙해질 때까지 훈련하는 것이 좋다. 영어 단어를 보고 한글 의미를 암기하고, 다음에는 한글 의미를 보고 영어 단어를 암기하도록 한다. 완전히 암기한 단어의 경우, 단어 앞에 있는 박스에 체크하여 학습 완료 여부를 확인한다.

☐ aim to do	~할 목표를 갖다	☐ 기간, 용어, 조건	terms
☐ meet the standards	기준을 충족시키다	☐ 확신시키다	assure
☐ strive to do	~하려고 애쓰다	☐ 환불	refund
☐ be entitled to + 명사/동사	~에 대한/~할 자격이 있다	☐ 즉각	promptly
☐ make sure that	반드시 ~하다	☐ 적절하게	properly
☐ stay in place	제자리에 있다	☐ 요금	fee
☐ not ~ at all	전혀 ~이 아니다	☐ 추가 요금	surcharge
☐ loyal customer	단골 고객	☐ 후퇴, 물러남, 휴양(지)	retreat
☐ as soon as possible	가능한 한 빨리	☐ 대략, 거의	almost, nearly, roughly
☐ in advance	미리	☐ 잘못	fault
☐ RSVP (Répondez s'il vous plaît)	회신 부탁드립니다	☐ 첨부된	attached
☐ make use of	이용하다	☐ 지속적인	continuing
☐ be equipped with	~가 갖추어져 있다	☐ 편의 시설	amenity
☐ arrange for	~을 마련하다, 준비하다	☐ 합치다	combine
☐ to and from	왕복하여	☐ 수용하다	accommodate

실전 문제

Questions 1-5 refer to the following advertisement, room listing, and e-mail.

Allcot Springs would like to invite you to try our newly renovated suites. In a continuing effort to provide world-class service to our guests, we are offering you the chance to preview our deluxe suites in advance.

Our 4th and 5th floor guest rooms have been combined to create large, luxurious rooms that can accommodate groups. Guests can experience a home away from home with rooms that have all the amenities that they are looking for. The suites are equipped with full kitchens, four bedrooms, two bathrooms, and a living room with fireplace. The best part is that each room has a spectacular ocean-side view. Please note that all those enrolled in our membership scheme are entitled to a 20% savings on the room price.

To make a reservation, or request a brochure, simply email us at vipguestservices@allcotsprings.com. Thank you for being such a great customer. We hope to see you soon.

Allcot Springs
Deluxe Suite Listings

Suite	Price	Amenities	Floor
Lavender Suite	$200	Cable TV, high-speed Internet	5th
Castle View	$150	High-speed Internet	4th
Friend Terrace	$250	Hot-tub, high-speed Internet	5th
Queen Suite	$189	Cable I V	4th

If you would like access to our gym facilities, please inform us at the time of booking. A $20 surcharge will be added to the bill per guest.

To:	Allcot Springs Guest Services (vipguestservices@allcotsprings.com)
From:	Susan DeMarche
Subject:	RSVP

Dear Guest Services,

My name is Susan DeMarche. I am e-mailing you to reserve one of your 5th floor suites for a night. We will arrive on March 19 and leave early on the 20. Our company will be having a small retreat for our employees, and I believe this would be a great opportunity. I am looking forward to making use of the Cable TV in the room to watch the local golf tournament in my spare time. Please let me know if this room is still available. My membership number is 4929191.

In addition to the suite, we will need to reserve a conference room for the 20th at 6:00 p.m. We will be traveling with approximately 12 people, so we will also need to arrange for a shuttle to transport us from Alcott Springs Airport to the hotel.

Thank you in advance. We look forward to staying with you.

Susan DeMarche

1. What is the purpose of the advertisement?
   (A) To describe new facilities to customers
   (B) To announce the beginning of a remodeling project
   (C) To advertise employment opportunities
   (D) To celebrate the success of a business

2. What kind of business is Alcott Springs?
   (A) A theme park
   (B) A resort
   (C) A restaurant
   (D) A farm

3. Which suite does Ms. DeMarche most likely want to reserve?
   (A) Friend Terrace
   (B) Queen Suite
   (C) Lavender Suite
   (D) Castle View

4. What benefit will Ms. DeMarche receive?
   (A) A discounted room rate
   (B) Tourist information pamphlets
   (C) Free access to gym facilities
   (D) Complimentary beverages

5. What does Ms. DeMarche suggest about her colleagues?
   (A) They will have many meetings.
   (B) They will be flying to Alcott Springs.
   (C) They will require at least two suites.
   (D) They have never been to Alcott Springs.

Questions 6-10 refer to the following policy information, invoice, and e-mail.

Franklin Office Furnishings – Shipping & Returns Policy

We offer free shipping to all businesses located in St Louis. We charge a small delivery fee to all other cities in Missouri.

You can be assured that we aim to meet the highest standards with every order, but sometimes things may not arrive as you expect them. If this ever happens, we will strive to make things right for you by offering a refund or exchange.

Please note: Seven business days after shipment, your order is considered accepted. Make sure that you contact delivery@franklin.com before this time to guarantee your refund or exchange.

Any claims made after this time may not be accepted.

Franklin Office Furnishings
2900 West Line Blvd.
St. Louis, Missouri

Billing Address: Harbrace and Hill, 678 2nd Street, St. Louis, Missouri
Shipping Address: Harbrace and Hill, 678 2nd Street, St. Louis, Missouri

Purchase order number: 0101104
Purchase order date: November 4
Payment due: December 15
Shipped: November 6

Delivered	Quantity	Price	Net Amount
Cube dividers, grey	11	$125.00	$1,375.00
Desk tops, grey	6	$65.00	$390.00
Swivel chairs, black	8	$375.00	$3000.00
Floor protectors, clear	16	$35.00	$560.00
		Total	$5,325.00

To: delivery@franklin.com
From: robertalansdowne@harbracehill.com
Re: Order Number 0101104
Date: November 8

Dear sir/madam,

We received our order of office furniture promptly on the day you sent it out, but we did not unpack the boxes until today.

We have discovered that two of the office chairs have defective arm rests. They are not attached properly and will not stay in place. As soon as we learned this, we examined the boxes they came in, and the boxes show no exterior damage at all. This leads us to believe the chairs were damaged before delivery, and it was not the delivery company's fault. Please see the attached photos of the chairs and the delivery boxes.

Harbrace and Hill has been a loyal customer of Franklin Office Furnishings for several years, and we do not expect to be sent defective goods. We would like a replacement for these chairs as soon as possible. When they arrive, we will deliver the damaged chairs to your delivery driver to return to you.

Thank you,

Roberta Lansdowne
Office Manager, Harbrace and Hill

---

6. What is indicated about Habrace and Hill's order?

(A) It was placed through an online store.
(B) It was sent to the incorrect address.
(C) It included various electronic products.
(D) It qualified for complimentary delivery.

7. Why did Ms. Lansdowne send the e-mail?

(A) To amend an order of office furniture
(B) To inquire about an assembly procedure
(C) To complain about defective goods
(D) To discuss a delay with a product delivery

8. When did the furniture arrive at Harbrace and Hill's offices?

(A) November 6
(B) November 15
(C) December 6
(D) December 15

9. What is true about Harbrace and Hill?

(A) It is a first-time customer of Franklin Office Furnishings.
(B) It has several business locations throughout the country.
(C) It is entitled to exchange the products free of charge.
(D) It is planning to remodel its headquarters.

10. In the e-mail, the word "fault" in paragraph 2, line 5, is closest in meaning to

(A) blame
(B) omission
(C) error
(D) criticism

15 ᐧ 양식 관련 삼중지문

이제 삼중지문 유형에서 마지막 UNIT이다. 지금까지 학습한 이중/삼중지문 문제 풀이 요령을 아래에 간단히 정리해 보았다.

> **ᐧ 이중/삼중지문 문제 풀이 요령**
>
> 1. LC 끝나고 삼중지문 ➜ 이중지문 순서로 풀기
> 2. 질문을 먼저 읽고, 질문 유형을 파악하여 배운 요령대로 문제 풀기
> 3. 질문의 키워드를 기억하면서, 본문을 적절하게 패러프레이징 한 것을 답으로 선택한다.
> 4. 이중/삼중지문의 하이라이트인 이중지문 대조 유형을 주의한다. 보통 2~4번째 질문들이 이에 해당하며 고유명사, 숫자, 날짜, 금액 등이 나오면 반드시 이 유형이다.

이번 UNIT은 양식 관련 지문이 포함된 삼중지문 유형인데, 이 유형의 경우, 양식이 아닌 다른 글을 먼저 읽어두는 것이 가장 중요하다. 즉, 글의 순서와는 상관없이 양식이 아닌 글을 먼저 보라는 것이다. 왜냐하면, 양식은 다른 글과 이중지문 대조 유형으로 쓰일 하나의 재료 역할을 하기 때문이다. 따라서 양식은 질문을 읽고 나서 필요 부분만 발췌하여 읽어도 충분하다.

✓ 지문 유형

- 송장(invoice) + 광고문 + 이메일/편지: 제품 송장과 그에 대한 문의, 당부, 불편 사항 등의 (이)메일
- 일정표 + 광고문 + 이메일/편지: 각종 행사에 대한 일정표와 광고, 그리고 질문이나 요청 사항 등의 (이)메일
- 설문지 + 공지 사항 + 이메일/편지: 제품이나 서비스에 대한 설문지와 공지글, 그에 대한 감사/혜택 등을 전달하는 (이)메일
- 전화 메모 + 정보글 + 이메일/편지: 부재중 전화에 대한 요약과 행사 안내 정보글, 그에 대한 응답 혹은 추가 사항 등의 (이)메일

✓ 한눈에 보는 유형 해법

해법 1 │ 반드시 질문을 먼저 읽는다.

질문의 키워드를 기억하면서, 본문에서 키워드와 연계되어 답이 될 만한 부분을 찾아내야 한다.

해법 2 │ 대부분의 질문이 본문 순서대로 나오지만, 순서가 바뀌는 경우도 있다.

최근 들어 뒤죽박죽한 순서로 어려운 문제들이 등장하고 있다. 따라서 너무 답이 안 보이는 경우 질문을 하나씩만 읽지 말고, 2~3개의 질문을 읽고, 키워드가 되는 것들을 같이 기억하면서 문제를 푸는 것도 하나의 방법이다.

해법 3 │ 각종 양식의 경우, 양식이 아닌 다른 글부터 본다.

양식은 그저 두 개의 서로 다른 지문을 대조해서 푸는 문제 유형의 재료일 뿐이다.

해법 4 │ 이중지문 대조 유형에 유의한다.

이중지문 대조 유형인지를 알아보는 감각은 경험이 많이 쌓여야 생기는 것이다. 따라서 토익 지문을 가지고 반복적인 연습을 해야 한다. 힌트를 준다면, **숫자, 날짜, 요일, 고유명사** 등이 본문, 질문, 혹은 보기에 나오면 반드시 이중지문 대조 유형이다. 이때 양식과 나머지 다른 글의 연결 고리를 찾아서 답을 선택하면 된다.

해법 5 │ 패러프레이징에 유의한다.

상당수의 수험자는 '감'으로 문제를 푼다. '대충 맞는 것 같은데…'하면서 풀다 보면, 이중/삼중지문에서 큰 손해를 본다. 고득점자일수록 질문지의 단어 하나하나, 선택지의 단어 하나하나를 본문과 정확히 대조하여 푼다.

해법 6 │ 경험이 곧 힘이다.

평소에 다양한 양식의 글을 읽고 풀어본 사람일수록, 문제 푸는 속도와 정확도가 높아짐은 당연한 일이다. 이것은 요령이 늘어나는 것이 아니라, 속독(fast-reading) 하는 능력이 길러지는 것이다. 실제 시험과 같은 분량의 모의고사를 최소 10회분 이상 시간을 재서 풀고 철저히 복습하기를 당부한다.

✔ 질문 유형

[사실 관계 확인 유형]

질문과 선택지의 키워드를 본문의 주어진 정보와 하나하나 대조하여 정답을 선택한다.

What is not mentioned as a means of payment?

지불 수단으로 언급되지 않은 것은 무엇인가?

▶ '지불 수단'이 핵심 키워드로 본문에서 지불 수단을 찾아서 선택지와 대조

[키워드 찾기 유형]

질문의 키워드를 파악하고 난 후, 본문에서 그 키워드를 찾아 답을 선택하면 된다. 질문의 키워드는 주로 질문의 뒷부분에 있다.

Who should employees ask for help with their time sheet?

직원들은 출퇴근 시간 기록표에 있어서 누구에게 도움을 요청해야 하는가?

▶ 맨 뒤의 time sheet를 키워드로 잡고, 본문에서 찾는다. 특히 이 질문의 경우 보통 '도움이 필요하다면 ~에게 도움을 요청해라'라는 명령문의 형태로 지문의 뒷부분에 답이 나올 확률이 높다. 이렇게 질문 유형, 해법, 그리고 본문의 어디쯤에서 답이 나오는지를 자꾸 기억하려 노력하면 더욱 짧은 시간 내에 높은 점수를 받게 될 것이다.

PART 7 기출 어휘

토익 빈출 어휘들은 익숙해질 때까지 훈련하는 것이 좋다. 영어 단어를 보고 한글 의미를 암기하고, 다음에는 한글 의미를 보고 영어 단어를 암기하도록 한다. 완전히 암기한 단어의 경우, 단어 앞에 있는 박스에 체크하여 학습 완료 여부를 확인한다.

☐ It's time again	다시 ~할 때이다	☐ 대접하다, 치료하다	treat
☐ beginning = starting = as of	~부터	☐ 적용하다(to), 지원하다(for)	apply
☐ between A and B	A와 B 사이에	☐ ~에 관한	concerning, regarding, about
☐ regular customer	단골 고객	☐ 포함하다	contain
☐ first of all	무엇보다, 우선	☐ 문의	enquiry = inquiry
☐ in addition	게다가	☐ 승인하다	approve
☐ address the issue	문제를 해결하다	☐ 비용	expense
☐ fill out	작성하다	☐ 명부	roster
☐ application form	지원 양식서	☐ 선호	preference
☐ send A in	A를 보내다	☐ 수정하다	amend
☐ so (that) A can	A가 …할 수 있도록	☐ 동기부여	motivation
☐ as well as	~뿐만 아니라	☐ 대안의, 대체의	alternative
☐ seem to be	~인 것 같다	☐ 반영하다	reflect
☐ place orders	주문하다	☐ 배송비	shipping cost
☐ go well	잘 돼가다	☐ 예를 들면	e.g. (라틴어) exempli gratia = for example

실전 문제

Questions 1-5 refer to the following email, schedule, and form.

To:	Mitchell Wright
From:	Leslie Oh
Subject:	Conference application
Date:	November 12

Hi Mitch,

I got your phone call and yes, I'll fill out the application form for you and send it in. I'll also take the form to your supervisor so she can approve the expense.

The conference should be a good one this year; there seem to be some interesting speakers on the roster. I'm particularly looking forward to the seminar on May 14. I think Lynne is going as well as you and I. It will be nice to have the three of us there.

I hope your visit with R&R Supplies is going well. Good luck finishing up their project. I'll see you back in the office next week.

Leslie

Western Manufacturers Annual Conference
May 13-17
South Bend Conference Centre

Schedule of Events

Date	Time	Seminar Title	Lecturer
May 13	9:00 a.m. – 4:00 p.m.	Modern Outsourcing	Barbara Pieters
May 14	12:00 p.m. – 5:00 p.m.	Cutting Costs	Percy Jacobsen
May 15	10:00 a.m. – 2:00 p.m.	Workforce Motivation	Wayne Loopy
May 16	9:00 a.m. – 3: 00 p.m.	Sourcing Materials	Jason Vaughan
May 17	11:00 a.m. – 4: 00 p.m.	Quality Control	Wayne Loopy

Western Manufacturers Annual Conference May 13-17

South Bend Conference Center,
3100 Front St.
Tampa, Florida

Registration Form

Name	*Mitchell Wright*	Title	*Manager, Marketing Division*
Address	*1600 Poplar St.*	Company	*WellMakers Inc.*
City	*Denver*	Phone	*240-889-3838*
State & Zip	*CO 83443*	Fax	*240-889-1375*

Days Attending: **X** Full Week (4 or 5 days)   Dates: 13-17th May $800.00
_____ One day*   Dates: _____ $200.00
_____ Two days*   Dates: _____ $400.00
_____ Three days*   Dates: _____ $600.00
                                          *Please note which dates.

Hotel Preference: Bay View Hotel   **X**   Executive Suites Hotel_____

Special requests: <u>nonsmoking room</u> (e.g. non-smoking room, vegetarian meals etc.)

Credit card Information: Number _____ Exp. date _____

Please note: Due to staff illness, the seminar 'Sourcing Materials' will be delivered by an alternative speaker.

For questions or enquiries, please contact info@southbendconferencecenter.com.

---

1. Why did Mr. Wright probably call Ms. Oh?
   (A) To discuss organizing a conference
   (B) To extend an invitation to an event
   (C) To ask for her assistance
   (D) To discuss an upcoming business trip

2. In the e-mail, the word "going" in paragraph 3, line 1, is closest in meaning to
   (A) arriving
   (B) traveling
   (C) progressing
   (D) functioning

3. Which seminar is Ms. Oh looking forward to attending?
   (A) Cutting Costs
   (B) Quality Control
   (C) Modern Outsourcing
   (D) Workforce Motivation

4. Which lecturer was unable to speak at the event?
   (A) Wayne Loopy
   (B) Percy Jacobsen
   (C) Jason Vaughan
   (D) Barbara Pieters

5. How much does it cost to attend five days of the conference?
   (A) $800.00
   (B) $600.00
   (C) $400.00
   (D) $200.00

Questions 6-10 refer to the following advertisement, invoice, and e-mail.

Dockswood Hardware's March Madness!

It's that time of year again! Beginning March 1, we at Dockswood Hardware are once again treating all our customers to some great offers. For all orders placed between March 1 and March 31, the following offers will be applied:

Order over 10 units of any one product, and receive a 25% discount off the asking price for that product!

Regular customers receive free shipping!

Orders from outside Toronto receive 30% off shipping costs!

Dockswood Hardware
For All Your Renovation Needs
INVOICE #921

Shipping To:

Bill Curly

Curly Home Decorating Company

53 Spruce Street

QUANTITY	DESCRIPTION	UNIT CODE	UNIT PRICE	TOTAL
12	Drywall Panel (large)	DRP3	$20	$240
3	Crack filler (medium tub)	CRF2	$15	$45
2	Paint Can (beige, eggshell)	PC6	$80	$160
1	Paint Can (white, eggshell)	PC3	$80	$80
3	Paintbrushes	PB5	$10	$30
5	Paint rollers	PR1	$15	$75
			SUBTOTAL	$630
			SALES TAX	$63
			SHIPPING & HANDLING	$110
			TOTAL DUE	$803

To: Customer Services <inquiries@dockswood.ca>
From: Bill Curly <bcurly@curlydecor.net>
Subject: Recent Invoice
Date: March 8

To whom it may concern:

I am writing concerning invoice #921, which I recently received after placing my order. The invoice contains several errors. First of all, I purchased eight tubs of crack filler from you, not three. I did not, however, purchase any rollers from you, as I already have some of those. In addition, the discount you describe in your new advertisement has also not been applied to my order.

Finally, when I called your business to place the order, I was assured that I would receive an extra benefit for being a regular customer of your company. That has also not been reflected on my invoice. I would like you to address these issues and send me an amended invoice.

Sincerely,

Bill Curly

---

6. What is implied about Dockswood Hardware?
(A) It is making room for new product ranges.
(B) It runs special offers every March.
(C) It is celebrating being in business for one year.
(D) It operates several business locations.

7. For which item should Mr. Curly have received a 25% discount?
(A) Drywall panels
(B) Crack Filler
(C) Paintbrushes
(D) Paint rollers

8. What benefit was Mr. Curly most likely promised by a Dockswood Hardware employee?
(A) Overnight delivery
(B) A complimentary item
(C) Free shipping
(D) A gift certificate

9. What is the unit code for the item that Mr. Curly did NOT order?
(A) CRF2
(B) PC6
(C) PC3
(D) PR1

10. In the e-mail, the word "reflected" in paragraph 2, line 3, is closest in meaning to
(A) reversed
(B) indicated
(C) contemplated
(D) shined

시원스쿨 토익 *Part 7* 필수 전략서

Part 7
HALF TEST

- Part 7 HALF TEST 1

- Part 7 HALF TEST 2

- Part 7 HALF TEST 3

- Part 7 HALF TEST 4

- Part 7 HALF TEST 5

HALF TEST 1

실제 시험의 절반 분량으로 구성된 HALF TEST를 실제 시험을 본다는 미음가짐으로 시간을 재면서 풀어 보기 바랍니다.

• 목표 시간: 중급 이상: 25분 이하 / 초급: 30분 이하
• 실제 소요 시간: 중급 이상 _____이하 / 초급 _____이하

PART 7

Directions: In this part you will read a selection of texts, such as magazine and newspaper articles, e-mails, and instant messages. Each text or set of texts is followed by several questions. Select the best answer for each question and mark the letter (A), (B), (C), or (D) on your answer sheet.

Questions 147-148 refer to the following application form.

Application for Employment

Name: _Timothy Gage_

Address: _3774 Timber Rd., Springdale, Maine 75894_

Telephone number: _123-555-1234_

Position: _Head chef_

How did you hear about this opening? _Newspaper advertisement_

What kind of work are you looking for? (Circle the appropriate answer)

 Full-time   Part-time

Are you currently employed: _Yes_

When will you be available to start? _August 1_

What skills and qualifications do you have that will contribute to your success in this field?

I have worked under such chefs as Gordan Besh and Susan Flay, and I am currently doing an apprenticeship under Geoffrey Yan. In addition to my apprenticeships, I earned a diploma in Culinary Arts from Springdale Community College.

---

147. What job is Timothy Gage applying for?

(A) Newspaper writer
(B) Advertising executive
(C) Short-order cook
(D) Head chef

148. What can be inferred about Timothy Gage?

(A) He will finish his current employment in July.
(B) He will not be able to start work until September.
(C) He will get the job he is applying for.
(D) He does not have sufficient experience.

Questions 149-150 refer to the following note.

Dear Jefferson,

Thank you for taking over my social networking duties while I'm away.

Here is what you will need to do:
1. Post four updates per day. Include a question in one to engage our followers.
2. Include a photo with each post. If you need to use a stock image, talk to Darlene in Marketing.
3. Comment on at least two posts by our followers per day.

Make sure you track our followers' interaction on the spreadsheet I provided. I find it helpful to look over which of my posts attracted the most user comments. It helps me plan my next posts and make them better!

If you have any questions, feel free to e-mail me while I'm away. I should be able to check my e-mail at least every few days.

Thanks again.

Sincerely,

Stephanie Kim

149. What is NOT a work duty mentioned in the note?
(A) Posting new information every day
(B) Interacting with others by commenting
(C) Attaching a photo for visual appeal
(D) Changing a password regularly

150. According to the note, why does Stephanie track comments?
(A) To monitor language
(B) To improve future posts
(C) To interact with users
(D) To calculate statistics

Questions 151-152 refer to the following online chat discussion.

BEN MILLER (2:04 P.M.)

I've been reviewing the employee satisfaction surveys we administered last week, and the results are disappointing. It seems we have a lot of dissatisfied staff.

ZACHARY LOWE (2:07 P.M.)

I'm sorry to hear that. It's our job to make sure all our workers are happy. Which departments recorded the lowest satisfaction ratings?

BEN MILLER (2:09 P.M.)

Well, the marketing and sales departments posted ratings below fifty percent. I'm concerned that we may lose employees to our competitors if we don't do anything to fix this problem.

ZACHARY LOWE (2:10 P.M.)

We just can't afford to let that happen. I think we should come up with some ways to boost morale in those departments.

BEN MILLER (2:12 P.M.)

Great idea. I'll give it some thought and discuss it with you later.

---

151. What department do the writers most likely work in?

(A) Marketing
(B) Accounting
(C) Personnel
(D) Sales

152. At 2:10 P.M., what does, Mr. Lowe mean when he writes, "We just can't afford to let that happen"?

(A) He doubts that a plan is cost-effective.
(B) He thinks a budget should be increased.
(C) He wants to retain all company staff.
(D) He is concerned about customer complaints.

Questions 153-155 refer to the following agenda.

Agenda for the Meeting of the Editorial Board of Rainbow Children's Books

Chairman: Manon Paquette
Treasurer: Lee Chung
Secretary: Tom Williams
Member at Large: Joe Sampson
Member at Large: Norbert Ramsdale
Guest Representative Author:
Cheryl Rivera

1. Welcome, Manon Paquette
i. Review the success of last year's published works.
ii. Introduce the panel's guest author, Ms. Rivera.

2. Treasurer's Report, Lee Chung
i. Discuss sales of last year's books.
ii. Present cost of switching to 100% recycled paper. Vote.
iii. Overview of the rising price of printing, due to the increased costs of hydro and paper.

iv. Decide on number of books to be published this year.

3. Author Perspective of Manuscripts for Publication, Cheryl Rivera
i. Offer opinion on which manuscripts should be printed.
ii. Review of last year's selections.

4. Vote on Manuscripts, Joe Sampson
i. Final voting on which manuscripts to publish in the coming year.
ii. Decide when to release each book.

5. Miscellaneous Business, Norbert Ramsdale
i. Consider expanding "Lila the Happy Bunny" into a series.
ii. Discuss job posting for new book illustrator. Hand illustrated or digital?

Set date for next meeting before adjournment.

153. What institution is being discussed?
(A) An environmental group
(B) A printing company
(C) A book publisher
(D) A children's library

154. Who is NOT a regular member of the Board?
(A) Cheryl Rivera
(B) Tom Williams
(C) Lee Chung
(D) Norbert Ramsdale

155. According to the agenda, what would Lee Chung like the Board to consider?
(A) Expanding a book into a series
(B) Switching to recycled paper
(C) Hiring a digital book illustrator
(D) Saving money by printing less

Questions 156-158 refer to the following information.

About Us:

Daring Deliveries, the preferred courier in Delaware, has a long history. — [1] —. The company was started by two brothers, Tom and Jack Daring. — [2] —. They had often proposed changes to the way Delaware Deliveries should be run to their boss, Kyle Kent. They thought that all packages should be guaranteed to arrive undamaged within a day of being sent. They believed this rapid delivery should be provided at no extra cost. They also wanted to see couriers get higher pay and have more involvement in setting company policy. Mr. Kent disagreed, and when the brothers persisted, he told them that if they thought they could run a better delivery business, they should start their own. The Daring brothers decided to accept the challenge. — [3] —.

Now, almost 100 years later, Daring Deliveries handles 90% of Delaware's courier business. The Daring brothers bought out Delaware Deliveries less than five years after the new company was founded. — [4] —. True to our roots, our company continues to offer express delivery and automatic insurance of packages without any of the surcharges of our competitors. Next month, in celebration of our centennial, we'll also be offering a 10% discount on all packages, running straight through to the New Year.

156. How was Daring Deliveries formed?

(A) The Daring brothers set it up after a courier business closed.

(B) Kyle Kent founded it in response to a personal challenge.

(C) Courier service employees created their own business.

(D) The owners of Delaware Deliveries changed the company name.

157. What is NOT mentioned as something the Daring brothers favored?

(A) Insurance of all packages

(B) Express delivery for all packages

(C) Higher wages for workers

(D) Shorter hours for workers

158. In which of the positions marked [1], [2], [3], and [4] does the following sentence best belong?

"At one time, they worked for Delaware Deliveries."

(A) [1]

(B) [2]

(C) [3]

(D) [4]

Craves Coffee

3553 Bloom Ave.
Austin, TX 89822

October 24

Ms. Honor Williams, City Councilor
City Hall
Austin, TX 89820

Dear Ms. Williams,

I am writing to express my support for the construction of a new swimming pool and sports complex on Bloom Avenue.

Since my bakery and café business is situated on Bloom Avenue, I believe my opinions should be considered. I understand that there will be increased traffic on the street, and that there are many concerns about traffic jams. In my view, the benefits for businesses that would result from the increased traffic will far outweigh the problems caused by it.

I would suggest that the city consider replacing the four-way stop sign at Bloom Ave. and 4th St. with a traffic light. This would do a lot to ease the anticipated traffic congestion.

It would also be a good idea to add a bus stop right outside the proposed swimming pool. There are two buses that frequently travel down this street, but the current bus stops are some distance away.

Since this proposal has been in the news, I have conducted a casual survey of my customers, and neighboring business owners, and most of the people I have spoken with support the proposal to erect the new building on our street. I would estimate that at least 80 percent are in favor of the construction plan. Therefore, when the city council votes on this matter next month, please vote "yes."

Thank you for your time.

Yours sincerely,

Margo Leyland
Owner, Craves Coffee

159. The word "complex" in paragraph 1, line 2 is closest in meaning to

(A) complication
(B) difficulty
(C) facility
(D) variation

160. What is NOT suggested about the expected increase in traffic?

(A) It will help local businesses.
(B) It could be controlled with traffic lights.
(C) It will result in more car accidents.
(D) It could be addressed by adding bus stops.

Relax and Unwind at Yorkland Manor

Nestled in the Yorkshire Moors, Yorkland Manor is the perfect place to rest and relax. Our stunning, luxury bed and breakfast offers you warm and friendly accommodation only 30 minutes from the city of Moffat.

There are many wonderful activities to enjoy nearby, including hiking, fishing, mountain biking, horse riding and much more.

We have king-sized or twin rooms, each with a private bathroom, and all our rooms have views over snowcapped mountains or farmland. You can take a tour of our farm, feed our pigs and chickens, play a round of golf, and take a swim in the nearby river.

We have a special discounted rate available for the winter season. If you stay with us between November and February, you will receive 30 percent off our regular rate.

Please contact us by phone or fax for any further queries or to make a booking. Our phone number is (07) 555 9322 and our fax is (07) 555 9323.

Fax # (07) 555 9323
April 13

To whom it may concern,

I am interested in making a booking at your Manor from December 30 to January 14. We are a group of 4 adults and 4 children. I was wondering if you offer group discounts, and I'd also like to know the nightly rate for adults and children. We have a six-month-old baby, so we would require a cot for her.

Is it possible for you to e-mail a brochure to us? My e-mail address is f.zhang@airmail. co.fr.

Thank you.

Yours faithfully,

Frank Zhang

161. When can you receive a 30 percent discount?

    (A) If you stay more than one week

    (B) If you pay for your holiday in advance

    (C) If you stay during the colder months

    (D) If you have more than 3 guests

162. What is Yorkland Manor?

    (A) A downtown hotel

    (B) A backpackers' hostel

    (C) A luxury guest house

    (D) A hunting lodge

163. What activity is NOT offered at Yorkland Manor?

    (A) Golfing

    (B) Animal feeding

    (C) Swimming

    (D) River rafting

164. How many guests will be in Frank Zhang's group?

    (A) Nine

    (B) Eight

    (C) Six

    (D) Four

165. How should Yorkland Manor reply to Frank?

    (A) By fax

    (B) By email

    (C) By phone

    (D) In writing

Customer Information

Traveler: Mallory Forde
Booking #: 3957394
Email: mforde@abc.com
Booked on: Wed, Feb 13
Phone: 123-555-4837

Trip Summary

From: New York, U.S.
To: Tokyo, Japan
Depart: Saturday, March 9
6:05 p.m.
Arrive: Sunday, March 10
3:15 p.m.

Memo

To: Mallory Forde
From: Robert Bowman
Date: Monday, February 18
Subject: Tokyo business trip

I wanted to send you some information for the conference in Tokyo so that you can plan accordingly. The first meeting is at 2:00 on Monday, March 11 on the topic of scents and people with scent sensitivities. I hope that will give you enough time to recover after your long, tiring flight. At 3:00 there will be a presentation by the president of the company, and at 4:00 there will be a discussion on marketing. At 5:00 you can look forward to a relaxing meal with your colleagues. Information on day 2 will be provided upon arrival.

I recommend staying on site at the Convention Center Hotel. The accommodations are quite comfortable, and then you will not have to worry about taking the bus back and forth to the Convention Center. When you arrive in Tokyo, there is a shuttle service from the airport to the hotel every hour until 10:00.

As requested, I have booked a room for you for the first night. You can pay me the $89 at your earliest convenience. I am looking forward to meeting with you in Tokyo, and hearing your proposals for the upcoming year. I am particularly intrigued with the research you have done on humane alternatives to animal testing.

```
◀ ▶   http://www.conventioncenterhotel/tokyo/rates                    ▼
```

Convention Center Hotel
Tokyo, Japan

Floor	Price p/night
1st	$69
2nd	$89
3rd	$109
Suite	$149

Please note:

> The following surcharges apply for use of our airport shuttle service. Please telephone in advance if you require transportation from the airport to the hotel.

Monday – Friday before 5 p.m. : $15
Monday – Friday after 5 p.m. : $20
Saturday: $25
Sunday: $30

---

166. What is the purpose of the memo?

(A) To request information from Ms. Forde
(B) To invite Ms. Forde to a conference
(C) To reserve a room at the convention center
(D) To help Ms. Forde with her planning

167. In the memo, the word "recover" in paragraph 1, line 3, is closest in meaning to

(A) redeem
(B) rejuvenate
(C) resume
(D) reimburse

168. On which floor is Ms. Forde's room most likely located?

(A) 1st
(B) 2nd
(C) 3rd
(D) Suite

169. What does Robert Bowman want to talk with Mallory Forde about at the conference?

(A) Her strategies for marketing a new product line
(B) Her proposals for new scented cosmetic products
(C) Her plans to eliminate harsh scents from their products
(D) Her ideas for testing product safety without using animals

170. How much will Ms. Forde probably pay for the airport shuttle service?

(A) $15
(B) $20
(C) $25
(D) $30

정답 및 해설 p. 37

HALF TEST 2

실제 시험의 절반 분량으로 구성된 HALF TEST를 실제 시험을 본다는 마음가짐으로 시간을 재면서 풀어 보기 바랍니다.

• 목표 시간: 중급 이상: 25분 이하 / 초급: 30분 이하
• 실제 소요 시간: 중급 이상 _____이하 / 초급 _____이하

PART 7

Directions: In this part you will read a selection of texts, such as magazine and newspaper articles, e-mails, and instant messages. Each text or set of texts is followed by several questions. Select the best answer for each question and mark the letter (A), (B), (C), or (D) on your answer sheet.

Questions 147-148 refer to the following advertisement.

Upgrade your long distance plan for an extra $15 a month!

G-Mobile Communications is offering unlimited long distance to any three numbers* of your choice for only $15/month!

Add this long distance package to any monthly phone plan $25 or over, and stay in touch with family and friends worldwide.

This offer is available online only. Use booking code: **hookmeup.**

Available until July 31.

* Note: Add an extra two numbers for $10 per month.

147. Who qualifies for this discount?
(A) Customers who have a long distance plan
(B) Customers who pay their bills online
(C) Customers with phone plans over $25
(D) Customers with relatives in three countries

148. How much is the plan that includes five numbers?
(A) $10
(B) $15
(C) $25
(D) $31

Questions 149-150 refer to the following e-mail.

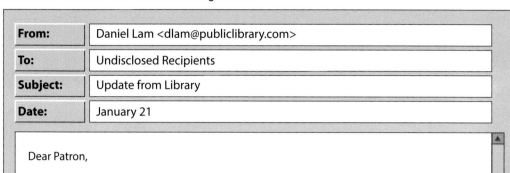

From:	Daniel Lam <dlam@publiclibrary.com>
To:	Undisclosed Recipients
Subject:	Update from Library
Date:	January 21

Dear Patron,

Thank you for your continued support of your public library.

We are pleased to announce that we have purchased 120 new computers that have been distributed to branches across the city. These will become available to the public next week to mark the launch of our online portal. By logging in with your library card number and password, the portal allows you to keep track of the books, CDs, and DVDs you borrow from the library from any computer.

Recommendations for further reading, listening, and viewing will also appear in the portal to help you choose what to experience next. These recommendations are cross medium. For example, if you read the book *To Paris and Back*, the movie based upon that novel will appear in your recommendations as well as other books along the same theme.

Stop by the library or check us out online—we have lots to offer!

Sincerely,

Daniel Lam, Branch Co-ordinator

149. Why are the new computers being made available next week?
(A) To mark the launch of a new publication
(B) To celebrate the start of an online feature
(C) To attract customers to a new library branch
(D) To allow time for necessary Internet repairs

150. How can patrons access the portal?
(A) By visiting any library branch
(B) By signing up for library e-mails
(C) By using their library card
(D) By upgrading a membership

Questions 151-152 refer to the following text message chain.

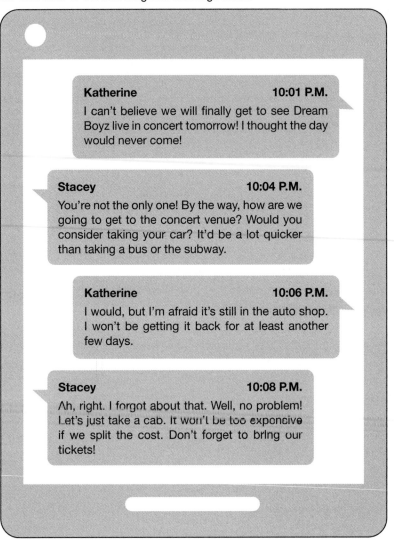

Katherine   10:01 P.M.

I can't believe we will finally get to see Dream Boyz live in concert tomorrow! I thought the day would never come!

Stacey   10:04 P.M.

You're not the only one! By the way, how are we going to get to the concert venue? Would you consider taking your car? It'd be a lot quicker than taking a bus or the subway.

Katherine   10:06 P.M.

I would, but I'm afraid it's still in the auto shop. I won't be getting it back for at least another few days.

Stacey   10:08 P.M.

Ah, right. I forgot about that. Well, no problem! Let's just take a cab. It won't be too expensive if we split the cost. Don't forget to bring our tickets!

151. At 10:04 P.M., what does Stacey imply when she writes, "You're not the only one"?

(A) She would like to invite more people.

(B) She plans to purchase a concert ticket.

(C) She has never seen a live performance.

(D) She is looking forward to an event.

152. What is suggested about Katherine?

(A) Her work schedule has been changed.

(B) She would rather travel by subway.

(C) Her vehicle is currently under repair.

(D) She will be picked up by Stacey tomorrow.

Questions 153-155 refer to the following report.

To: Ian Hartnett

I've been examining our network security as you requested, and my findings so far aren't promising. The problem isn't in your network software. In fact, the security software itself is state-of-the-art. If it is used properly, it would make the network quite safe from outside attack. But that's the problem. It's almost never used correctly. Many of your employees have weak passwords, such as "1234567", and "password." Others use the birthdays or names of loved ones. I know this because I was able to read many of our employees passwords off of sticky notes pasted to their desk. This means, of course, that they might as well not be using passwords at all. What's worse is that I left some USB flash drives lying around the parking lot, unlabeled. Only one person who found one handed it in to the security office as per procedure without first checking to see what was on it. The rest all plugged them into the computer without any concern for the possibility that the drives contained malicious software. You really need to review security policies with all of your staff as soon as possible.

Sincerely,

John Fleming

---

153. What is indicated about the company's network security?

(A) It is cheap and ineffective.
(B) It is good but outdated.
(C) It is effective if correctly used.
(D) It is weak against outside attacks.

154. What should employees do when they find a USB flash drive?

(A) Check what files it contains
(B) Take it to the security office
(C) Throw it away immediately
(D) Give it directly to Mr. Fleming

155. According to Mr. Flemming, how should Ian handle the situation?

(A) Fire at least half of his current employees.
(B) Go over security procedures with his employees.
(C) Install stronger network security software.
(D) Isolate key computers from the network.

Questions 156-158 refer to the following letter.

June 10

Ms. Jacqueline Mourret
Clearance Furniture
2847 Pine Road
Denver, CO
80001

Dear Ms. Mourret,

I purchased a couch from you last September. — [1] —. It was the white leather "Milton" sofa. You may remember me. We discovered that our sons play in the same soccer league and spent a great deal of time discussing the sport. In between our conversations about soccer, you convinced me to buy the one-year warranty for the couch.

— [2] —. Friends of ours visited our home last Friday with their 3-year-old daughter. She was told not to color on the new couch, but while we were cleaning up after dinner, she thought she knew better than us grown-ups and used the couch as a table on which to color a picture. In the process, she smeared purple marker all over one of the seat cushions. Disastrous! — [3] —.

— [4] —. I reviewed our warranty and was grateful to see that pen markings are covered under it. I was hoping you could tell me if the warranty extends to marker pen ink. If this is not covered, please advise us of the cost of cleaning or replacing a seat cushion.

Thank you for your help.

Sincerely,

Greg Sutton

156. Why did Mr. Sutton write to Ms. Mourret?

(A) To thank her for good service
(B) To purchase a couch warranty
(C) To ask about warranty coverage
(D) To give feedback about the couch

157. Why might the warranty NOT cover the damage?

(A) It does not cover damage by human error.
(B) It covers flaws in the furniture's construction.
(C) It expired at the beginning of the month.
(D) It states it covers pen markings.

158. In which of the positions marked [1], [2], [3], and [4] does the following sentence best belong?

"We had an accident last night that I hope will be covered under the warranty."

(A) [1]
(B) [2]
(C) [3]
(D) [4]

Questions 159-160 refer to the following page from a survey.

A Survey of Your Recent Visit to Craft City

Thank you for taking the time to answer the following questions. Your responses will ensure we carry art supplies that meet your creative needs. Our store seeks to offer you thousands of ideas to set you off on a creative journey—let's see how we did.

To thank all survey respondents for their participation, we are offering them an extra 60% off of an item of their choosing.

Please turn to page two to begin answering the survey questions. You can hand in your completed form to any cashier at Craft City. Have a good day!

Denise Allman, Owner
Craft City

1. Did you come to Craft City looking for a particular item(s)?
   _____ Yes _____ No (If No, skip to question 3)

2. How easy was it to locate the item(s) you were seeking?
   _____ Very Easy _____ Moderately Easy _____ Difficult _____ Very Difficult
   _____ I did not find the item(s) I was searching for

3. If you asked a Craft City employee for assistance, please rate their customer service:
   _____ Friendly and Helpful _____ Helpful but Unfriendly
   _____ Friendly but Unhelpful _____ I could not find a Craft City employee to help me

4. Did you find everything you were looking for?
   _____ Yes (If Yes, skip to question 5) _____ No
   4a. If you did not find what you were looking for, what stores will you visit in order to locate it (list all that apply)?
   4b. At what store did you eventually find the item? _____
   4c. What item(s) were you not able to find at our store? _____

159. What will customers receive for completing a survey?
(A) A membership card
(B) A store discount
(C) A gift voucher
(D) A complimentary gift

160. To whom should customers submit completed surveys?
(A) To head office
(B) Online
(C) To any employee
(D) To a cashier

Questions 161-165 refer to the following e-mail and memorandum.

From:	Hilary Desmond <hdesmond@alliancefirm.com>
To:	Derek Coupland <dcoupland@alliancefirm.com>
Subject:	Memo
Date:	February 21

Hi Derek,

Can you please send out an all-staff memo letting everyone know that the computer programmer will be coming in to teach us how to use the query function of the new database? Check the calendar for the date: he will be coming in at 1:30 P.M. on the same day as the Clinton files are due.

The training may last for several hours, so staff should be prepared to stay later if necessary. We don't want to have to pay for the trainer to come back another day. I'd like to know if anyone can't make it.

In the memo, please include yet another reminder about the deadline for monthly finance reports. Many people are still handing them in late every month, which is causing me undue stress. I don't know what else I can do. The 1st of the month falls on a Sunday in March, so March's report will be due the next day.

Thanks,

Hilary

Memorandum

To: All Staff
From: Derek Coupland
Date: February 21

Hi everyone,

Many of you have been requesting training on the query function of our new database, and I'm pleased to let you know that Mark Ferguson, one of the programmers, will be coming in at 1:30 p.m. on Thursday, March 12.

If that date seems familiar to you, it's because it's the same date the Clinton files are due in to Hilary. That due date will not be moved back, which means the files need to be submitted before the training session begins. Because we are such a large group, the training session may run past 5 p.m., so make arrangements to stay late if need be. Please send me an e-mail if you are unable to make it.

Also, a friendly reminder that it is important to meet all deadlines in the office, whether that is on reports, files, or queries. If one thing is late, it causes a lot of stress for co-workers who are forced to halt their work while waiting for yours. Let's be mindful of each other's needs and work hard to make our next report deadline, which, according to the calendar, is March 2. Let me know if I can help you in any way.

Thanks always for your great work!

Derek

161. What can be inferred from the e-mail?
    (A) Derek is able to run queries on the database.
    (B) Derek submits his monthly report on time.
    (C) Employees have been missing report deadlines.
    (D) Hilary thinks the Clinton files will be late.

162. In the e-mail, the word "undue" in paragraph 3, line 3, is closest in meaning to?
    (A) unlimited
    (B) undeserved
    (C) understated
    (D) undefined

163. According to the memorandum, what have staff members requested?
    (A) Query training on the database
    (B) Postponement of report due dates
    (C) Help with the Clinton files
    (D) Communication through e-mail

164. What can be inferred about Derek from the memorandum?
    (A) He is frustrated with his co-workers.
    (B) He is friendly when giving instructions.
    (C) He is not involved with the Clinton files.
    (D) He will not be attending the training session.

165. What will most likely happen on March 2?
    (A) Finance reports will be submitted
    (B) The Clinton files will be reviewed.
    (C) Query training will take place.
    (D) A database will be updated.

Springside Shopping Center is seeking a full-time security guard. Different shift patterns are available. To apply, please submit a cover letter and application form, complete with reference details. Should you pass our selection process you will then be asked to submit a criminal record and a background check will be required. Once hired, responsibilities will include patrolling the mall and keeping order, settling disturbances, and making sure doors are locked at closing time. All security guards will be provided with two uniforms, for which they must pay a $10 deposit. The starting wage is $20.00 per hour for weekday shifts, $24.00 per hour for night shifts, and $30.00 per hour for working weekends. Benefits include one week's vacation and a health insurance package.

Springside Shopping Center
Application Form

Name: _Stanley Ducette_
Address: _86 Collins Lane, Meadhall, IL_
Telephone number: _654-2294-459_
Position Applied For: _Security Guard_
Shift pattern: _Weekends_

Employment History:

Employer	Time Employed	Supervisor	Contact Details
ABX Bank	2 years	Oliver Burke	553-204-1911
Megabucks Casino	3 years	Trevor Neighbors	456-221-5501
Dragonair Nightclub	6 months	Thomas Muller	643-256-2329
Meadhall Airport	6 years	Tina Turney	399-321-6920

Maria Madigan
Springside Shopping Center
2532 Industrial Blvd.
Tampa, FL, 54700

Dear Ms. Madigan,

I hereby submit my application for the position of security guard. As you will see in my enclosed form, I have extensive experience working as a security guard across a number of settings.

My training and experience has given me the skills to deal with any situation that might arise. I have been called upon to remove people from premises and also to call the police when criminal activities were taking place. This shows that I know when to step down and bring in the authorities.

For a reference, please contact my previous manager at ABX Bank. I have already spoken to them on the phone and they are happy to provide this to you. Unfortunately, Tina Turney at Meadhall Airport is no longer with the company, and so a reference cannot be obtained from her.

Thank you in advance for considering my application.

Stanley Ducette

---

166. What is the purpose of the advertisement?

(A) To advertise a new store
(B) To advertise a job vacancy
(C) To advertise a sale
(D) To advertise a new mall

167. In the advertisement, the word "responsibilities" in paragraph 1, line 5, is closest in meaning to

(A) causes
(B) qualifications
(C) duties
(D) employees

168. Who is Ms. Madigan instructed to contact for a reference?

(A) Thomas Muller
(B) Oliver Burke
(C) Tina Turney
(D) Trevor Neighbors

169. What is indicated about Mr. Ducette?

(A) He has recently moved to Tampa.
(B) He is currently working at a casino.
(C) He is applying for a management job.
(D) He has held positions at several firms.

170. If Mr. Ducette gets the job, how much will he likely earn per hour?

(A) $10.00
(B) $20.00
(C) $24.00
(D) $30.00

정답 및 해설 p. 44

HALF TEST 3

실제 시험의 절반 분량으로 구성된 HALF TEST를 실제 시험을 본다는 마음가짐으로 시간을 재면서 풀어 보기 바랍니다.

• 목표 시간: 중급 이상: 25분 이하 / 초급: 30분 이하
• 실제 소요 시간: 중급 이상 _____이하 / 초급 _____이하

PART 7

Directions: In this part you will read a selection of texts, such as magazine and newspaper articles, e-mails, and instant messages. Each text or set of texts is followed by several questions. Select the best answer for each question and mark the letter (A), (B), (C), or (D) on your answer sheet.

Questions 147-148 refer to the following advertisement.

Orford Oasis Condominiums-32 Units Now on Sale!

Just five minutes from the ocean, the new Orford Oasis condominium building offers peace and privacy while being just minutes from downtown. One, two, and three-bedroom units are available and feature huge patio areas to enjoy the grounds' large trees, beautiful flower gardens, and walking paths around a man-made stream complete with gold fish and frogs. Each unit comes with its own garden plot, where you can grow vegetables, flowers, or plants of your own choice!

Units are tastefully decorated with neutral tones and feature modern, energy-efficient appliances. On-site facilities include a whirlpool, tennis and squash courts, and a fitness room.

Come over to the Orford Oasis, and pick out your own piece of paradise!

---

147. What can be inferred about the Orford Oasis condominium building?
(A) It is situated far from the downtown area.
(B) It has a landscaped rooftop garden.
(C) It contains units of different sizes.
(D) It is currently under construction.

148. What is NOT mentioned as a feature of the condominiums?
(A) Home appliances
(B) Sports facilities
(C) Shopping outlets
(D) Outdoor areas

Questions 149-150 refer to the following brochure.

Top Travel has all your travel needs covered! Whether you prefer a relaxing cruise or an adventure-filled holiday, we have a range of experts who will make your dream vacation a reality. With summer fast approaching, now is the perfect time to book a tropical getaway.

We have a range of special deals available for those who can book and pay for their vacation by May 30th for travel between June 15th and August 30th. These deals include seven nights in a four star resort on the island of Fiji for $1,988 including return flights, accommodation and some meals. If you prefer the island of Hawaii, we have a five-night deal for you, including three star accommodation, return airfares and daily breakfast for $1,300.

Please contact one of our experts by phoning 07- 8394-987 and we will take care of all the details for you. You can also email us at consultants@toptravel.com. Please note that our special deals are strictly limited, so you should contact us as soon as possible to take advantage of these special prices.

149. When should customers make a payment in order to receive a special deal?

(A) By May 1
(B) By May 30
(C) By June 15
(D) By August 30

150. What does Top Travel NOT offer?

(A) Corporate travel
(B) Island holidays
(C) Discounted travel
(D) Cruise bookings

Questions 151-152 refer to the following online chat discussion.

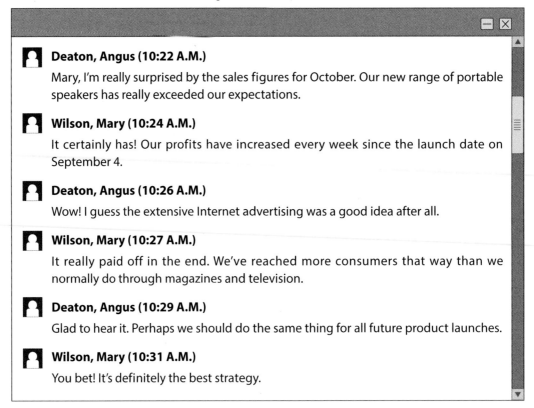

Deaton, Angus (10:22 A.M.)

Mary, I'm really surprised by the sales figures for October. Our new range of portable speakers has really exceeded our expectations.

Wilson, Mary (10:24 A.M.)

It certainly has! Our profits have increased every week since the launch date on September 4.

Deaton, Angus (10:26 A.M.)

Wow! I guess the extensive Internet advertising was a good idea after all.

Wilson, Mary (10:27 A.M.)

It really paid off in the end. We've reached more consumers that way than we normally do through magazines and television.

Deaton, Angus (10:29 A.M.)

Glad to hear it. Perhaps we should do the same thing for all future product launches.

Wilson, Mary (10:31 A.M.)

You bet! It's definitely the best strategy.

151. What is suggested about the company the writers work for?

(A) It is experiencing financial problems.
(B) It operates several business locations.
(C) It was established in September.
(D) It recently released new products.

152. At 10:27 A.M., what does Ms. Wilson mean when she writes, "It really paid off in the end"?

(A) A new manufacturing technique will help to lower expenses.
(B) A magazine advertisement was cheaper than expected.
(C) Online advertising has proven to be successful.
(D) Consumer feedback has been beneficial to the company.

Questions 153-155 refer to the following letter.

Ms. Nancy Clinton
628 Darkmoor Avenue
New York, NY
74923

Dear Ms. Clinton:

We are pleased to welcome you to the Anakin Research family. We've decided to host a single orientation session for all the employees of our new Daedalus project. The session will begin promptly at 9:00 A.M. Monday morning, so don't be late. The session will cover everything you need to know to get settled into your new job, including our standard office procedures and security protocols. The session is expected to last until roughly 11:00 A.M., after which you can break for an early lunch and start getting to know your new colleagues.

We'll meet up again at 1:00 P.M. to brief you on the details of the Daedalus project itself. I know you must be extremely curious as to why we've been so tight-lipped about it up until now. I apologize if our secrecy seems a little cloak-and-dagger. I assure you there's nothing sinister about it – we've just had some trouble with our competitors getting a hold of confidential information recently. This has forced us to be a little stricter in our security than normal.

Sincerely,

James Graham

153. What is the purpose of this letter?
(A) To provide a new employee with a schedule
(B) To lay out criteria for selecting new hires
(C) To stress the importance of corporate security
(D) To explain a specific office procedure

154. When will Ms. Clinton learn about her project?
(A) At 9:00 A.M.
(B) At 11:00 A.M.
(C) At 1:00 P.M.
(D) At 3:00 P.M.

155. Why have the details of the project been kept secret?
(A) To avoid embarrassing media coverage
(B) To prepare the new employees first
(C) To keep them from the company's rivals
(D) To control the timing of its announcement

Questions 156-158 refer to the following notice.

— [1] —. Now that the Christmas holiday season is almost here, we would like to remind you all about our upcoming annual Christmas party. — [2] —.

As always, we have a theme, and this year we have decided on the color red. To get into the Christmas spirit, everyone should come to the party wearing a red outfit and also bring a gift which should cost no more than $10. — [3] —.

The party is being held at Valley Inn Resort and will include dinner and drinks. Everyone should meet downstairs at 5 P.M. on Saturday, December 12, and we will provide taxis to transport you to the event and back home afterwards. — [4] —.

Unfortunately, the party is only for adults, but we will have a visit from Santa in a few weeks, so you can bring your school-aged children along then.

Please make sure you confirm that you will be attending, and let us know if you have any special dietary requirements by emailing Laura at the front desk at laura.bell@mediasolutions.com. We look forward to seeing you there.

156. What is the purpose of the notice?
(A) To suggest different color themes
(B) To collect ideas for an event
(C) To reduce spending on gifts
(D) To provide event information

157. In which of the positions marked [1], [2], [3], and [4] does the following sentence best belong?

"This event has been a highlight of the company calendar for many years and is eagerly anticipated by everyone."

(A) [1]
(B) [2]
(C) [3]
(D) [4]

158. Who is NOT invited to attend?
(A) Young children
(B) Part time staff
(C) Those with food allergies
(D) Those without transportation

Questions 159-160 refer to the following e-mail.

```
===== * E-mail * =====

From:    Joanna Parkinson

To:      All employees

Re:      Health Day


This year's annual Health Day will take place next Friday, June 9. You are welcome to
invite your family members to come along.

As usual, there will be representatives from the Red Cross to give first aid
demonstrations, as well as nurses and other professionals who will conduct basic
medical screening. This is an excellent opportunity to screen your children for basic
vision and hearing problems. Grandma and Grandpa may also want some basic tests.
Light refreshments will also be available.

The weather is expected to be fine, so we will be holding many activities outdoors.
Other activities will take place indoors in the admin area. Please direct family members
to park in the north parking lot, whenever possible.

The company offers this as a special benefit for our employees, so please respect this
and use your time wisely.

Thanks,

Joanna Parkinson
```

159. What is the purpose of the e-mail?
(A) To enquire about someone's health
(B) To suggest that the company have a picnic
(C) To explain a corporate health policy
(D) To give information about an event

160. Where should employees' relatives park?
(A) In the admin section
(B) In the south parking lot
(C) In the north parking lot
(D) In the employee parking lot

Don't just be "The Boss." Become a Leader in the Workplace.

There is a difference between being a manager and being a leader. If you're brave enough, ask your employees how they see you: manager or leader?

On paper, you might appear to be the ideal manager. Sales numbers rise every month, books balance, deadlines are met, and consistently high quality work is produced. But what about the work environment? Do your employees love leaving for work in the morning, or do they dread it? Sure your department produces great work, but does your staff have the creative freedom to do their best — and do what's best for the company? Do they have the right work conditions to enjoy their work, grow, and move your company forward?

Your employees need to know you are on their side. Our two-day conference for leaders and emerging leaders will show you the way to be a nurturing leader. This involves fostering improvement and giving each employee what they need to do their best. We will not focus on managing schedules, fairness in the workplace, and meeting deadlines. Ours is an approach that will teach you to nurture your employees and give away power. In return, you will get back more than you ever dreamed.

Join us:
Felix Center Boardroom
May 4 and 5
9 A.M. to 4 P.M.
Breakfast and lunch will be served.
Conference run by Empowering Professionals

From:	Stuart Olson <solson@pssg.com>
To:	Tracy Ellis <tellis@pssg.com>
Subject:	Leadership Conference
Date:	Thursday, March 29

Hi Tracy,

I checked out the conference you mentioned to me at our meeting last Tuesday, and I would like to attend. It's not the best time of year, given that the Raindrops on Roses Gala Fundraiser is on the Friday of the week of the conference. I e-mailed the conference organizer, and she said that the second day is mainly personal assessment. She will allow me to attend just the Monday. The conference is going to run again in the fall. She indicated I could attend the second day at that point.

Thank you for being so supportive of me wanting to improve my managerial skills. I was upset to learn that Kate left her job here mainly because she felt I was not giving her what she needed to succeed. I'm disappointed she felt she could not talk to me, and that the only option she had was to quit. No manager likes to hear they've failed someone. Thank you for giving me the chance to improve.

Before I register myself for the conference, is there anyone else from the school who is planning to attend? I could sign us up at the same time.

Thanks, Tracy.

Stuart
Director of Development
Princeton Stine School for Girls

161. What is the topic of the conference?
(A) Supporting employees to increase productivity
(B) Hiring the right staff to grow your business
(C) Leading a challenging work environment
(D) Developing leadership skills to earn a promotion

162. The word "fostering" in paragraph 3, line 3 of the article is closest in meaning to
(A) monitoring
(B) caring
(C) promoting
(D) herding

163. When will Stuart attend the conference?
(A) On May 4
(B) On May 5
(C) On May 6
(D) On May 7

164. Who most likely is Kate?
(A) Tracy Ellis's current employee
(B) The conference organizer
(C) The fundraising gala organizer
(D) Stuart Olson's former employee

165. Why did Kate leave her job at the school?
(A) She found the work she was doing unfulfilling.
(B) She felt unsupported by her boss.
(C) She believed she was an ineffective manager.
(D) She was hired by another school.

Questions 166-170 refer to the memo, survey, and report.

Memo

To: All Staff

Dear Colleagues,

It has come to our attention that a number of customers have become frustrated at the time it takes our support workers to deal with their telephone queries. As such, in an effort to improve the service we provide to our customers, the senior management team has decided to survey all clients who contact our support team. It is hoped that through evaluating our service level, we can identify any areas that require improvement. The research outcomes will be announced by our head of market research at the end of the week.

Dear valued customer. Please take a moment to answer the following questions about your experience with our customer support service at TechCube.

Q1 How long did you have to wait on the telephone before the customer support representative was available?
A. Less than 1 minute
B. Less than 10 minutes
C. More than 10 minutes

Q2. How long did it take for customer support to solve your problem?
A. Less than 5 minutes
B. 30 minutes or more
C. More than a day
D. Problem did not get resolved

Q3. Overall, how satisfied were you with the service received?
A. Very satisfied
B. Quite satisfied
C. Satisfied
D. Not Satisfied

The following are the results of the study that was administered through the month of October to TechCube customers. Exactly 439 customers completed the survey.

According to the results announced by Alfie Oliver, in question number one, 26% answered Less than 1 minute; 38% answered Less than 10 minutes, 36% answered More than 10 minutes. In the second question, 57% answered Less than 5 minutes; 9% answered 30 minutes or more; 13% answered More than a day, 21% answered Problem did not get resolved. With regards to the third question, most people selected the second option. This indicates room for improvement in this department.

It is clear that our efforts to improve customer satisfaction have not been enough. As our sales have increased, the number of calls has similarly increased, so we should expand our workforce in order to meet our customers' needs more efficiently. We should also begin a new policy to follow up with customers by e-mail to ensure that their problems have been resolved.

166. Why did TechCube carry out a survey?
(A) To improve customer service
(B) To determine consumer spending trends
(C) To evaluate new employees
(D) To get feedback about a product

167. Who most likely is Alfie Oliver?
(A) A lead market researcher
(B) A human resources manager
(C) A telephone operator
(D) A product developer

168. What was the most popular response to survey question 3?
(A) Very satisfied
(B) Quite satisfied
(C) Satisfied
(D) Not satisfied

169. In the report, the word "clear" in paragraph 3, line 1, is closest in meaning to
(A) empty
(B) renowned
(C) apparent
(D) probable

170. Why will TechCube most likely hire more staff?
(A) To help increase the number of sales
(B) To handle the growing call volume
(C) To assist with the distribution of flyers
(D) To allow a new shift rotation system

정답 및 해설 p. 52

HALF TEST 4

실제 시험의 절반 분량으로 구성된 HALF TEST를 실제 시험을 본다는 마음가짐으로 시간을 재면서 풀어 보기 바랍니다.

• 목표 시간: 중급 이상: 25분 이하 / 초급: 30분 이하

• 실제 소요 시간: 중급 이상 _____이하 / 초급 _____이하

PART 7

Directions: In this part you will read a selection of texts, such as magazine and newspaper articles, e-mails, and instant messages. Each text or set of texts is followed by several questions. Select the best answer for each question and mark the letter (A), (B), (C), or (D) on your answer sheet.

Questions 147-148 refer to the following advertisement.

Experience the beauty and challenge of the Lamia Heights Golf Course. Carved out of the pristine wilderness on the edge of Yorktown, the lush forests and rolling fairways make Lamia Heights a treat for the eyes. But don't let the beautiful views and the peaceful calm of the area fool you. Lamia Heights is renowned for being the toughest golf course in America. Well-placed and unexpected hazards and dense thickets of old-growth forest challenge even the most skilled golfer to stay under par.

One-day trial pass   -- $300
One-month membership   -- $1,500
Annual membership   -- $8,000

Please note that priority will be given to members over non-members when assigning tee-times.

---

147. What is Lamia Heights Golf Course best known for?

(A) How expensive it is
(B) How remote it is
(C) How difficult it is
(D) How exclusive it is

148. Who will get priority for tee-times?

(A) Those who booked times in advance
(B) Those who show up first at the course
(C) Those who have full membership
(D) Those who are likely to play through quickly

Questions 149-150 refer to the following letter.

Ms. Ling Shu,
Displays Curator

Dear Ms. Shu,

As you may know, I recently attended a conference for museum directors, and while there, I learnt about a great new workshop on incorporating audio-visual materials into museum displays. The workshop is put on by the University of Phoenix and takes place over a long weekend in March. I am enclosing a flyer about it. I think it would be an excellent educational opportunity for you. The museum will cover the cost of attendance and travel.

Yours sincerely,

George Hill
Director, Green Rapids Museum

149. What is the main purpose of this letter?
   (A) To ask Ms. Shu about audio-visual displays
   (B) To encourage attendance at a class
   (C) To request workshop information
   (D) To offer a corporate travel allowance

150. What is included with the letter?
   (A) A flyer
   (B) A textbook
   (C) A check
   (D) An application form

Questions 151-152 refer to the following text message chain.

STEVE BARBER   1:22 P.M.

Diana, did you have a chance to speak with the personnel manager about extending our business trip by a few days?

DIANA EASTMAN   1:25 P.M.

Yes, I spoke with her this morning. I'm afraid she said it's not allowed, based on our company policy.

STEVE BARBER   1:27 P.M.

I was afraid of that. I really wanted to do some sightseeing in Prague after the conference.

DIANA EASTMAN   1:29 P.M.

Me too. But, I guess I can understand the decision. We have to get back here to focus on our projects.

STEVE BARBER   1:31 P.M.

That's true. Well, I guess you'd better let the hotel know that we'll be leaving on the 10th and not the 13th.

DIANA EASTMAN   1:32 P.M.

Oh, right. I'll take care of it now. Thanks for the reminder.

---

151. At 1:27 P.M., what does Mr. Barber imply when he writes, "I was afraid of that"?

(A) He thinks that he will be unable to meet a deadline.

(B) He is disappointed that Ms. Eastman cannot accompany him.

(C) He suspected that permission would not be granted.

(D) He is worried that the company will implement new policies.

152. What will Ms. Eastman probably do next?

(A) Create a project schedule

(B) Contact her supervisor

(C) Change a reservation

(D) Call a conference center

Questions 153-155 refer to the following memorandum.

Muffin Bite Café

To: Valerie Adams, Store Manager
From: Raylene Harris, Regional Manager
Date: November 9
Subject: Upcoming changes

I am writing to let you know that the owner of Centerville Mall has decided to close the center early on some days during the winter months due to slower foot traffic. This means that our café will close at 4 P.M. on Mondays and Tuesdays instead of at 5 P.M., and at 4:30 P.M. on Wednesdays, Thursdays and Fridays instead of at 5:30 P.M.

To facilitate this change, all staff will have their shifts shortened by one hour per day. There is an option for a shortened lunch hour of 30 minutes which would mean staff would have their shift shortened by 30 minutes per day.

Please contact me directly if you or any of the staff have any concerns.

153. What is suggested about Muffin Bite Café?

(A) It is a brand new business.
(B) It is open seven days a week.
(C) It is located inside a mall.
(D) It is very busy in winter.

154. Why is the business making a change?

(A) The company needs to save money.
(B) There are fewer customers.
(C) There isn't enough staff.
(D) Fewer people are buying lunch.

155. What is an expected result of the change?

(A) The café will close for the winter.
(B) No new staff will be hired.
(C) Staff will have fewer breaks.
(D) Staff will work fewer hours.

Questions 156-158 refer to the following information.

Dixon Printer Products Warranty Information

This Dixon Printer Products warranty applies to all Dixon printers purchased from a Dixon store or from an authorized dealer. The warranty does not apply to Dixon printers purchased from a third party or an unauthorized retailer. — [1] —.

If you discover a problem with your printer, please phone our customer service center toll free at 1-555-8234 and we will try to solve the problem. If the problem cannot be solved, we will refer you to your nearest service center. — [2] —.

Under the terms of your warranty, you are entitled to free service for up to two years from the date of purchase. — [3] —. If your printer develops problems within six months of the purchase date, you may choose to repair or replace the printer. However, if you attempt to fix the printer yourself or use an unauthorized repair service, then you are not eligible for a replacement printer.

One of our qualified technicians will visit you within 3 days to check your printer. If the printer needs to be fixed at our factory, we will provide you with a loan printer to use at no charge. If the cause of the problem is deemed to be faulty operation, then the customer will have to pay the repair charge. — [4] —.

Please ensure you retain this information sheet along with your guarantee certificate which you will need to provide to the technician.

If you have any queries, please contact us at the toll free number provided above or alternatively email us at admin@dixonprinterproducts.com.

156. How long is the warranty period?

(A) Two years
(B) Six months
(C) One year
(D) Three years

157. When does the warranty NOT apply?

(A) If the printer has already been fixed
(B) If the customer fixes the printer
(C) If the customer misused the printer
(D) If an unauthorized technician fixes the printer

158. In which of the positions marked [1], [2], [3], and [4] does the following sentence best belong?

"This applies in cases where the printer has not been operated according to the instruction manual."

(A) [1]
(B) [2]
(C) [3]
(D) [4]

Questions 159-160 refer to the following agenda.

Hollyhock International School

Board of Directors

Agenda for _____*July 15*_____

Note: This will be a breakfast meeting because many members are involved in the School Field Day which begins at 11;30 A M. on July 15.

1. Financial review and budget update - Melissa Alvarez

2. Proposed headmaster salary increase – Fred Silverstein

3. Bids for resurfacing sports fields – Hugo Braden

4. Staff retirements/replacements – Jenny Crumm

5. Current data on the nationalities of our students – Jeremy Fish

159. When will the meeting most likely take place?
(A) In the early morning
(B) At 11:30 A.M.
(C) In the afternoon
(D) In the evening

160. What is implied about the school?
(A) It has students from many countries.
(B) It is undergoing some financial difficulties.
(C) It is hiring new staff members.
(D) It needs to repair many of its buildings.

MEMO

TO: All Staff
FROM: Tom Whittaker
DATE: August 5
RE: New Computers

Staff,

I finally have news about our new computers! They will be arriving near the end of this week.

Our tech department will need three to five days to prepare them for you. They will be busy installing and upgrading programs and hooking you up to printers and the server. After all the back-end work is done, the tech crew will begin distributing and setting up the new computers. The old ones will be removed. In order to make things easier on our tech staff, we have divided the work over four days. A team of two tech staff will work together to set us all up, department by department. Here is the schedule:

Day 1 (changeovers done by Sally and Doug): Graphic Design Department,
Technical Department

Day 2 (changeovers done by Ted and Julie): Administrative Support

Day 3 (changeovers done by Sally and Julie): Management, Writing Department

Day 4 (changeovers done by Doug and Julie): Advertising Department

Remember to save all your files to the server. You will lose anything saved on your desktops or on your hard drives. Tech is backing everything up, of course, but please make it easier for them—and for yourselves—and save everything on the server.

If you have any questions, send me an e-mail.

Tom

From: Janet Harvey <jharvey@hrc.com>
To: Tom Whittaker <twhittaker@hrc.com>
Subject: Changeover Date
Date: August 6

Hi Tom,

I got the memo about the changeovers. Thanks for sending that out. I like how you've organized this complicated process. It makes it very clear for everyone. I'm also thrilled you arranged to get the computers before the end of the month. I was starting to worry we'd be into September with no upgrades. I was anticipating a lot of meetings with unhappy designers!

As for me, I have gotten used to working with Ted on computer matters. I'd prefer to keep it that way. I've arranged for him to work on my computer on the day he is doing the changeovers. He will communicate the change with the rest of his team.

Thanks,

Janet Harvey
Manager, Production

161. What is the main purpose of the memo?
(A) To ask staff to attend a training session
(B) To explain the cause of technical problems
(C) To indicate when staff can expect new equipment
(D) To suggest staff familiarize themselves with new software

162. What are staff asked to do in the memo?
(A) Clear their desks for the tech staff
(B) Move their documents to the server
(C) Arrange a time to meet with tech staff
(D) Check whether their computers work

163. What is Tom NOT praised for in the e-mail?
(A) Organizing the changeovers
(B) Sending the memorandum
(C) Purchasing software upgrades
(D) Obtaining the computers

164. What can be inferred about Janet Harvey?
(A) She is uncomfortable with computers.
(B) She has confidence in Ted's ability.
(C) She is a member of the graphic design staff.
(D) She feels anxious about a deadline.

165. On what day will Janet receive her new computer?
(A) Day 1
(B) Day 2
(C) Day 3
(D) Day 4

Questions 166-170 refer to the following advertisement, list, and letter.

Have you been wanting a weekend away? Vacations can be expensive, but at the Dalian Resort, you will feel a thousand miles away from home. Even though we are located just minutes outside the city, our botanical gardens and riverfront scenery will transport you to another place.

Our Weekend Special package offers a room for Friday and Saturday night for only $45 per night instead of $90! Each room has a king-sized bed and a large television. This special offer also includes complimentary breakfasts and a couple's massage in our world famous spa. While you're here, don't forget to enjoy 5-star dining at our restaurant, with menus designed by renowned chef Trevor Perkins.

The Weekend Special will run through the months of January and February only. So make sure you take advantage of this unique opportunity. For more information, you can speak to Fran Werner at 555-2991.

Dalian Resort
Activities
Page 3 of 4

Activity	Instructor	Equipment needed	Price per person
River cruise	Jules Waugh	Lifejacket, boat hire	$69
White-water rafting	Abby Clamcy	Lifejacket	$79
Forest explorer	Toby Pear	Sturdy walking shoes	$35
Mountain hiking	Enzo Marsaroni	Hiking boots	$25

To book an activity, simply call our sales executive's direct line on 555-2991.

Dear Dalian Resort,

My name is Beverly Schmidt. I am writing in response to the ad about Dalian Resort's Weekend Special package. Last week, my husband and I stayed at the Dalian Resort after reading favorable reviews written in *The Redford Gazette*. The room was amazing and the food at your fine dining facility was great. However, we seem to have been overcharged for the activity that I took part in. The instructor Abby Clamcy was extremely professional, but I seem to have been billed $99 instead of $79. I hope that you can refund the price difference for this error.

Yours,

Beverly Schmidt

166. What is Dalian Resort advertising?

(A) A trial membership at a spa
(B) A free meal at a restaurant
(C) A tour of the countryside
(D) A discount on hotel rooms

167. What is indicated about Dalian Resort?

(A) It recently relocated.
(B) It includes a golf course.
(C) It is situated near a city.
(D) It contains several restaurants.

168. Which activity did Ms. Schmidt take part in?

(A) Forest explorer
(B) River cruise
(C) Mountain hiking
(D) White-water rafting

169. Why is Ms. Schmidt writing to the resort?

(A) Because she lost a personal item
(B) Because she was overcharged
(C) Because she wants to make a reservation.
(D) Because she wants to complain about a massage

170. What is Fran Werner's job title?

(A) Sales Executive
(B) PR Supervisor
(C) Resort Manager
(D) Guest Services Director

정답 및 해설 p. 59

HALF TEST 5

실제 시험의 절반 분량으로 구성된 HALF TEST를 실제 시험을 본다는 마음가짐으로 시간을 재면서 풀어 보기 바랍니다.

• 목표 시간: 중급 이상: 25분 이하 / 초급: 30분 이하

• 실제 소요 시간: 중급 이상 _____이하 / 초급 _____이하

PART 7

Directions: In this part you will read a selection of texts, such as magazine and newspaper articles, e-mails, and instant messages. Each text or set of texts is followed by several questions. Select the best answer for each question and mark the letter (A), (B), (C), or (D) on your answer sheet.

Questions 147-148 refer to the following notice.

Welcome to Hollywood Theater

We would like to thank all our loyal patrons for supporting the Hollywood Theater over the last 25 years. We have decided to increase the size of our theater, so we will be closed from July 6th to August 14th while renovations are being carried out.

While our main theater is closed, our smaller theater – Hollywood 2, located off Main Street – remains open. Hollywood 2 screens films daily between 2 p.m. and 10 p.m. We are offering discounted tickets to all patrons while we renovate our main theater.

Hollywood Theater will hold a gala reopening evening complete with complimentary wine and snacks on August 15th. Tickets are available at Hollywood 2.

---

147. What is indicated about the Hollywood Theater?

(A) It is being remodeled.
(B) It will host a film festival.
(C) It will be relocated.
(D) It has changed its hours.

148. What is Hollywood Theater offering customers?

(A) Additional movies
(B) Complimentary meals
(C) Discounted tickets
(D) Extended opening hours

Questions 149-151 refer to the following letter.

Chester City Council
Private Bag 8723
Missoula, Montana

Dear Ms. Franklin,

I received your letter dated March 7 regarding a parking fine that you incurred on February 20 at 1 p.m. while you were parked on Silverdale Street.

We have reviewed the details surrounding the $250 fine issued for not displaying a current registration certificate. On this occasion, we have decided to accept your explanation that an old permit was mistakenly displayed. Thank you for providing photographic evidence to prove that you did have a current registration certificate on the date in question.

We note, however, that you have previously received fines for not paying parking fees and also for parking over a fire hydrant. If you receive another parking fine in the next six months, you will receive six demerit points, so please ensure you take care when using parking facilities in Chester City.

As you have already paid the fine, please fill in the details below and we will reimburse you for the payment. Please return the information as soon as possible as we need to receive the details by March 20 to process your refund.

Thank you for your understanding.

Yours sincerely,

Grace Jones
Parking Division Chester City Council

NAME _____

ADDRESS _____

ACCOUNT NUMBER _____

* Please call us if you would prefer to receive the payment by check. Cash refunds are not permitted due to council regulations.

---

149. Why should Ms. Franklin contact Chester City Council?

(A) To avoid further penalties
(B) To provide extra evidence
(C) To complain about their service
(D) To receive a refund

150. What is NOT mentioned as a reason that Ms. Franklin received a fine?

(A) She parked over a fire hydrant.
(B) She did not submit a document on time.
(C) A proper certificate wasn't visible.
(D) She had not paid outstanding parking fines.

151. What should Ms. Franklin do next?

(A) File a complaint
(B) Provide personal details
(C) Improve her driving skills
(D) Pay another fine

Questions 152-153 refer to the following e-mail.

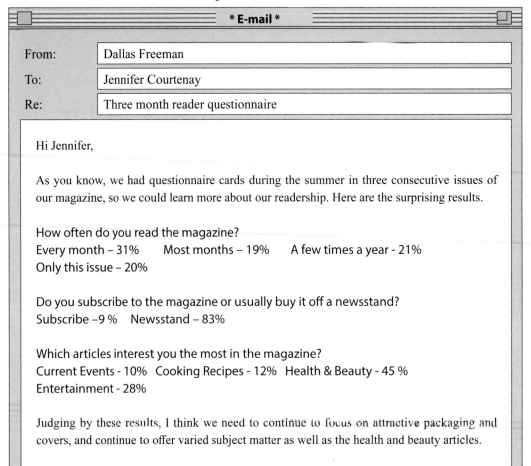

* E-mail *

From:	Dallas Freeman
To:	Jennifer Courtenay
Re:	Three month reader questionnaire

Hi Jennifer,

As you know, we had questionnaire cards during the summer in three consecutive issues of our magazine, so we could learn more about our readership. Here are the surprising results.

How often do you read the magazine?
Every month – 31%   Most months – 19%   A few times a year - 21%
Only this issue – 20%

Do you subscribe to the magazine or usually buy it off a newsstand?
Subscribe –9 %   Newsstand – 83%

Which articles interest you the most in the magazine?
Current Events - 10%   Cooking Recipes - 12%   Health & Beauty - 45 %
Entertainment - 28%

Judging by these results, I think we need to continue to focus on attractive packaging and covers, and continue to offer varied subject matter as well as the health and beauty articles.

Dallas

152. Why was this e-mail written?
(A) To ask readers what they like
(B) To ask about a questionnaire
(C) To describe a magazine article
(D) To give a data summary

153. According to the e-mail, what is the most popular topic in the magazine?
(A) Current Events
(B) Cooking Recipes
(C) Health & Beauty
(D) Entertainment

Questions 154-155 refer to the following online discussion.

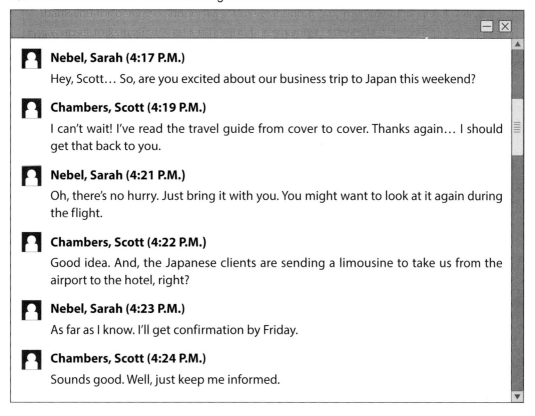

Nebel, Sarah (4:17 P.M.)

Hey, Scott… So, are you excited about our business trip to Japan this weekend?

Chambers, Scott (4:19 P.M.)

I can't wait! I've read the travel guide from cover to cover. Thanks again… I should get that back to you.

Nebel, Sarah (4:21 P.M.)

Oh, there's no hurry. Just bring it with you. You might want to look at it again during the flight.

Chambers, Scott (4:22 P.M.)

Good idea. And, the Japanese clients are sending a limousine to take us from the airport to the hotel, right?

Nebel, Sarah (4:23 P.M.)

As far as I know. I'll get confirmation by Friday.

Chambers, Scott (4:24 P.M.)

Sounds good. Well, just keep me informed.

154. What can be inferred about Mr. Chambers?

(A) He has visited Japan in the past.
(B) He has contacted a tour guide in Japan.
(C) He borrowed a book from Ms. Nebel.
(D) He booked an airline flight for Ms. Nebel.

155. At 4:23 P.M., what does Ms. Nebel imply when she writes, "As far as I know"?

(A) She thinks the hotel is far from the airport.
(B) She is certain a flight will arrive on time.
(C) She still needs to arrange accommodations.
(D) She believes transportation will be provided.

Flora's Diner

Come join us for our famous Sunday brunch!

All You Can Eat for $7.99

Every Sunday from 11:00 to 1:00 we serve a piping-hot brunch buffet.

We have eggs (any style), bacon, sausage, and ham.

We have pancakes, waffles, and French toast.

Fresh, seasonal fruits are subject to availability

And to drink we have fresh coffee, hot tea, orange juice, and apple juice.

Children 5 and under eat free, and seniors over 65 receive a 15% discount.

We're here every Sunday, so why not make it a family tradition?

We look forward to eating with you!

We're located on 254 East Street (off exit 14) and have free parking.

156. How often are the brunch specials offered?
(A) Hourly
(B) Daily
(C) Weekly
(D) Monthly

157. What is indicated about the brunch menu?
(A) There is no set menu to choose from.
(B) All customers pay the same price.
(C) There is a special menu for children.
(D) Customers may have only one serving of fruit.

Questions 158-160 refer to the following memo.

Dear Arthur,

I am sorry to have missed your call this afternoon. I hoped that I would catch you in your office, but it seems you have left. Can we schedule a time to meet? I'd really like to get your input on some ideas I have for the next advertising campaign.

—— [1] ——. If we want to continue advertising on TV, I think we should re-examine the shows that they are appearing on and the times at which they are airing. —— [2] ——. If our target market is not watching those particular shows, or if they are not watching TV at that time, the ads are wasted. —— [3] ——. I think some research into the TV watching habits of our target market is warranted. —— [4] ——.

I am booked up until Friday, but my afternoons are free next week. I'd like to meet as soon as possible because the product will be launched in March. Please call my secretary to book a time that is convenient for you.

Thanks!

Kim

158. What does Kim suggest they do?
    (A) Advertise on television
    (B) Stop advertising on television
    (C) Advertise at different times
    (D) Advertise in magazines

159. When would Kim most likely prefer to meet Arthur?
    (A) Tomorrow afternoon
    (B) Monday morning
    (C) Monday afternoon
    (D) Friday morning

160. In which of the positions marked [1], [2], [3], and [4] does the following sentence best belong?

    "My thinking is that the current television campaign is too costly, and it is not reaching our target market."

    (A) [1]
    (B) [2]
    (C) [3]
    (D) [4]

July 31
Mr. Alastair Lanyon
Save-on-Holidays
45-106 Luton Circus
London TP6 1GV
ENGLAND

Dear Mr. Lanyon,

My family and I returned last Saturday from a trip to Majorca that we booked online through Save-on-Holidays. We stayed at the Royal Sands Resort.

We had a lovely holiday. However, we encountered a problem at check-out. We believed we had purchased an all-inclusive vacation, meaning room and board included. While checking in, we did not receive package bracelets that indicate we are on an all-inclusive vacation. We did find this a little strange, but didn't think too much of it.

We were told to charge all our meals and drinks to our room, and did so. At check-out time, we were told we owed $2975.00. Apparently, the all-inclusive rate only applied to families of four or under. We are a family of five.

After I returned, I checked the advertisement I cut out of the paper when booking the trip. There is no indication anywhere that the low rate only applies to families of four or under.

At the time of booking, I told the sales person, Devon, that we were a group of five. He did not mention that the reduced rate did not apply to groups of over four people.

I expect you to cover the cost of meals and drinks. I have included our detailed bill. I would also suggest that you reprint the advertisement to indicate that families of five or more are excluded from the all-inclusive. I think you should also offer larger families something extra as well.

Respectfully,

Lila Phillips

All-Inclusive Deal: Royal Sands Resort, Majorca
From $499/per person per week
Stay any time, January 10 to February 12

Save-on-Holidays is pleased to offer this incredible all-inclusive deal for Majorca's acclaimed five-star Royal Sands Resort.

At just $499/per person per week, you are saving $500 off the regular price!

The package includes a four-person room* with an ocean view, a balcony, and a personal hot tub, as well as free meals and drinks at our eight resort restaurants, including the popular Ristorante Tino's.

Call now to book this unforgettable holiday!

* Note: Reduced, all-inclusive rate of $499/per person only applies to groups of four or less. For groups of five or more, the price of $499/per person counts toward room only– but kids eat free!

---

161. What did Ms. Philips find odd about the check-in process?
(A) The reservation indicated she was in a party of four.
(B) The hotel asked for her credit card information.
(C) The front desk staff did not have her booking on file.
(D) The hotel did not provide all-inclusive bracelets.

162. What does Ms. Philips expect Mr. Lanyon to do?
(A) Contact Devon to explain the error in Lila's booking
(B) Reimburse her for food and beverage expenses
(C) Re-negotiate an appropriate deal with the resort
(D) Ask the hotel to forward all-inclusive bracelets to Lila

163. What is NOT included in the deal for groups of four or less?
(A) A room with a hot tub
(B) Free meals and beverages
(C) A view of the ocean
(D) Nightly entertainment

164. The word "acclaimed" in paragraph 1, line 1 of the advertisement is closest in meaning to
(A) recognized
(B) owned
(C) visited
(D) sponsored

165. What change was made to the Save-on-Holidays advertisement as a result of Lila's letter?
(A) Groups can enjoy a free meal at the restaurant.
(B) Children in groups of five or more receive a bonus.
(C) Children can participate in various activities.
(D) Groups of five or more receive all-inclusive bracelets.

Landscape Supply
Inventory Reduction Sale!

With the end of the main growing season, Landscape Supply is cleaning things out and selling things off. Take this opportunity to stock up on items for next year's projects.

Bricks
Build retaining walls or low garden walls with these landscaping bricks. May also be used for brick patios. Red, grey, and various stone colors available, with several different surface finishes. 30% discount.

Patio Tables
All our glass topped patio tables are on sale. Choose from 3 ft. round or 3 or 4 ft. oblong. 18 inch square coffee table also on sale. 15% discount.

Garden Tools
A wide selection of our hand tools are all on sale. Crafty and Workman brand tools are included. 20% discount.

Cement
It may be too cold right now to pour cement, but you can stock up on supplies now for projects later in the year. 25% discount.

House Plants
Large stock of indoor plants for home or office. All need to go. Includes philodendra, African violets, orchids, ivies, ferns, and much more. 35% discount.

* Delivery free within city limits
* Sales event ends November 30.

Landscape Supply
Receipt #974390 14:51
Customer: Mr. Julian Njaa

	Quantity	Discount	Total (discount applied)
LANDSCP SPECIAL OFFER	12	35%	$32.50
LANDSCP SPECIAL OFFER	3	15%	$216.75
VENUS STATUE	1	0%	$100.00

We permit refunds within 28 days of purchase. We regret that all plants purchased in the Landscape Supply Winter Sale cannot be refunded. Please contact a member of Landscape Supply staff for further details.

From:	JulianNjaa@armeniancafe.com
To:	sales@landscapesupply.com
Subject:	Sale purchases
Date:	December 4

Dear Sir/Madam,

On the final day of your recent sale, I bought a dozen large potted plants for my restaurant. The restaurant has large windows and is kept warm overnight, but it seems that eight of the plants have already died, and another three are looking very weak.

Since I have had these plants no more than a week, I cannot understand how they could have died so quickly. They did not lack water. I dug up one of the dead ivies and discovered that there was practically no root system there at all. I can only conclude that you sold off a large number of expiring plants that should instead have been thrown away.

I am enclosing my receipt, since I would like a full refund for the cost of these plants. You can be assured that I will not buy from you in the future.

Julian Njaa
The Armenian Café
332 Cork Street

166. Why did Landscape Supply have a sale?
(A) It is temporarily closing for renovation.
(B) It is going out of business.
(C) It is promoting a new range of products.
(D) It is reducing stock levels.

167. What item cost Mr. Njaa $216.75?
(A) Bricks
(B) Patio tables
(C) Garden tools
(D) Cement

168. When did Mr. Njaa make a purchase from Landscape Supply?
(A) On November 27
(B) On November 30
(C) On December 1
(D) On December 4

169. What problem does Mr. Njaa describe in his e-mail?
(A) Some items were overpriced.
(B) Some items were delivered late.
(C) Some items arrived in poor condition.
(D) Some items are the incorrect size.

170. What can be inferred about Mr. Njaa?
(A) He will probably not receive a refund.
(B) He tried to contact Landscape Supply by phone.
(C) He intends to visit Landscape Supply in person.
(D) He did not receive the correct discount.

정답 및 해설 p. 65

시원스쿨 토익 Part 7 필수 전략서

Part 7
실전 모의고사

Part 7

실전 모의고사 TEST 1

해설 강의 1강
(Q. 147~164)

해설 강의 2강
(Q. 165~175)

해설 강의 3강
(Q. 176~185)

해설 강의 4강
(Q. 186~200)

실제 시험을 본다는 마음 가짐으로 시간을 재면서 문제를 풀어 보기 바랍니다.

• 목표 시간: 중급 이상: 60분 이하 / 초급: 65분 이하

• 실제 소요 시간: 중급 이상 _____이하 / 초급 _____이하

PART 7

Directions: In this part you will read a selection of texts, such as magazine and newspaper articles, e-mails, and instant messages. Each text or set of texts is followed by several questions. Select the best answer for each question and mark the letter (A), (B), (C), or (D) on your answer sheet.

Questions 147-148 refer to the following job advertisement.

Juniper Hill is Hiring Now!

Join our staff and help give our guests an unforgettable experience!

We are looking for:
Housekeeping Staff, Front Desk Staff, Concierges, Banquet Hall Supervisor
Competitive salary and benefits package provided.

Come on down and drop off your résumé to our recruitment manager, Sam Hanlon.
The recruitment office is on your left once you enter the lobby.

If you are shortlisted as a desirable candidate,
we will call you to set up a suitable interview date and time.

---

147. What type of business is Juniper Hill?

(A) A restaurant
(B) A hotel
(C) A travel agency
(D) An event planning firm

148. What are job seekers advised to do?

(A) Call the recruitment manager
(B) Attend a careers day
(C) Visit Juniper Hill in person
(D) E-mail an application form

Questions 149-150 refer to the following notice.

Brandywine Bistro

We need to use up all of our delicious ingredients!
Brandywine Bistro is only open for one more week.
All menu items are being sold at half-price or less!
Try our delicious soups, salads, and burgers,
all of which are made using locally-grown ingredients.
Free refills on all soft drinks.
Discounted menu items available until Sunday, May 29.
We are open from 11 A.M. to 9 P.M., Monday to Thursday;
10 A.M. to 10 P.M., Friday to Sunday.
You can find us opposite Clarke Public Library on Richmond Street.
View our menu at: www.brandywinebistro.com.
We have enjoyed serving our customers for more than 20 years!
Thank you for your patronage!

---

149. Who most likely posted the notice?

(A) A restaurant owner
(B) A food critic
(C) An ingredient supplier
(D) A library employee

150. What is suggested about Brandywine Bistro?

(A) It has opened a new branch.
(B) It has extended its opening hours.
(C) It is promoting new menu items.
(D) It is going out of business.

Important Notice

Remodeling work in Acacia Bank's High Street branch will commence on October 2 and end on October 4. Although all bank tellers and advisors will be available to serve customers as normal during remodeling, the main entrance and ATM vestibule will be closed until October 5. Customers must enter and leave the bank through the adjoining Sharpton Mall entrance because the main door will be locked. Customers may use the two ATMs positioned inside the main lobby of the bank while the vestibule is inaccessible.

151. What is the purpose of the notice?

(A) To invite customers to a grand opening event

(B) To announce new services available at a bank

(C) To apologize for recent delays with renovation work

(D) To notify customers about changes at a bank

152. What are customers asked to do?

(A) Use the ATMs in the ATM vestibule

(B) Refrain from entering the bank's main lobby

(C) Enter the bank via a shopping center

(D) Schedule an appointment with an advisor

Questions 153-154 refer to the following online chat discussion.

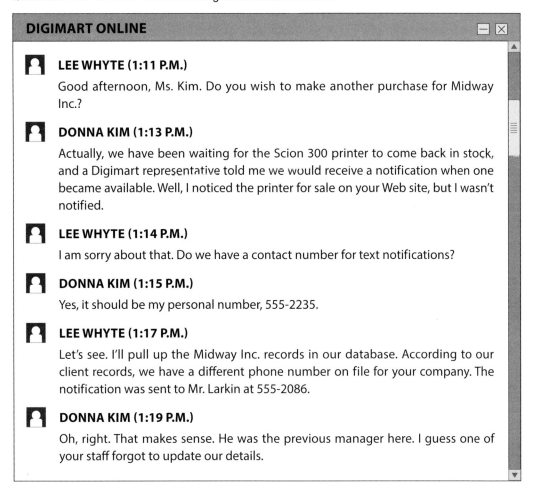

DIGIMART ONLINE　　　　　　　　　　　　　　　□ ☒

LEE WHYTE (1:11 P.M.)

Good afternoon, Ms. Kim. Do you wish to make another purchase for Midway Inc.?

DONNA KIM (1:13 P.M.)

Actually, we have been waiting for the Scion 300 printer to come back in stock, and a Digimart representative told me we would receive a notification when one became available. Well, I noticed the printer for sale on your Web site, but I wasn't notified.

LEE WHYTE (1:14 P.M.)

I am sorry about that. Do we have a contact number for text notifications?

DONNA KIM (1:15 P.M.)

Yes, it should be my personal number, 555-2235.

LEE WHYTE (1:17 P.M.)

Let's see. I'll pull up the Midway Inc. records in our database. According to our client records, we have a different phone number on file for your company. The notification was sent to Mr. Larkin at 555-2086.

DONNA KIM (1:19 P.M.)

Oh, right. That makes sense. He was the previous manager here. I guess one of your staff forgot to update our details.

---

153. What is indicated about Midway Inc.?

(A) It is compiling a database of existing clients.

(B) It has made previous purchases from Digimart.

(C) It manufactures electronic devices.

(D) It recently hired Mr. Whyte.

154. At 1:19 P.M., what does Ms. Kim most likely mean when she writes, "That makes sense"?

(A) She realizes that she called the wrong telephone number.

(B) She regrets that she forgot to provide some information.

(C) She understands why she did not receive a notification.

(D) She accepts Mr. Whyte's explanation for a shipping delay.

Questions 155-157 refer to the following information.

Stillwater Film Library, with its collection of more than 10,000 films and motion pictures, prides itself on being an invaluable local resource and education institute. Originally founded by two local teachers, Stillwater Film Library is dedicated to offering a wide range of exceptional services and publications to our members, as well as serving as a location that brings our local community closer together.

— [1] —. All of our twelve employees grew up in Stillwater, and they often say that the best aspect of the job is that it allows them to give something back to the community. — [2] —. Furthermore, approximately 80 percent of our members' annual fees are used to fund various events and education opportunities right here in Stillwater. — [3] —. At Stillwater Film Library, you will not only be able to borrow from a vast selection of films, but you will also be supporting a cherished institution that has been serving local residents for three decades. — [4] —.

155. Where would the information most likely appear?
(A) In a pamphlet for potential members
(B) In the introduction of a book
(C) In an information pack for new employees
(D) In a Stillwater tour guidebook

156. How long ago was the library founded?
(A) 3 years ago
(B) 10 years ago
(C) 30 years ago
(D) 300 years ago

157. In which of the positions marked [1], [2], [3], and [4] does the following sentence best belong?

"You are sure to recognize many of their faces if you stop in to borrow a movie."
(A) [1]
(B) [2]
(C) [3]
(D) [4]

Questions 158-160 refer to the following information.

Mirage Solutions Inc.

Mirage Solutions is a leading Web design company that was established by the talented software consultant Steven Jenkins ten years ago. When Mr. Jenkins first opened the business in a tiny office space in Kalamazoo, Michigan, he had no idea it would become so successful and eventually operate branches in more than 30 US states.

Mirage Solutions now employs a workforce of more than one thousand, and we take on a wide range of clients, from individuals creating simple Web sites to large-scale companies who require complex online features such as Web stores and secure transaction facilities. From our base in Detroit, we oversee projects from coast to coast, assigning a lead designer to head up each project and provide a personal one-to-one business experience.

We have garnered an impressive reputation among our past and current clients, which include banks, supermarkets, and hotels, and we are fully committed to exceeding the expectations of all new clients we work with in the future.

If you are looking for an experienced, dependable Web design firm, contact Mirage Solutions right away at 555-2777 to set up an initial complimentary consultation. To find out where our nearest office is to you, and to view our full list of available services, visit our Web site at http://www.miragesolutions.com.

158. Where would the information most likely be seen?
(A) On a recruitment fair notice board
(B) In an employee handbook
(C) In a national newspaper
(D) On the packaging of a product

159. What is probably true about Mirage Solutions?
(A) Its headquarters are based in Detroit.
(B) Its projects mostly involve supermarkets.
(C) Its founder is no longer involved with the company.
(D) It tends to work with small businesses.

160. How can information about branch locations be obtained?
(A) By calling a number
(B) By sending an e-mail
(C) By reading a brochure
(D) By visiting a Web site

Questions 161-164 refer to the following e-mail.

E-Mail Message

From: ehoward@brookgov.net
To: <event_performers_list>
Date: Wednesday, June 10
Subject: Saturday's Music Festival

Dear Performers,

With regret, I am contacting you to let you know that the Shazam Music Festival, set to take place this Saturday at Willard Plaza, will not be going ahead as planned. This is because a tropical storm is on course to pass directly through the event site this weekend, bringing extremely strong winds and heavy rain in its path. As a result, we strongly expect that attendance would be extremely low for the event.

As the council representative who has been corresponding with the event organizers, I made the decision that the performance stage, which is an uncovered outdoor stage opposite the Dixon Building's main entrance, is too dangerous to use in the event of heavy rain. Even if the storm is weaker than expected, and a large number of ticket holders do show up, we cannot risk injury to our musicians and sound engineers.

Please accept my utmost apologies for this last-minute cancelation. I hope you understand that it is beyond our control. We attempted to find a suitable indoor location in the hopes of moving the festival there, but there is nowhere large enough to safely accommodate the large number of attendees.

As a token of our sincerest regret, we plan to offer each of you 50 percent of your pre-arranged performance fee, even though the event will not take place. And, we hope that you will be happy to perform at future music festivals in our town.

Sincerely,

Edward Howard

---

161. Who most likely is Mr. Howard?

(A) An event planner
(B) A council member
(C) A famous singer
(D) A sound engineer

162. What is suggested about the performance stage?

(A) It is located inside the Dixon Building.
(B) It will be fitted with a roof.
(C) It is unsafe in wet weather.
(D) It can be moved to a different location.

163. The phrase "show up" in paragraph 2, line 4, is closest in meaning to

(A) display
(B) exceed
(C) satisfy
(D) arrive

164. What will Shazam Music Festival performers receive?

(A) An extra event ticket
(B) A partial payment
(C) An updated concert schedule
(D) A discount voucher

Questions 165-168 refer to the following letter.

March 13

Alison Lautner
567 Portside Road,
Halifax, Nova Scotia
B0J 1J0

Dear Ms. Lautner,

On behalf of everyone here at Comet Fitness, I'd like to thank you for being a long-time member, and I'd also like to take this opportunity to inform you about some modifications to our membership program. Effective May 1, the price of a yearly membership (including one free personal fitness session per month) will increase by $60 from $480 to $540, which works out to $45 per month. We regret to raise our rates, but please note that this is still below the price of most annual gym memberships in our province, which are typically $600 to $660 per year, or $50 to $55 per month, often without any free personal sessions. I notice that your current membership will expire in June, and I hope you plan to renew for your tenth consecutive year.

I'd also like to bring to your attention that our members have full, free access to our brand-new climbing wall on the second floor. The climbing wall is open daily from 8 A.M. to 9 P.M. and there will always be a minimum of two qualified instructors present to ensure that accidents do not occur. All necessary ropes and safety harnesses are provided right next to the wall, although anyone wishing to borrow special gloves will need to visit the administration office next to the front desk down on the ground floor.

We hope you continue to enjoy using our facilities.

Best regards,

Sam Smith
Member Services Manager
555-3876

---

165. What is indicated about Ms. Lautner?

(A) Her gym membership will expire in May.
(B) She inquired about upgrading her gym membership.
(C) She has been a gym member for several years.
(D) She recently renewed her gym membership.

166. How much will Comet Fitness members pay per month for an annual membership after May 1?

(A) $45
(B) $50
(C) $55
(D) $60

167. What is NOT mentioned about Comet Fitness?

(A) It offers personal training to its members.
(B) It recently added a new facility.
(C) It will be changing its hours of operation.
(D) It allows members to use its safety equipment.

168. According to Mr. Smith, what can members obtain from the administration office?

(A) Safety harnesses
(B) Membership applications
(C) Exercise clothing
(D) Climbing gloves

Questions 169-171 refer to the following article.

Local News Report

DEPTFORD (May 2) – Beijing-based Chang Corporation recently completed its successful acquisition of the Paulsen Hotel Group(PHG). A spokesperson for Chang also announced that the company will reopen the once-popular Grayford Hotel in Deptford, approximately two years after it closed due to PHG's financial difficulties.

The Grayford Hotel enjoyed more than two decades of success, and was at one point the only 5-star hotel in Deptford, even attracting celebrities and prominent business owners. However, when PHG began struggling during the recession a few years ago, a significant decline in the number of guests led to the hotel's unfortunate closing. Chang spokesperson Adam Ling said yesterday that the hotel will be fully renovated and relaunched next year as a luxury boutique hotel.

"We intend to have our construction and interior design teams start working there this September," said Ling. "And, we plan to start hiring for a wide variety of positions within the hotel by December, and hopefully open for business in spring."

While renovating the Grayford Hotel's guest rooms and main lobby, the company will also add card tables and slot machines in a brand-new gaming room modeled on Chang's highly successful casinos throughout Asia.

Chang Corporation became a leader in the hospitality and gaming industries five years ago and recently topped a list titled "The World's Fastest Growing Companies" in *Biz Insider Magazine*.

169. What is the purpose of the article?
(A) To explain why a hotel is relocating
(B) To detail plans to relaunch a hotel
(C) To announce the merging of two companies
(D) To discuss the growth of tourism in Deptford

170. According to Mr. Ling, what will happen in September?
(A) A recruitment period will begin.
(B) A hotel will open for business.
(C) A building will be renovated.
(D) A construction site will be chosen.

171. What is indicated about Chang Corporation?
(A) It has closed its Beijing headquarters.
(B) It operates several casinos.
(C) It has been struggling financially.
(D) It has various business locations in Deptford.

Questions 172-175 refer to the following article.

Parallel Worlds Store Opening Soon

(Bloomington, July 22) – Comic book store Parallel Worlds plans to open its fifth location in Bloomington, Indiana, in September. It will be situated inside the Broadbank Mall on Marker Avenue. — [1] —. Other notable branches that have been opened recently are located in Chicago and Kalamazoo.

"Because Bloomington is home to three large colleges, and students are typically our main customers, the city is the perfect place to open our newest store," said Brent Capshaw, the founder and president of Parallel Worlds. "We cannot wait to open the store and begin welcoming people from the local community. Our stores are not simply places where comic books are sold, but social hubs where people can gather to chat and make friendships." — [2] —.

The Indianapolis-based comic store company also recently added board games and refreshments to all locations. — [3] —. Customers can relax and either read a comic or play a game while enjoying juice or coffee. The company also hopes to open its first two stores in Canada before the end of next year. — [4] —.

---

172. What advantage of the new location does Mr. Capshaw mention?
(A) The easy access to public transportation
(B) The low cost of commercial property
(C) The large number of potential customers
(D) The chance to hire skilled college graduates

173. Where most likely is Parallel Worlds' headquarters?
(A) In Kalamazoo
(B) In Bloomington
(C) In Chicago
(D) In Indianapolis

174. According to the article, what has the company recently done?
(A) Began selling beverages in-store
(B) Held a special event for its customers
(C) Expanded outside the United States
(D) Launched a new series of comic books

175. In which of the positions marked [1], [2], [3], and [4] does the following sentence best belong?

"Cities currently under consideration include Toronto and Vancouver."

(A) [1]
(B) [2]
(C) [3]
(D) [4]

Questions 176-180 refer to the following e-mail and table.

From: Maria Walker, Branch Manager (Rockfield)
To: Gregory Lewis
Re: Marketing Plan
Attachment: Marketing Budget

Dear Mr. Lewis,

At the management meeting, you mentioned that you would like to see my projections for the Rockfield branch's marketing costs for this year. Accordingly, I have attached a table to this e-mail for your reference. I have tried my best to reduce advertising expenses compared with last year. However, we will be spending more toward the end of the year when we develop and run additional online advertisements, as the CEO requested. Another change you will see is that market research will only be performed twice this year, rather than four times like last year, but the cost per study will be doubled. Therefore, overall, there will be no change in the research spending from last year.

Please do not hesitate to let me know if you require any further information or have any concerns about my projections.

Regards,

Maria Walker
Branch Manager, Rockfield Branch
Grande Taco

Rockfield Branch Marketing Cost Projections					
Maria Walker					
	Jan - Mar	Apr - Jun	Jul - Sep	Oct - Dec	Total
Market Research	$0	$3,000	$0	$3,000	$6,000
Online Advertising	$3,000	$4,000	$5,000	$7,000	$19,000
Print Advertising	$5,000	$5,000	$3,000	$1,000	$14,000
Special Events	$10,000	$0	$0	$0	$10,000
Total	$18,000	$12,000	$8,000	$11,000	$49,000

176. Why did Ms. Walker send the e-mail?

    (A) To ask for some financial data
    (B) To apologize for overspending
    (C) To complain about a budget change
    (D) To respond to a request

177. According to Ms. Walker, how much did
    her branch spend in total on research last
    year?

    (A) $1,500
    (B) $3,000
    (C) $6,000
    (D) $12,000

178. What does Ms. Walker plan to do later
    this year?

    (A) Stop all newspaper advertising
    (B) Recruit staff at the Rockfield branch
    (C) Develop new Internet ads
    (D) Present financial data to management

179. What is one kind of expense that is likely
    included in the table?

    (A) Equipment repairs
    (B) Shipping fees
    (C) Worker salaries
    (D) Survey costs

180. What does the table suggest about Ms.
    Walker's branch?

    (A) It plans to increase its focus on print
        advertising.
    (B) It holds special events at the
        beginning of the year.
    (C) It will conduct market research in
        every quarter.
    (D) It will spend more on marketing this
        year than ever before.

Questions 181-185 refer to the following e-mails.

To: employees@lethocorp.com
From: pturturro@lethocorp.com
Subject: Elevators (Main Lobby)
Date: April 2

Dear Letho Corporation Employees,

Urgent elevator repairs and parts replacement will take place on Friday, April 5, starting at 12:00 P.M. All elevators in the main lobby will be powered down at this time and will not be turned back on for three or four hours. Employees working on the second floor through the fifth are asked to use the stairs upon returning from lunch, while those working on the sixth floor through the tenth have permission to use the service elevator near the rear entry.

Additionally, some departments may lose power at certain points during the afternoon, as our team will need to turn off electricity on the sixth floor for short periods of time while the work is ongoing.

We appreciate your cooperation and understanding.

Paul Turturro

To:	hbulmer@lethocorp.com
From:	fsanchez@lethocorp.com
Subject:	Staff Orientation
Date:	April 3

Dear Mr. Bulmer,

I'm writing to inform you about a possible issue that will affect this month's orientation for our new customer service employees. The orientation was scheduled to take place this Friday afternoon, but after reading the e-mail sent by Mr. Tuturro yesterday, I'd prefer to reschedule the orientation to avoid any inconveniences caused by power outages. I'll be out of the office on Monday and Tuesday next week for a conference. I could hold the orientation tomorrow morning, but it would be very short notice to inform the participants of the schedule change just one day in advance. I'd also have time to hold the session on Wednesday, April 10. However, most of the attendees are supposed to start work on Monday, April 8, and it would not be ideal to hold the orientation after their first day of employment. I'd appreciate it if you could let me know your opinion on this matter, and I look forward to your reply.

Flora Sanchez

181. What is the purpose of the first e-mail?

(A) To explain that a department will be inaccessible

(B) To describe new features of an elevator system

(C) To announce some upcoming repair work

(D) To apologize for a recent loss of Internet connection

182. In what department does Mr. Turturro most likely work?

(A) Sales

(B) Customer services

(C) Recruitment

(D) Maintenance

183. Why does Ms. Sanchez wish to reschedule a task?

(A) She does not want to be interrupted.

(B) She would prefer to use a specific room.

(C) She has two tasks scheduled at the same time.

(D) She sent the wrong information to orientation participants.

184. On which floor does Ms. Sanchez plan to hold the orientation?

(A) The second floor

(B) The fifth floor

(C) The sixth floor

(D) The tenth floor

185. What will Ms. Sanchez do on April 9?

(A) Train new employees

(B) Attend a conference

(C) Start a new position

(D) Meet with Mr. Bulmer

Questions 186-190 refer to the following article, product label, and review.

Universal Sound Going Global

NORWICH (August 27) – Universal Sound may be set to undergo some significant changes. In a deal thought to be worth 5 million dollars, Los Angeles-based New Age Media officially acquired the British music production company and announced plans to distribute its popular CDs in the US. The CDs will still be sold bearing the recognizable Universal Sound sticker, although New Age Media may make some modifications to market the products more effectively to US consumers.

With a logo featuring a smiling Planet Earth and a tagline stating, "The Most Tranquil Sounds of Meditation", the lengthy 20-track Universal Sound CDs have become popular with thousands of listeners seeking peace and relaxation in the UK. However, New Age Media has indicated that a few marketing adjustments are inevitable.

"We don't want to do too much to change Universal Sound's winning formula," said New Age Media's marketing manager, Lizzie Kowalski. "But, we need to make it clear to consumers that the CDs are New Age Media products. As such, we may choose to change the name, the tagline, or even the number of tracks."

Some Universal Sound fans have voiced their concerns online, fearing that New Age Media will take away some of the charm of the beloved CD series. Some fans are even worried that composers might be less inclined to compose new music for the large US-based corporation. Ms. Kowalski assured fans that the same high quality of recordings should be expected, with only minimal cosmetic changes to packaging and marketing.

Universal Sound **Relaxing Music** *"Peaceful Sounds of the Universe"*	*Try Our Other Newest CDs*: Sounds of Sleep Nature's Embrace *And keep an eye out for our upcoming release:* **Astral Lullabies** 20 new compositions by Richard O'Toole
Dawn Harmonies Composed by Euan Smith 20 tracks Featuring various instruments including flute, piano, panpipes, and percussion.	Produced by Universal Sound Norwich, United Kingdom A subsidiary of New Age Media Company Los Angeles, United States

http://www.newagemedia.com/universalsound/reviews

A few months ago, I took a position with a company in the United States, which required me to move over from the UK, and I was delighted to find that my favorite Universal Sound series of CDs is available in my local music store! I picked up all of the latest releases and thoroughly enjoyed them all, particularly Dawn Harmonies by Euan Smith. And now I'm highly anticipating the new compositions by Richard O'Toole!

The only issue I have is that I can't find any of the CDs with tracks written by Joel Howarth, and his songs are the ones I like the most. Will I only be able to purchase a limited selection of Universal Sound CDs here in the US? I've seen popular CDs like the flute-based Twilight Melodies, composed by Jane Milton, but I haven't seen any of Mr. Howarth's work. I really loved his debut CD, Earth Moods. Hopefully, I can order his future CDs through the record store, even if I need to pay an import fee!

Geraldine Mitchell
August 21

186. What is the purpose of the article?

(A) To promote a new series of music CDs

(B) To compare two successful marketing approaches

(C) To report on a recent business acquisition

(D) To announce the closing of a popular music production firm

187. What change to Universal Sound is reflected in the product label?

(A) The logo

(B) The number of CD tracks

(C) The business location

(D) The tagline

188. What is indicted about Ms. Mitchell?

(A) She recently started a new job.

(B) She works in a music store.

(C) She prefers flute music over all other types of music.

(D) She has visited the Universal Sound recording studio.

189. According to the review, why is Ms. Mitchell dissatisfied?

(A) Universal Sound's music quality has declined.

(B) She is unable to find her favorite artist's CDs.

(C) Music CDs are priced higher in the US than in the UK.

(D) She can only buy imported copies of Universal Sound CDs.

190. What CD is Ms. Mitchell excited to listen to?

(A) Twilight Melodies

(B) Dawn Harmonies

(C) Astral Lullabies

(D) Earth Moods

Head Space: The Most Innovative Business Software of the Year?

Launched at the beginning of the month, Head Space is already making waves in the business world. Head Space is a refreshing new way to collaborate and communicate with business associates using cutting-edge virtual reality technology. It is perfect for individuals or companies who need to frequently meet with individuals based all throughout the world.

The Head Space software is specifically designed for international businesses, and as such, includes instantaneous translation tools for several commonly used languages. When you purchase a Head Space software package, we will guide you through setting up an online profile, and one of our technicians will visit your premises to install equipment and show you how to use it properly. A standard Bronze package costs $150 per month, but only allows four people to take part in each session. Other packages with higher maximum numbers of participants are available for those who desire additional features and larger group sizes.

Thank you for purchasing the Head Space software! Once you have filled in your personal details, your personal profile will be set up, and you can create virtual public and private meeting rooms. 3D virtual objects can be placed within each room. If you would like to give your opinions of Head Space online, visit www.headspacevr.com/feedback. We are always happy to hear from our customers.

<Personal Details>
Name: Benjamin Simpson   E-mail: bsimpson@agraxarchitecture.net
Phone number: 793-555-6510

How often do you participate in teleconferences? *At least three times a week*
Do you often teleconference with foreign colleagues or clients? *Yes*
Typical languages of participants: *English, Mandarin, Japanese, Korean*

<Preferred Subscription Package>
Bronze: $150/month (   )   Silver: $200/month (   )
Gold: $250/month (X)   Platinum: $300/month (   )

To: bsimpson@agraxarchitecture.net
From: customersupport@headspace.com
Subject: Customer Information

Dear Head Space User,

We would like to take this opportunity to inform you of some necessary changes to our product and services. In order to provide you with an even better experience, with several new features, we need to increase the monthly fees for our packages. This will allow us to include translation support for an additional ten languages, new customizable avatars, and new virtual workspace options. Additionally, Gold and Platinum users will soon be able to add exclusive features, including an option to livestream video via Web cam directly into your VR workspace. The new prices outlined below will come into effect starting June 1.

Package	Maximum Participants	Monthly Charge
Bronze	5	$165
Silver	8	$210
Gold	12	$275
Platinum	15	$325

Customers who pay for our Gold or Platinum package will receive a complimentary set of 12 Head Space coffee mugs on June 1. If you have any questions, please e-mail us at customersupport@headspace.com.

191. According to the article excerpt, what does the Head Space software allow users to do?
(A) Create business Web sites
(B) Hold virtual meetings
(C) Monitor employee productivity
(D) Design innovative buildings

192. What is included with the purchase of Head Space?
(A) A product discount code
(B) A monthly newsletter
(C) An instruction manual
(D) An equipment demonstration

193. Why is Mr. Simpson eligible to receive free coffee mugs?
(A) He referred a colleague to Head Space.
(B) He purchased Head Space's Gold package.
(C) He uses the Head Space software three times per week.
(D) He provided customer feedback to Head Space.

194. What is NOT mentioned in the e-mail as a reason for the change in price?
(A) Providing more avatar options
(B) Adding more translation support
(C) Making the software more secure
(D) Including a video streaming function

195. What specific change is being made to the Bronze package?
(A) The maximum number of participants is being increased.
(B) Customer payments will be collected on a monthly basis.
(C) The image resolution is being improved.
(D) Software users will receive notifications about new features.

Questions 196-200 refer to the following advertisement, e-mail, and online review.

Apex Hardware Store
1067 Elliot Road, San Francisco 94104
Phone: (415) 555-9128
Open 7 days a week, 9 A.M. to 6 P.M.

CELEBRATE THE FESTIVE SEASON WITH US AT APEX!

Christmas Savings Event: Monday, December 1, to Sunday, December 28

DIY tools up to 20% off
Construction materials up to 15% off
Household cleaning products up to 30% off
Plumbing supplies up to 20% off
Keys, locks, and hinges up to 10% off

The store will open at 10:00 A.M. on December 1 in order to allow extra time for our preparations. All products that are marked down for the month will be clearly recognizable due to our bright yellow stickers.

Create an online account with Apex Hardware to gain access to further exclusive savings all year round. Our friendly team members will be happy to answer any of your questions.

To: All staff members
From: Ray Marlin
Subject: Schedule
Date: November 25

Good morning,

As discussed at the recent staff meeting, we need extra assistance on the morning of December 1, because we'll need people to affix stickers to merchandise, set up product displays, and carry out various other tasks. For example, I have hired a professional Santa Claus impersonator from Sparky Events, and he will need some assistance while changing into his costume and then getting seated in the area we will prepare for him. Please let me know by November 28 if you are willing to lend a hand that morning.

Regards,

Ray Marlin
General Manager
Apex Hardware Store

http://sparkyevents.com/testimonials			
ABOUT US	TESTIMONIALS	SERVICES	RATES

This was the first time we ever booked any type of service through Sparky Events, and we were very impressed. They sent us John Finnigan to dress up as our in-store Santa Claus, and he did an outstanding job. He arrived right on time on the scheduled date. I had 15 employees in the store that morning, and when Mr. Finnigan put on his costume, all of them remarked that he was the most traditionally authentic Santa they had ever seen. All of our customers were equally pleased, especially those with children. I would certainly book him again next year.

Ray Marlin

196. According to the advertisement, what will happen on December 1?
(A) An online account option will become available.
(B) A business will host a music performance.
(C) A new product range will be introduced.
(D) A store will open later than usual.

197. What does Mr. Marlin ask employees to do?
(A) Attend an urgent staff meeting
(B) Carry out an in-store survey
(C) Assist with event preparations
(D) Throw away old merchandise

198. In the e-mail, the phrase "set up" in paragraph 1, line 2 is closest in meaning to
(A) arrange
(B) commence
(C) match
(D) allocate

199. How many employees responded to Mr. Marlin's request?
(A) 10
(B) 15
(C) 20
(D) 25

200. What is NOT mentioned in the online review?
(A) The satisfaction of customers
(B) The affordability of a service
(C) The quality of a costume
(D) The punctuality of an individual

Part 7

실전 모의고사 TEST 2

해설 강의 5강
(Q. 147~163)

해설 강의 6강
(Q. 164~175)

해설 강의 7강
(Q. 176~185)

해설 강의 8강
(Q. 186~200)

실제 시험을 본다는 마음 가짐으로 시간을 재면서 문제를 풀어 보기 바랍니다.

• 목표 시간: 중급 이상: 60분 이하 / 초급: 65분 이하

• 실제 소요 시간: 중급 이상 _____이하 / 초급 _____이하

PART 7

Directions: In this part you will read a selection of texts, such as magazine and newspaper articles, e-mails, and instant messages. Each text or set of texts is followed by several questions. Select the best answer for each question and mark the letter (A), (B), (C), or (D) on your answer sheet.

Questions 147-148 refer to the following invoice.

Montalban Solutions
Client Invoice

For the attention of: Jim Liman, Ayala Corporation
Payment for services performed on: August 12-15
Payment due: August 21
Project team supervisor: Clinton Jessop

Service provided	Rate per hour	Time required (hours)	Amount due
Wall painting	$250	4.5	$1,125
Floor plan drafting	$100	3	$300
Carpet laying	$150	3.5	$525
Furniture arranging	$125	2.5	$312.50
		Total amount: $2,262.50	

Montalban Solutions appreciates prompt payment of the above balance. If you have any questions, please contact us directly at 555-3487.

---

147. What type of business most likely is Montalban Solutions?

(A) An event planning agency
(B) An architectural company
(C) An interior design firm
(D) A hardware store

148. What information is NOT included in the invoice?

(A) Where the services were carried out
(B) When the project took place
(C) When the balance must be paid by
(D) How many people performed the work

Questions 149-150 refer to the following magazine article.

Help Us to Compile the *Music Nation* Top 10 Lists for This Year!

(October 25) – Each year, *Music Nation* asks you, our readers, to help us create our end-of-year lists to celebrate the best songs, albums, and live acts of the year.

As such, we will publish a shortlist for each category in next month's issue of the magazine, and we would appreciate it if you could vote for your personal top 3 favorites in each respective category. You can do this either by submitting your choices by e-mail or by using the electronic ballot on our Web site. The full Top 10 lists will be published in our December 28 issue and will appear on www.musicnationmagonline.com on the same day.

149. Why was the article written?

(A) To inform readers about job opportunities
(B) To explain the reason for an article error
(C) To encourage readers to cast votes
(D) To publish the results of an annual poll

150. What is indicated about the final lists?

(A) They are created every month.
(B) They will be viewable online.
(C) They will be published in November.
(D) They are compiled by musicians.

Questions 151-152 refer to the following notice.

ALPHA SPORTSWEAR IS HAVING A HUGE SALE!

Alpha Sportswear is offering massive discounts on many items from October 1 to October 31. Take advantage of savings of up to 70% at both of our locations in Chicago: our flagship store on Third Street and our second branch on the corner of Juniper and Fifth.

Alpha Sportswear is preparing to receive an unprecedented amount of winter stock, including new ranges of skiing and snowboarding equipment and apparel. This means that we need to sell off our existing product lines, particularly summer stock such as swimwear, in order to have enough space to display our newest inventory.

On the first day of the sale, Alpha Sportswear will celebrate the event by staging a concert in the parking lot next to its store on Third Street. Starting from 9:30 A.M., several local bands will perform, and admission to the event is completely free. While checking out the bands, you can also pick up some promotional flyers that contain more information about our product discounts.

And don't forget to visit www.alphasportswear.com for more details about our incoming inventory.

---

151. According to the notice, why is Alpha Sportswear having a sale?

(A) It is going out of business.
(B) It is making room for new stock.
(C) It is celebrating its founding.
(D) It has recently opened a new branch.

152. How will Alpha Sportswear mark the beginning of the sale?

(A) By distributing complimentary gifts
(B) By hosting live performances
(C) By launching an advertising campaign
(D) By demonstrating new products

Questions 153-155 refer to the following memo.

To: All Atlus Textiles Employees
From: Lars Erikson, Operations Manager
Re: Dieter Fassbender
Date: Friday, February 11

Dear Staff,

I would like to inform you that Mr. Dieter Fassbender of Munchen Financial will be coming to take a look around the Atlus manufacturing plant next week. Mr. Fassbender is one of our most important shareholders, having provided a generous sum of $3 million to help get Atlus Textiles up and running almost three years ago. Understandably, he is interested in seeing how his initial investment is being put to good use.

When Mr. Fassbender first became involved with our firm, we only specialized in the manufacture and distribution of natural fibers, primarily cotton and silk. As such, he will be particularly interested in viewing our new artificial fibers facility and hearing about the polyester and nylon we now produce on a large scale.

Mr. Fassbender will be arriving at our plant at 10 A.M. on Wednesday, February 16. This is typically when the weekly meeting takes place, but I would prefer that everyone be present on the factory floor during this time to greet Mr. Fassbender. You will be informed of a new time and date shortly. Thank you.

---

153. What is the purpose of the memo?
(A) To announce an investor's visit
(B) To welcome a new supervisor to the company
(C) To request volunteers to assist Mr. Fassbender
(D) To thank employees for their hard work

154. What is indicated about Atlus Textiles?
(A) It was founded by Mr. Fassbender.
(B) It is experiencing financial difficulties.
(C) It has merged with Munchen Financial.
(D) It expanded its range of products.

155. What is suggested about next week's staff meeting?
(A) It will be held in a different location.
(B) It has been postponed.
(C) It will be led by Mr. Fassbender.
(D) It will begin at 10 A.M.

Questions 156-158 refer to the following advertisement.

Receive a Free Check-up at Aberdeen Dental School!

Would you like to receive a free check-up and teeth cleaning? – [1] –. Aberdeen Dental School is Scotland's leading dentist training institute, and one of the only ones to provide dental treatment to the public. Free check-ups are offered every August to give our new students an opportunity to gain hands-on experience in treating real-life patients. – [2] –. Check-ups are monitored by course leaders to ensure that a high standard of treatment is provided.

If you are interested in making an appointment, do not hesitate, as we expect demand to be as high as in previous years. – [3] –. A schedule showing available appointment time slots can be viewed at www.aberdeendentalschool.co.uk/checkups!

Please be aware that the dental school's free parking facilities are currently inaccessible due to construction work, so you will need to park elsewhere. – [4] –.

156. What is stated about course leaders at Aberdeen Dental School?
(A) They will interview course applicants in August.
(B) They have received awards in the dentistry field.
(C) They provide free consultations to new patients.
(D) They supervise check-ups given by students.

157. What is NOT mentioned about the free dental check-ups?
(A) They are available for one month per year.
(B) They have proven to be popular in the past.
(C) They contribute to the training of students.
(D) They are offered at two different locations.

158. In which of the positions marked [1], [2], [3], and [4] does the following sentence best belong?

"Fortunately, there are several affordable options in the vicinity of the school."
(A) [1]
(B) [2]
(C) [3]
(D) [4]

Questions 159-160 refer to the following text message chain.

Sally McGregor   **[8:40 A.M.]**

James, I asked you to buy ten muffins and ten bagels for the orientation attendees, but I only see the muffins I asked for. What happened to the bagels?

James Jenner   **[8:42 A.M.]**

Oh, I forgot to tell you... The bagels weren't ready and they didn't have an extra ten muffins. I could run back down to the coffee shop now, if you'd like.

Sally McGregor   **[8:43 A.M.]**

I'd appreciate it. The orientees will be arriving in a few minutes. How long will you be?

James Jenner   **[8:44 A.M.]**

I can be there and back again in less than thirty minutes, probably. I'm on my way, but they might be a little busy now.

Sally McGregor   **[8:46 A.M.]**

Okay, that's fine. I might just ask George to give the orientees a tour of the factory floor once they have all arrived. Then they can join me in the training room for breakfast.

James Jenner   **[8:47 A.M.]**

I'm sorry for the inconvenience. But I'm sure they'll be interested to see the production process anyway.

Sally McGregor   **[8:48 A.M.]**

You're right. I'll see you when you get back.

159. At 8:43 A.M., what does Ms. McGregor mean when she writes, "I'd appreciate it"?
(A) She would like Mr. Jenner to lead a training session.
(B) She needs time to visit a coffee shop.
(C) She wants Mr. Jenner to buy bagels.
(D) She is grateful for a deadline extension.

160. What is most likely true about Ms. McGregor?
(A) She works at a manufacturing plant.
(B) She will lead a tour this morning.
(C) She forgot to purchase refreshments.
(D) She will join Mr. Jenner for breakfast.

Derry City Council is Seeking Full-time Tourist Information Advisors (Job #561)

Derry City Council is looking for three enthusiastic individuals to join its tourist information team, based in the heart of the downtown area. Tourist Information Advisors are required to assist tourists with directions, provide relevant information about local sites, and distribute marketing materials such as flyers and coupon books. Duties will be performed both on the street and in the tourist information center.

No further education qualifications are required, but the successful applicants will possess passing grades in English and math at a high school level. Qualified applicants must show a willingness and aptitude for working as part of a team and must have knowledge of the city's museums, parks, monuments, and other sightseeing locations. Holding a driver's license is a bonus, but not a strict requirement.

Interested individuals should send their résumé along with a cover letter to recruitment@derrycouncil.co.uk by July 15. For the advertised positions, enter Job #561 in the subject field.

Visit www.derrycouncil.co.uk/vacancies to view our full list of available jobs. Please call our IT department at 555-2987 if you experience any issues with the Web site.

161. What is a required qualification for the position?
(A) Experience in providing tours
(B) A tourism-related degree
(C) Knowledge of marketing strategies
(D) Familiarity with local attractions

162. The word "bonus" in paragraph 2, line 5, is closest in meaning to
(A) extension
(B) payment
(C) benefit
(D) reward

163. How can an individual apply for the advertised position?
(A) By sending an e-mail
(B) By visiting a Web site
(C) By making a phone call
(D) By attending a career fair

Questions 164-167 refer to the following online chat discussion.

KAREN OLSEN (1:11 P.M.): Before we talk about our upcoming meeting with the author Carl Ludlow, I have some pleasing news to share. The latest book we published, *Lavender Skies* by Rosalie Givens, was awarded the Book of the Month prize by the Literally Literary Web site.

OLIVER TARRANT (1:12 P.M.): That's great! We all worked really hard on that project.

ANNA BRUMER (1:12 P.M.): Indeed, and that will help to get the name of our business out there to more prospective clients.

OLIVER TARRANT (1:13 P.M.): Good point. That Web site gets more traffic than most other book review sites.

KAREN OLSEN (1:14 P.M.): I'm so grateful that Vivario helped out again on that project.

ANNA BRUMER (1:15 P.M.): Yes, our work wouldn't be the same without their contribution.

KAREN OLSEN (1:16 P.M.): Right, they understood that we wanted the book cover to have a similar appearance to other ones in our collection. Using specific colors, fonts, and illustrations, the Vivario team created a really eye-catching book cover design.

OLIVER TARRANT (1:17 P.M.): Yes. The work they did on both the hardback and paperback covers really helps the book to stand out on shelves and display racks.

KAREN OLSEN (1:18 P.M.): I agree. Okay... Let's talk about our next project now. Anna, are there any requests from Carl Ludlow concerning his new novel, *Island of Dreams*?

ANNA BRUMER (1:18 P.M.): Yes, quite a few in fact. Hmm, where should I start?

---

164. What did Ms. Olsen share with her coworkers?

(A) A proposal for a new work project
(B) A current list of best-selling books
(C) A positive development for the company
(D) A schedule for a literary awards event

165. At 1:13 P.M., what does Mr. Tarrant most likely mean when he writes, "Good point"?

(A) The company's reputation will grow.
(B) A Web site should be updated.
(C) Book sales were higher than expected.
(D) Clients were pleased with a publication.

166. What type of business is Vivario in?

(A) Financial planning
(B) Further education
(C) Graphic design
(D) Public relations

167. What will Ms. Brumer most likely do next?

(A) Ask Mr. Ludlow to give details of his upcoming novel
(B) Discuss details about the book cover design of *Lavender Skies*
(C) Describe several requests made by Carl Ludlow
(D) Examine some book reviews for *Island of Dreams*

Questions 168-171 refer to the following e-mail.

To: all_members_list@hollyoakscc.com
From: TheoSharren@hollyoakscc.com
Date: Thursday, April 21
Subject: Parking Lot Update
Attachment: Document_A

Dear Hollyoaks Country Club Members,

I regret to inform you that the country club's parking lot will remain closed for one more week because the recent heavy rain has significantly delayed the construction work taking place in the lot. We expected the work to be finished by tomorrow, but we are now aiming to reopen the lot on Friday, April 29, instead.

As a way of apologizing for this inconvenience, we have arranged shuttle buses that you may make use of next week. We are aware that, due to our club's remote location, there are no other nearby parking options or public transportation stops. Hopefully the shuttle buses will be helpful to many of you. Three different buses will run to the club's main entrance from different parts of the city and back again. I have attached information showing which ways the buses will travel and the various pick-up points.

Lastly, I am delighted to tell you that all menu prices in the club restaurant will be marked down by 20 percent next month. This is another way in which we want to reward you for your understanding and cooperation regarding the current parking situation.

Kindest regards,

Ted Forrester
Members Services Manager
Hollyoaks Country Club

---

168. What is mentioned about the parking lot project?
(A) It has already gone over budget.
(B) It will not be completed on schedule.
(C) It was started one week ago.
(D) It will attract new members to the club.

169. What are country club members encouraged to do next week?
(A) Fill out a document
(B) Attend a meeting
(C) Use a transportation service
(D) Avoid using a specific entrance

170. What did Mr. Forrester include with the e-mail?
(A) Route information
(B) Bus tickets
(C) Parking permits
(D) Membership cards

171. What will happen at the country club in May?
(A) Renovation work will begin.
(B) Employees will be hired.
(C) A new restaurant will open.
(D) A discount will be offered.

Carpooling: Getting Businesses Involved

by Edwin Jackson

The vast majority of employees commute to and from their workplace using a private vehicle, and barely any workers currently "carpool". Carpooling may seem complicated to staff at first, and that is why employers should try to facilitate arrangements. -[1]-. While the environmental benefits of carpooling are already well-known, many people do not consider the practical and social benefits that it brings. Carpooling allows staff to spend time together out of the office, and this time can be used to get to know one another and forge stronger relationships. It also cuts commute times in the long run, as it results in fewer cars on the road and fewer traffic jams. It also means that people will spend less money on gas, parking, and car repairs overall.

Employers considering the implementation of a carpooling initiative should offer some additional incentives. -[2]-. For example, staff who carpool might be rewarded with additional vacation days, or a small bonus might be added to their monthly wage. It is also necessary to keep things fair and equal to avoid frustration among participating employees. -[3]-. Employers should encourage carpooling staff to change the designated driver from time to time in order to keep everyone satisfied.

Lastly, local city councils should also provide incentives to businesses in order to promote carpooling. You are more likely to implement such a program if your business stands to benefit in some way. -[4]-.

172. For whom is the article mainly intended?
(A) Environmental researchers
(B) Business managers
(C) Vehicle manufacturers
(D) City council members

173. What is NOT mentioned as a benefit of carpooling?
(A) It reduces harmful emissions.
(B) It gives staff time to socialize.
(C) It minimizes car-related expenses.
(D) It alleviates traffic congestion.

174. According to the article, what should take place periodically?
(A) A training session
(B) An oil change
(C) A rotation of drivers
(D) A safety inspection

175. In which of the positions marked [1], [2], [3], and [4] does the following sentence best belong?

"For example, companies may be given tax breaks or receive an annual grant as a reward for carpooling."

(A) [1]
(B) [2]
(C) [3]
(D) [4]

Questions 176-180 refer to the following e-mail and information.

To: eweller@ssi.net
From: pmoffat@brightflash.com
Subject: Company Trip
Date: May 11

Dear Ms. Weller,

I am writing to you because I am planning a trip for employees of Brightflash Co., and I would like to bring them for a full day out to the Seattle Science Institute (SSI). The reason for this is that I hope the exhibitions and activities offered by the institute inspire our staff and stimulate their imaginations. They are tasked with creating ad campaigns for very important clients, and we want their minds to be bursting with innovation and creativity.

We plan to visit the institute on Friday, May 20, and there will be approximately 50 individuals in total. What I would like to know is whether it would be possible to obtain a savings on ticket prices if we plan to purchase fifty or more. I assume there must be some kind of promotion for large groups such as ours. We plan to enjoy a film in your 4D theater, and we would also like to see a live demonstration and spend some time in the interactive exhibit wing.

I look forward to hearing back from you.

Best regards,

Paul Moffat
HR Manager, Brightflash Co.

Seattle Science Institute
Information for Visitors

The Seattle Science Institute (SSI) was founded in 1997 and is situated just opposite the Central Bus Terminal. The institute provides an invaluable educational experience to visitors, who can enjoy our permanent exhibits as well as our other state-of-the art amenities. The recently remodeled 4D theater and performance amphitheater can now accommodate 120 and 150 visitors, respectively, at any given time. We welcome groups of all sizes, but please contact us in advance so that we can help you choose the most suitable tickets for your group and inform you of available discounts. On-site parking for cars and buses is available for a small fee.

Ticketing Options:
• **Standard / $13.50 /** Access to all of the institute's permanent exhibits
• **Standard Extra / $15.00 /** Standard access PLUS access the 4D movie theater
• **Premier Pass / $17.50 /** Standard Extra access PLUS access to the interactive exhibits
• **VIP / $20.00 /** Premier Pass access PLUS access to live demonstrations

Live Demonstrations:

- Magnets: The Laws of Attraction (Saturdays and Wednesdays)
- Weather: Feel the Force of the Elements (Sundays)
- The Galaxy: Explore Beyond Our Solar System (Mondays and Thursdays)
- The Human Body: The Most Amazing Creation (Tuesdays and Fridays)

176. What type of business most likely is Brightflash Co.?

(A) An advertising agency
(B) An appliance manufacturer
(C) A pharmaceutical company
(D) A book publisher

177. Why did Mr. Moffat write the e-mail?

(A) To suggest an idea for a new exhibit
(B) To ask about the institute's opening hours
(C) To inquire about a bulk discount
(D) To discuss a possible business partnership

178. What is suggested about Seattle Science Institute?

(A) It was moved from its original site.
(B) It was recently renovated.
(C) It offers free parking to visitors.
(D) It is located near a train station.

179. What type of ticket will Brightflash Co. employees most likely require?

(A) Standard
(B) Standard Extra
(C) Premier Pass
(D) VIP

180. What live demonstration will Brightflash Co. employees most likely watch?

(A) Magnets
(B) Weather
(C) The Galaxy
(D) The Human Body

Global Traveler Publishing (GTP)

Travel Reviewers Required

Global Traveler Publishing, based in the United Kingdom, is looking for enthusiastic travelers to contribute to its new editions of several European Travel Guides. We are seeking people aged 21-49 to review various sites and amenities, such as accommodations, transportation networks, restaurants, and recreational facilities, in the following countries: France, Germany, and Italy. Interested individuals should send an introductory e-mail, including any experience you have in traveling and writing, to recruitment@gtp.co.uk. A valid passport is required. Knowledge of a foreign language is beneficial, but not necessary. The successful individuals will receive a credit as a contributor in the published editions of the guides.

About Our Company:
GTP was established almost 20 years ago by Michael Cosgrove, a seasoned traveler and award-winning journalist. The firm started off by writing and publishing travel guides for the United States and Canada, and the success of those publications allowed the company to grow rapidly and significantly. Michael stepped down as CEO and president two years ago due to poor health and handed over the reins to his brother, George. Today, GTP publishes guides for more than 50 countries and has sold more than 100 million copies worldwide.

To: Sam Harper <sharper@orcamail.com>
From: Joanna Wiley <jwiley@gtp.co.uk>
Date: July 12
Subject: Details

Dear Mr. Harper,

Thank you for your interest in the travel reviewer opportunity we are offering. I have read your introductory e-mail and you seem ideally suited for the role. However, our HR director is responsible for making the final decision. You will be notified whether or not you have been selected before the end of the month. With regard to what you asked about a travel allowance: Yes, each contributor receives an adequate allowance to cover daily expenses, and all accommodations and vehicle rentals are covered by GTP. Our local representative in Germany, Joe Dennehy, will meet contributors at the airport and provide further details on the travel budgets, hotel reservations, and daily itineraries.

I wish you the best of luck, and I hope you have an opportunity to work with us.

Regards,

Joanna Wiley
Human Resources Manager
Global Traveler Publishing

181. What is the purpose of the notice?

(A) To announce the launch of new travel guides

(B) To celebrate the success of a publishing company

(C) To seek volunteers to contribute to a book

(D) To introduce a new company executive

182. Who is George Cosgrove?

(A) The founder of a company

(B) The president of a firm

(C) An award-winning writer

(D) A human resources director

183. What is one reason for Ms. Wiley's e-mail?

(A) To request more information

(B) To confirm an unsuccessful application

(C) To send Mr. Harper an itinerary

(D) To respond to a query

184. What is indicated about Mr. Harper?

(A) He is bilingual.

(B) He has worked with Mr. Dennehy before.

(C) He is at least 21 years old.

(D) He has purchased a GTP travel guide.

185. Which country will Mr. Harper most likely be visiting?

(A) France

(B) Germany

(C) Italy

(D) United Kingdom

Questions 186-190 refer to the following e-mail, Web page, and article.

To: Donald Lee, CEO
From: Manuel Costa
Subject: Proposal
Date: January 17

Dear Mr. Lee,

I would like to propose that you and the other board members consider partnering our restaurant chain with the Last Straw Initiative. The initiative has been implemented by the Last Straw Organization (LSO) and its purpose is to increase corporate participation in efforts to protect the environment. Members are also required to promote eco-friendly ideas and strategies to their customers, and in doing so, enhance public consciousness about the grave threats to our planet.

By joining this initiative our company stands to benefit in several ways. Through the initiative, we will have more opportunities to network with the other 126 partnered businesses and explore mutually beneficial business ventures. Also, being a part of the initiative grants us increased exposure to potential consumers, as our branding and company bio will appear on the LSO's promotional materials and Web site. Last but not least, we will be invited to the organization's annual convention, which is a highly-publicized event and covered by all major news outlets. Additionally, it is streamed live via the organization's Web site, and almost one million people watched last year's event. Finally, if we manage to win an award at the event, this would result in even more media coverage for our company. Of course, I would be happy to oversee all of our corporate efforts in relation to the initiative's goals.

I hope you take this proposal into consideration.

Regards,

Manuel Costa
Marketing Director
Big Ranch Restaurants

---

http://www.laststrawintitiative.org/events/convention_information

Last Straw Organization (LSO)
Last Straw Convention

Information for Participants

Members of the Last Straw Initiative may register between April 1 and May 1 if they wish to participate in this year's convention. The event will take place from July 21 to July 23 at the Crown Hotel in Los Angeles. Initiative partner businesses who have made the most significant contributions over the past 12 months will be recognized during an awards show. All prize winners will be announced on July 23 and company representatives will be interviewed for an article that will be featured here on our site in August.

An Impressive Start by Big Ranch

(August 9) - The Last Straw Initiative brings together businesses based in the United States and Canada in an effort to reduce corporate waste and encourage companies to adopt environmentally-friendly business practices. While several restaurants serving Mexican cuisine have joined the initiative over the past few years, none has had such an immediate and significant impact as Big Ranch. In only five months, Big Ranch has completely removed all plastic straws from its restaurants, replaced plastic trays with durable, reusable metal trays, and moved away from single-serving sauce packets in favor of bulk sauce dispensers and washable metal cups. As a result, the LSO awarded the firm the prize of Best New Partner at the recent Last Straw Convention. The award was accepted by company representative, Manuel Costa. The convention streamed live on the LSO's Web site and received more than 1.4 million viewers by the end of the event.

186. What is one aim of businesses who join the Last Straw Initiative?
(A) To develop technology to reduce pollution
(B) To contribute articles to a monthly newsletter
(C) To promote environmental awareness
(D) To improve the health of employees

187. What does Mr. Costa NOT say is a benefit of joining the Last Straw Initiative?
(A) More exposure to consumers
(B) Better networking opportunities
(C) Lower annual expenditure
(D) Increased media coverage

188. What most likely is true about Mr. Costa?
(A) He was interviewed for a Web site article.
(B) He helped to organize this year's LSO convention.
(C) He was recently promoted to the board at Big Ranch.
(D) He was initially reluctant to join the Last Straw Initiative.

189. What is indicated about Big Ranch?
(A) It made changes to its menu prices.
(B) It primarily serves Mexican food.
(C) It operates stores worldwide.
(D) It will undergo a business merger this year.

190. What is indicated about the most recent Last Straw Convention?
(A) It was held at a different venue than in previous years.
(B) It featured more participating businesses than ever before.
(C) It received more online viewers than last year's event.
(D) It introduced a brand new award category this year.

Questions 191-195 refer to the following e-mail, advertisement, and note.

To: Terry Poole <tpoole@markhambio.com>
From: Anna DuChamp <aduchamp@markhambio.com>
Date: September 4
Subject: Convention

Hello Terry,

I understand that you are currently in the process of finding a suitable venue for the Markham Biosciences annual Science & Technology Conference we are hosting on November 14 and 15. This was my responsibility for the past two years, so I wanted to offer some advice. We expect interest to be higher than ever this year, so make sure you choose a place that is spacious enough to accommodate a large crowd. Also, try to find a place near the bus terminal and train station, if possible. Most attendees will be using those modes of transport.

This year, I am in charge of booking the speakers for the event. I'm very happy to announce that I have secured the Head of Research & Development from Salazar Pharmaceuticals to be our keynote speaker this year! I have also persuaded some researchers from Plymouth Biotech to give some demonstrations on the final day of the event. I think all attendees will enjoy the schedule I'm putting together.

If you have any questions, please do not hesitate to get in touch.

Regards,

Anna DuChamp

Strickland Convention Center
Birmingham

Strickland Convention Center has been hosting a diverse range of corporate and entertainment events for almost three decades.

Here are some of the reasons why Strickland Convention Center is considered the leading event venue in Northern England...

* We are conveniently located only 12 miles from Bryer International Airport.
* Our main event hall has been enlarged to seat 15,000 people, making us the largest event venue of our type in the country.
* Our state-of-the-art sound and lighting systems ensure that all concerts and other live performances are unforgettable experiences.
* We pride ourselves on providing a welcoming, neutral space and as such, we do not host events related to political organizations.

If you would like to host your event at Strickland Convention Center, e-mail us at bookings@scc.com.

Note for the Attention of Professor Rebecca Fotheringham

November 13

Dear Prof. Fotheringham,

I hope that your train ride to Birmingham went smoothly. We are delighted to welcome you to our headquarters for a social gathering. Please make yourself comfortable in the conference room and the management team will join you shortly. We are all very much looking forward to hearing your keynote speech on the opening day of the conference tomorrow.

Please help yourself to some refreshments, and we will be with you after our management meeting.

Sincerely,

Terry Poole

191. What is the purpose of the e-mail?
   (A) To request assistance
   (B) To extend an invitation
   (C) To provide suggestions
   (D) To change a schedule

192. What makes Strickland Convention Center a suitable venue for the event?
   (A) Its seating capacity
   (B) Its proximity to an airport
   (C) Its lighting system
   (D) Its admission fees

193. Based on the information in the advertisement, what kind of event would Strickland Convention Center be unlikely to host?
   (A) A charity fundraiser
   (B) A professional conference
   (C) A political debate
   (D) A music performance

194. Where does Prof. Fotheringham most likely work?
   (A) Markham Biosciences
   (B) Salazar Pharmaceuticals
   (C) Strickland Convention Center
   (D) Plymouth Biotech

195. When did Prof. Fotheringham most likely receive the note?
   (A) When she entered a convention center
   (B) When she finished giving a speech
   (C) When she was leaving a train station
   (D) When she arrived at Markham Biosciences

Questions 196-200 refer to the following Web site and e-mails.

◀ ▶ http://www.palmerlandscaping.com/

| About Us | **Packages** | Book a Service | Contact |

Select the landscaping package that is the most appropriate for you, then click on the "Book a Service" tab. Each landscaping package comes with an optional After Fertilizer Care Plan (FCP). The FCP schedules listed are valid until December 31, and we may alter them next year.

Bronze (weekly service): Includes lawn mowing, hedge trimming, and flowerbed maintenance. FCP schedule: Lawn fertilizing once per year.

Silver (weekly service): Includes all features of the Bronze package plus intensive weeding and professional gardening advice. FCP schedule: Lawn fertilizing twice per year.

Gold (weekly service): Includes all features of the Silver package plus pest control and detailed pruning of plants. FCP schedule: Lawn fertilizing once every three months.

Diamond (weekly service): Includes all features of the Gold package, plus monitoring of soil pH and an annual irrigation consultation. FCP schedule: Lawn fertilizing once per month.

To: orapaport@speedy.net
From: rduplass@palmerlandscaping.ca
Date: September 1
Subject: Job at 324 Range Road

Dear Mr. Rapaport,

I am just sending you a quick message to inform you that your first month of landscaping services has been carried out at your summer cottage on Range Road. I'm sure you will be more than happy with the results. Please note that we will require access to the yard again on September 8, which is when the first fertilizing service of your FCP will take place.

By the way, we are now offering all customers the opportunity to enhance their FCP by switching to high-quality Octagreen fertilizer. Should you be interested in this, we ask that you pay a flat fee of $100 when we visit the premises this month. This will cover all FCP services for the next 12 months.

Best wishes,

Ron Duplass
Palmer Landscaping

To: rduplass@palmerlandscaping.ca
From: orapaport@speedy.net
Date: September 2
Subject: RE: Job at 324 Range Road

Dear Mr. Duplass,

I just traveled up to my cottage and I am extremely satisfied with the condition of my yard.

Not only do the lawn and flowerbeds look spectacular, but you did an amazing job in removing all the weeds from around the property. I appreciated the notes that you left me regarding your irrigation system proposal and the results of the soil analysis. I am keen to implement the system, and I will discuss it in person with you on September 8 at the cottage.

Last of all, I did some research into Octagreen, and it certainly sounds like the right choice for me. I don't mind paying a little extra for quality goods. I'd appreciate it if you begin using that brand this month. However, I am slightly worried about the effect such a strong chemical might have on my freshly-varnished garden fence. I hope you can assure me that it won't be adversely affected.

Best wishes,

Olly Rapaport

196. According to the Web page, what is true about Palmer Landscaping's fertilizing services?
(A) They are a compulsory part of each landscaping package.
(B) They will no longer be available next year.
(C) They vary in frequency by landscaping package.
(D) They require the payment of an extra fee.

197. What is the purpose of the first e-mail?
(A) To confirm the completion of work
(B) To request that a customer make a payment
(C) To respond to a customer's inquiry
(D) To apologize for a scheduling mistake

198. What service package did Mr. Rapaport most likely choose?
(A) Bronze
(B) Silver
(C) Gold
(D) Diamond

199. According to the second e-mail, what is Mr. Rapaport concerned about?
(A) An irrigation system
(B) The price of fertilizer
(C) Damage to a fence
(D) The duration of a task

200. What is implied about Palmer Landscaping?
(A) It is unable to comply with Mr. Rapaport's request.
(B) It will receive a payment from Mr. Rapaport on September 8.
(C) It primarily provides services to corporate customers.
(D) It is a subsidiary company of Octagreen.

정답 및 해설 p. 93

시원스쿨 토익 Part 7 필수 전략서

정답 및 해설

2주 만에 토익 PART 7 고득점 완성!

시원스쿨 토익 PART 7 필수 전략서

토익 100회 이상 만점 강사
정상

만점 강사 저자 직강

토익 990점 만점 100회 이상
정상 강사의 토익 만점 비법 모두 전수

독해 + 어휘 + 구문을 한 번에

[기초 다지기], [실전 문제], [기출 구문 분석]
코너를 통해 토익 독해 & 어휘 & 구문 잡기

빠른 정답 찾기 비법 전수

질문/지문 유형별 독해 전략과
문제 풀이 시뮬레이션으로 정답이 보인다!

초단기로 실전 응용력 UP

질문/지문 유형별 독해 전략 → 이해도 확인 문제 →
실전 모의고사로 PART 7 실전 2주 완성 가능

지금 시원스쿨LAB 사이트(lab.siwonschool.com)에서 유료로 수강 가능합니다.

시원스쿨 토익 Part 7 필수 전략서

정답 및 해설

CHAPTER 1/2/3

UNIT 01 주제 찾기

1 (D)   **2** (C)   **3** (B)   **4** (A)   **5** (D)   **6** (D)

Questions 1-3 편지

엘레나 루오마 양
비아 다 빈치 32
로마시 2-10323
이탈리아

루오마 양께,

우리는 최근 우리의 서비스를 확대하여 인터넷을 포함하였습니다. 비바 유선방송 단골 고객인 당신에게, **1** 우리는 고속, 무선 인터넷을 완전히 무료로 12개월간 제공해 드립니다.

추가 보너스로, 우리는 또한 1개월 간 무료로 영화를 비바 비디오에서 제공해 드립니다.

관심 있으시다면, 실비오 드 룰루에게 연락 주세요(sdcrulo@viva.it입니다). **3** 그러면 당신 지역에 배정된 기술자, 마리오 바지오가 당신의 집을 방문하여 무선 모뎀을 설치할 것입니다.

알아두시길 바랍니다. **2** 12개월 기간이 끝날 때에, 반드시 니네따 피노씨에게 이메일을 보내(npino@viva.it) 당신의 인터넷 이용을 취소함을 알려야 합니다. 아무 연락이 없을 시에는, 월 45달러의 수수료를 청구하기 시작할 것입니다.

단골이 되어주셔서 감사드립니다. 바라건데, 인터넷 서비스를 당신의 비바 요금제에 추가하기로 선택하셨으면 합니다.

안녕히 계세요.

알레산드로 피에볼리

recently 최근에 expand 확장하다 loyal 충성스런, 단골의 subscriber 구독자, 가입자 absolutely 절대적으로 free 무료인, 공짜인 interested 관심 있는 set up 설치하다 wireless 무선의 note 주목하다, 언급하다 bill 청구서, 청구하다 fee 수수료

1   주제 찾기 유형

해석   이 편지의 목적은?

(A) 인터넷에 관한 문의를 하는 것
(B) 일자리에 지원하는 것
(C) 약속을 정하는 것
(D) 새로운 서비스를 홍보하는 것

해설   질문에 purpose가 보이면 주제 찾기 유형이다. 주제는 앞에 나오기 마련인데, 시제가 과거나 현재완료(have expanded)일 경우 주로 주제는 아니고 주제를 말하기 위한 '배경'에 해당한다. 주제는 현재나 현재 진행형으로 흔히 나타내는데, 표시된 we are offering부분에서 주제를 말해 주고 있다.

2   키워드 찾기 유형

해석   본 편지 수신자는 누구에게 연락해야 이 요금제를 취소할 수 있는가?

(A) 마리오 바지오
(B) 실비오 드 룰로
(C) 니네따 피노
(D) 알레산드로 피에볼리

해설   질문의 키워드는 cancel이다. 따라서 본문에 cancel을 재빨리 찾아보니 표시된 부분에서 정답이 (C)임을 쉽게 알아낼 수 있다. 참고로 '~하려면 …에게 연락하라'는 말은 주로 후반부에 나온다는 점도 알아둔다.

질문 정확히 이해하기

1) 질문 문장도 기본 구문인 '주+동+목' 구문이다
: 주어는 the recipient이며, 동사= should contact, 복석어는 who(whom을 맨 앞에 쓸 때는 who를 사용함)이다.

2) 의문문에서 의문사는 무조건 맨 앞으로
: 그래서 목적어인 who(m)가 맨 앞에 있는 것이다.

3) 의문문은 '주+동'가 아니라 '동+주'의 어순이다.
: 그래서 should가 주어보다 앞에 있는 것이다.

4) 완전한 문장 뒤에 나오는 to부정사는 '~하기 위해서'라고 해석한다.
: 그래서 to cancel~을 '취소하기 위해서'라고 해석한다. the plan은 cancel의 목적어이다.

3   키워드 찾기 유형

해석   기술자가 (방문) 약속을 하는 목적은?

(A) 텔레비전을 설치하는 것
(B) 모뎀을 설치하는 것
(C) 인터넷 요금제를 취소하는 것
(D) 텔레비전 요금제를 취소하는 것

해설   질문의 키워드는 '기술자의 (방문) 약속'이다. 본문에서 기술자(technicians)가 나온 부분에 모뎀을 설치하는 방문을 한다는 것을 알 수 있다. 물론, 방문 하려면 약속(appointment)을 해야 할 것이다.

Questions 4-6 이메일

발신: 매리 맥케니
수신: 엘리자베스 톰슨
제목: 저녁 모임
날짜: 10월 3일

이제 막 우리 소프트웨어 판매업자인 제이슨 나잇한테 들었는데, 그가 우리를 오늘 저녁 식사에 초대했어. **4** 그가 말하길, 다음 소프트웨어 버전은 많은 흥미로운 특징들을 가지게 될 것이고, 그것들을 논의하고 싶대. **6** 또한 그의 상사인 샐리 젠킨스도 데리고 올 거래. 왜냐하면 그들은 가능성을 논의하고 싶어하거든. 몇 가지 소프트웨어를 우리 회사에서 베타테스트할 가능성 말야. 추정컨데, 그녀가 이런 문제를 다룰 사람인 것 같아.

5 이번은 필참해야 할 모임은 아니야. 하지만 흥미롭고 유익하다고 여길거야. 네가 올 수 있다면 말해. 우리는 리버그릴 식당에서 오후 7시에 만날 거야.

매리

hear from ~로부터 듣다 vendor 판매자, 상인 representative 대표자, 직원 feature 특징, 특색 assume 추정하다 address the issue 문제를 다루다 required 반드시 해야 하는

4 주제 찾기 유형

해석 이번 저녁 모임의 목적은 무엇인가?
(A) 향후 소프트웨어 계획과 아이디어를 논의하는 것
(B) 새로운 판매회사 직원을 만나는 것
(C) 새로운 소프트웨어 설치 일정을 정하는 것
(D) 제품 테스트의 결과를 평가하는 것

해설 질문에 purpose가 보이니 주제 찾기 유형이다. 이 질문에서 주의해야 할 것은 이 전체 글의 주제가 아니라 저녁 모임의 주제를 묻고 있다는 점이다. 처음에 저녁 모임에 초대 받았다는 이야기가 나오고 나서 주제가 나올 것임을 직감해야 한다. 따라서 표시된 바에 의하면 (A)가 정답이다. (B), (C), (D)에 대충 본문에 나온 단어가 섞여 있다고 해서 정답으로 택하면 안 된다.

5 주제 찾기 유형

해석 왜 매리는 엘리자베스가 미팅에 참석하기를 장려하는가?
(A) 그녀가 고객의 지인이어서
(B) 그녀가 전문화된 지식을 가지고 있어서
(C) 그녀가 대중 연설에 능해서
(D) 그녀가 이번 미팅을 유익한 경험으로 여길 것이어서

해설 why가 질문에 나오니 주제 찾기 유형에 해당한다. 하지만 전체 글의 주제는 아니고, 모임에 올 것을 권하는 이유(=주제)를 찾아야 한다. 첫 단락은 회의의 주제에 관한 얘기였고, 두 번째 단락에서 회의에 와야하는 이유를 언급한다. 즉, 이것은 전체 주제가 아닌 소주제라고 할 수 있다. 특히 표시된 곳에서 useful이란 단어를 통해 (D)가 답임을 알 수 있다.

6 키워드 찾기 유형

해석 누가 베타 테스팅에 대한 발표를 할 가능성이 있는가?
(A) 매리 맥케니
(B) 엘리자베스 톰슨
(C) 제이슨 나잇
(D) 샐리 젠킨스

해설 질문의 끝 부분에 나오는 beta testing이 키워드이다. 본문 첫 단락 끝 부분에 나오는 beta testing에 주목하여 해석을 해보면 (D)가 답임을 쉽게 알 수 있다.

UNIT 02 키워드 찾기

1 (B) **2** (D) **3** (D) **4** (B) **5** (A)

Questions 1-2 공지문

기념일 세일!

심플리 내추럴이 여러분을 우리 첫 기념일 세일 축하 행사에 초대합니다. 10월 18일입니다.

오직 하루만, 여러분이 좋아하는 완전 천연 제품들에 대해서 놀라운 혜택을 이용해 보세요.

피부 관리:
저희의 통상적인 "두 개 사시면, 하나는 절반가" 행사 대신, 우리 전체 피부관리 제품군은 "**1** 두 개 사시면, 하나 공짜"입니다.

멋진 손:
모든 비누와 핸드크림은 절반가입니다 (고객당 5개로 제한).

방향제와 양초:
모든 방향제와 양초는 40% 할인입니다.

그리고, 마지막 마무리로, **2** 75달러 이상을 구매하시고 무료 선물을 받으세요.

anniversary 기념일 take advantage of 이용하다 amazing 놀랄만한, 기가 막힌 deal 거래 all-natural 모

든 성분이 천연인 instead of ~대신에 free 무료인, 자유로운 soap 비누 half price 반값 freshener 상쾌하게 하는 것, 방향제 top off 끝내다, 마무리 짓다

1　키워드 찾기 유형

해석　고객들은 무료 피부관리용품을 얻기 위해 무엇을 해야만 하는가?
(A) 제품 하나를 산다
(B) 제품 두 개를 산다
(C) 제품 네 개를 산다
(D) 제품 다섯 개를 산다

해설　질문의 끝 부분에 나오는 무료 피부관리 용품(free skin care item)을 키워드 삼아 본문을 스캔한다. 부제목처럼 진한 색으로 표시된 부분에서 쉽게 skin care란 단어를 찾을 수 있다. 그 항목에서 "buy two, get one free"란 말을 보고 정답을 (B)로 선택하면 된다.

2　키워드 찾기 유형

해석　상품 하나를 무료로 얻기 위해서 고객들은 얼마를 써야 할 필요가 있는가?
(A) 5달러
(B) 40달러
(C) 50달러
(D) 75달러

해설　질문의 가장 마지막에 나오는 공짜로, 무료로(free of charge)를 키워드 삼아 본문을 스캔한다. 참고로 대부분 2번 질문의 정답은 1번 보다는 뒤에 나오기 마련이다. 따라서 1번 정답을 찾은 그 지점부터 해서 아래로 스캔해 나가면 가장 마지막에 무료 선물(free gift)이란 말이 나오고, 그 무료를 받기 위해서는 75달러 이상을 써야 한다고 표시 되어 있다. 따라서 정답은 (D)이다.

Questions 3-5 회람

> 회람
>
> 수신: 전직원
> 발신: 다이너 라스카
> 날짜: 10월 29일
> 회신: 음식 기부 행사
>
> 직원 여러분께,
>
> 여러분이 다시 한번, 지역 노숙자 쉼터를 위한 연례 음식 기부 행사에 참여해 주시길 바랍니다.
>
> 저는 이 프로젝트를 5년 전에 시작했습니다. 매년, 여러분의 관대함 덕택에, **4(B)** 더욱 더 많은 먹거리들을 그 쉼터로 가져갑니

다! 작년엔, 모든 것을 전달하느라 두 번이나 왔다 갔다 할 정도였죠. 쉼터의 직원들은 아주 많은 기부물품들을 보고 기뻐했죠.

제가 매년 하는 것처럼, **4(A)** 여러분이 가져오는 어떤 식료품이든 제가 그만큼 낼 것입니다. 만약 여러분이 옥수수 두 캔을 기부하시면, 저도 또한 두 캔을 기부할 것입니다. 참여하시는 모든 분은 본인의 이름을 추첨에 넣게 될 것입니다. **3** **4(C)** 우리의 매니저, 틸만 씨 덕분에, 올해의 상품은 1일 추가 휴일입니다. 올해, **4(D)** 저는 약간의 돈을 이 회사 이름으로 기부할 것입니다, 만약에 25명 넘게 참여하신다면요.

3 틸만 씨의 비서인 드류 배리 씨가 기부물품들을 수거하여 정리할 것입니다. 오늘 오후 프론트 오피스에 있는 드류 씨의 책상 옆에 수거함들이 놓여 있을 것입니다. 그가 확실하게 여러분의 이름이 추첨에 들어가도록 할 것입니다.

5 만약 당신이 그 쉼터에 대해서 더 알고 싶다면, 와서 저를 만나보세요. 제가 안내책자를 드리겠습니다.

이번 프로젝트에 대한 여러분의 후원에 미리 감사드립니다.

디나

food drive 음식 기부 행사 participate in ~에 참여하다, annual 연례의 homeless 집이 없는 shelter 은신처, 보금자리 thanks to ~덕택에 generosity 후함, 관대함 make a trip 여행하다, 왔다갔다하다 be delighted to do 히게 되어 기쁘다 donation 기부(금, 품) donate 기부하다 bin 뚜껑 달린 상자 drop off 놓고 가다 draw 추첨, 뽑기 come (and) see 와서 보다 in advance 미리

3　키워드 찾기 유형

해석　드류 씨는 누구인가?
(A) 회사 관리자
(B) 쉼터 연락원
(C) 음식 기부 행사 조직위원
(D) 매니저의 비서

해설　질문 끝 부분에 있는 Drew를 키워드 삼아 본문에서 검색한다. 표시된 곳에서 틸만 씨의 비서라고 나오고 있고, 그 위에 매니저 틸만 씨가 나온다. 따라서 매니저 비서이다. 정답은 (D)이다.

4　사실 관계 확인 유형

해석　음식 기부 행사에 대해 언급되지 않은 것은 무엇인가?
(A) 디나가 모든 기부품에 대해 맞춤 기부를 할 것이다.
(B) 틸만 씨가 음식을 전달할 것이다.
(C) 참석자들은 상을 받을 수 있다.
(D) 디나가 쉼터에 기부금을 낼 것이다.

해설 질문에 NOT이 나온 경우, (A)~(D)를 먼저 읽고 본문을 보는 것이 좋다. 본문에 표시된 곳들을 보자면, (A)는 캔두 개 내면 디나도 두 개를 낸다 했다. 이게 바로 match의 의미다. (C)는 틸만 씨 덕분에 받는 휴가가 바로 prize라고 한 데서 확인가능하며, (D)는 25명 이상 기부하면 돈을 낼 것이라는 표현에서 확인이 된다. (B)의 음식 전달은 틸만 씨가 아닌, 이 회람을 작성한 디나이다.

5 키워드 찾기 유형

해석 왜 직원이 디나와 이야기를 해야 할까?
(A) 쉼터에 대해 문의하기 위해
(B) 금전적 신물을 하기 위해서
(C) 휴가를 요청하기 위해서
(D) 새로운 업무 프로젝트에 대해 알기 위해

해설 보통 질문에 '왜 연락해야 하는가'라는 질문이 나오면, 답은 맨 뒷 부분에 나온다. '~라면 연락주세요'하는 표현은 맨 뒤에 나오기 때문이다. 여기서도 맨 끝 부분 if 이후에 답이 나오고 있다. 쉼터에 대해서 더 알고 싶으면 와서 나를 만나라라고 했으니, 디나와 말을 하는 직원이라면, 쉼터에 대해 더 알고 싶은, 즉 문의를 하는 직원임을 알 수 있다. 따라서 정답은 (A)이다.

UNIT 03 사실 관계 확인

1 (A) **2** (C) **3** (B) **4** (B) **5** (A) **6** (A)
7 (C)

Questions 1-3 편지

주디 창 양
바그너가 902번지
뉴욕시, 뉴욕주 11369

창 양에게,

제 이름은 조슈아 웨이크필드입니다. 저는 사우스 센트럴 고교의 고등학생입니다. 저는 다음 10월 15~19일 사이에 있는 청년 컨퍼런스를 조직하는 일을 도울 것입니다. 이것의 목적은 고등학생들을 장려하여 지역 사회에 관여하도록 하고 변화를 이루는 것입니다.

컨퍼런스 동안, **1(C)** 우리는 서로 다른 지역 단체들과 자원봉사 일들을 하게 되고, 토론 집단에서 만남을 가지고, **1(D)** 변화를 위한 개별 활동계획을 수립할 것입니다. 우리는 또한 매일 다른 동기 부여 전문 연설자로부터 연설을 들을 것입니다. **1(B)** 우리는 다양한 연사들을 초대하여 그들의 이야기를 함께 공유하며, 학생들에게 모든 연령의 젊은이들이 변화를 이룰 수 있음을 상기하게 할 것입니다.

2 편지를 드리는 것은, 당신이 우리의 기조 연설자 중 한 분이 되어 주십사 하는 것입니다. **3** 제 사촌인 앨리슨이 지난 해에 당신을 TV에서 보았는데, 당신이 어떻게 태국에 새로운 병원을 짓도록 기금을 모았는지에 대해 이야기했다고 하더군요. 그녀가 그 다큐멘터리를 본 이후로, **1(A)** 앨리슨은 에쿠아도르로 가서 그곳 빈민촌 사람들을 돕겠다는 계획을 세워오고 있습니다. **3** 그녀의 삶은 결코 전과 같지는 않을 것입니다, 당신 덕분이지요. 당신은 아마도 우리 모두의 삶을 더 나은 쪽으로 바꾸어 줄 것이라 생각합니다.

알려주길 바랍니나, 우리와 함께 하는 것에 관심이 있으시다면요. YouthForCommunityChange.org에 오시면 컨퍼런스에 대해서 더 알아 보실 수 있습니다. 물론 어떤 질문이라도 저에게 직접 연락하셔도 좋습니다.

고려해 주셔서 감사드립니다.

안녕히 계세요.

조슈아 웨이크필드

organize 마련하다, 조직하다 objective 목표 encourage 장려하다, 격려하다 get involved in ~에 관여되어지다 make a difference 변화를 이루다 inspirational 영감을 불어 넣는 keynote speaker 기조 연설자 be interested in ~에 관심이 있다 directly 직접

1 사실 관계 확인 유형

해석 컨퍼런스의 특징으로 언급되지 않은 것은?
(A) 빈국들의 여건들에 관해 배우는 것
(B) 연설자들이 그들의 업적을 공유하는 것을 듣는 것
(C) 지역 사회 단체들에서 자원봉사하는 것
(D) 다른 젊은이들과 함께 개인적인 목표를 정하는 것

해설 NOT mentioned가 나오니 사실 관계 확인 유형이다. 특히 전체 글을 보고 풀어야 하는 패턴이다. 이런 유형을 풀 때는 반드시 (A)~(D)를 먼저 읽고 본문을 보는 것이 좋다. 왜냐하면 전체 글을 읽으면서, 꼭 (A)~(D)가 순서대로만 본문에 나오지 않는 것이 최근 시험의 특징이기 때문이다. 즉, 단서들이 뒤죽박죽 섞여 등장한다. 지금도 (B), (C), (D)는 둘째 단락에 집중적으로 단서들이 나와서 참임을 확인할 수 있다. 이와 달리 (A)번은 오히려 그보다 더 뒤인 셋째 단락에서 '사촌인 앨리슨이 에쿠아도르의 빈민촌들을 도우려는 계획을 세워왔다'는 언급과 관련있어 보이지만, 이것이 컨퍼런스의 특징은 아니므로 (A)가 정답이 된다.

2 주제 찾기 유형

해석 왜 웨이크필드 씨는 창 양에게 편지를 썼는가?

(A) 자신의 도움을 제공하고자
(B) 기부를 요청하고자
(C) 그녀를 초대하여 연설을 듣고자
(D) 조언을 구하고자

해설 why가 나오면 주제 찾기 유형에 해당한다. 보통 주제는 맨 앞에 나오는 편이지만, 지금 첫째 단락과 둘째 단락은 편지를 쓰게된 계기에 해당하는 것으로 아직 주제라 볼 수 없다. 셋째 단락에서 "I am writing to you to ask~" 부분에서 연설을 부탁하는 것이 핵심 주제이다. 특히 편지에서 편지 쓴 이유(=주제)를 말하는 표현인 I am writing (to you) to do 표현을 꼭 알아두자.

3 키워드 찾기 유형

해석 웨이크필드 씨는 사촌에 대해서 뭐라고 말하는가?
(A) 대학에서 의학을 학습할 계획을 하고 있다.
(B) 창 씨의 이야기에 큰 영향을 받았다.
(C) 작년에 청년 컨퍼런스를 조직했다.
(D) 자원봉사보다는 여행을 더 선호한다.

해설 사촌(cousin)을 키워드 삼아 답을 구한다. 사촌이 언급된 것은 셋째 단락으로 창 씨의 스토리를 TV에서 본 후 삶이 완전히 달라졌다는 말이 나오고 있다. 따라서 정답은 (B)이다.

Questions 4-7 이메일

수신: 해리슨 딘
발신: 제임스 포드
회신: 연구 기금

해리슨,

네가 그 아이디어를 맘에 들어하지 않는 다른 것을 알아. **4** 그러나 난 정말 우리가 피터 레드몬드의 새로운 연구에 기금을 대야 한다고 생각해. **5** 사실, 그가 개발하려고 하는 새로운 암 치료법은 비슷하지, 어떤 면에서는, 80년대에 행해졌던 연구와 말이야. 그래, 그 연구는 실패로 끝났어. 그러나, 내가 그의 (연구)결과를 개인적으로 검토해 봤는데, 내용이 충실해. 그는 본질적으로 실험용 쥐에 대한 암 치료법을 찾아냈어. 단지 한 종류의 암뿐 아니라, 상당히 많은 어떤 종류의 암이든 말야. 이 치료법이 인간에게도 효과를 발휘하게 하는 것은 어렵겠지만, 이미 영장류들에 있어서도 많은 전망을 나타냈어. 확신컨대, 그는 인체 실험에도 진보를 이룰 준비가 될 거야, 5년 이내에. 단지 시간 문제일 뿐이야. 그가 재정적 지원을 기꺼이 제공하고자 하는 회사를 찾기 전까지 말이야. 중요한 것은 우리가 그 회사여야 한다는 거야. **6** 우리가 가진 기존의 약들 중 상당수는 항암제야. 우리는 경쟁자가 치료법을 출시하도록 놔둘 수는 없어. 그러면 우리 사업은 완전히 망하겠지. 비록 이번 연구가 또 다시 실패로 끝난다 해도 상관없어. 우리는 그런 위험성을 안을 수는 없잖아.

그럼 이만

7 제임스 포드
연구 개발상

fund 자금을 대다 cancer 암 treatment 치료(법) be similar to ~와 유사하다 in some ways 어떤 면에서는 turn out~ 라 판명나다 dead end 막다른 곳, 궁지 solid 굳건한, 충실한 essentially 본질적으로 cure 치료(법), 치료하다 mice 쥐(mouse의 복수형) primates 영장류 trial 시도 crucial 중대한 existing 기존의 release 출시하다 end up -ing 결국 ~하고 말다 matter 중요하다 take the risk 위험을 떠안다

4 주제 찾기 유형

해석 이 편지의 목적은?
(A) 추가적인 직원을 요청하는 것
(B) 권고를 하는 것
(C) 누군가의 연구를 비판하는 것
(D) 새로운 자금 지원을 발표하는 것

해설 purpose를 보고 주제 찾기 유형임을 안다. 글의 앞 부분에 but~으로 시작하는 부분에서 연구사금을 대자는 말이 바로 일종의 권고/추천을 하는 행위임을 알 수 있다. 정답은 (B)이다. (D)는 자금 지원이 있다고 발표한다는 뜻으로 이것은 최종 결정이 되고 나서 할 일이지 지금 단계에서 이 글에 부합되는 일이라고 볼 수는 없다.

5 사실 관계 확인 유형

해석 포드 씨는 레드몬드 씨의 연구에 대해 무엇이라 하는가?
(A) 이전 연구와 비슷하다.
(B) 동물 실험을 포함하지 않는다.
(C) 너무 오래 걸릴 것이다.
(D) 비용이 매우 많이 든다.

해설 포드 씨가 무엇이라 말하는가를 수동태로 바꾸면 What is said(언급되는 것은)이다. 따라서 사실 관계 확인 유형에 해당한다. 표시된 곳을 보면 80년대 방식과 어떤 면에서는 비슷하다는 말을 하고 있다. 따라서 (A)는 언급된 사실이다. (B)는 실험용 쥐에 대한 실험 성공을 언급한 본문에 비추어 보면 거짓이며, (C)나 (D)는 명확히 언급되지 않았다. 이렇게 언급되지 않는 경우도 있으니 참(true)을 찾았다면 굳이 나머지를 찾으려 하지 말고 과감히 그것을 답으로 표시하자!

6 추론과 암시 유형

해석 포드 씨는 어떤 종류의 회사를 위해 일하고 있을까?
(A) 제약회사
(B) 회계 사무소
(C) 의료장비 제조업체

(D) 수의학 병원

해설 질문에 most likely가 들어가면 추론을 해야 하는 문제로 쉽지 않은 경우가 많다. 가장 정확한 증거를 찾아야 하는데, '우리의 기존의(existing) 약(drug)들이 항암제'라고 언급된 부분을 통해 제약 회사임을 알 수 있다.

7 키워드 찾기 유형

해석 포드 씨는 누구이겠는가?
(A) 회사 대표이사
(B) 학문 연구자
(C) 부서장
(D) 의사

해설 질문의 끝에 나오는 Ford를 키워드로 삼는다. 편지나 이메일에서는 이름이 나오는 맨 앞이나 맨 뒤에 수/발신자 정보가 나오기 마련이다. 포드를 키워드로 하여 이메일 맨 하단부에서 '이사, 중역, 책임자'라는 의미의 director라는 직급이 표기된 것을 보고 이와 같은 의미인 (C) A department head를 정답으로 선택한다.

UNIT 04 추론과 암시

1 (A)　**2** (C)　**3** (D)　**4** (B)　**5** (C)　**6** (D)
7 (B)　**8** (D)

Questions 1-4 공지글

1 미국 호텔 연합 연례 컨벤션

1 2월 14~16일, 캘리포니아주 샌 버나디노시 퍼스트 스트릿 100번 가, 밸리 컨벤션 센터

올해의 포커스: 비즈니스 게스트
비즈니스 고객들을 끌어 모으고 유지하는 데 있어서 최신 경향을 스스로 알아보세요. 당신의 호텔을 세상 모든 곳의 사업가들을 위한 첫 번째 선택안이 되도록 만들 방법을 배워봅시다. 이 업계의 리더들이 하고 있는 것을 살펴보세요.

비즈니스 고객 끌어 모으기
더 이상은 모든 방에 고속 인터넷을 제공하는 것으로 충분하지 않습니다. 오늘날 출장자들은 호텔에서 훨씬 그 이상의 것을 원하고 있죠. 세면도구에서 기술에 이르기까지 혁신적 비즈니스 비결과 해결책들을 살펴봅시다. 그린룸.

호텔 체인 – 지속성을 중요하게 만들기
국내에서 가장 유명한 호텔체인들 중 몇몇은 전국에 걸쳐 그리고 전 세계적으로 지속성을 유지하기 위한 그들의 접근방식과 해결

책을 보여줍니다. 어떤 대규모의 호텔이라도 이런 도구들을 자신의 사업체에서 이용할 수 있습니다. 블루룸.

공실인 주말?
당신 호텔에서 주말 시간을 판매하기 위한 방법들에 대한 짧은 영상물입니다. 주중에 출장을 다니는 고객들은 종종 그 일이 끝났을 때 여기저기 가고 싶어 기다리는 **2** 지루함에 빠진 가족들이 있습니다. 두 호텔이 주말에 방이 비는 문제를 해결하기 위한 새로운 종류의 접근방식을 보여줍니다. 골드룸.

만나시 인사하기
사람들을 사귀고 의견을 나눌 무한한 기회입니다. 스낵/커피바에 **3** 이용가능한 컴퓨터가 오전 6시에서 오후 10시까지. 컨벤션 로비.

이 컨퍼런스에 등록하기 위해서는 www.hotelassociationofamerica.com을 보세요. 9월 1일 전에 등록하면 컨퍼런스에 대해 30퍼센트 할인을 받을 수 있습니다. 샌 버나디노 컨퍼런스 호텔에 머무르는 참석자들은 컨퍼런스 일자 동안 10퍼센트 할인을 받을 수 있습니다. **4** 이곳은 붐비는 호텔이라 방을 보장받기 위해 12월 1일 이전에 예약을 하는 것이 권장됩니다.

association 연합　see for oneself 스스로 알아보다　latest 최신의　trend 경향　attract 끌어 모으다　no longer 더 이상 ~아니다 (부정어인 no가 앞에 오면서 도치된 구문)　trick 속임수, 요술, 비결　toiletry 세면도구　consistency 일관성　establishment 설립, 기관　solve 해결하다　unlimited 무제한의　register for 등록하다　attendee 참석자　qualify for ~에 대한 자격을 가지다

1 주제 찾기 유형

해석 이 공지의 목적은 무엇인가?
(A) 행사를 홍보하는 것
(B) 새 호텔을 광고하는 것
(C) 자원봉사자를 구하는 것
(D) 손님을 가게에 끄는 것

해설 이 공지의 목적이 무엇이냐고 묻는 질문은 주제 찾기에 해당한다. 따라서 맨 앞을 보자. 제목 자체가 컨벤션(대규모 모임 행사)이고, 그 뒤를 이어 시간과 장소를 안내하고 있다. 따라서 정답은 (A)임을 쉽게 알 수 있다.

2 추론과 암시 유형, 키워드 찾기 유형

해석 어떤 시간이 아마도 가장 가족 지향적인 아이디어들을 포함할까?
(A) 비즈니스 고객 끌어모으기
(B) 호텔 체인
(C) 공실인 주말

(D) 만나서 인사하기

해설 일단 질문에 most likely가 있으면 추론과 암시유형에 해당하여 답이 쉽게 보여지는 않을 것이란 가오는 해야 한다. 그래도 질문을 잘 파악하는 것이 제일 중요한데, 질문 끝에 family-oriented란 키워드가 보인다. 대부분이 비즈니스 대상인데, Empty weekend에서만 유일하게 가족(family)이 언급되고 있다. 따라서 정답은 (C)이다.

3   키워드 찾기 유형

해석 건물의 어떤 구역이 이메일 확인에 가장 좋은 장소인가?
(A) 그린룸
(B) 블루룸
(C) 골드룸
(D) 컨벤션 로비

해설 질문 끝에 있는 check e-mail을 키워드로 잡고 스캔한다. 이메일을 확인하기 위해서는 컴퓨터가 사용가능해야 할 것이다. 따라서 computers available이라고 쓰여 있는 컨벤션 로비, 즉 (D)가 정답이다.

4   키워드 찾기 유형

해석 언제까지 회의 참석자들은 방을 예약해야 하는가?
(A) 9월 1일
(B) 12월 1일
(C) 2월 14일
(D) 2월 16일

해설 질문 끝에 있는 '방 예약'을 키워드로 삼는다. 보통 어떤 행사를 알리면서 '언제까지 등록하세요'는 맨 앞이나 맨 뒤에 나오는데, 질문 4개 중에 마지막 질문이니 마지막에 나올 확률이 크다. 그런데 마지막 부분에서 여러 날짜가 등장해서 혼란이 올 수도 있겠다. 하지만, 질문을 잘 보면 should가 의외로 중요한 역할을 한다. 할인과 같은 것은 반드시 해야 하는 요소는 아니라고 볼 수 있기 때문이다. 따라서 맨 마지막 문장에 12월 1일 전에는 예약해야 방을 잡을 수 있다는 말이 중요 단서로 작용한다. 즉, 12월 1일 이후에는 예약이 불가할 수 있다는 뜻이니 적어도 그때까지는 해야만(should) 하는 것이다. 정답은 (B)이다.

Questions 5-8 후기

**시벨리우스의 어려운 협주곡은
어린 바이올리니스트에게 문제가 되지 않는다**

14세의 사이먼 토린은 꽉 들어찬 청중을 장 시벨리우스의 바이올린 협주곡 공연으로 감탄하게 만들었다. **5** 토린은 청소년 연주자 협주곡 대회의 우승자였고, 이 대회는 18세 이하를 대상으로 했다. 상금 5천달러는 음악학교에서 바이올린 레슨에 쓰였으며, 음악학교 오케스트라와 함께 솔로로 공연할 기회도 가지게 되었다.

토린은 아버지의 바이올린을 3세의 나이에 집어 들더니 부모에게 레슨을 요구했다. "우린 그 아이가 너무 어려 연주할 수 없다고 생각했죠. 그러나 그 아인 그렇게 어린 나이에 믿을 수 없는 집중력을 보여 주었어요," **6** 그의 어머니인 메리앤이 말했다. "심지어 5살 밖에 안되었는데, 그는 자주 연습했고, 항상에 대한 집념을 보여주었어요. 10살 때, 그는 첫 경연에서 연주를 했죠." 어머니는 말을 이어갔다. "시벨리우스 협주곡을 연주한 어린 여자 아이에게 경연에서 졌고 그때부터 그 아인 언제가 그것을 연주하겠다고 결심했죠."

7 그리고 사이먼은 연주를 했다! 한 악곡이 끝나고 박수치기를 기다리는 관행은 잊어라. 청중들은 (사이먼의) 제 1 악장 후에 벌떡 일어났다.

사이먼의 시벨리우스 협주곡은 기술적으로 결함이 없었을 뿐 아니라, 그는 또한 어린 아이치고는 깊은 감정을 가지고 연주하였다. 그의 선생인 새뮤얼 **8** 세권도 동조한다: "그는 정말 믿을 수 있는 감정의 폭을 전달하죠: 사랑, 증오, 열정, 죄의식. 그가 연주할 때 나는 이 모든 걸 느낍니다. 그의 연주 소리는 신이 준 재능이에요."

토린은 음악학교 오케스트라와 함께 협주곡을 두 치례 더 공연할 것이다. simontourin.com을 방문해서 티켓에 관한 정보를 알아보라.

challenging 도전적인, 힘든 dazzle 놀라게 하다, 눈 부시게 하다 conservatory 온실, 음악학교 too ~ to do 너무 ~해서 …할 수 없다 incredible 믿을 수 없다 commitment to ~에 대한 헌신 determined 결심한 applaud 박수를 보내다 movement 악장 leap to feet 벌떡 일어나다 not only ~ but (also) ~뿐 아니라 또한 …도(부정어인 not이 맨 앞에 나오면서 도치된 구문) flawless 결점 없는 emotion 감정 passion 열정 gift 신이 준 재능, 선물

5   키워드 찾기 유형

해석 왜 사이먼은 음악학교 오케스트라와 공연을 하도록 초대 되었는가?
(A) 그가 거기서 수업을 받아서
(B) 그의 교사가 그 학교에서 연주를 해서
(C) 그가 대회에서 우승하였기에
(D) 그가 최근에 음악 강좌를 끝내서

해설 일단 음악학교 오케스트라(Conservatory Orchestra)가 키워드에 해당된다. 그리고 4개의 질문 중 첫 번째 질문이니 힌트가 앞에 나올 가능성이 높다. 그가 경연대회에서 상을 받았고, 상금과 더불어 레슨과 연주의 기회를 받게 되었다는 말을 보고 답을 (C)로 선택한다.

6 키워드 찾기 유형

해석 사이먼의 어머니는 아들의 바이올린 연주에 대해 뭐라하는가?
(A) 아버지에 의해서 바이올린 연주법을 배웠다.
(B) 5세의 나이에 경연에 참가하기 시작했다.
(C) 그는 요즘 연습할 시간이 점점 줄어들고 있다.
(D) 어린 시절부터 자신의 연주를 향상시키는 것에 전념하였다.

해설 어머니가 하는 말을 물어 보았으므로 어머니 말을 나오는 곳을 찾는다. 어머니가 한 말은 주로 두 번째 단락에 나오는데, 두 번째 한 말에 해당하는 것이 바로 (D)이다.

7 사실 관계 확인 유형, 키워드 찾기 유형

해석 이 후기 작성자는 그가 본 공연이 성공이었음을 어떻게 나타내고 있는가?
(A) 청중이 사이먼에게 한 곡 더 연주하기를 요청했다.
(B) 협주곡이 끝나기도 전에 청중이 박수를 보냈다.
(C) 다음 공연이 이미 매진되었다.
(D) 오케스트라가 사이먼에게 정회원 멤버십을 제공했다.

해설 질문의 키워드는 공연과 성공이다. 참고로 이 글(후기)을 쓴 사람이 바로 reviewer이며, 그의 의견은 세 번째 단락에 나온다. 보통은 연주가 끝나고 박수가 나오는데, 이번엔 첫 악장 후에 사람들이 벌떡 일어나 박수를 쳤다했다. 굉장한 성공인 것이다. 따라서 (B)가 정답이다.

8 사실 관계 확인 유형, 키워드 찾기 유형

해석 세귄 씨는 사이먼의 연주에 대해서 뭐라고 언급하는가?
(A) 공연 기술을 향상시킬 필요가 있다.
(B) 아버지 덕분에 빠르게 좋아졌다.
(C) 강사들에 의해서 잘 가르침을 받았다.
(D) 복잡한 감정을 전달하는 데 재능을 가지고 있다.

해설 세귄 씨가 말한 부분을 빠르게 스캔하여서 찾는다. 4번째 단락 중간부분에 세귄 씨의 말이 나오고 정답은 (D)이다.

UNIT 05 이중/삼중지문

1 (C) **2** (B) **3** (C) **4** (C) **5** (D) **6** (A)
7 (D) **8** (B) **9** (C) **10** (D)

Questions 1-5 메모, 이메일

1 원룸형 아파트 임대
3 **5** 가구가 갖추어진 혹은 그렇지 않은 형태의 복층 원룸 아파트가 5월 1일자로 임대 이용가능합니다. 주방시설, 욕조가 있는 별도 욕실, 커다란 벽장과 발코니를 포함합니다. 학생이나 젊은 직장인에게 이상적입니다. 아파트는 조그마한 치즈 제조 시설의 위쪽에 위치합니다. 마을에서 동쪽으로 5마일 떨어진 곳에 멋진 경관을 갖추었습니다. 버스는 다니지 않습니다; 임차인은 반드시 차를 소유해야 합니다. **2** 월세 850달러에는 공과금, 유선 TV, 인터넷을 포함하지만 전화는 포함되어 있지 않습니다. 보증금은 필수입니다. 신원 보증인 목록을 보내주세요.

연락처: 마가렛 골즈
(Margaret.golds@SedgeCheeses.com)
세지 치즈
워싱턴주 마못 밸리시
전화 (334) 352-2200

efficiency apartment 원룸형 아파트 lease 임대 furnished 가구가 갖추어진 upstairs 2층의 available 이용 가능한 tub 욕조 closet 벽장 establishment 설립, 기관, 단체 superb 훌륭한, 뛰어난 rent 월세, 임대하다 utilities 공과금 security deposit 보증금 reference 신원 보증인, 추천서

발신: P.Hayes@bestmail.com
수신: Margaret.golds@SedgeCheeses.com
제목: 아파트

안녕하세요, 마가렛,

저는 온라인으로 당신의 광고를 보았고 당신의 가구가 갖추어진 아파트 임대에 관심이 있습니다. 저는 피닉스 대학의 생물학 교수입니다. 그리고 5월 23일부터 시작해서 1년 간 휴가를 가지게 됩니다. 이 쉬는 기간 동안 책을 쓰고자 합니다. **4(B)** 따라서 도시에서 떨어진 조용한 장소를 찾고 있습니다, 작업을 할 수 있도록 말이죠. **4(A)** 또한 아리조나보다는 더 시원한 어떤 곳에 있고자 합니다.

3 **5** 당신의 방이 비게 되는 그 달로부터 한 달까지는 숙박을 필요로 하지 않습니다. **5** 그러나 기꺼이 추가 한 달에 대해 월세를 선불로 내고자 합니다. **4(D)** 제 집은 피닉스에 있고 팔 생각은 없습니다 ― 이것이 제가 임대를 찾고 있는 주요

이유 중 하나입니다. **5(C)** 그렇기에, 저는 이전의 임대주 신원 보증인 목록은 가지고 있지질 않습니다만, 함께 일하는 동료들로부터의 추천서는 드릴 수 있습니다.
답장 바랍니다.

페니 헤이즈
자연과학 교수
피닉스 대학교

biology 생물학 a leave of absence 휴가 empty 텅 빈 up front 선불로 as such 그것으로서 letter of recommendation 추천장 professional 전문가(의) look forward to -ing ~하기를 몹시 기대하다

1 주제 찾기 유형

해석 무엇이 광고되고 있는가?
(A) 비어있는 작업공간
(B) 사업 기회
(C) 주거용 부동산
(D) 보관 시설

해설 광고문에서 광고되고 있는 것을 묻는다면 '주제 찾기 유형'에 해당한다. 광고문에서는 제목 등에서 주제가 나오기도 하니 제목을 보자. efficiency apartment란 원룸형 아파트를 뜻하는 말로 (C)번이 정답이다. 혹시 이 뜻을 정확히 몰랐더라도 '효율성 아파트'라는 직역으로도 충분히 추측이 가능하리라 본다.

2 키워드 찾기 유형, 사실 관계 확인 유형

해석 임차인은 무엇에 대해서 값을 지불하여야 하는가?
(A) 주차
(B) 전화
(C) 텔레비전
(D) 전기

해설 일단 키워드는 값을 지불한다(pay for)는 것이다. 보통 돈 이야기는 후반부에 나오는 편이다. 후반부에 달러 표시인 $을 찾으면 쉬울 것이다. $850부분에 보면 공과금이 (D)로 나와 있고, TV도 쉽게 이해했을 것이다. 마지막으로 전화 서비스는 포함하지 않는다 했으니 이는 월세와 별도로 임차인이 전화비 (B)를 내야함을 의미한다. (A) 주차비는 본문에 언급되지 않았으므로 '내야 하는 것'에 해당하지 않는다.

3 이중지문 대조 유형

해석 언제 페니 헤이즈는 이사를 들어가려 하는가?
(A) 5월 1일
(B) 5월 23일
(C) 6월 1일
(D) 6월 23일

해설 보통 이렇게 날짜들이 나오면 이중지문 대조 유형인 경우가 많다. 두 번째 이메일에서 페니 헤이즈는 '당신의 아파트가 빈 후, 한 달까지는 숙박이 필요하지 않다'고 한다. 이를 첫 번째 광고문에서 보자면 앞 부분에 '5월 1일부터 이용 가능하다'는 말과 비교해 보면 결국 6월 1일 이후에나 들어가겠다는 말로 이해할 수 있다. 정답은 (C)이다.

4 사실 관계 확인 유형

해석 페니가 임대를 원하는 이유로 언급된 것이 아닌 것은?
(A) 더 시원한 기후를 원한다.
(B) 조용한 장소를 필요로 한다.
(C) 직장에 가까이 살기를 바란다.
(D) 그녀는 집을 팔지 않는다.

해설 질문에 NOT이 보이면 사실 관계 확인 유형이다. 이때 (A)~(D)를 먼저 읽고 본문을 보면 더 쉽다는 걸 알게 될 것이다. 이메일에 표시된 곳들을 보면 차례로 (B), (A), (D)가 나오고 있다. 이렇게 사실 관계 확인 유형은 단서가 섞여서 본문 이곳 저곳에 나누어져 나오니 꼭 보기를 먼저 보도록 하자. 정답은 (C)이다.

5 사실 관계 확인 유형

해석 페니가 하겠다고 제안하는 것은 무엇인가?
(A) 세지 치즈사에 전화를 하겠다.
(B) 공장일을 돕겠다.
(C) 집주인에게 임대주 신원 보증인 목록을 제공하겠다.
(D) 5월 임대료를 지불하겠다.

해설 제안의 표현을 찾아야 한다. 페니의 이메일 둘째 단락에서 'I would be happy to~'(기꺼이 ~하겠다)란 표현이 바로 제안의 표현에 해당한다. 페니는 아파트에 6월에 들어갈 계획이지만 5월 월세는 기꺼이 내겠다는 제안을 한다. 그러므로 정답은 (D)이다. 한편 (C)가 오답인 이유는 같은 단락 뒷 부분을 보면 현재 자가 주택에 살고 있어서 임대주 신원 보증인 목록은 없기 때문이다. 그러므로 페니가 제공하겠다는 것은 임대주 신원 보증인 목록이 아닌 동료들의 추천서이다.

Questions 6-10 기사글, 편지, 이메일

제트 익스프레스의 대규모 변화

글렌 챕맨 씀

뉴욕 – 제트 익스프레스는 2003년 생겨난 제트 항공사의 자회사인데, 150명의 직원들이 전세계적 경제 상황으로 인해 12월에 해고될 것이라 발표했다.

이 항공사는 370명을 고용 중인데, 이미 몇몇 항로에 대한 서비스를 줄였고, 국내선의 경우 월 50편 미만으로 운항하게 되었다. 9월에, 이 회사는 또한 역외 콜센터를 시카고에서 인도 델리로 옮

졌다.

6 작년, 이 회사는 매출이 25% 감소했는데, 이는 경제 침체와 여가 여행의 감소로 인한 것이었다. 제트 익스프레스의 선임 매니저 빈센트 필롱 씨는, 판매의 감소에도 불구하고 이 항공사가 대단한 명성과 저렴한 항공요금 때문에 **7** 회복할 수 있을 거라 확신한다고 말했다.

"경제적 상황이 현재 좋지는 않지만, 여러분이 기억할 것은 이것이 모든 분야에 영향을 준다는 사실입니다. 모든 주요 항공사들은 지난해에 걸쳐 삭감을 해왔습니다. 확신컨대 제트 익스프레스는 **10** 다음 회계분기말인 1월까지는 회복할 수 있을 것입니다."

subsidiary 자회사 redundant 잉여의, 남는, 해고된 conditions 조건 cut services 서비스를 중단하다 domestic 국내의 offshore 역외의 revenue 매출 be attributed to ~의 탓이다/덕분이다 downturn 침체 recover 회복하다 due to ~때문에 reputation 명성 low cost 저가의 airfare 항공요금 at the moment 현재는 affect 영향을 끼치다

10월 26일

루스 쿠퍼, 편집자
월간 비즈니스 트래블
하트포드 테라스 660번지
텍사스주 휴스톤시 43902

쿠퍼 양에게,

글렌 챕맨 씨의 10월 15일, 월간 비즈니스 트래블에 실린 기사글에 관해서 편지드립니다. 그 기사글에 담긴 정보가 대부분 옳다는 것은 인정하지만, 지적하고 싶은 부정확한 것이 많이 있습니다.

제트 익스프레스는 370명이 아닌 470명을 고용하고 있고, 그 중에 125명이 일자리를 잃게 되었습니다. 기사글에 나온대로 150명이 아니구요. 또한, 저희는 이달 초에 콜센터를 인도로 이전하지 않기로 결정했고, 대신 그것을 뉴욕으로 옮겨서 본사와 합치기로 했습니다.

8 가능하다면, 이런 수정사항들을 귀하의 신문 다음 판에 실어줄 수 있을까요? 당신의 구독자들이 올바른 정보를 가질 수 있도록 말이에요. **9** 어떤 질문이라도 있으시면 저의 비서인 데이빗 샌더스에게 다음 번호로 전화 주세요. 번호는 (0600) 998-4226입니다.

안녕히 계세요.

애나 그리핀
홍보 담당자
제트 익스프레스

---

regarding ~에 관한 inaccuracy 부정확한 appreciate 인정하다, 감사하다 a number of 많은 point out 지적하다 combine 합치다 assistant 조수 following 다음의

발신: 루스 쿠퍼 <ruthcooper@NYexpress.com>
수신: 애나 그리핀 <a.griffin@jetexpress.net>
제목: 기사글 수정
날짜: 10월 28일

그리핀 양에게

제트 익스프레스를 다룬 기사글에서 이루어진 실수에 대해서 개인적으로 사과를 드리기 위해서 편지를 씁니다. **9** 오늘 아침 전화로 당신의 비서에게 얘기를 했고 그에게 수정사항들이 뉴욕 인콰이어러의 내일 판에 출간될 것이라 확신시켜 두었습니다. 저는 또한 그 기사글을 쓴 분을 만나보았고, 그에게 저희가 이곳 언론인들에 대해 저희가 바라는 높은 기준에 대해서 다시 한번 상기시켰습니다. 더욱이, 저는 **10** 당신 회사에 대한 또 다른 기사글을 다음 회계 분기말에 쓸 계획을 가지고 있습니다. 그때 당신과 인터뷰를 마련하는 것이 가능할까요? 그러면, 저희는 출간 전에 모든 사실들이 올바른지를 확인할 수 있습니다.

안녕히 계세요.

루스 쿠퍼
편집인
뉴욕 인콰이어러

---

personally 개인적으로 apologize for ~에 대한 사과를 하다 feature 특집으로 다루다 assure 확신시키다 remind 상기시키다 furthermore 더욱이 that way 그런 방식으로 ensure 확실하게 하다

6 사실 관계 확인 유형

해석 제트익스프레스에 대해서 명시된 것은 무엇인가?
(A) 재정상 문제를 겪고 있다.
(B) 제트 항공사와 합병할 것이다.
(C) 항공료가 인상되었다.
(D) 현재 신입 직원들을 모집 중이다.

해설 제트익스프레스에 대한 사실을 묻고 있다. (A)~(D)를 먼저 읽는 편이 현명한 방법이다. 정확하게는 세 번째 단락에 나온 내용을 보고 (A)를 답으로 선택해야 한다. 첫 단락은 경기 침체 이야기이지, 이 회사의 침체에 대한 것은 아니기 때문이다. (B)는 합병이 아니라 제트 항공사의 자회사라 했고, (C)는 저렴한 항공료라는 말은 있어도 가격을 올렸다는 말은 없다. (D)는 언급되지 않았다.

7 키워드 찾기 유형, 추론과 암시 유형

해석 펄롱 씨에 대해 추론되어지는 바는 무엇인가?
(A) 그는 이 업계에 너무 시나친 경쟁이 있다고 믿는다.
(B) 그는 제트 익스프레스의 시카고 사무소에 고용되어 있다.
(C) 그는 새로운 자금처를 적극적으로 찾고 있다.
(D) 그는 사업의 미래에 대해서 긍정적으로 생각한다.

해설 일단, 질문의 키워드는 마지막에 나오는 Mr. Furlong 이다. 본문에서 Mr. Furlong이 나오는 것은 첫째 글인데, 거기서 그는 상황은 안 좋지만 제트 익스프레스가 회복될거라 확신한다는 말이 나오고 있다. 따라서 정답은 (D)이다.

8 키워드 찾기 유형, 사실 관계 확인 유형

해석 그리핀 양이 쿠퍼 양에게 요청하는 바는?
(A) 새로운 기사글을 쓰는 것
(B) 잘못된 것들을 고치는 것
(C) 어떤 정보를 보내는 것
(D) 구인광고를 게재하는 것

해설 보통 요청하는 바는 '부탁이나 명령'의 표현으로 나온다. 두 번째 이메일에서 잘못된 기사내용이 있다고 지적하면서 'Could you please…'부분에서 잘못된 기사글을 수정하여 다시 출간해 줄 것을 요청하고 있다. 이 내용은 (B)에 해당한다. (A)는 새로운 글을 쓰란 말인데, 새 기사글은 성성 기사와는 디크다.

9 이중지문 대조 유형, 키워드 찾기 유형

해석 쿠퍼 양은 누구와 통화를 했겠는가?
(A) 애나 그리핀
(B) 빈센트 펄롱
(C) 데이빗 샌더스
(D) 글렌 챕맨

해설 질문의 끝 부분 키워드인 on the phone을 우선 세 번째 지문에서 찾는다. 거기에는 비서 (assistant)에게 전화상 (on the phone) 말했다고만 나오고 실제 이름은 나오질 않는다. 이때 이중지문 대조 유형이라 여기고 위의 두 번째 이메일을 본다. 끝 부분에 '나의 비서 데이빗 샌더스'란 말이 나오니, 결국 쿠퍼 양이 통화를 한 사람은 (C)가 된다.

10 키워드 찾기 유형, 이중지문 대조 유형

해석 언제 쿠퍼 양은 또 다른 기사글을 제트 익스프레스에 대해서 쓸 계획인가?
(A) 9월에
(B) 10월에
(C) 12월에
(D) 1월에

해설 another article이 키워드에 해당한다. 세 번째 지문인 이메일 끝 부분에서 쉽게 찾았을 것이다. 그런데 다음 회계 분기 말이라고만 나오고 몇 월인지는 명시되지 않았다. 이때 이중지문 대조 유형임을 알고 '회계 분기 말'을 찾아본다. 이 단서는 첫 번째 지문에 1월이라고 표시되어 있다. 따라서 정답은 (D)이다.

UNIT 06 기타 신토익 유형 총정리

1 (C)   **2** (B)   **3** (D)   **4** (C)   **5** (B)

Questions 1-2 문자 메시지

엘리 스폴딩	오후 9:25

1 콜린… 이 얘길 하게 되어 미안해, 하지만 내 생각에는 네가 오리엔테이션을 맡아줘야겠어. 단독으로 말이야. 나는 오전 10시에 진료 예약이 있거든.

콜린 길리버	오후 9: 27

오, 너 괜찮아? 난 정말 너에게 의존하고 있는데. 난 우리 회사의 건강 및 안전 정책들에 대해서 충분히 알지 못해.

엘리 스폴딩	오후 9: 29

미안한데, 정말 불가능해. 나 감기 걸린 것 같아. 내가 연설할 수 있는 방법이 없어. 그리고 다른 사람들이 이 감기에 걸리길 원치 않아.

콜린 걸리버	오후 9:31

완전히 이해해! 인사과 캐럴에게 부탁해서 너 대신 해달라고 해야겠어. 그리고, 이 상황에 대해서 우리 매니저에게 알려 줄게.

엘리 스폴딩	오후 9:33

2 정말 친절하구나… 고맙다. 내가 없어서 오리엔테이션에 큰 문제가 생길까봐 걱정이었거든.

콜린 걸리버	오후 9:35

별 것 아니야. 그저 감기 낫는 데에만 집중해. 그럼 곧 사무실에서 보자.

엘리 스폴딩	오후 9:36

좋아. 그리고 내가 내일 필요하거든, 마음 놓고 문자나 전화 줘.

---

oversee 감독하다 **on one's own** 혼자 힘으로, 자기 스스로 **appointment** 약속 **count on** 의존하다 **policy** 정책 **flu** 감기 **way** 방법 **give a talk** 연설하다 **catch** 붙잡다, (병에) 걸리다 **cover for** ~를 대신하다 **I'm afraid** 걱정이다 **absence** 결석, 부재 **get well** 좋아지다 **feel free to do** 마음 놓고 ~하다

1 사실 관계 확인 유형

해석 스폴딩 양에 대해 알 수 있는 바는?
(A) 최근 한 회사에 고용되었다.
(B) 건강과 안전 강좌에 등록하길 원한다.
(C) 내일 행사에 참여할 수 없다.
(D) 걸리버 씨와 아침에 만날 것이다.

해설 질문에 suggest를 보고 사실 관계 확인 유형임을 안다. 스폴딩 씨가 한 문자 중, 첫 메시지를 보고 정답을 알아낼 수 있다. 밤에 문자를 보내면서, 내일 오전에 병원에 가야 해서 상대방에게 혼자 하라는 말을 보면, 그녀는 내일 행사에 참여할 수 없는 상황이다. 정답은 (C)이다.

2 화자의 의도 파악 유형

해석 오후 9시 35분에, 걸리버 씨가 "Don't mention it"이라고 쓴 의미는 무엇인가?
(A) 스폴딩 씨가 어떤 정보를 혼자서만 알고 있으라고 조언을 한다.
(B) 자기가 돕게 되어 기쁘다는 것을 스폴딩 씨가 알기를 원한다.
(C) 스폴딩 씨가 매니저에게 연락해야 한다고 생각한다.
(D) 어떤 문제를 스폴딩 씨와 나중에 논의할 것이다.

해설 질문에 나온 시간과 주어진 문장을 본문에서 찾자. Don't mention it은 직역하자면 '그것을 말하지 말라'는 뜻인데, 정말 말하지 말라는 의미일 때도 있지만, 보통은 '고맙다/감사하다'에 대한 상투적 대답으로 쓰인다. 우리말로 하자면, '뭘 그런 말씀을…', '그런 말씀 안 하셔도 됩니다' 정도의 의미이다. 본문에서는 '너 정말 친절하구나, 걱정했는데…'라는 말 뒤에 이어지는 말이니 돕게 되어 기쁘다는 (B)가 정답이다.

Questions 3-5 기사글

피츠버그 타임즈

3 점점 더 강해지는 레인저 사
조엘 킨몬드 작성

거의 10년 전 레이 굴드에 의해 처음 창립되었을 때, 레인저 스포츠웨어는 피츠버그의 작은 사무실에서 운영되었고 직원은 10명뿐이었다. 첫 몇 년간, 이 회사는 강력한 고객 기반을 세우기 위해 고군분투했다. **4(B)** 그리고 가까스로 파산을 피하기도 했는데 그런 일이 한번은 아니었다. **4(D)** 그러나, 데이브 슈나프를 5년 전 고용한 것이 이 회사의 운명의 극적인 전환의 시작이었다. 이 회사의 마케팅 담당자로서 프레드 베니건에게 인계를 받은 **4(A)** 슈나프 씨는 소셜 네트워킹사이트를 이용하기 시작해서 신규 고객들에게 접근했고, 회사 제품군을 홍보하기 시작했다. 이런 전략은 즉각적인 성공을 가져왔고 판매량은 그가 회사에 온지 1년 만에 거의 두 배가 되었다. — [1] —.

---

5 굴드 씨는 회사의 미래에 대하여 전에 없이 더 자신 있어 한다. — [2] —. 레인저 스포츠웨어는 이제 5층짜리 사무 건물에 있고 100명도 넘는 경력직 직원들을 고용하고 있다. — [3] —. 국내 판매가 치솟고 있어서, 굴드 씨가 예상하기로는 이 회사는 가까운 미래에 이익이 나는 외국 시장으로 진입할 시도를 할 것이라 한다. 그리고 스포츠 의류 업계의 글로벌 리더로서 존립할 것이다. — [4] —.

---

found 설립하다, 세우다 **out of** ~로부터 **struggle to do** 가까스로 ~하다 **establish** 설립하다 **consumer base** 고객층 **narrowly** 가까스로 **avoid** 피하다 **bankruptcy** 파산 **occasion** 경우, 기회 **however** 그러나 **dramatic** 극적인 **reversal** 반전, 역전 **promote** 촉진하다, 홍보하다 **range** 제품(군), 범주, 범위 **tactic** 전략, 전술 **double** 두 배로 하다 **confident** 자신감 있는 비급+ **than ever before** 전에 없이 더 ~하다 **~story** ~층의 **over + 숫자**: ~가 넘는 **experienced** 경험있는 **domestic** 국내의 **soar** 치솟다 **anticipate** 예상하다, 기대하다 **attempt to do** ~하는 것을 시도하다 **break into** 침입하다, 진입하다 **lucrative** 이익이 나는 **in the near future** 가까운 미래에

3 주제 찾기 유형

해석 이 기사글은 주로 무엇에 관한 것인가?
(A) 스포츠의류에 대한 수요 증가
(B) 회사 창업자의 사임
(C) 혁신적인 고용 전략
(D) 한 지역 업체의 성장

해설 주제를 묻고 있다. 제목만 보아도 레인저라는 회사가 점점 더 강해진다고 되어 있으니 답을 쉽게 알 수 있다. 본문에 '한 때 어려웠지만(however) 좋은 마케팅 담당자를 뽑은 다음부터 회사가 잘 되고 있다'는 말이 나온다. 보통 however가 보이면, 그 뒤에 정답이 있으니 주의하자. 정답은 (D)이다.

4 사실 관계 확인 유형

해석 이 기사글에서 레인저 스포츠 의류에 대해 언급되지 않은 것은?
(A) 온라인 광고로 이익을 거두었다.
(B) 과거에 재정적 어려움을 겪었다.
(C) 해외에서 높은 판매량을 달성했다.
(D) 새로운 임원을 5년 전 임명했다.

해설 질문의 NOT을 보고 사실 관계 확인 유형임을 파악한다. 이런 유형은 (A)~(D)를 먼저 읽고 본문을 보는 것이 좋다. 소셜미디어 활용이란 말이 (A)로, 파산을 면한 것이 한 두 번이 아니었다가 (B)로, 그리고 임원급의 새 마케팅 담당자가 채용된 게 5년 전이므로 (D)도 모두 본문과 일치한다. 그러나 (C)의 경우, 활발한 국내 판매를 기반

으로 이익나는 해외 진출을 모색한다는 말은 있어도 그 동안 해외 판매에서 이익이 나왔다는 말은 없으므로 사실이 아 ㅣ다.

5 문장 삽입 유형

해석 [1]~[4]로 표시된 곳 중에 다음 문장이 들어가기에 가장 적합한 곳은?

"지난 몇 년간의 발전사항들은 새로운 곳으로의 이사를 필요하게 만들었다."

(A) [1]
(B) [2]
(C) [3]
(D) [4]

해설 우선 주어진 문장을 잘 본 뒤, 앞뒤 문맥을 살핀다. 증거는 두 가지이다. '지난 몇 년간 발전해왔다'는 말, 그리고 '새로운 곳으로 이사'이다. [1]번 위치는 그가 취임한 첫 해, 즉 1년을 말했으니 지난 몇 년이란 말과 바로 이어질 수는 없다. [2]번 위치는 어떨까? 전에 없이 자신이 있게 되었다는 말은 이미 첫 해 지나고 몇 년 되었음을 암시하며, 바로 뒷 문장은 이제 5층 건물에 위치하고 있다고 하니, 이사간다는 말과 잘 이어진다 볼 수 있다. 따라서 정답은 [2]번 위치, (B)가 되겠다.

UNIT 07 편지와 이메일

1 (A)　**2** (C)　**3** (D)　**4** (C)　**5** (C)　**6** (A)
7 (B)

Questions 1-4 편지

그레고르 샘슨
체스터로 718번지
뉴욕주 뉴욕시
95676

2월 21일

샘슨 씨에게,

1 저는 당신의 새로운 마케팅 캠페인에 대해서 상당히 걱정됩니다. 제가 깨닫기로는 당신은 당신의 탄산음료를 청소년 시장에 흥미롭게 보이기를 바라시는 것 같군요, 그러나 제 생각엔 당신이 지나치신 것 같아요. **3** 당신의 광고 중 상당수는 아이들이 권위에 반항하거나 폭력에 가담하는 것을 **2** 묘사하고 있어요, 당신의 제품을 마신 후에 말이죠. 이것은 더 많은 아이들이 당신의 탄산음료를 마시기를 원하게 만들 수는 있겠지만, 그것은 또한 부모들이라면 자녀에게 사주지는 않도록 만들고 있어요.

기억해두세요, 잡화점에서 구매를 결정하는 것은 부모입니다, 아이들이 아니고요. 분명 대다수 부모라면 아이들이 반항적이 되기를 장려하고 싶지 않습니다.

특히 저는 실망하였는데, 왜냐하면 당신 회사가 지금까지 항상 아주 가족 친화적인 광고 개발 접근 방식을 취해 왔기 때문입니다. 전 지금도 당신의 **4(B)** 쿠키 광고들이 맘에 들어요. 예를 들자면, 형제자매들 사이에 여러 의견 불일치가 있다가 쿠키를 주면서 평화롭게 해결되는 그 광고를 말이에요. 마찬가지로, **4(D)** 초콜릿바와 감자칩들에 대한 광고도 아이들에게 재미있고 어른들을 불쾌하게 하지 않아요. 당신의 광고들이 좀 더 적합해지도록 수정하길 바랍니다.

안녕히 계세요.

해리엣 타일러

---

concerned 걱정하는 soft drink 탄산음료 seem ~해 보이다 go too far 너무 지나치다 depict 묘사하다 defy 저항하다 authority 권위 engage in ~에 관여하다 violence 폭력 make purchases 구매하다 clearly 분명히 encourage 장려하다 disobedient 복종하지 않는 disappointed 실망한 until now 지금까지 take approach 접근법을 택하다 family-friendly 가족 친화적인 sibling 형제자매 resolve 해결하다 chip 감자칩 for instance 예를 들어 likewise 유사하게, 마찬가지로 amusing 즐거운, 재미있는 offend 불쾌하게 하다 revise 수정하다 suitable 적합한

1 주제 찾기 유형

해석 이 편지의 목적은 무엇인가?

(A) 광고 캠페인에 대해 불만을 표하는 것
(B) 특정 브랜드의 탄산음료를 추천하는 것
(C) 좋은 간식거리를 선택하는 데 있어 조언을 요청하는 것
(D) 제어하기 어려운 아이들을 더 잘 훈육하는 법을 제안하는 것

해설 이제 습관이 되었겠지만, 주제 찾기는 보통 앞부분에 답이 나온다. 벌써 첫 줄만 보아도 당신의 광고에 대해 걱정이란 말이 나오니(I am quite concerned) 정답은 (A)임을 쉽게 알 수 있다.

2 동의어 찾기 유형

해석 첫 번째 단락의 세 번째 줄의 단어 "depict"과 의미상 가장 가까운 것은?

(A) 기대하다
(B) 요구하다
(C) **묘사하다**
(D) 창조하다

해설 사실 depict나 정답인 portray는 자칫 모를 수 있는 다소 어려운 단어들이다. 그러나 나머지 보기 3개는 알만한 단어들이다. 따라서 이런 경우, 아는 단어들(expect, demand, create)을 넣어보고 말이 어색하다면 잘 모르는 단어를 답으로 하는 것도 요령일 것이다.
정답은 (C)이다. portray(묘사하다), portrait(초상화), portrayer(초상화가), portrayal(초상, 묘사)와 같은 단어들도 파생어로 함께 알아두자.

3 키워드 찾기 유형

해석 탄산음료 마케팅에 대해 무엇이 언급되고 있는가?
(A) 영양 측면에 집중한다.
(B) 부정확한 자료를 포함한다.
(C) 주로 온라인에 나타난다.
(D) 나쁜 행동을 부추긴다.

해설 질문의 키워드는 질문의 후반부인 soft drink marketing이다. 처음에 soft drink가 등장한 이후에 답이 나올 것으로 예상하고 쭉 읽어보면 권위에 반항하고 폭력에 가담하는 것으로 광고가 이루어지고 있음을 지적하고 있다. 따라서 답은 (D)이다.

4 사실 관계 확인 유형

해석 이 회사가 판매하는 제품으로 언급된 것이 아닌 것은?
(A) 감자칩
(B) 쿠키
(C) 크래커
(D) 초콜릿

해설 보기를 먼저 보고 본문으로 간다. 마지막 질문이니 답이 후반부에 있을 것으로 예상하고 뒷부분을 보면 언급된 3개를 하나하나 지울 수 있을 것이다. 정답은 (C)이다.

Questions 5-7 이메일

수신: mreynolds@MelSym.com
발신: abridges@MelSym.com
제목: 관리 서비스
날짜: 2월 3일

안녕 마리,

지난달에 새로운 관리 서비스에 관해 많은 불만사항들을 받았지. 우리가 업체를 한 달 전에 바꾼 거는 알아.

5 대부분의 불만은 화장실에서 나는 향수 냄새에 대한 것이야. 6(B) 불만을 제기한 사람 중 대부분은 여자들인데, 그러나 몇몇 남자들도 5 화장실에서 너무 향수 냄새가 나서 6(C) 재채기가 나거나 숨이 잘 쉬어지지 않는다고 해. 6(D) 관리하시는 분들이 향수를 거기다가 뿌리는지 아닌지는 잘 모르겠어. 어쩌면 그들의 청소 용품들이 매우 강한 향기를 가지고 있는 걸까?

5 또한 우리 사무실에 쓰레기통이 비워지지 않는다는 불만들도 있어. 이 새로운 용역 계약이 이런 서비스의 빈도수를 줄였는지 아니? 아니면 어쩌면 관리인들이 그저 간과하는 걸까?

7 네가 그 관리 회사에 전화해서 이런 문제들을 해결해주면 고맙겠어.

고마워.

앤드류 브리지
인력 사원부 매니저

complaint 불평 concerning ~에 관한 janitorial 관리의, 잡역의 perfume 향수 smell 냄새가 나다 restroom 화장실 comment 언급하다, 말하다 so ~ (that) 매우 ~해서 결국 ~하다 sneeze 재채기 하다 wheeze 숨을 헐떡이다 scent 향기 trash can 쓰레기통 empty 비우다 frequency 빈도수, 횟수 overlook 간과하다 I would appreciate it if ~라면 감사하겠다 resolve 해결하다

5 주제 찾기 유형

해석 이메일의 주된 주제는 무엇인가?
(A) 향수를 뿌리는 직원들 문제
(B) 새로운 관리인들을 찾는 어려움
(C) 사무실 청소부의 문제점
(D) 직원 질병에 관한 우려

해설 주제는 지문 앞 부분을 보면 된다. 두 번째 단락을 통해 대다수의 불만 사항이 화장실에서 나는 향수 문제인 것, 그리고 세 번째 단락을 통해 또 다른 불만 사항이 사무실 쓰레기통이 잘 비워지지 않는 것임을 알 수 있다. 이는 관리나 청소 서비스에 관한 문제를 의미하므로 이런 서비스를 담당하는 청소부의 문제점을 언급한 (C)가 정답이다.

6 사실 관계 확인 유형

해석 화장실에 대해 언급된 것이 아닌 것은?
(A) 화장실이 적절하게 청소되지 않고 있다.
(B) 화장실에 대한 불평들은 주로 여성들로부터 제기되었다.
(C) 그 냄새는 어떤 직원들이 재채기하게 한다.
(D) 관리인들이 아마도 화장실에서 향수를 뿌릴지도 모른다.

해설 먼저 보기를 읽고 본문을 보면 더욱 좋다. 두 번째 단락에 정답의 단서가 집중되어 나오는데, (B), (C), (D)는 모두 언급되었지만 (A)는 언급되지 않고 있다. 따라서 정답은 (A)이다.

7 키워드 찾기 유형, 사실 관계 확인 유형

해석 앤드류가 마리에게 요청하는 것은 무엇인가?
(A) 쓰레기통을 주기적으로 비우는 것
(B) 관련된 용역업체에 말하는 것
(C) 그에게 관리인 전화번호를 주는 것
(D) 새로운 관리회사를 고용하는 것

해설 요청하는 것에 대한 내용은 보통 글의 후반부, 즉 마무리 부분에 나온다. 여기서도 가장 마지막 부분에 '전화해서 문제를 해결해 주면 좋겠다'고 말하고 있다. 따라서 정답은 (B)이다. 특히 요청을 부드럽게 부탁하는 표현으로 바꾼 I would appreciate it if~(~라면 감사드리겠습니다)라는 표현을 꼭 알아두자.

UNIT 08 회람과 공지

1 (C) **2** (B) **3** (A) **4** (D) **5** (A) **6** (B)

Questions 1-3 회람

> **회람**
>
> 수신: 모든 공항 보안 요원들
> 회신: 전자 리더기 분세섬
>
> **1** 몇몇 전자 리더기의 스크린들은 망가질 수 있습니다. 만약 이런 장치들이 우리가 기내 수하물을 검색할 때 이용하는 엑스레이 장치를 통과하게 된다면 말이죠. 분명 이런 문제는 엑스레이 자체에 있는 것이 아니라, 컨베이어 벨트 위에 형성되는 정전하가 문제입니다. **2** 저희는 이런 문제를 가지지 않는 새로운 컨베이어 벨트를 주문했습니다. 그러나 그것이 도착할 때까지는 저희가 가지고 있는 것들을 계속 써야 합니다. 저희는 사람들에게 이런 문제를 경고하는 표지판을 세울 것이지만, **3** 여러분 모두가 승객들에게 가방을 스캐너 장치를 통과하기 전에 전자 리더기를 가지고 있는지 물어보길 바랍니다. 만약 있다고 하면, 그것들을 꺼내도록 해서, 직접 살펴보길 바랍니다. 그러고 나서 그것을 검색대 반대편에서 그들에게 넘겨주세요.
>
> 안녕히 계세요.
>
> 찰스 거스리

security 보안 **personnel** 직원 **ruin** 붕괴시키다, 망쳐버리다 **pass through** 통과하다 **scan** 검색하다 **carry-on** 기내 반입용의, 수하물의 **apparently** 분명히, 명백히, 보기에 **static charge** 정전하 **build up** 쌓이다, 형성하다 **be stuck with** ~을 고수하다, ~을 (억지로) 계속 쓰다 **put up** 세우다 **if** ~인지 아닌지, ~라면 **look over** 검토하다 **hand back** 되돌려 주다

on the other side 다른 쪽에, 반대쪽에

1 사실 관계 확인 유형

해석 공항 검색대를 통과하는 것은 전자 리더기에 어떤 영향을 주는가?
(A) 검색기의 엑스레이가 스크린을 훼손한다.
(B) 검색기의 엑스레이가 회로를 손상시킨다.
(C) 컨베이어 벨트의 정전기가 스크린을 훼손한다.
(D) 컨베이어 벨트의 정전기가 회로를 손상시킨다.

해설 보통 문제점은 주제와 같아서 도입부를 지나서 나오게 마련이다. 일단 첫 줄을 통해서 회로(circuitry)가 아닌 스크린이 손상된다는 단서를 하나 확보한 후, 두 번째 줄에서 엑스레이가 아닌 컨베이어 벨트 상의 정전하 문제를 짚어낸다면 정답이 (C)임을 알 수 있다.

2 사실 관계 확인 유형

해석 공항은 문제를 해결하기 위해서 무엇을 하려고 계획하고 있는가?
(A) 공항에 안내판을 세우기
(B) 새로운 장치를 설치하기
(C) 전자 리더기를 금지하기
(D) 고장 난 물건들을 교환해주기

해설 보통 해결책은 문제점이 언급된 후에 나오게 마련이다. 따라서 1번 정답을 구한 뒷부분을 보면 될 것이다. 문제점인 컨베이어 벨트를 교체하기 위해서 문제없는 새로운 컨베이어 벨트를 주문했다고 언급되었으므로 성답은 (B)이다.

3 키워드 찾기 유형, 사실 관계 확인 유형

해석 공항 보안 요원들이 요청받은 바는 무엇인가?
(A) 수하물에 전자 리더기가 있는지 사람들에게 물어보는 것
(B) 비행기에 전자 리더기를 가지고 올 수 없음을 사람들에게 알리는 것
(C) 사용 전에 새로운 컨베이어 벨트를 엑스레이 검색기에 설치하는 것
(D) 안내 팜플렛을 탑승객들에게 배부하는 것

해설 요청하는 바를 물어보면 보통 본문의 뒤쪽에서 명령문이나 공손한 부탁의 표현을 찾아야 한다. 이 경우는 "but I'd like you all to~" 부분이 공손한 부탁의 표현이다. 따라서 정답은 (A)에 해당한다.

Questions 4-6 회람

발신: 랜디 브라이트먼, 매장 매니저
수신: 모든 동료 직원들
날짜: 5월 21일
회신: 계절에 따른 변경

4 관광객/여름 시즌이 공식적으로 저희의 모든 북아메리카 매장들에서 일주일 후에 시작합니다. 이 시즌이 시작될 때 다음과 같은 변경사항들이 실행될 것임을 알아두시기 바랍니다.

1. 매장 운영시간이 길어집니다. 주중에는 저녁 9시까지 **문**을 엽니다. **5** 주말 운영 시간은 오전 11시가 아니라 10시에 문을 열며, 닫는 것은 저녁 7시입니다. 이곳이 손님이 붐비는 지점이기 때문에, 도난 사건 발생이 늘어날 것을 예상하고 있습니다. 모든 직원은 항상 이것을 예방하기 위해서 경계해야 합니다. **6(A)** 알아두실 것은 매장 절도범들은 보통 날씨에 맞지 않게 옷을 더 입습니다. 부피가 큰 옷을 입은 쇼핑객들이 의심스러운 행동을 하지 않나 살펴보세요. **6(C)** 지켜봐야 할 흔한 행동에 포함되는 것은 오랜 시간을 매장에서 보내고 나서 **6(D)** 껌이나 음료수 같은 작은 물건을 구매하는 사람들입니다.

2. 모든 휴가는 반드시 적어도 한 달 전에 미리 서면으로 요청되어야 합니다. 매장 직원들이 여름 휴가를 가지길 바란다는 점을 알고 있습니다. 여러분께서 일찍 통보를 해주셔서 저희가 당신의 근무를 대체할 수 있도록 협조해 주세요.

번창하고 성공적인 여름을 위해서 모두 함께 일합시다!

associate 동료 직원 officially 공식적으로 please note that ~라는 것을 알아두세요 implement 실행하다 lengthen 늘리다 instead of ~대신에 busy 바쁜, 손님이 많은 location 위치, 지점 incidence 발생 shoplifting 절도, 도난 be on guard 경계하다 at all time 늘 prevent 예방하다 shoplifter 절도범, 가게 털이범 indicate 나타내다 on the lookout 경계하는 suspicious 의심스러운 bulky 부피가 큰 watch for 지켜보다 time off 휴가 in writing 서면으로 at least 적어도 in advance 미리 notify 통지하다 shift 교대근무 prosperous 번영하는

4   주제 찾기 유형

해석   이 회람의 목적은 무엇인가?
(A) 새로운 인사 변경을 알리는 것
(B) 팔린 상품들의 변경사항을 논의하는 것
(C) 각 직원의 직무를 설명하는 것
(D) 계절에 따른 매장 변경사항들을 설명하는 것

해설   주제는 맨 앞에 나오게 마련이다. 새로운 여름 시즌이고 다음과 같은 변경사항들이 있음을 알린다는 내용이 언급된 첫 두 문장에서 쉽게 답을 알 수 있다. 정답은 (D)이다.

5   키워드 찾기 유형

해석   일요일의 새로운 매장 운영 시간은?
(A) 오전 10시~오후 7시
(B) 오전 10시~오후 9시
(C) 오전 11시~오후 7시
(D) 오전 11시~오후 9시

해설   일요일을 키워드 삼아 답을 찾는다. 본문을 보면 일요일 대신 주말(weekends)로 패러프레이징되어 10시에서 7시라 나와 있다. 따라서 정답은 (A)이다.

6   사실 관계 확인 유형

해석   매장 절도범들에 대해서 언급되지 않은 것은?
(A) 과하게 옷을 입을 수 있다.
(B) 보통 젊은 사람들이다.
(C) 가게에 긴 시간 동안 머물러 있곤 한다.
(D) 종종 비싸지 않은 물건을 구매한다.

해설   우선 (A)~(D)를 먼저 본 후, 본문에서 하나씩 대조한다. shoplifters란 단어를 먼저 찾은 후 하나씩 대조해 보면 (A), (C), (D)는 모두 언급되었음을 알 수 있다. 나이와 관련된 (B)는 전혀 언급된 바 없다. 따라서 정답은 (B)이다.

UNIT 09 기사글과 정보문

1 (D)   **2** (B)   **3** (B)   **4** (D)   **5** (A)   **6** (C)
7 (D)   **8** (A)   **9** (C)

Questions 1-4 기사글

1 적정한 가격의 사무 공간을 찾는다는 것은 점점 더 도시에서 어려운 일이 되어간다. 우리가 겪어왔던 경제적 호황은 더욱 더 많은 회사가 이곳에 사무실을 세우도록 했다. 건설 회사들이 최대한의 능력으로 작업하고 있지만, 새로운 업체들은 사무실 건물들이 지어지는 대로 족족 채워가고 있다. **2** 이러한 상황이 부동산 가격과 기존 사무실들의 월세를 더 높게 만들었다. 이로 인해 새로운 사업체들이 사업을 시작할 수 있는 장소를 찾거나 기존 업체들이 확장해갈 장소를 찾는 것이 어려워졌다. 그래도 당신이 사무 공간을 찾고 있다면, 절망할 필요는 없다. **3** 시내의 핵심지역 그 자체 대신에 외진 교외 지역의 공간을 찾아보라. 업체들은 시내에 위치해 있는 사무실을 가지고 있는 것에서 딸려오는 높은 지위를 좋아하지만, 상당수는 그렇게 중심가에 있을 필요가 사실 없다. **4** 또한 직원 중 누구라도 재택근무를 할 수 있는지 자문해보라. 그것이 실용적이라면 많은 직원은 기꺼이 그런 기회에 뛰어들 것이며, 그래서 이것이 운영에 필요한 사무 공간의 양을 줄여 준다.

affordable 적정한 increasingly 점점 더 cause 원인을 일으키다 establish 설립하다, 세우다 at full capacity 최대한의 능력으로 fill 채우다 lead to ~라는 결과를 일으키다 real estate 부동산 rent 월세 existing 현존하는, 기존의 hard 어려운, 딱딱한 business 사업, 업체 locate 찾다 expand 확장하다 look for 찾다 despair 절망하다 outlying 외딴 suburban 교외의 community 지역 사회 instead of ~대신에 core 핵심 status 높은 지위, 상태 come with ~가 달려져 있다 work from home 재택 근무하다 jump at the chance 기회에 뛰어들다 practical 실용적인 reduce 줄이다 operation 운영

1 주제 찾기 유형

해석 이 기사글에 의하면, 왜 사무 공간이 찾기 어려운가?
(A) 단지 몇몇 사무 건물만이 이 도시에 존재해서
(B) 건물 건축 비용이 증가해서
(C) 대다수 사무소가 한 회사에 의해서 매입되어서
(D) 많은 신규 회사들이 도시로 옮겨오고 있어서

해설 보통 실문에 why가 니오면 주제 찾기 유형이라 보면 된다. 첫 줄에 질문 내용과 같은 사무 공간 찾기가 어렵다는 말이 나오고, 경제 호황으로 사무실을 많이 세우고 있으며, '건설사들이 짓는 대로 신규 회사들이 그 사무실을 채우고 있다'는 말이 결정적인 단서이다. 따라서 정답은 (D)이다.

2 사실 관계 확인 유형

해석 어떻게 경제적 호황은 임대료에 영향을 끼쳤는가?
(A) 임대료를 낮추었다.
(B) 임대료를 올렸다.
(C) 임대료를 일정하게 유지했다.
(D) 임대료를 변동되게 하였다.

해설 보통 질문의 순서대로 본문에서 정답의 단서가 등장한다. 1번 문제의 단서가 나온 바로 뒤에 부동산 값도 올라가고 월세도 올라갔다는 말이 나온다. 따라서 정답은 (B)이다.

3 사실 관계 확인 유형

해석 이 기사글은 사무 공간을 어디서 찾아보라고 권유하는가?
(A) 시골에서
(B) 교외에서
(C) 부유한 이웃 지역에서
(D) 시내 지역에서

해설 질문에 recommend가 본문에 'Try ~ing'(한번 ~해보라)로 표현되고 있다. 시내 핵심지역 말고 교외 지역에서 찾아보라고 했으니 정답은 (B)이다. (A)의 시골(country)은 교외(suburban)와는 전혀 다른 단어이다.

4 사실 관계 확인 유형

해석 이 기사글에 따르면, 어떻게 회사들이 그들이 필요한 공간의 양을 줄일 수 있다고 하는가?
(A) 꼭 필요하지 않은 직원들을 해고함으로써
(B) 직원들에게 더 적은 개인적인 공간을 주는 것으로써
(C) 기술을 이용하여 더 많은 과제를 완성하도록 함으로써
(D) 직원들이 재택근무를 하도록 장려함으로써

해설 위 3번 정답에 이은 또 다른 해결책으로 글쓴이가 제시하는 방법이다. Also(또한)라고 시작하는 부분 이후에 직원들이 재택근무가 가능한지 살펴보란 말이 있다. 이 말과 함께 이게 실용적이면 직원들이 재택근무를 할 것이고 이것이 사무 공간의 양을 줄여 준다고 되어 있으므로 (D)가 정답임을 알 수 있다.

Questions 5-9 기사글

5 시민 투표 결과가 오늘 시청으로부터의 보도 자료에서 발표되었다. 강 위로 개선된 경전철 다리를 갖게 되고 순환도로의 마지막 구역이 건설될 것이지만, 새로운 컨벤션 센터는 금방 될 것 같지는 않다.

예상되기로는 경전철 다리를 수리하고 개선하는 데 5백만 달러가 필요하다. **7(A)** 이에 맞는 연방 기금이 이용 가능하고, 이로 인해 이것은 매우 매력적인 프로젝트이며 중요한 프로젝트가 되었다. **7(C)** 예상되기로는 완공하는 데 1년 걸릴 것이며 **7(D)** 이번 달 말 이전에 시작할 것으로 예정되어 있다. **7(B)** 공사 중에 기차들은 계속 운행될 것이다. 때로 지연되는 일도 있을 것이다.

8 절실히 필요했던 윌리엄 래더튼 고속 도로 연장 또한 승인되었다. 그것은 또한 약간의 연방 기금을 포함하게 될 것이다. 새로운 연결 도로는 남동쪽 존스 도로에서 32번 고속 도로와 북동쪽 리처드대로 사이의 교차로로 이어질 것이다. 시장은 이 새로운 도로가 현 공항 접근로를 따라 발생하는 교통혼잡을 완화하는 데 반드시 필요하다고 하였다. 새로운 고속 도로에서 곧장 공항으로 갈 수 있는 **6** 전용 출구가 생길 것이다. **7(D)** 이번 프로젝트에 대한 공사는 다음 달에 시작하며, 18개월 걸릴 것으로 예상한다.

안타깝게도, **9** 이 도시 거주민들은 영업세를 인상해서 새로운 컨벤션센터를 짓는 것을 승인하지는 않았다. 관광 업계와 식당 운영자들은 분명 실망할 것이다.

result 결과 city-wide 시 전체에 걸친 vote 투표, 투표하다 announce 발표하다 press release 보도 자료 it appears that ~인 것 같다 refurbish 다시 새롭게 하다 light rail 경전철 ring road 순환로 immediate 즉각적인 estimate 예상하다 matching 어울리는 federal 연방의 available 이용 가능한 attractive 매력적인 as well as ~뿐만 아니라 take 시간이 걸리다 complete 완성하다 be slated to do ~할 예

정이다 occasional 때때로의 delay 지연 much needed 몹시 필요로 되는 extension 연장 approve 승인하다 junction 교차로 state 말하다 desperately 필사적으로 ease 완화하다 congestion 교통혼잡 approach road 접근로 dedicated 헌신적인, 전용의 exit 출구 straight 곧장 be expected to do ~하기로 예상된다 unfortunately 유감스럽게도 populace 대중, 서민 hike 급등 disappointed 실망한

5 키워드 찾기 유형

해석 이 기사글에 논의된 문제에 투표한 사람들은 누구인가?
(A) 시 거주자들
(B) 시의회 의원들
(C) 외국인 투자자들
(D) 국가의 지도자들

해설 'Who voted~?'란 질문을 생각하며 본문에 city-wide public vote란 말에서 단서를 찾아야 한다. '시 전체에 걸친 투표'란 뜻인데, 이 뜻은 시에 사는 유권자들이 전부 투표를 했음을 나타낸다. 따라서 정답은 (A)이다.

6 동의어 찾기 유형

해석 세 번째 단락의 다섯 번째 줄의 단어 "dedicated"와 의미상 가장 가까운 것은?
(A) 헌신적인
(B) 고마워하는
(C) 특정한
(D) 경외하는

해설 우리가 보통 아는 dedicated는 '헌신적인' 이란 뜻으로 (A)와 동의어로 많이 알려져 있다. 그러나 본문에 넣어 보면 '헌신적인 출구(exit)'라는 의미가 되어 어색하다. 따라서 이런 경우는 자기가 아는 뜻만 고집하지 말고 (A)~(D)를 하나하나 넣어서 본문에 어울리는 것을 답으로 해야 한다. 여기서 dedicated는 (C)와 가장 가까운 뜻인데, 직역을 해보면 알 수 있을 것이다. 출구인데 그쪽으로만 이어지는 출구이므로 '전용 출구'를 의미한다. 즉 '특정 출구'라는 의미와 가깝다 볼 수 있다.

7 사실 관계 확인 유형

해석 다리에 대해서 사실이 아닌 것은?
(A) 이 비용의 일부는 연방 자원에서 나올 것이다.
(B) 기차들은 공사 중에 계속 이 다리를 사용할 것이다.
(C) 작업은 완성하는 데 1년이 걸릴 예정이다.
(D) 수리 작업은 다음 달에 시작될 것이다.

해설 먼저 (A)~(D)를 보고 본문을 보자. 두 번째 단락에서 (A), (B), (C)가 각각 언급되었다. 그러나 본문에서 이번 달 말 전에 시작한다고 되어 있기에 (D)의 내용이 잘못되었다. 참고로 다음 달(next month)에 시작되는 것은

다리에 관련된 것이 아니라 고속 도로 연장에 관한 것이다.

8 사실 관계 확인 유형, 키워드 찾기 유형

해석 무슨 도로가 연장될 것인가?
(A) 윌리엄 래더톤 고속도로
(B) 존슨 스트릿
(C) 고속도로 32번
(D) 리처드 대로

해설 질문에서 extended가 키워드이다. 세 번째 단락 첫 문장에서 'extension to the William Ratherton Highway'가 정확히 언급되었다. 정답은 (A)이다.

9 추론과 암시 유형

해석 컨벤션 센터가 지어지지 않을 가능성이 있는 이유로 암시된 것은 무엇인가?
(A) 사람들이 현재의 컨벤션 센터를 사용하는 것을 즐긴다.
(B) 식당과 관광 영업주들이 모두 반대투표를 하였다.
(C) 재원 마련을 위한 판매 세금 인상이 필요하다.
(D) 이미 진행 중인 공사가 너무 많다.

해설 질문의 imply를 보고 추론 유형임을 파악한다. 마지막 단락에 보면, 시민들이 컨벤션 센터를 짓기 위한 판매세 인상을 승인하지 않았다고 나온다. 이는 컨벤션 센터를 지으려면 판매세 인상이 필요하다는 뜻이 된다. 그런데 판매세 인상이 승인되지 않았으므로 지을 수 없다. 따라서 정답은 (C)이다.

UNIT 10 광고문

1 (A) **2** (C) **3** (D) **4** (C) **5** (C) **6** (B)
7 (C) **8** (D)

Questions 1-4 광고문

고객 지원 직원 모집

1 고객층이 확장되어, 웨스트텔 사는 6명의 새로운 고객 지원 기술자를 뽑아 샌디에이고 지사에서 일하게 하고자 합니다.

2(A) 성공적 지원자라면 스페인어와 영어 2개 국어를 할 수 있어야 하며, **2(B)** 1~3년간의 기술 판매나 기술 지원 경험이 있어야 합니다. 컴퓨터, 원격통신, 혹은 그 밖의 다른 기술 경험도 좋습니다. **2(C)** 고등학교 이후의 교육을 받은 사람을 우대합니다. 시간제 대학 학생이나 인턴들도 고려 대상입니다. **2(D)**

이전 고용주의 추천서는 필수입니다.

이러한 하급 (고객) 지원 직책에서 할 일은 사무실에서 이메일 발송하는 것과 전화통화 지원을 포함합니다. 근무 일정은 오전 근무 (7시~3시), (공석 3)나 오후 근무(3시~7시), (공석 3)입니다. **3** 직원들은 시간을 잘 지켜야 하며 신뢰할 만해야 합니다. 모든 자리에 대한 근무 시작일은 4월 14일입니다.

4 추가 정보를 위해서는 555-7336으로 전화 주셔서 샐리를 찾으세요. 편지나 이력서는 humanresources@WestTel.com 으로 보내주세요.

due to ~때문에 expanding 확장해가는, 커져가는 customer base 고객층 bilingual 2개국어를 하는 acceptable 받아들일 수 있는 preference 선호 consider 고려하다 reference 추천(서) previous 이전의 required 반드시 필요로 되는 junior 아래 직급의, 더 어린 involve 포함하다 either A or B: A이거나 혹은 B weekday 주중, 평일 openings 공석, 결원 punctual 시간을 잘 지키는 reliable 신뢰할 만한 further 추가적인 ask for 요청하다, 요구하다 résumé 이력서 human resources 인력자원

1 추론과 암시 유형, 주제 찾기 유형

해석 왜 웨스트텔 사는 더 많은 고객 지원 인력을 고용하고 있는가?
(A) 고객이 너 많아지고 있어서
(B) 고객들이 더 많은 질문을 하고 있어서
(C) 새로운 지점이 최근에 개점해서
(D) 추가적인 서비스가 도입되고 있어서

해설 질문에 why가 나오면 주제에 해당한다. 따라서 맨 앞을 본다. due to(~때문에)로 시작하는 부분에서 expanding(커지는) customer base(고객층)를 보고 추론을 하자면 이 회사가 직원을 모집하는 이유는 고객이 늘고 있기 때문이라는 것을 알 수 있다. 정답은 (A)이다.

2 사실 관계 확인 유형

해석 필수 조건으로 언급되지 않은 것은?
(A) 2개 국어를 하기
(B) 관련 근무 경험
(C) 기술 전문대학 학위
(D) 과거 상사들로부터의 추천서

해설 질문의 NOT을 보고 사실 관계 확인 유형임을 안다. 이런 유형은 (A)~(D)를 먼저 본 후 본문과 대조하며 하나씩 지워간다. 특히 구인 광고에서는 필수 조건과 우대 조건을 구분하는 것이 중요하다. 필수 조건은 이에 해당 하지 않으면 안 뽑겠다는 것이고, 우대 조건은 있으면 좋지만 없다고 안 뽑지는 않는다는 의미이다. 본문에서 successful candidates라든가 required는 필수 조건에

해당한다. 그러나 preference will be given은 우대 조건에 해당하여 (C)는 필수 조건이 아님을 알 수 있다. 정답은 (C)이다.

3 사실 관계 확인 유형, 키워드 찾기 유형

해석 광고문에 따르면, 직원들은 무엇을 할 것으로 기대되는가?
(A) 훈련 시간에 참여한다
(B) 정기적으로 출장을 간다
(C) 주말에 근무한다
(D) 정시에 출근한다

해설 질문에 기대되는 바를 키워드 삼아 본문에서 찾는다. 본문에 Employees are expected to be punctual이란 부분에서 시간 엄수를 기대한다 했으니 직원들은 정시에 출근해야 한다. 정답은 (D)이다.

4 사실 관계 확인 유형, 키워드 찾기 유형

해석 어떻게 하면 이 자리에 대해 더 많은 것을 알 수 있는가?
(A) 웹사이트를 참고함으로써
(B) 사무실을 방문함으로써
(C) 회사에 전화함으로써
(D) 이메일을 보냄으로써

해설 보통 '더 많은 것을 알려면 ~하세요'하는 부분은 본문의 끝부분에 나온다. 마지막 단락에서 전화번호를 알려주고 샐리를 찾으라고 하는 부분에서 정답이 (C)임을 알 수 있다.

Questions 5-8 책자 발췌문

5 새로운 패밀리 펀 피트니스 이용권이 마침내 왔습니다, 시빅 피트니스 센터가 여러분에게 전해드립니다.

각 가정에서는 각기 다른 피트니스 요구 사항들이 있죠. 4가지 새로운 멤버십 패키지 중에 골라서 저희의 놀라운 신규 설비를 이용해 보세요.

수영/피트니스 패키지 4인 가족 기준 475달러
이 패키지는 정기적으로 올림픽 공식 규정 크기의 수영장을 즐기는 가족에게 가장 좋습니다. **6** 이 패키지는 또한 성인들에게는 주 1회 아쿠아 피트 수업도 듣게 해드립니다(사전 등록 필수)!

스케이팅/피트니스 패키지 4인 가족 기준 550달러
주 2회 가족 스케이팅 시간을 이용해 보세요. **7** 스케이트장은 1년 내내 신선하고, 재미있고, 가족들이 즐길 수 있습니다. 매 방문 시 2켤레의 스케이트화를 빌려 드립니다. 10대 자녀들이 좋아할 겁니다!

수영, 스케이트 & 스웨트 패키지 4인 가족 기준 600달러
이 패키지로 무제한 수영과 스케이팅을 이용할 수 있습니다. 각

멤버들은 월 10회 피트니스 수업도 받을 수 있습니다. **8** 이것은 피트니스 수업의 기쁨을 이제 막 알게 된 성인들을 위한 완벽한 조합입니다.

슈퍼 피트니스 펀 패키지 4인 가족 기준 700달러
이 패키지는 피트니스 수업과 순환식 훈련을 즐기는 가족들에게 완벽합니다. 이 무제한 이용권을 가지고 성인들은 피트니스룸을 이용할 자격을 갖춥니다. 또한, 성인이나 아동 모두가 다양한 운동 수업에 참여할 수 있습니다. 이 수업에 포함된 것은 에어로빅, 킥복싱, 요가, 스텝, 그리고 크로스핏입니다.

civicfitnesscenter.com을 방문해서 이 훌륭한 패키지 중 하나에 당신의 가족을 등록하세요.

finally 마침내 needs 요구사항, 필요조건 choose from ~중에 선택하다 take advantage of ~을 이용하다 amazing 놀라운 facility 설비, 시설 work 효력이 있다 regularly 정규적으로 qualify 자격을 주다 advance registration 사전 등록 required 필수적인 bi-weekly 격주의, 주2회의 arena 경기장 year-round 연중내내 grant 허락하다, 허가하다 unlimited 무제한의 combination 조합 discover 발견하다 circuit training 순환식 훈련 pass 통행증, 이용권 entitle 자격을 주다 adults 성인 allow 허락하다 both A and B: A와 B 둘 다 attend 참석하다 various 다양한 register 등록하다 terrific 훌륭한, 멋진

5   주제 찾기 유형

해석   이 안내 책자 발췌문의 목적은 무엇인가?
(A) 인쇄 오류를 수정하는 것
(B) 가격 변동을 알리는 것
(C) 새로운 패키지를 소개하는 것
(D) 구직 기회를 설명하는 것

해설   주제 찾기는 첫 줄에 잘 나오는데, 첫 줄을 시작으로 피트니스 패키지들을 소개하고 있다. 정답은 (C)이다.

6   키워드 찾기 유형

해석   어떤 활동이 사전 등록을 필요로 하는가?
(A) 스케이팅
(B) 아쿠아핏
(C) 요가
(D) 크로스핏

해설   질문의 registration in advance를 본문의 advance registration으로 바꾸어 놓았다. 정답은 (B)이다.

7   추론과 암시 유형

해석   이 경기장에 대해 암시된 것은?
(A) 주말에만 연다.

(B) 야외 시설이다.
(C) 여름철에 연다.
(D) 아이들에게만 개방된다.

해설   arena를 키워드로 우선 본문에서 찾는다. 표시된 곳을 보면 1년 내내 연다(open year-round)고 했으니 (C)가 정답임은 확실하다. (A)는 1년 내내 오픈이란 말에 어긋나고, (B)의 경우 1년 내내 연다면 상식적으로 야외 시설일 리가 없다. 적어도 더운 여름에도 열려면 야외 시설인 스케이트장이 존재할 수가 없기 때문이다. (D)의 경우 family activity란 말이 언급되어 있으므로 오답이다.

8   사실 관계 확인 유형, 키워드 찾기 유형

해석   이 책자 발췌문에 따르면, 수영, 스케이트 & 스웨트 패키지를 가장 즐길 사람은 누구일까?
(A) 어린 자녀를 둔 부모들
(B) 스케이트 타기를 배우는 아이들
(C) 몸무게 감량을 하려는 10대들
(D) 피트니스 수업에 새로 온 성인들

해설   질문 마지막에 나온 패키지 이름을 키워드 삼아 본문 해당 부분을 살핀다. 본문에 '피트니스 수업의 기쁨을 이제 막 알아가는 성인에게 완벽한 조합이다'라고 했으니 정답은 (D)이다.

UNIT 11 표와 양식

1 (A)   **2** (B)   **3** (D)   **4** (A)   **5** (A)   **6** (D)
7 (D)

Questions 1-4 양식

잠시 시간 내서 다음 고객 사건 보고서를 작성해 주세요. 저희 기록용입니다.

이름: 빌 놀란
주소: 기골 레인 92번지
도시: 시카고   주: 일리노이   우편: 30245
전화: 555-4524

불편 사항은 무엇이었나요?

상품 결함 v   서비스 불만
과다 청구   기타

1 당신의 문제를 처리한 고객 서비스 직원은 어떠했나요?
예의 없음   관련 지식 없음
1 정중함 v   **1** 관련 지식 정통 v

만족스럽게 문제가 해결되었나요?

네   아니오 v

추가 의견:
커피 메이커를 11월에 귀하의 사이트에서 아내를 위한 크리스마스 선물로 주문했습니다. 그러나, 아내가 그것을 개봉하고 플러그를 꼽았을 때, **3** 거의 즉시 펑 하며 불꽃이 일었습니다. 다행히, 우리는 곧 불을 껐고 아무도 다치지는 않았습니다. 그러나, 그 기계는 분명히 결함이 있었고, **2** 그래서 그것을 반납하고 환불을 받으려 했습니다. **1** 내가 만난 고객 서비스 직원은 매우 친절하고 아는 바도 많았지만, **4** 그는 30일 이상 전에 구매된 물건에 대해서는 어떤 물건도 환불이 불가하다 했습니다. 매니저와 말해도 마찬가지였습니다. 보통 때라면 이런 것은 합리적인 방침일 것이지만, 크리스마스가 얼마 안 남은 몇 달간에 있어서는 말이 안 됩니다.

take a moment 시간을 내다 fill in 작성하다 following 다음의 incident 사건 address 주소, 연설, (문제를) 처리하다 zip (code) 우편번호 defective 결함 있는 merchandise 상품 poor 열악한, 가난한 overcharge 과다 청구하다 describe 설명하다 rep 대표, 직원(= representative) deal with 다루다, 처리하다 rude 버릇 없는 polite 정중한 knowledgeable 지식이 있는 burst into flame 펑 하며 불꽃을 내다 immediately 즉각 put out 끄다 right away 즉각 hurt 다친 clearly 분명히, 명백히 pleasant 즐거운, 유쾌한, 기분 좋은 refund 환불하다 more than 이상 repeat 반복하다 reasonable 합리적인 policy 정책, 방침 normally 보통, 정상적으로 make sense 이치에 맞다, 합당하다 lead up to ~로 이어지다

1   추론과 암시 유형

해석   놀란 씨에 대해 유추할 수 있는 바는 무엇인가?
(A) 그는 응대해준 직원이 전문성을 갖추고 있다고 생각한다.
(B) 그는 이 회사의 단골 고객이다.
(C) 그는 새로운 지점에서 물건을 구입했다.
(D) 그는 물건을 구입 후 신용카드로 결제했다.

해설   질문에 나온 '고객서비스 직원'이나 '대하다, 다루다 (deal with)'를 키워드 삼아 본문에서 찾아 본다. 그 두 키워드가 연속적으로 나오는 부분이 두 군데인데, 하나는 본문의 설문 항목이고, 또 하나는 놀란 씨가 직접 쓴 코멘트 부분이다. 두 군데 모두 공통적으로 하는 말이 '친절하고 정중하고 지식도 많지만 환불은 안 해줘서 불만이다'라는 내용이다. 이와 가장 근사치로 어울리는 보기는 (A)일 것이다. 따라서 정답은 (A)이다.

2   추론과 암시 유형

해석   놀란 씨가 요청했던 사항은 무엇으로 추정되는가?
(A) 수리 서비스
(B) 환불
(C) 교환품
(D) 상품권

해설   추가 의견에 상품 결함에 대한 환불을 못 받았다고 되어 있는 것으로 보아 그가 요청한 것은 '전액 환불'임을 알 수 있으므로 정답은 (B)이다.

3   사실 관계 확인 유형

해석   놀란 씨의 커피 메이커에는 무슨 일이 있었는가?
(A) 꺼지지 않았다.
(B) 부서졌다.
(C) 켜지지 않았다.
(D) 불이 붙었다.

해설   구체적으로 문제점을 언급한 놀란 씨의 코멘트를 확인한다. 특히 however 이후에는 정답이 잘 나온다는 것도 꼭 알아두자. burst into flames란 표현은 '펑하고 터져서 불이 붙었다'는 의미로 이와 비슷한 표현인 (D)가 정답이다.

4   추론과 암시 유형

해석   왜 고객 서비스 직원은 놀란 씨의 요구를 충족시켜주지 못했는가?
(A) 그가 너무 오래 지나 반품했다.
(B) 그가 물건을 세일기간에 구입했다.
(C) 그가 영수증을 주는 것을 잊었다.
(D) 그가 제품 보험을 들지 않기로 결정했다.

해설   고객 서비스 직원이 거절한 이유가 나온 부분을 찾아 보면, 30일이 지나면 환불이 안 된다고 했다. 물론 그 다음에 매니저도 마찬가지로 말했다고 한다. 따라서 놀란씨의 구매일로부터 환불을 받기 위해 찾아온 날까지는 적어도 30일은 지난 거라 볼 수 있고 이를 적절히 묘사한 것은 (A)에 해당한다.

Questions 5-7 일정표

영화 제목	범주	내용	시간
해피 랜드	가족용	아무도 본적 없는 곳에 사는 마법의 생명체에 관한 재미 있는 영화. 아무도 본 적 없는, 다시 말해 노아가 지하실에 있는 비밀의 문을 발견할 때까지 아무도 못 본, 그 문은 그를 해피랜드로 이끕니다. **5** 이것은 모든 연령대의 아동를 위한 좋은 영화입니다.	오후 2시
익스트림 빅토리	액션	**7** 성원에 힘입어 못 보신 분들을 위해 익스트림 빅토리를 다시 상영합니다. 빠른 속도로 진행되는 영화로 여러분은 몸을 앞쪽으로 바짝 당기게 될 것입니다. 넬슨 볼드리가 고속으로 추격하고 용감한 묘기들을 선보이면서 악을 물리칠 때 함께 하세요. 16세 미만 관람 불가.	오후 4시, 오후 6시
새벽이 올 때까지 춤을	로맨틱 코미디	가벼운 마음으로 볼 수 있는 코미디물로 젊은 여자가 억압에 저항하며 댄스 그룹에 합류하여 뜻하지 않게 사랑을 찾아가는 내용입니다. 16세 미만 관람 불가.	오후 7시, 오후 9시
공포 축제	**6** 공포물	**7** 공포 축제를 한 주 더 상영합니다. 심장이 약하신 분은 오지 마세요. 이것은 서스펜스와 공포로 가득한 영화입니다. 공포를 맛보고 싶다면 바로 당신을 위한 영화입니다. 18세 이상만 관람 가능.	**6** 오후 11시

category 범주, 범위 description 설명, 묘사 fun 재미있는 magical 마법의 creature 생명체 that is 다시 말해, 즉 discover 발견하다 basement 지하실 lead 이끌다 extreme 극단적인 victory 승리 demand 수요, 요구 bring back 나시 가져오다 miss 놓치다, 그리워하다 fast-paced 빠른 박자의 edge 끄트머리 defeat 쳐부수다, 무찌르다 evil 악 chase 추격 daring 용감한 feat 업적, 묘기 dawn 새벽 light-hearted 가벼운 마음의 confront 직면하다 inhibition 억제, 금지 unexpectedly 예상치 못하게 scare 공포 fest 축제 extend 연장하다 faint 약한, 희미한, 현기증 나는 suspense 불안, 걱정, 지속적 긴장감 fear 공포, 두려움 restricted 제한된

5 사실 관계 확인 유형, 키워드 찾기 유형

해석 무슨 영화가 아이들에게 가장 적합하겠는가?
(A) *해피 랜드*
(B) 익스트림 빅토리
(C) 새벽이 올 때까지 춤을
(D) 공포 축제

해설 질문의 키워드인 '아이들에게 가장 적합한'을 찾아 본다. 각 영화에 대한 내용 설명(description) 부분의 끝에 마다 나오는 관람 가능 나이를 확인하면 쉽게 알 수 있다. '모든 연령대의 아이들을 위한 좋은 영화(a great film for kids of all ages)'라는 (A)가 가장 적합하다. 나머지는 16세, 혹은 18세 이상 관람 가능한 등급이다.

6 사실 관계 확인, 키워드 찾기 유형

해석 영화를 보러 가는 사람들은 언제 공포 영화를 볼 수 있는가?
(A) 아침에
(B) 오후에
(C) 이른 저녁에
(D) 밤에

해설 영화 카테고리에서 horror를 찾아보면 쉽게 알 수 있다. horror에 해당하는 것은 Scare Fest뿐이고, 오른쪽 끝에 보면 time 항목에 '오후 11시'라 나타나 있다. 따라서 공포 영화를 즐기는 사람이라면 밤에 가야 할 것이다. 물론 상식적으로도 공포 영화는 밤이 제격이긴 하지만, 상식으로 풀려고 하면 안되고 반드시 본문에 주어진 단서를 확인하여 실수 없이 문제를 풀도록 하자.

7 추론과 암시 유형

해석 이 영화들에 대하여 추론되는 바는 무엇인가?
(A) 모두 동일한 사람에 의해 감독되었다.
(B) 모두 상을 받은 영화들이다.
(C) 몇몇은 예전 영화의 리메이크 작품들이다.
(D) 몇몇은 전에도 상영된 바 있다.

해설 여기 나온 4건의 영화 모두에 대해 공통적으로 추론되는 바를 찾아야 한다. 감독이나 상에 대해서는 전혀 언급된 바 없기 때문에 (A), (B)는 답에서 제외한다. (C), (D)가 **초름** 옛싈일 수 있을 것이다. 익스트림 빅토리는 성원에 힘입어 못 보신 분들을 위해 다시 상영하는 것이고 공포 축제는 한 주 더 연장 상영하는 것이다. 이것을 이전 영화의 리메이크라 할 수는 없을 것이다. 다시 상영한다는 말이나 한 주 더 연장한다는 것은 그 전에도 똑같은 영화가 이미 상영된 바를 의미하므로 정답은 (D)이다.

UNIT 12 편지와 이메일 삼중지문

1 (C) **2** (C) **3** (D) **4** (C) **5** (B) **6** (C)
7 (B) **8** (A) **9** (A) **10** (A)

Questions 1-5 이메일, 정보글

수신: 마크 브로튼, 젠서브 주식회사
발신: 리치 갤러거, RG 빌딩 계약업체
날짜: 4월 13일
제목: 리모델링 작업에 대한 입찰

브로튼 씨에게,

1 귀하의 사무실 건물에 귀하께서 희망하시는 리모델링 작업에 대한 저희의 입찰서를 동봉하오니 살펴봐 주십시오. 제가 방문 시에 측정한 수치를 이용하였고, 우리가 함께 논의했던 것을 활용하여 견적을 작성했습니다. 이것은 당신의 새로운 사무실의 바닥재에 대한 서로 다른 재료들에 대한 선택사항을 포함하고 있습니다. 선택사항은 다음과 같습니다:

  1) 카페트: 200달러
  2) 타일: 350달러
  3) 콘크리트: 400달러
  4) **3** 하드우드 : 550달러

서의가 그저 소규모의 가족끼리 운영하는 업체라 **2** 걱정을 표명하셨죠. 따라서 저는 이 지역 사회의 과거 고객들의 목록을 동봉하는 바입니다. 이 프로젝트들은 주택 건축이나 개조, 뿐만 아니라 사무실 단장을 포함합니다. 저희가 사업하는 방식에 대해서 어떠한 질문이라도 있으시다면, 이런 추천인들에게 맘껏 연락해 보셔도 됩니다.

곧 소식 듣게 되기를 바랍니다!

안녕히 계세요.

리치 갤러거

bid 입찰 enclosed 동봉된 measurement 측정 put together 합치다, 모으다 estimate 견적서 material 재료 flooring 바닥재 option 선택사항 express 표현하다 concern 걱정, 염려 family-run 가족에 의해 운영되는 therefore 따라서, 그래서 local 지역의 community 지역사회 renovation 개조 as well as 뿐만 아니라 outfitting 채비 feel free to do 마음 놓고 ~하다 reference 추천인, 신원보증인

RG 빌딩 계약 업체 – 이전 고객			
성함	전화번호	프로젝트	프로젝트 지속 기간
4 로저 카스톤	445-9292	**4** 오래된 헛간을 주택으로 개조	5개월
웬디 마치	446-8284	사무 건물 건설	7개월
잭 브라이스	445-8195	주택 개조	2개월
머독 킹	445-9856	사무실이 있는 창고 건설	5개월

duration (지속되는) 기간 antique 골동의, 오래된 barn 헛간 conversion 전환, 변환 warehouse 창고

수신: 리치 갤러거 <r.gallagher@RG.com>
발신: 마크 브로튼 <markbroughton@Genserve.inc>
제목: 리모델링 작업
날짜: 4월 18일

갤러거 씨에게,

저희 사무실 개조 작업을 위한 입찰서에 감사드리며, 또한 제안서와 더불어 동봉해주신 추가 정보 사항에도 감사드립니다. **4** 당신의 제안대로 당신의 이전 고객님 중 한 분에게 연락해 보았습니다. 그들은 당신이 그들의 헛간을 개조하여 주거 건물로 만드는 방식에 매우 만족했다고 하더군요. 그것으로써, 우리는 당신의 제안을 받아들여 견적된 작업을 하도록 하고자 합니다. **3** 동료들과 상의를 한 후에, 저희는 하드우드 바닥재를 사무실에 설치하기로 결정했습니다. **5** 제게 제안된 일정표를 보내셔서 프로젝트의 일정에 대한 아이디어를 주시면 감사하겠습니다. 당신으로부터 소식을 듣기를 기대합니다.

안녕히 계세요.

마크 브로튼

carry out 실행하다 further 추가적인 client 고객 report 보고하다, 말하다 extremely 몹시 pleased 기쁜 convert 전환하다, 변환하다 residential 거주의 as such 그것으로서 would like to do ~하고 싶다 quote 견적을 내다 surface 표면 installation 설치 grateful 감사하는 itinery 일정표 timescale 기간 look forward to -ing ~하기를 고대하다

1 주제 찾기 유형

해석 첫 번째 이메일의 목적은 무엇인가?
  (A) 구직 신청서를 요청하는 것
  (B) 회사의 역사를 설명하는 것
  (C) 작업 제안서를 전달하는 것

(D) 과거 고용에 대해 문의하는 것

해설　purpose를 보고 주제 찾기 유형임을 안다. 첫 번째 이메일은 편지와 달리 상투적인 인사말 없이 바로 주제를 첫 문장에서 언급하는 경우가 많다. 상대방의 사무실 건물 리모델링 작업에 대한 입찰서를 동봉한다고 했으니 정답은 (C)이다.

2　동의어 찾기 유형

해석　첫 번째 이메일에서 둘째 단락, 첫째 줄의 "concern"과 가장 가까운 의미는?
(A) 관심
(B) 주제
(C) 걱정
(D) 결점

해설　concern의 의미를 안다면 쉽게 (C)가 답임을 알 수 있다. 만약에 concern을 몰랐다면 concern이 등장하는 부분에서 앞뒤 문맥을 보고 유추해야 한다. '우리가 가족에 의해 운영되는 조그만 업체라고 concern이 있어서 참고 고객 목록을 보내드린다'는 말을 보면, 상대방은 영세 업체와 거래하는 것에 대해서 걱정을 하고 있음을 알 수 있다.

3　이중지문 대조 유형

해석　브로튼 씨는 바닥재에 대해서 얼마를 지불하게 될까?
(A) 200 달러
(B) 350 달러
(C) 400 달러
(D) 550 달러

해설　보통 이렇게 금액이 나오면 이중지문 대조 유형에 해당한다. 브로튼 씨가 쓴 이메일에서 바닥재를 선택한 것을 보면 '하드우드'이다. 따라서 첫 번째 이메일로 바로 가서 하드우드의 가격을 확인하면 된다. 정답은 (D)이다.

4　이중지문 대조 유형

해석　어떤 이전 고객을 브로튼 씨는 연락했는가?
(A) 잭 브라이스
(B) 웬디 마치
(C) 로저 카스톤
(D) 머독 킹

해설　사람 이름이 나와도 이중지문 대조 유형에 해당한다. 브로튼 씨의 이메일에서 헛간을 주택으로 개조한 고객에게 연락해 봤다는 말을 보고 두 번째 글에서 헛간 개조 작업을 의뢰한 고객이 로저 카스톤 씨임을 알 수 있다. 정답은 (C)이다.

5　사실 관계 확인 유형

해석　브로튼 씨는 그의 이메일에서 무엇에 관해서 물어보는가?
(A) 몇몇 재료가 얼마인지
(B) 작업이 얼마나 오래 걸릴지
(C) 언제 금액이 지불되어야 할지
(D) 상담이 언제 있을지

해설　보통 문의 사항은 이메일에서 맨 처음 아니면 맨 뒤에 나온다. 또한 마지막 다섯 번째 질문이므로 이메일의 뒷 부분에 나올 확률이 크다. 따라서 맨 뒤에 '~라면 좋겠다 (I would be grateful if~)'라는 부분에서 시간 일정표 (itinerary, the timescale)를 주기를 바라고 있음을 확인하고, 보기 중에서 이와 같은 의미로 패러프레이징된 (B)를 정답으로 선택한다.

Questions 6-10 편지, 송장, 이메일

콤스탯 커뮤니케이션
텍사스주, 알링턴시
계정번호 29301

켄트 씨에게,

당신의 컴퓨터에 필요한 것에 대해서 콤스탯 커뮤니케이션을 선택해 주셔서 감사합니다. 저희는 늘 당신을 모실 수 있게 이곳에 있습니다. **7** 전액 지불 기한은 주문이 보내어진 후 30일 이내입니다. **8** 알아두실 것은 모든 재방문 고객님들이 두 번째 주문 시 무료로 랩탑 케이스를 받는다는 것입니다. 이 프로모션 제공에 자격이 되시면, 이것이 주문품과 함께 동봉되어 있음을 알게 되실 겁니다.

저희는 콤스탯 커뮤니케이션이 곧 연례 여름철 세일 행사를 뉴욕 테크놀러지 컨벤션에서 **6** 개최한다는 것을 알려드리고 싶습니다. 당신이 이 멋진 기회에 참여하시길 바랍니다.

댄 윌링
콤스탯 커뮤니케이션

account 계좌, 계정 **needs** 요구사항, 필요한 것들 **serve** 모시다, 섬기다 **payment** 지불 **due** 예정된 **note** ~을 알아차리다 **returning** 되돌아 오는, 재방문의 **complimentary** 무료의 **free of charge** 무료로 **qualify for** ~에 대한 자격을 가지다 **promotional offer** 홍보용으로 제공하는 것 **would like to do** ~하고 싶다 **aware** 알고 있는 **hold** 개최하다 **annual** 일년에 한 번 하는 **attend** 참석하다 **fabulous** 멋진, 엄청난 **opportunity** 기회

ship 선적하다, 배송하다 **billing** 청구 **inquiry** 문의

in regard to ~에 관하여 **charge** 청구하다 **VAT** 부가 가치세
as requested 요청 받은 대로 **obvious** 명백한 **indicate**
나타내다 **rectify** 시정하다, 바로 잡다 **over the phone** 전화
상으로 **insist** 주장하다, 말하다 **significant** 상당한

6 동의어 찾기 유형

해석 편지에서 둘째 단락, 둘째 줄의 "holding"과 가장 가까
운 의미는?
(A) 수송하는
(B) 나르는
(C) 행하는
(D) 시연하는, 나타내는

해설 hold는 '붙잡다, 유지하다, 견디다, 이해하다, 파악하다,
개최하다' 등 다양한 뜻을 가진 단어이다. 이런 경우 해

당 본문에 (A)~(D) 단어를 넣어서 확인하는 것이 좋다.
특히 동사 어휘인 경우 목적어를 잘 살펴보자. 목적어는
행사(event)이다. 행사는 물건이 아니니 수송이나 운반,
나르다는 개념의 (A), (B)는 아니다. (D)는 주로 제품 시
연할 때 쓰는 말이다. 정답은 (C)로 '행사를 행하다'는 뜻
이다. stage는 '무대'란 뜻도 있지만, 동사로 쓰이면 '~을
행하다'란 뜻이다. 예) stage a war 전쟁을 하다

7 이중지문 대조 유형

해석 주문번호 3993의 금액 지불 기한은 언제인가?
(A) 9월 1일
(B) 10월 1일
(C) 10월 18일
(D) 11월 30일

해설 날짜가 나오면 이중지문 대조 유형이라 생각하자. 첫 이
메일에서 '전액 지불은 물건 보내고 30일 이내'란 말을
먼저 단서로 잡고, 두 번째 송장에서 발송 날짜인 9월 1
일을 찾는다. 이로부터 30일 이내라면 정답은 (B)가 된
다.

8 추론과 암시 유형, 이중지문 대조 유형

해석 켄트 씨에 대해 암시된 바는?
**(A) 그는 콤스탯 커뮤니케이션에서 전에 주문한 적이
있다.**
(B) 그는 홍보 행사에 참여할 것이다.
(C) 그는 콤스탯 커뮤니케이션을 위해 일한다. (그곳 직
원이다)
(D) 그는 윌링 씨를 개인적으로 안다.

해설 imply를 보고 추론 유형임을 안다. 추론 유형도 사실 관
계 확인 유형보다 좀 더 복잡할 뿐 기본적으로는 같은
유형이기에 (A)~(D)를 먼저 보자. 이때 눈에 띄는 것이
(A)이다. 왜냐하면, 보통 '전에 한 적 있다/없다'는 토
익의 단골 출제 문제이기 때문이다. 첫 번째 편지에서 두
번째 주문 시 무료 케이스 주는 것을 단서로 삼고, 두 번
째 송장에 보면 맨 마지막에 케이스를 무료로 받고 있으
니 켄트씨는 전에 적어도 한 번 이상 주문한 사람임을 알
수 있다. 따라서 정답은 (A)이다.

9 이중지문 대조 유형

해석 어떤 물품이 이 주문에서 빠져 있는가?
(A) 모니터 몇 대
(B) 랩탑 컴퓨터 몇 대
(C) 스캐너 한 대
(D) 프린터 한 대

해설 삼중지문 유형에서 이중지문 대조 유형이 여럿 나오는
것이 최근 추세이다. 세 번째 글에서 H330 항목이 4개
송장에 있는데 실제 받은 건 1개라 했으니 3개가 빠진
(missing) 것임을 알 수 있다. 따라서 송장에서 H330에

해당하는 (A)를 답으로 한다

10 사실 관계 확인 유형

해석 배송비에 대해서 언급된 것은 무엇인가?
(A) 대량 주문에 대해서 면제된다.
(B) 켄트 씨에 의해 이미 지불되었다.
(C) 배달시 지불되어야 한다.
(D) 총액에 포함되어 있다.

해설 5문제 중 마지막 문제는 보통 지문의 마지막 부분에 정답의 단서가 나오기 마련이다. 세 번째 글 마지막 부분에 표시된 곳을 보면, '많이 주문해서 배송비가 무료다'라는 말이 나온다. 따라서 정답은 (A) is waived(면제받다)이다. waive는 토익의 빈출 어휘이므로 꼭 숙지하도록 하자.

UNIT 13 기사문 삼중지문

1 (C)	**2** (C)	**3** (D)	**4** (A)	**5** (B)	**6** (C)
7 (A)	**8** (A)	**9** (B)	**10** (D)

Questions 1-5 기사문, 일정표

흥미진진한 새로운 액션 스릴러가
1월 17일에 극장가에서 개봉하다

*내일은 없다*가 내일 전국 극장가에 개봉한다. 액션 영화 중독자들은 이 영화를 매우 좋아할 텐데, 이것은 *태양을 보라*의 리메이크 작품이다.

주인공은 리처드 아담스와 샐리 리 존스인데, 이 영화의 배경은 1950년대이며, 갱단인 가르시아 가문의 진짜 이야기를 그 가문의 막내 아들인 아담스의 눈을 통해 살펴본다. **1** 존스는 배반과 명예의 난폭한 이야기에서 그의 연애 상대역을 연기한다.

5천만 달러 이상이 영화에 쓰였으며, **2(A)** 이 영화는 영화계의 베테랑인 아담 골딩에 의해 감독되었다. 골딩은 그의 액션 스릴러물들로 잘 알려진 사람이다. **2(C)** 오늘날까지, 그는 30개도 넘는 영화들을 감독했고, *내일은 없다*는 지금까지 그의 최고 영화 중 하나라고 말했다.

"대본을 보았을 때, 바로 제가 감독을 해야한다는 걸 알았습니다. 오랫동안 실제 이야기에 바탕을 둔 스릴러를 원해왔는데, 저에게는 굉장한 기회였습니다. 리처드와 샐리는 주인공 역으로 완벽한 커플이며 모든 사람이 정말 열심히 이 영화를 만들었습니다"

3 *내일은 없다*의 시사회는 오늘 밤에 열릴 것이며 이 영화는 내일 전국 극장가에서 상영이 시작될 것이다.

---

thriller 오싹하게 하는 것, 스릴러물 across the country 전국에서 addict 중독자, 중독되게 하다 remake 리메이크, 다시 만든 것 star 주인공 역할을 하다 set 세우다, 설정하다 explore 탐험하다 legacy 유산, 유물 throughout ~을 통해서 play 연기하다 love interest 애정 상대 violent 폭력적인, 난폭한 betrayal 배반 over 넘게 film 영화를 찍다 industry 산업, 업계 veteran 베테랑, 전문가 well-known 잘 알려진 to date 현재까지 direct 지휘하다, 감독하다 script 대본 right away 즉각, 당장 based on ~에 기초를 둔 for a long time 오랫동안 lead role 주연 premiere 시사회, 초연

내일은 없다
홍보 활동 일정

날짜	장소	참석 직원	활동
1월 15일	캘리포니아 뉴스 스튜디오, 샌디에이고	아담 골딩	TV 인터뷰
3 1월 16일	차이니즈 극장, **3** 로스앤젤레스	전원	영화 상영
4 1월 19일	KBX 스튜디오, 샌프란시스코	리처드 아담스	**4** 라디오 인터뷰
1월 23일	패터슨 도서관, 샌프란시스코	샐리 리 존스와 아담 골딩	질의응답 시간
1월 25일	시애틀 트리뷴 사무소, 시애틀	샐리 리 존스와 리처드 아담스	신문 인터뷰

promotional 홍보의 venue 장소 attend 참석하다

내일은 없다
평론, 루시 켈리

갱단을 주제로 하는 액션 영화를 좋아하는 팬은 틀림없이 아담 골딩의 신작 *내일은 없다*를 좋아할 것이다. 이 영화는 지난 주에 개봉하였다.

이 영화는 악명 높은 가르시아 가문의 삶에 관한 매력적인 통찰력을 제공한다. 가르시아 가문은 시카고, 뉴욕, 라스베이거스에서 1950년대 내내 미국에서 가장 큰 갱단을 거느렸다.

주연은 유명한 배우들인 리처드 아담스와 샐리 리 존스이다. 존스는 그녀의 배역을 완벽하게 소화했지만 아담스의 억양이 다소 거슬린다고 생각한 사람들도 있을 것이다. **4** 아담스 자신도 이것이 문제가 될 수 있다고 1월 19일 존 드레이퍼와의 인터뷰에서 인정했다.

이 영화는 시카고에서 촬영되었고, 그 도시의 많은 명소들이 추격

신에서 조명된다. 이 추격신들은 한밤중에 일어난다.

아주 훌륭한 영화 음악이 1950년대의 많은 유명한 노래들과 더불어 더해진다.

5 2시간이 넘는 이 영화는 어떤 이들에게는 다소 길 수도 있는데, 30분 정도 짧았다면 더 좋았을 것이다.

review 평가하다, 검토하다 **definitely** 분명히 **fascinating** 매력적인 **insight** 통찰력 **notorious** 악명 높은 **be in control of** ~을 통제하다 **throughout** 내내 **accent** 강세, 말투 **slightly** 약간, 조금 **annoying** 성가시게 하는, 짜증 나게 하는 **admit** 인정하다 **benefit from** ~로부터 혜택을 입다 **about** 대략, 거의

1 사실 관계 확인 유형

해석 *내일은 없다*에 관해 보여진 바는?
(A) 소설에서 각색되었다.
(B) 청소년에게 적합하다.
(C) 몇몇의 로맨스 요소를 담고 있다.
(D) 여러 다른 지역들에서 촬영되었다.

해설 indicate을 보고 사실관계 확인 유형임을 안다. 이런 경우 보기 (A)~(D)를 먼저 보면 좋다. 정답인 (C)는 첫째 글에서 존스라는 배우가 연애 상대(love interest)를 연기한다는 말에서 답을 찾을 수 있다. 물론 이 영화의 핵심은 액션일 것이다. 그러나 분명 연애가 언급되었으니 some elements라고 말할 수 있다. 아마 오답으로 많이 택했을 (D)의 경우, 세 번째 글에 분명히 시카고에서의 촬영이라고 언급되어 있다. 여러 지역이 언급된 것은 잘 읽어보면 촬영 장소가 아닌 가르시아 가문의 활동 영역을 나타내고 있으므로 답이 될 수 없다.

2 사실 관계 확인 유형

해석 골딩 씨에 대해 언급된 것은 무엇인가?
(A) 여러 영화에서 주인공을 했다.
(B) 영화 초연에 참여할 수 없다.
(C) 경험 많은 감독이다.
(D) 작품에 대해 여러 상을 받았다.

해설 골딩 씨가 누구인지부터 확인해야 한다. 첫 번째 글 세 번째 단락에서 그가 감독이라는 것을 알 수 있다. 따라서 (A)는 오답이다. (B)의 경우 알 수 없으며, 첫째 글에서 30개도 넘는 영화를 감독해 왔다는 것을 통해 (C)가 정답임을 확인할 수 있다. (D)는 전혀 언급되지 않았다.

3 키워드 찾기 유형, 이중지문 대조 유형

해석 어디서 이 영화의 시사회가 열리는가?
(A) 샌프란시스코

(B) 시애틀
(C) 샌디에이고
(D) 로스앤젤레스

해설 premiere를 키워드로 하여 찾아본다. 또한, (A)~(D)에 지역 이름(고유명사)이 언급되었으니 이중지문 대조 유형에 해당한다. 아까 2번을 해결하다가 봤는데, 시사회는 첫 글에서 1월 16일이라는 것을 추측할 수 있고, 일정표 상에 1월 16일의 행사 장소는 로스앤젤레스이다. 정답은 (D)다.

4 키워드 찾기 유형, 이중지문 대조 유형, 추론과 암시 유형

해석 존 드레이퍼는 누구일까?
(A) 라디오 진행자
(B) 신문사 기자
(C) TV진행자
(D) 배우

해설 Jon Draper를 키워드로 한다. 존 드레이퍼는 세 번째 글에 보면 1월 19일에 배우를 인터뷰한 사람이다. 그런데 날짜가 나오면 이중지문 대조 유형이라 했다. 따라서 위에 일정표에 1월 19일을 보면 라디오 인터뷰가 일정에 있음을 알 수 있다. 따라서 존 드레이퍼는 라디오 진행자일 것이라 유추된다. 이 문제는 키워드 찾기 → 이중지문 대조 → 추론으로 이어지는 아주 좋은 문제이다.

5 사실 관계 확인 유형

해석 평론가는 영화의 어떤 점에 대해 좋아하지 않았는가?
(A) 감독
(B) 상영시간
(C) 배경
(D) 음악

해설 세 번째 글 평론에서 부정적 평가를 찾아본다. 첫 번째로 부정적으로 평가한 것은 배우의 발음인데, 보기에는 없다. 따라서 맨 마지막 부분에서 '30분 정도 짧았으면 좋았을 것'이라고 언급한 것을 보고 (B)를 답으로 한다.

Questions 6-10 기사글, 정보문, 편지글

> 최근 주택을 구매한 사람들을 대상으로
> 실시한 설문 조사는 사람들이 2년 전보다
> (주택 구매에) 돈을 덜 쓴다는 것을 보여준다
>
> 글: 캐리 슈워츠
> **9(A)** 5월 30일
>
> **8** 노스 뉴스 사 — 일리노이주 부동산 연구 그룹에 의해 최근 실시된 한 설문조사에서, 올해 1월에서 3월 사이 신규 주택에 쓰인 평균 금액은 146,000달러라는 것이 드러났다. 2년 전

유사 설문에서는 평균 구매 가격이 대략 170,000달러로 밝혀졌다. **6** 이 설문은 올해 4월 일리노이의 주택소유자를 대상으로 했다.

이 결과는 다소 놀라운 것이었다. **9(D)** 이자율은 수십 년 만에 가장 낮고, **9(C)** 부동산 재산세는 적당하다. 또한, 많은 신규 주택들이 시장에 나와 있다.

7 구매자들이 주택 구매에 대해서 허리띠를 졸라매고 있는 가장 큰 이유는 직업 안정성에 관한 걱정이었다. 한 응답자는 이렇게 말했다: "제 배우자와 저는 지금은 좋은 직장을 가시고 있지만, 내일이라도 바뀔지 모르죠. 저희는 만약 저희 중 한 명이 몇 달간 실직이 되어도 주택담보대출 상환을 처리할 수 있기를 원했어요."

이 주의 경기가 좋아지고 있다는 최근 몇 달간의 징조가 있어서, 유사한 연구가 내년에 행해지면 매우 다른 결과를 만들 수 있다.

recent 최근 survey 설문 conduct 행하다 those who ~하는 사람들 spend (시간, 돈을) 쓰다 reveal 드러내다, 밝히다 average 평균 approximately 대략 somewhat 다소 interest rates 이자 property tax 부동산 재산세 reasonable 합리적인, 비싸지 않은 plenty of 많은 on the market (팔려고) 시장에 나와 있는 frugal 검소한, 아껴쓰는 job security 직업 안정성 respondent 응답자 put it 말하다, 설명하다 spouse 배우자 right now 지금 당장은 handle 처리하다, 취급하다 mortgage 주택 담보 대출 out of work 실직인 indication 징조 improve 향상, 개선하다 yield 산출하다, 포기하다, 양도하다

일리노이주 부동산 연구 그룹 연례 설문 조사 요약
(신규 주택에 쓰는 평균 금액)

설문 식별 번호	A5692	A5487	A5182	A5189
평균 구매 가격	**8** 146,000 달러	158,000달러	170,000달러	**10** 179,000 달러
설문 참석자 수	**8** 1,428	1,588	1,652	3,398

participant 참석자

노스 뉴스 사
오크로 8463번지
일리노이주, 엘파소시
87653

관계자분께:

9(A) 귀사의 신문 5월 30일 자에 나온 주택 구매 경향에 관한 기사에 대해 편지를 씁니다. 시카고 부동산 위원회 회장으로서, 저는 발표된 정보에 다소 놀랐습니다. 그 기사 내용 중 일부는 잘못되었거나 혹은 적어도 오도하는 내용이라 믿습니다. 제가 말을 나눠봤던 부동산 중개업자들도 같은 의견입니다. 이에 다음의 사항들을 제기하고자 합니다:

9(C) 부동산 재산세가 비싸지 않다는 말은 전체 주에 해당될 수 없습니다. 엘파소 같은 작은 지역사회에서는 재산세가 낮은 상태로 남아 있을 수도 있지만, 시카고에서는 지난 해만 평균 10%가 올랐습니다.

9(D) 이자율이 더 낮은 것은 사실이지만, 일리노이주와 전국의 은행들은 그들의 대출 기준을 더 엄격하게 만들었습니다. 불합리한 변제 계획 때문에, 많은 사람들은 편안하게 대출금을 갚게 할 충분한 수익원이 없습니다. 장기적으로 보자면, 그들은 정말 그럴 만한 여유가 없습니다.

10 또한, 평균 소비 금액이 180,000달러에 조금 못 미치는 것으로 나왔던 당신의 이전 설문조사가 이 상황을 더 정확하게 보여주었다고 생각합니다. 더 많은 사람들이 설문에 참여하였으니까요.

안녕히 계세요.

브렌트 터커

to whom it may concern 관계자분께 in regard to ~에 관해서 appear 나타나다 incorrect 옳지 않은 misleading 오도하는 at the very least 최소한, 적어도 bring A to one's attention: A를 ~의 관심 사항으로 가져가다 (알게 하다) statement 성명, 말 apply to ~에 적용하다 entire 전체의 tiny 작은 criteria 판단 기준 stringent 엄격한

6 사실 관계 확인 유형, 키워드 찾기 유형

해석 언제 올해의 설문 조사가 실시되었는가?
(A) 1월에
(B) 3월에
(C) 4월에
(D) 5월에

해설 올해 설문 날짜를 키워드 삼아 찾아본다. 기사글의 마지막 단락 끝에 설문 조사가 4월에 행해졌다고 언급되고 있다. 정답은 (C)이다.

7 사실 관계 확인 유형

해석 기사글에 따르면, 왜 사람들은 덜 비싼 주택을 구매하고 있는가?
(A) 일자리를 잃을까 봐 두려워한다.

(B) 과거보다 더 낮은 소득을 가지고 있다.

(C) 적당한 가격의 이자를 얻을 수 없다.

(D) 더 높은 세금에 대해 예산을 잡아야 한다.

해설 이 질문은 기사글의 주제라고도 볼 수 있다. why로 질문했기 때문이다. 기사글에서 보면 "number one reason"으로 언급된 것이 '직업 안정성에 대한 불안감'이라 했다. 따라서 이를 패러프레이징한 (A)가 정답이다.

8 이중지문 대조 유형

해석 얼마나 많은 사람이 올해 설문 조사에 참여했을까?

(A) 1,428

(B) 1,588

(C) 1,652

(D) 3,398

해설 보통 숫자가 나오면 이중지문 대조 유형이다. 첫 글에서 올해 행해진 설문 조사(작년도 지출 금액을 조사한)에서 146,000달러가 소비되었다고 하였으므로, 두 번째 글에서 그 금액이 명시된 설문 조사의 참여 인원을 보면 된다. 표에서 146,000달러로 표기된 설문 조사의 참가인원은 1,428명으로 나와있다. 정답은 (A)이다.

9 사실 관계 확인 유형, 이중지문 대조 유형

해석 기사근의 어떤 면이 편지에는 언급되어 있지 않은가?

(A) 기사글이 작성된 시간

(B) 줄어드는 직업 개수

(C) 부동산에 부과된 세금

(D) 이자율

해설 기사글과 편지를 대조하여 언급된 것 3가지를 찾아낸 후, 언급되지 않은 것 하나를 정답으로 선택하여야 한다. 먼저 (A)~(D)를 하나하나 읽어 보자. 표시된 곳들을 보면 (A), (C), (D)는 모두 양쪽 글에서 공통으로 언급되고 있다. 그러나 줄어드는 직업의 수에 대한 얘기는 양쪽 모두에서 언급되고 있지 않다. 정답은 (B)이다.

10 키워드 찾기 유형, 이중지문 대조 유형

해석 터커 씨는 어떤 설문 조사를 가장 정확하다고 보고 있는가?

(A) A5692

(B) A5487

(C) A5182

(D) A5189

해설 '터커 씨가 가장 정확하다고 생각하는 설문 조사'를 찾는 문제로, 터커 씨가 쓴 편지글 마지막 문단에 보면, '평균 소비 금액이 180,000달러에 조금 못 미치는 것으로 나왔던 설문 조사가 더 정확'이라고 언급되어 있다. 따라서 이 부분과 정보문에서 179,000달러인 A5189가 매치된

다. 참고로 마지막 문제는 정답 단서가 주로 마지막 지문의 후반부에서 나온다. 정답은 (D)이다.

UNIT 14 광고와 공지문 삼중지문

| **1** (A) | **2** (B) | **3** (C) | **4** (A) | **5** (B) | **6** (D) |
| **7** (C) | **8** (A) | **9** (C) | **10** (C) | | |

Questions 1-5 광고, 객실 목록, 이메일

1 2 알콧 스프링스에서 여러분을 새로 단장된 스위트룸으로 초대합니다. 세계적인 수준의 서비스를 고객들에게 제공하고자 하는 지속적인 노력으로, 저희는 여러분에게 디럭스 스위트룸을 미리 경험하실 기회를 제공합니다.

4층과 5층 객실은 합쳐져서 크고 고급스러운 방을 만들게 되어 단체손님을 수용할 수 있습니다. 손님들은 집은 아니지만, 집과 같은 곳에서 그들이 찾고 있던 모든 편의 시설을 경험하실 수 있습니다. 스위트룸에는 완전한 주방시설, 침실 4개, 욕실 2개, 그리고 벽난로가 달린 거실도 갖추어져 있습니다. 가장 좋은 부분은 각 방이 뛰어난 바다 조망 경치를 가진다는 점입니다. **4** 알아두실 것은 우리 회원으로 가입하신 분들은 객실 이용 요금의 20% 할인을 받는다는 점입니다.

예약이나 안내 책지를 원히시면 vipguestservices@allcotsprings.com으로 이메일을 보내 주세요. 좋은 고객이 되어 주셔서 감사드립니다. 당신을 곧 만나 뵙길 기원합니다.

newly renovated 새로 단장된 **suite** 스위트룸 **continuing** 지속적인 **effort** 노력 **world-class** 세계적 수준의 **a chance to do** ~할 기회 **in advance** 미리 **combine** 합치다 **luxurious** 고급스러운, 화려한 **accommodate** 수용하다 **home away from home** 집은 아니지만, 집 같은 곳 **amenity** 편의 시설 **be equipped with** ~가 갖추어져 있다 **fireplace** 벽난로 **spectacular** 장대한 **those enrolled** 등록한 사람들 **be entitled to** 명사/동사: ~에 대한/~할 자격이 있다 **saving** 절약 **make a reservation** 예약하다 **request** 요청하다

high speed 고속의 tub 욕조 access 접근, 이용 gym 체육 at time of booking 예약 시에 surcharge 부가요금

RSVP 회답 요망 (Répondez s'il vous plaît) retreat 후퇴, 물러남, 휴양(지) make use of 이용하다 spare time 여가 시간 in addition to ~에 더하여 approximately 대략, 거의 arrange for ~을 마련하다, 준비하다

1 주제 찾기 유형

해석 이 광고의 목적은 무엇인가?
(A) 새로운 시설들을 고객들에게 설명하는 것
(B) 리모델링 프로젝트의 시작을 알리는 것
(C) 고용 기회를 광고하는 것
(D) 한 업체의 성공을 축하하는 것

해설 광고 글 첫 단락을 읽어 보면 호텔이 리모델링을 마치고 객실을 홍보하는 글임을 알 수 있다. 따라서 정답은 (A)이다.

2 사실 관계 확인 유형

해석 알콧 스프링스는 어떤 종류의 사업체인가?
(A) 놀이 공원
(B) 리조트
(C) 식당
(D) 농장

해설 광고 글을 쓴 알콧 스프링스의 업종을 묻고 있다. 대부분 발신자 확인은 앞부분에 단서를 준다. 지금도 첫째 단락에서 '알콧 스프링스'란 자사 명을 언급하면서 suites란 말을 반복적으로 사용하고 있다. 스위트는 호텔의 객실을 일컫는 말로, 보기 중 호텔과 가장 가까운 단어는 (B)이다.

3 이중지문 대조 유형

해석 어떤 방을 드마쉬 씨는 예약할 것 같은가?
(A) 프렌드 테라스
(B) 퀸 객실
(C) 라벤더 스위트
(D) 캐슬뷰

해설 (A)~(D)에 고유명사들이 나오니 이중지문 대조 유형이다. 드마쉬 씨가 예약하고자 하는 방의 단서는 세 번째 글, 즉 드마쉬 씨가 쓴 메일에 나올 것이다. 하지만, 바로 답은 나오지 않고 두 번째 글과 이중지문 대조를 하여야 한다. 드마쉬 씨의 메일에서는 5층 방과 유선 방송이란 단서를 줬다. 이 조건에 맞는 방을 두 번째 글에서 찾아 보면 라벤더 스위트이다. 정답은 (C)이다.

4 이중지문 대조 유형

해석 드마쉬 씨는 무슨 혜택을 받게 될까?
(A) 할인된 숙박료
(B) 권링 징보 쌤블릿
(C) 운동 시설 무료 이용
(D) 무료 음료

해설 보통 2~4번까지는 이중지문 대조 유형인 경우가 많다. 드마쉬 씨 메일에 보면 회원 번호를 언급하고 있다. 이는 회원에 가입한 것이라 볼 수 있고, 첫째 글에 보면 '회원 가입 시 20% 할인을 받게 된다'는 말이 나온다. 따라서 정답은 (A)이다.

5 추론과 암시 유형

해석 드마쉬 씨는 그녀의 동료들에 대해 뭐라고 언급하는가?
(A) 그들은 많은 회의를 할 것이다.
(B) 그들은 비행기를 타고 알콧 스프링스에 올 것이다.
(C) 그들은 적어도 방 2개 이상을 필요로 할 것이다.
(D) 그들은 알콧 스프링스에 와 본적이 없다.

해설 이메일의 끝 부분을 보면 '공항에서 호텔로 가는 셔틀을 마련할 필요가 있을 것'이라고 되어 있다. 이를 통해 비행기를 타고 이 호텔이 있는 지역에 온다는 것을 추론할 수 있다. 따라서 정답은 (B)이다.

Questions 6-10 정책 정보, 송장, 이메일

프랭클린 사무 가구 – 배송과 환불 정책

6 우리는 세인트루이스 지역에 위치한 모든 업체들에 무료 배송을 제공합니다. 미주리주의 다른 도시들에 대해서는 소정의 배송료를 청구합니다.

우리가 모든 주문에 대해 최고의 기준을 충족시키는 것을 목표로 한다고 믿으셔도 좋지만, 때때로 여러분의 예상대로 물건이 도착하지 않을 수 있습니다. 만약 이런 일이 발생하면, 우리는 환불이나 교환을 제공하여 문제를 해결하기 위한 노력을 기울이겠습니다.

9(C) 알아 두세요: 배송 후 7일이 지나면, 당신의 주문품이 수령된 것으로 간주됩니다. 환불이나 교환을 보장받기 위해서는 이 시점 전에 delivery@franklin.com으로 반드시 연락을 주세요.

이 시점 이후에는 어떤 주장도 받아들여지지 않을 것입니다.

---

return 반품 **business** 사업, 회사 **located** 위치된 **charge** 청구하다 **delivery** 배달 **fee** 수수료 **assure** 확신시키다 **aim to do** ~할 목표를 하다 **meet the standards** 기준을 충족시키다 **strive to do** ~하려고 애쓰다 **refund** 환불 **exchange** 교환 **business days** 근무일 **make sure that** 반드시 ~하다 **guarantee** 보장하다 **claim** 주장, 주장하다 **accept** 받아들이다

프랭클린 사무 가구
웨스트 라인가 2900번지
미주리주, 세인트 루이스시

청구지: 미주리주, 세인트 루이스시, 2번가, 678번지,
　　　　하브레이스 앤 힐
배송지: 미주리주, **6** 세인트 루이스시, 2번가, 678번지,
　　　　하브레이스 앤 힐

구매 주문 번호: 0101104
구매 주문일: 11월 4일
지불 예정일: 12월 15일
8 **9(C)** 배송: 11월 6일

배송 물품	수량	가격	총합
6면 칸막이, 회색	11	125달러	1,375달러
책상 상단, 회색	6	65달러	390달러
회전 의자, 검정	8	375달러	3000달러
바닥 보호재, 투명	16	35달러	560달러
		총 합계	5,325달러

billing 청구 **cube** 정육면체 **swivel** 회전

수신: delivery@franklin.com
발신: robertalansdowne@harbracehill.com
회신: 주문 번호 0101104
9(C) 날짜: 11월 8일

관계자분께,

8 저희가 주문한 사무 가구를 당신이 발송한 그 날 바로 받았습니다, **7** 그러나 저희는 오늘까지도 그 상자들을 풀지 않았습니다.

7 저희는 사무 의자 중 2개가 결함 있는 팔걸이를 가지고 있음을 알게 되었습니다. 잘 부착되어 있지 않아서 제 자리에 붙어 있지 않을 것입니다. 저희가 이 문제를 알게 되자마자, 저희는 물건들이 넣어져 온 상자를 검사해봤는데, 상자들은 외부에 어떤 손상도 전혀 없습니다. 그래서 저희가 생각하게 된 것은, 의자가 배송 전에 손상된 것이고, 배송 회사의 **10** 잘못은 아니었습니다. 첨부된 의자의 사진들과 배달 상자 사진들을 봐주세요.

9(A) 하브레이스 앤 힐은 수년간 프랭클린 사무 가구의 단골 고객 중 하나이고, 결함 있는 물건을 받으리라고는 기대하지 않습니다. 이런 의자들을 가능한 한 빨리 바꿔주길 바랍니다. 그것들이 도착하면, 저희는 그 손상된 의자들을 배달원에게 전해서, 반송되도록 하겠습니다.

감사합니다.

로베르타 랜스다운,
사무실 매니저, 하브레이스 앤 힐

---

promptly 즉각 **send out** 발송하다 **unpack** 짐을 풀다 **discover** 발견하다 **defective** 결함 있는 **arm rest** 팔걸이 **attach** 첨부하다 **properly** 적절하게 **stay in place** 제자리에 있다 **examine** 검사하다, 조사/점검하다 **exterior** 외부의 **not ~ at all** 전혀 ~이 아니다 **lead** 이끌다 **damaged** 손상

된 fault 잘못 attached 첨부된 loyal customer 단골 고객 goods 물건, 상품 as soon as possible 가능한 한 빨리 return 반송하다

6 사실 관계 확인 유형, 이중지문 대조 유형

해석 하브레이스 앤 힐의 주문에 대해서 언급된 것은 무엇인가?
(A) 온라인 매장을 통해서 주문되었다.
(B) 올바르지 않은 주소지로 보내졌다.
(C) 다양한 전자제품들을 포함했다.
(D) 무료 배송에 대한 자격이 있었다.

해설 사실 관계 확인 유형은 (A)~(D)를 먼저 보고 키워드를 뽑아내는 작업이 우선이다. 즉, '온라인 주문', '옳지 않은 주소지', '전자제품', '무료배송', 이러한 것들이 키워드이다. 이 중에서 (A)~(C)는 모두 언급되지 않거나 혹은 틀린 말들이다. 정답은 (D)인데, 첫 번째 글의 배송 및 환불 정책에서 첫째 줄의 '세인트루이스 지역은 배달이 무료다'라는 말을 보고 다시 둘째 글의 배송지를 보면 같은 세인트루이스 지역임을 확인할 수 있다. 따라서 정답은 (D)이다. 참고로 배송이 무료인지 아닌지는 토익 시험의 단골 문제이다.

7 주제 찾기 유형

해석 왜 랜스다운 양은 이메일을 보냈는가?
(A) 사무 가구의 주문을 수정하기 위해서
(B) 조립 절차에 대해서 문의하기 위해서
(C) 결함 있는 상품에 대해 불평을 하기 위해서
(D) 제품 배달의 지연을 논의하기 위해서

해설 why가 나오면 주제 찾기 유형이다. 역시 주제는 맨 앞부분을 보아야 한다. 따라서 랜스다운 씨의 이메일, 즉 세 번째 글 처음 부분을 보면, '주문품을 받았는데 물건에 결함이 있다'라고 말하고 있다. 따라서 정답은 (C)이다.

8 이중지문 대조 유형

해석 언제 가구는 하브레이스 앤 힐 사무실에 도착했는가?
(A) 11월 6일
(B) 11월 15일
(C) 12월 6일
(D) 12월 15일

해설 보통 이렇게 날짜들이 나오면 이중지문 대조 유형인 경우가 많다. 우선 송장에서 shipped(배송된)를 보고 11월 6일을 우선 찾아낸다. 그러나 이걸 바로 답으로 하면 틀릴 수 있다. 말 그대로 shipped란 회사에서 물건을 실어 보낸 날을 의미하기 때문이다. 즉, 그 회사에서 물건이 출발한 날이다. 따라서 좀 더 정확한 근거를 찾아 세 번째 글을 보면 첫 줄에 '발송한 그 날 받았다(we received our order...on the day you sent it out)'라는 말을 보고

확실하게 11월 6일이 정답임을 알아낸다. 정답은 (A)이다.

9 사실 관계 확인 유형, 이중지문 대조 유형

해석 하브레이스 앤 힐에 대해 사실인 것은?
(A) 프랭클린 사무 가구의 신규 고객이다.
(B) 전국에 여러 지점을 가지고 있다.
(C) 제품을 무료로 교환할 자격이 있다.
(D) 본사를 리모델링 할 계획을 세우고 있다.

해설 질문에 true가 있으니 기본적으로는 사실 관계 확인 유형이고 보기를 보면서 키워드를 뽑아낸다. (A)는 신규 고객이라 했는데 세 번째 글에 수년간 고객이라 나온다. (B), (D)는 아예 언급된 바가 없다. 정답인 (C)는 배송 및 환불 정책에서 7일 이내로 연락하라 했는데, 배송 날짜는 8번을 풀면서 11월 6일로 파악이 되었고, 불만을 제기하는 세 번째 글은 11월 8일에 작성되었으니 환불이나 교환을 위해 구매후 7일 이내에 연락하라는 조건에 맞다. 따라서 정답은 (C)이다.

10 동의어 찾기 유형

해석 이메일에서 둘째 단락, 다섯째 줄의 "fault"와 가장 가까운 의미는?
(A) 비난
(B) 생략
(C) 실수
(D) 비판

해설 fault는 '실수나 잘못'을 의미한다. 설령 이 뜻을 몰랐더라도 본문의 맥락상 '이것은 배달회사의 error는 아니다'라고 이해만 할 수 있으면 되겠다. 정답은 (C)이다.

UNIT 15 양식 관련 삼중지문

1 (C)	**2** (C)	**3** (A)	**4** (C)	**5** (A)	**6** (B)
7 (A)	**8** (C)	**9** (D)	**10** (B)		

Questions 1-5 이메일, 일정표, 양식서

수신: 밋첼 롸잇
발신: 레슬리 오
주제: 컨퍼런스 신청
날짜: 11월 12일

안녕 밋치,

1 너의 전화를 받았어. 그래, 너를 위해 신청서를 작성해서 보낼게. 또한 그 양식서를 너의 상관에게 가지고 가서, 그녀가

비용을 승인할 수 있도록 할게.

컨퍼런스는 올해 좋을거야; 명부에 몇몇 흥미로운 인사들이 있는 것 같아. **3** 나는 특히 5월 14일 세미나에 기대가 커. 내 생각엔 린이 너랑 나와 함께 갈 것 같아. 우리 셋이 거기 같이 가면 좋을 거야.

네가 R&R 서플라이를 방문하는 것이 **2** 잘 돼가고 있으면 좋겠다. 프로젝트 마무리 잘되길 바란다. 다음 주에 사무실에서 보자.

레슬리

fill out 작성하다 **application form** 지원양식서 **send in** 보내다 **so (that) ~ can** ~하기 위해서 **approve** 승인하다 **expense** 비용 **seem to do** ~인 것 같다 **roster** 명부 **particularly** 특히 **as well as** ~뿐만 아니라 **go well** 잘 돼 가다

서부 제조업체 연례 컨퍼런스
5월 13일-17일
사우스 벤드 컨퍼런스 센터

행사 일정

날짜	시간	세미나 제목	강연자
5월13일	오전 9시- 오후 4시	현대의 아웃소싱	바바라 피터스
3 5월 14일	오후 12시- 오후 5시	**3** 비용 절감	퍼시 제이콥센
5월 15일	오전 10시- 오후 2시	직원 동기 부여	웨인 루피
5월 16일	오전 9시- 오후 3시	**4** 재료 소싱	**4** 제이슨 본
5월 17일	오전 11시- 오후 4시	품질 관리	웨인 루피

outsourcing 외부 조달 **cut cost** 비용을 절감하다 **motivation** 동기 부여 **quality control** 품질 관리

웨스턴 제조업체 연례 컨퍼런스 5월 13일-17일

사우스 벤드 컨퍼런스 센터
프론트가 3100번지
플로리다주, 템파시

등록 양식서

이름 밋첼 롸잇   직책 매니저, 마케팅 부서
주소 포플라가 1600번지   회사 웰메이커스 주식회사

도시 덴버		전화 240-889-3838	
주&우편 번호 콜로라도 83443		팩스 240-889-1375	

5 참석 날짜:

X	**5** 1주일(4~5일)	날짜: 5월 13-17일	**5** 800달러
	1일*	날짜:	200달러
	2일*	날짜:	400달러
	3일*	날짜:	600달러
		*어떤 날짜인지 적어 주세요	

선호 호텔: 베이 뷰 호텔 __X__ 이그제큐티브 스위트 호텔 ___
특별 요청 사항: 비흡연 객실 (예. 비흡연 객실, 채식주의 식단 등)

신용 카드 정보: 번호 _____ 만료일 _____

4 알아두세요: 직원 병가 문제로, '재료 소싱' 세미나는 대체 강연자에 의해 진행될 것입니다.

질문이나 문의가 있으면 info@southbendconferencecenter. com으로 연락 해주세요.

preference 선호 **e.g.(exempli gratia)** 예를 들면 **vegetarian** 채식주의의 **etc.(et cetera)** 기타, 등 **due to** ~때문에 **alternative** 대안의, 대체의 **enquiry** 문의(= inquiry)

1 주제 찾기 유형

해석   왜 롸잇 씨는 오 양에게 전화를 했을까?
(A) 컨퍼런스 조직을 논의하기 위해서
(B) 행사에 초대를 하기 위해서
(C) 오 씨의 도움을 요청하기 위해서
(D) 다가오는 출장을 논의하기 위해서

해설   why가 보이면 주제 찾기에 해당하니 맨 앞을 보자. 바로 첫 줄에서 '전화 받았고, 신청서 작성해서, 승낙을 받겠다'는 말을 보면 롸잇 씨는 오 씨에게 이것과 관련된 부탁 전화를 했음을 알 수 있다. 따라서 정답은 (C)이다.

2 동의어 찾기 유형

해석   이메일에서 셋째 단락, 첫째 줄의 "going"과 가장 가까운 의미는?
(A) 도착하는
(B) 여행가는
(C) 진행되는
(D) 작동하는

해설   go well은 '잘 진행되어 간다'는 의미이다. 따라서 (C)가 정답이다. 만약 그 뜻을 몰랐다면 문맥상 상대가 하는 일이 잘 진행되길 빌어주는 문맥을 파악하여 답을 찾을 수 있다.

3 이중지문 대조 유형

해석 어떤 세미나를 오 양은 참석하길 기대하고 있는가?
(A) 비용 절감
(B) 품질 관리
(C) 현대의 아웃소싱
(D) 직원 동기부여

해설 우선 오 씨의 첫 글을 읽다가 날짜가 나오는 '5월 14일' 세미나에 기대가 크다는 말을 보는 순간 '이중지문 대조 유형이구나' 하고 알아차릴 수 있어야 한다. 거기서 단서를 하나 찾은 후, 두 번째 양식에서 5월 14일에 해당하는 세미나인 cutting cost를 답으로 하면 된다. 정답은 (A)이다.

4 이중지문 대조 유형

해석 어떤 강연자가 이번 행사에서 강연을 할 수 없는가?
(A) 웨인 루피
(B) 퍼시 제이콥센
(C) 제이슨 본
(D) 바바라 피터스

해설 사람 이름이 나오면 이중지문 대조 유형이다. 세 번째 글 맨 마지막 부분을 보자. 꼭 글의 마지막 부분에서 힌트를 주는 일이 많다. Please note 이후에 재료 소싱은 대체 강연자가 한다는 말이 힌트이다. 이를 기반으로 두 번째 글에서 '재료 소싱'을 원래 하려던 제이슨 본, 즉 (C)를 답으로 한다.

5 키워드 찾기 유형

해석 컨퍼런스에 5일간 참여하기 위해서는 얼마의 비용이 드는가?
(A) 800달러
(B) 600달러
(C) 400달러
(D) 200달러

해설 '5일 참여'를 키워드로 찾으면 매우 쉬운 문제이다. 세 번째 양식에서 4~5일이라고 된 부분을 보면 800달러라고 되어있으므로 (A)가 정답이다.

Questions 6-10 광고, 송장, 이메일

독스우드 하드웨어의 3월의 미친 세일!

6 다시 또 그때가 되었습니다! 3월 1일부터, 우리 독스우드 하드웨어는 다시 한번 모든 고객에게 엄청난 할인을 해드립니다. 3월 1일에서 3월 31일 사이에 이루어진 모든 주문에 대해서, 다음의 혜택이 적용될 것입니다:

7 무엇이든 한 가지 상품을 10개 이상 주문하면 그 제품의 제시 가격에서 25% 할인!

8 단골 고객은 무료 배송!

토론토 이외 지역에서 주문 시 배송비 30% 할인!

It's time again 다시 ~할 때이다 **beginning** ~부터 (= starting = as of) **once again** 또다시 **treat** 대접하다, 치료하다 **place orders** 주문하다 **between A and B** A와 B 사이에 **apply** 적용하다 **over** 넘는 **asking price** 제시 가격 **regular customer** 단골 고객 **shipping cost** 배송비

독스우드 하드웨어
리모델링에 필요한 모든 것
송장 번호 921번

배송지:
빌 컬리
컬리 홈 데코 회사
스프루스가 53번지

수량	내용	제품 번호	단가	합계
7 12	**7** 드라이월 판넬 (대형)	DRP3	20달러	240달러
3	크랙 필러 (중형 통)	CRF2	15달러	45달러
2	페인트 통 (베이지, 무광)	PC6	80달러	160달러
1	페인트 통 (흰색, 무광)	PC3	80달러	80달러
3	페인트용 붓	PB5	10달러	30달러
5	**9** 페인트 롤러	**9** PR1	15달러	75달러
			소계	630달러
			판매세	63달러
			배송비	110달러
			내셔야 할 총계	803달러

crack filler 금/틈을 메우는 것 **tub** 통, 욕조 **eggshell** (페인트) 무광, 달걀 껍질

수신: 고객 서비스<inquiries@dockswood.ca>
발신: 빌 컬리<bcurly@curlydecor.net>
제목: 최근 송장
날짜: 3월 8일

관계자분께:

송장 번호 921번에 관해 편지 드립니다. 이 송장은 제가 주문한 후 최근에 받은 것입니다. 이 송장은 몇 개의 오류를 담고 있습니다.

우선, 저는 귀사로부터 3개가 아닌 8개의 크랙 필러를 구매했습니다. 🔟 그러나 저는 롤러를 전혀 구매하지 않았습니다. 왜냐하면, 롤러는 이미 몇 개 있거든요. 게다가, 귀사가 광고에서 설명한 할인은 제 주문에 적용되지 않았습니다.

⬛ 마지막으로, 제가 주문하기 위해 귀사에 전화했을 때, 제가 귀사의 단골이 되어서 추가 혜택을 받을 것이라고 확신을 받았습니다. 그것도 또한 제 송장에 🔟 반영되지 않았습니다. 귀사가 이런 문제들을 처리하고 제게 수정된 송장을 보내주시길 바랍니다.

안녕히 계세요

빌 컬리

---

to whom it may concern 관계자분께 concerning ~에 관한 contain 담고 있다 first of all 무엇보다 in addition 게다가 describe 설명하다, 묘사하다 assure 확신시키다 extra 추가적인 reflect 반영하다 address the issue 문제를 해결하다 amend 수정하다

6 추론과 암시 유형

해석 독스우드 하드웨어에 대해서 암시된 바는 무엇인가?
(A) 신제품들을 위해 공간을 확보하고 있다.
(B) 3월마다 특별한 세일 행사를 연다.
(C) 1년간 사업을 한 것에 대해 축하하고 있다.
(D) 여러 지점을 운영하고 있다.

해설 추론 유형도 사실 관계 확인처럼 (A)~(D)를 먼저 읽으면서 각각의 키워드를 본문에서 확인해야 한다. 정답은 (B)이며, 첫째 글 맨 처음에 '다시 한 해의 그때가 되었다, 세일은 3월이다'라는 말을 보면 3월마다 정기적인 세일을 하고 있음을 유추할 수 있다.

7 키워드 찾기 유형, 이중지문 대조 유형

해석 어떤 물건에 대해서 컬리 씨는 25% 할인을 받았어야 하는가?
(A) 드라이월 패널
(B) 크랙 필러
(C) 페인트용 붓
(D) 페인트 롤러

해설 질문의 키워드인 '25% 할인'을 찾은 후, 할인 조건을 파악하여 컬리 씨가 받아야 했지만 못 받은 할인을 찾아야 한다. 역시 숫자가 나오니 이중지문 대조 유형이다. 첫째 글에서 25% 할인 조건은 10개 이상 구매이므로 두 번째 글에서 10개 이상 주문한 것을 찾는다. 정답은 (A)이다.

8 이중지문 대조 유형

해석 무슨 혜택을 컬리 씨는 독스우드 하드웨어 직원에 의해 약속 받았을까?
(A) 익일 배송
(B) 무료 상품
(C) 무료 배송
(D) 상품권

해설 고유명사가 (Mr. Curly, Dockswood Hardware) 여럿 등장하므로 이중지문 대조 유형일 것이다. 우선 컬리 씨가 쓴 세 번째 글에서 직원이 약속한 바를 찾아보면 '단골 고객에게 주는 혜택'임을 알 수 있다. 이 단서를 이용하여 첫 번째 글에서 단골 고객에게 주는 것을 찾으면 '무료 배송'임을 알 수 있다. 정답은 (C)이다.

9 이중지문 대조 유형

해석 컬리 씨가 주문하지 않은 물건의 품목 번호는 무엇인가?
(A) CRF2
(B) PC6
(C) PC3
(D) PR1

해설 고유명사(Mr. Curly)가 나오니 이중지문 대조 유형이다. 셋째 글에서 컬리 씨가 주문하지 않았다고 하는 것은 페인트 롤러이다. 그것을 두 번째 글(송장)에서 찾으면 (D)가 정답으로 확인된다.

10 동의어 찾기 유형

해석 이메일에서 둘째 단락, 셋째 줄의 "reflected"와 가장 가까운 의미는?
(A) 뒤집힌
(B) 나타내어진
(C) 심사숙고된
(D) 빛나게 된

해설 reflect는 '반사하다, 반영하다'라는 의미이다. 따라서 (B)가 답이다. 혹시 이 단어를 몰랐다면 문맥상 '송장에 그런 내용이 나타나지 않았다'는 의미로 이해한 후 정답을 찾는다.

CHAPTER 4

HALF TEST 1

147 (D)	**148** (A)	**149** (D)	**150** (B)
151 (C)	**152** (C)	**153** (C)	**154** (A)
155 (B)	**156** (C)	**157** (D)	**158** (B)
159 (C)	**160** (C)	**161** (C)	**162** (C)
163 (D)	**164** (B)	**165** (B)	**166** (D)
167 (B)	**168** (B)	**169** (D)	**170** (D)

Questions 147-148 지원 양식서

> **입사 지원**
>
> 이름: 티모시 게이지
> 주소: 메인주 75894, 스프링데일시, 팀버로 3774번지
> 전화번호: 123-555-1234
> **147** 직책: 주방장
>
> 이 자리에 대해서 어떻게 들으셨나요? 신문 광고
> 어떤 종류의 일자리에 지원하시나요?
> (적합한 답에 동그라미를 치세요)
>
> 정규직   시간제 근로직
>
> 현재 고용된 상태인가요: 네
> **148** 언제 시작하실 수 있나요? 8월 1일
> 이 분야에서 당신의 성공에 기여할 기술과 자격 요건으로 무엇을 가지고 계신가요?
> 저는 고단 베쉬와 수잔 플레이와 같은 요리사 밑에서 일해왔습니다. 그리고 저는 현재 제프리 얀 밑에서 견습을 하고 있습니다. 견습 경험 이외 추가적으로, 스프링데일 전문대학에서 조리학 학위를 받았습니다.

application 지원, 신청 Rd. 도로(= road) opening 공석, 결원 look for ~을 찾다 appropriate 적절한 full time 정규식 currently 현재 available 이용가능한 qualification 자격요건 contribute to ~에 기여하다 under ~밑에서 such A as B: B와 같은 A apprenticeship 견습, 도제 신분 in addition to ~에 더불어서, 게다가 diploma 학위 culinary 요리의 community college 전문대학

147 주제 찾기 유형

해석   티모시 게이지는 무슨 일자리에 지원하고 있는가?

(A) 신문 기자
(B) 광고사 중역
(C) 즉석요리 요리사
(D) 주방장

해설   구직신청서에서 '누가, 어느 자리에' 지원하는지 묻는 문제는 주제 찾기 유형과 같은 문제이다. 따라서 글의 앞부분을 보면 해결될 것이다. 앞에 지원자의 개인정보가 나온 후에 Position을 적는 부분에서 "Head chef"라고 작성한 것을 확인할 수 있다. 따라서 정답은 (D)이다.

148 추론과 암시 유형

해석   티모시 게이지에 대해서 추론될 수 있는 것은 무엇인가?
(A) 그의 현재 직장을 7월에 그만둘 것이다.
(B) 9월까지는 일을 시작할 수 없을 것이다.
(C) 그가 지원하고 있는 자리를 얻게 될 것이다.
(D) 충분한 경험을 가지고 있지 않다.

해설   추론 유형은 (A)~(D)를 먼저 읽고 본문과 대조하는 것이 좋다. 미리 읽어보니 (A), (B)에서 7월과 9월이 언급되면서 시점에 관련하여 확인할 사항이 있을 것으로 보인다. 본문에 날짜가 나온 부분을 찾아보면 8월 1일부터 일을 시작할 수 있다고 작성한 것을 확인할 수 있다. 따라서 Timothy Gage는 7월까지는 현재 자리에서 일하고 8월부터 일을 시작할 것으로 '추론'할 수 있다. 따라서 정답은 (A)이다.

Questions 149-150 쪽지

> 제퍼슨에게,
>
> 제가 출타 중인 동안에 저의 소셜 네트워킹 임무들을 맡아줘서 고마워요.
>
> 여기 당신이 해야할 일입니다:
> **149(A)** 1. 매일 4건의 새 글을 게시해주세요. 그 중 하나는 우리의 팔로워를 참여하게 할 질문을 포함시키세요.
> **149(C)** 2. 각각의 게시물에는 사진을 포함시키세요. 만약 저장 이미지를 사용해야 한다면 마케팅 부서의 달린에게 이야기하세요.
> **149(B)** 3. 매일 팔로워들이 쓴 게시물 중에 적어도 두 거이 게시물에 코멘트 해주세요.
>
> **150** 제가 제공해드린 스프레드시트에 팔로워들의 대화를 반드시 기록해주세요. 제 게시물 중에 어떤 게시물이 가장 많은 코멘트들을 끌어냈는지를 검토하는 것이 유용하다고 생각하거든요. 그게 제가 다음 게시물을 계획하고 더 나은 것으로 만드는 데에 도움이 됩니다.
>
> 질문이 있으면, 출타 중에도 자유롭게 나에게 이메일을 주세요. 저는 이메일을 적어도 며칠에 한번은 확인할 거예요.

다시 한번 고마워요.

안녕히 계세요.

스테파니 김

take over 떠맡다 duty 임무 be away 떠나있다, 출타 중이다 post 포스트하다, 인터넷에 글을 올리다 engage 고용하다, 끌다, 사로잡다 stock image 저장 이미지 (자료로 사용할 목적으로 저장된 사진을 의미. 유/무료로 사진을 제공하는 전문 사이트도 있음) comment on ~에 관해 의견을 말하다, 코멘트를 달다 at least 적어도 track 추적하다 interaction 상호작용, 소통 look over 검토하다 attract 관심을 끌다 feel free to do 자유롭게 ~하다 at least 적어도 every ~마다

149 사실 관계 확인 유형

해석 이 쪽지에 언급된 업무가 아닌 것은?
(A) 새로운 정보를 매일 게시하는 것
(B) 코멘트를 달아서 다른 사람들과 소통할 것
(C) 시각적 매력을 위해 사진을 첨부하는 것
(D) 비밀번호를 주기적으로 바꾸는 것

해설 사실 관계 확인 유형은 (A)~(D)를 먼저 보고 본문을 보면 좋다. 마침 본문에 해야할 업무로 세 가지가 나열되어 있으므로 보기와 하나씩 대조하여 언급되지 않은 내용을 찾으면 된다. 본문에는 비밀번호(password)에 대해서는 언급되지 않았기 때문에 (D)가 정답이다.

150 키워드 찾기 유형

해석 이 쪽지에 따르면, 왜 스테파니는 코멘트들을 추적하는가?
(A) 코멘트에 쓴 말을 검열하기 위해서
(B) 앞으로의 게시물을 개선하기 위해서
(C) 이용자들과 소통하기 위해서
(D) 통계자료들을 계산하기 위해서

해설 질문의 키워드는 track comments이다. 본문에서는 149번 정답이 나온 지점에서 바로 뒤에 track interaction이라 언급되는데, 스페파니는 이것이 다음 글을 계획하고 개선하는 데 도움이 된다고 언급하였다. 따라서 정답은 (B)이다.

Questions 151-152 온라인 채팅 토론

벤 밀러 **151** 지난주 우리가 집행한 직원 만족도 조사를 검토 중인데, 그 결과가 실망스럽네. 만족하지 못하는 직원들이 많은 것 같아.	오후 2:04

재커리 로우 유감이군. **151** 모든 직원들을 행복하게 만드는 것이 우리의 일이지. 어떤 부서가 가장 낮은 만족도를 기록했지?	오후 2:07
벤 밀러 음, 마케팅과 세일즈 부서들이 50% 이하를 나타냈어. **152** 내가 걱정하는 것은 우리가 직원들을 경쟁사에게 잃을까 봐서야. 만약 우리가 이 문제를 해결하기 위해 뭔가를 하지 않는다면 말이지.	오후 2:09
재커리 로우 우리는 그런 일이 일어나도록 둘 수는 없어. 우리가 어떤 방법들을 생각해내서 그 부서들의 사기를 진작시켜야 하겠어.	오후 2:10
벤 밀러 좋은 생각이야. 내가 좀 생각해 보고 나중에 너와 논의할게.	오후 2:12

administer 집행하다 disappointing 실망스러운 dissatisfied 만족하지 못한 lowest 최저의 rating 급수, 평가 below ~보다 아래의 concerned 긱정하는 competitor 경쟁자 fix 고치다, 해결하다 affort to do ~할 여유가 있다, ~하는 것을 감당하다 come up with 제시하다, 생각해내다 boost 증대하다 morale 사기

151 추론과 암시 유형

해석 글쓴이들이 일하는 곳을 무슨 부서일까?
(A) 마케팅
(B) 회계
(C) 인사관리
(D) 영업

해설 이 온라인 대화를 나눈 사람들의 부서를 묻고 있다. 추론 유형(most likely)은 답이 확실히 나오지는 않지만 작은 단서를 가지고 유추하여야 한다. 처음에 '직원 만족도 조사를 우리가 행했다'든지, '직원을 행복하게 하는 것은 우리가 할 일이다'와 같은 말이 단서가 된다. 회사에서 이런 일을 담당하는 것은 인사과, 인력자원부(human resources)와 같은 부서이다. 따라서 정답은 (C)이다.

152 화자의 의도 파악 유형

해석 오후 2시 10분에, 로우 씨가 "We just can't afford to let that happen"이라고 쓴 의도는 무엇인가?
(A) 그는 계획이 비용 효율이 높다는 것을 의심한다.
(B) 그는 예산이 증대되어야 한다고 생각한다.
(C) 그는 회사 전직원을 그대로 유지하기를 바란다.
(D) 그는 고객 불만사항들에 대해서 걱정한다.

해설 우선 주어진 문장을 본문에서 찾아, 그 말이 나오기 전

상황을 잘 이해하여야 한다. 바로 제시된 말 앞에서 "직원들이 경쟁사로 갈까봐 걱정"이라 했다. 따라서 이 말을 한 의도는 직원들이 나가지 않도록 그대로 유지(retain)하기를 바라는 것으로 볼 수 있다. 정답은 (C)이다.

Questions 153-155 회의 의제

> **153** 레인보우 아동 서적 편집 이사회 회의 의제
>
> 의장: 마논 파퀘트
> **154(C)** 회계: 리 청
> **154(B)** 비서: 톰 윌리암스
> 대표 회원: 조 샘슨
> **154(D)** 대표 회원: 노버트 램스데일
> **154(A)** 초청 대표 작가: 쉐릴 리베라
>
> 1. 환영사, 마논 파퀘트
> i. 지난해 출판 작품들의 성공 검토
> ii. 패널의 초청 작가 리베라 씨 소개
>
> **155** 2. 회계 보고, 리 청
> i. 지난해 도서 매출 논의
> **155** ii. 100% 재활용지로 전환하는 비용 제시. 투표
> iii. 인쇄비 증가 개괄, 전기세와 종이 값 증가가 원인
> iv. 올해 출간될 도서 수량 결정
>
> 3. 출판을 위한 원고에 대한 작가의 견해, 쉐릴 리베라
> i. 어떤 원고가 인쇄되어야 할 지에 대한 의견 제시
> ii. 지난해 선정물 검토
>
> 4. 원고들에 대한 투표, 조 샘슨
> i. 내년에 어떤 원고를 출간할지에 대한 최종 투표
> ii. 각각의 도서를 언제 출간할지 결정
>
> 5. 기타 안건, 노버트 램스데일
> i. "행복한 토끼 릴라" 시리즈물 확대 고려
> ii. 도서 삽화가 구인 광고 논의. 수작업 삽화 혹은 디지털 삽화?
>
> 다음 회의 일정 정한 뒤 폐회

agenda 의제 **editorial** 사설, 편집의 **board** 이사회 **treasurer** 회계(사) **at large** 대표하는, 전반적으로 **representative** 대표, 직원 **author** 작가 **introduce** 소개하다 **present** 제시하다 **switch** 전환하다 **overview** 개괄 **rising** 증가하는 **hydro** 전기 **perspective** 견해, 관점 **manuscript** 원고 **upcoming year** 다음 해, 내년 **miscellaneous** 기타의, 잡다한 **job posting** 구인 광고 **set date** 날짜를 정하다 **adjournment** 폐회, 휴회

153 사실 관계 확인 유형

해석 무슨 기관이 논의되고 있는가?
(A) 환경 그룹
(B) 인쇄사
(C) 출판사
(D) 아동 도서관

해설 이 글에서 언급되는 기관이 무엇인지 묻고 있다. 이런 유형은 글의 앞부분을 보면 된다. 제목으로 "레인보우 아동 서적 편집 이사회 회의"라 되어 있으니 이 회의가 출판사에서 이루어지는 회의라는 것을 알 수 있다. 따라서 정답은 (C)이다.

154 사실 관계 확인 유형

해석 이 위원회의 정규 일원이 아닌 사람은?
(A) 쉐릴 리베라
(B) 톰 윌리암스
(C) 리 청
(D) 노버트 램스데일

해설 의사록 제일 앞에는 회의 참석자들을 나열한다. 그곳을 보니 (B), (C), (D)는 이 위원회의 정규 일원임을 알 수 있다. 하지만 쉐릴 리베라는 초청 작가이니 이번 회의에만 의견을 들을 목적으로 온 객원(guest)임을 알 수 있다. 정답은 (A)이다.

155 키워드 찾기 유형

해석 이 의사록에 따르면, 리 청이 위원회가 고려하길 바라는 것은 무엇인가?
(A) 한 도서를 시리즈물로 확장하는 것
(B) 재활용지로 바꾸는 것
(C) 디지털 도서 삽화가를 고용하는 것
(D) 인쇄량을 줄여서 비용을 절약하는 것

해설 질문에서 키워드를 '리 청'으로 보고, '리 청'이 언급된 부분인 2번의 내용을 참조한다. 2번의 두 번째 항목에서 '100% 재활용지로 전환하는 비용을 제시하고 투표'라는 내용이 안건으로 나와 있음을 확인할 수 있다. 따라서 정답은 (B)이다. (A), (C)는 노버트 램스데일이 할 일이고 (D)는 논의된 안건이 아니다.

Questions 156-158 정보글

> 회사 소개:
>
> 데어링 딜리버리는 델라웨어 지역의 선호되는 택배업체로 긴 역사를 가지고 있습니다. – [1] – **156** 회사는 두 명의 형제인 톰과 잭 데어링에 의해 시작되었습니다. **156** **158** – [2] – 그들은 델라웨어 딜리버리가 운영되어야 하는 방식의 변화를 그들의 상사인 카일 켄트에게 종종 제안했습니다. 그들은 모든

소포가 157(B) 발송된 당일 이내에 손상되지 않은 상태로 도착하는 것이 보장되어야 한다고 생각했습니다. 그들은 이러한 신속 배달이 추가 비용없이 제공되어야 한다고 믿었습니다. 그들은 또한 157(C) 택배 기사들이 더 높은 월급을 받고 회사 정책을 정하는 일에 더 관여하기를 원했습니다. 켄트 씨는 동의하지 않았고, 그 형제들이 고집스럽게 계속했을 때, 그는 더 좋은 배달 회사를 운영할 수 있다고 생각하면 그들만의 회사를 시작해야 한다고 말했습니다. 데어링 형제는 그 도전 과제를 받아들이기로 결정했습니다. – [3] –

이제, 거의 100년이 지나, 데어링 딜리버리는 델라웨어 지역의 택배 사업의 90%를 취급합니다. 데어링 형제는 회사를 창업한지 5년도 안되어 델라웨어 딜리버리를 매입했습니다. – [4] – 저희의 근본에 충실하게, 저희 회사는 계속해서 신속 배달을 제공하며, 157(A) 추가 비용 없이 자동적으로 택배 물품에 대한 보험을 제공하는데, 경쟁사들은 그러하지 않습니다. 다음 달에 100주년을 기념하여, 저희는 모든 택배에 대해 10% 할인을 제공하며, 이 할인은 새해까지 계속 진행될 것입니다.

---

prefer 선호하다, 좋아하다 propose 제안하다 way 방식 run 운영하다 guarantee 보상하나 rapld 빠른 al no extra cost 추가 비용 없이 courier 택배 기사 set 정하다 company policy 회사 정책 persist (고집스럽게) 지속하다 accept 받아들이다 challenge 도전하다, 도전 과제 handle 다루다, 취급하다 buy out 매입하다 less than ~이하 found 설립하다, 세우나 true to ~에 충실히 continue to do 계속해서 ~하다 insurance 보험 surcharge 추가 요금 competitor 경쟁자 in celebration of ~을 축하하여 centennial 100주년

156 사실 관계 확인 유형

해석   어떻게 데어링 딜리버리는 설립되었는가?
(A) 한 택배사가 문 닫은 후에 데어링 형제가 세웠다.
(B) 개인적 도전 과제에 대한 응답으로 카일 켄트가 설립했다.
(C) 택배사 직원들이 그들만의 회사를 만들었다.
(D) 델라웨어 딜리버리의 소유주가 회사 이름을 바꾸었다.

해설   글의 첫 부분에 데어링 형제가 데어링 딜리버리를 세웠다고 나온다. 보기 (A)에서 "데어링 형제들이 세웠다"는 내용은 본문과 일치하지만 그 뒤의 "한 택배사가 문 닫은 후(after a courier business closed)"라는 말은 본문과 다른 내용이다. 데어링 형제가 데어링 딜리버리를 세우고 5년도 안되어 다른 한 택배사(델라웨어 딜리버리)를 매입했다는 말과 혼동하게끔 오답으로 낸 것이다. 데어링 형제가 원래는 한 택배사(델라웨어)의 직원이었기 때문에 정답은 (C)이다.

157 사실 관계 확인 유형

해석   데어링 형제가 선호했던 것으로 언급되지 않은 것은 무엇인가?
(A) 모든 택배 물품에 대한 보험
(B) 모든 택배 물품에 대한 신속 배달
(C) 직원들에 대한 더 높은 급여
(D) 근로자들에 대한 더 짧은 근무시간

해설   데어링 형제가 원했던 것을 찾아서 보기 3개를 지우고, 나머지 하나를 정답으로 하면 된다. 일단 (B), (C)는 데어링 형제가 카일씨에게 제안했던 사항들이고 (A)는 지금 데어링 딜리버리가 시행하고 있는 정책이다. 따라서 언급되지 않은 것은 (D)이다.

158 문장 삽입 유형

해석   [1]~[4]로 표시된 곳 중에 다음 문장이 들어가기에 가장 적합한 곳은?
"한때, 그들을 델라웨어 딜리버리에서 일했다."
(A) [1]
(B) [2]
(C) [3]
(D) [4]

해설   주어진 문장을 잘 살펴보자. 일단, 그들(they)이라는 대명사가 나오려면, 들어갈 위치 전에 '그들'이 언급되어야 하다. 그 다음에는 델라웨어 딜리버리가 언급되면 적절할 것이다. [2]번 위치를 보면, 바로 앞에는 두 명의 형제 이름이, 바로 뒤에는 델라웨어 딜리버리가 언급되고 있다. 따라서 [2]번 위치에 저 문장을 넣는 것이 가장 적절하다.

Questions 159-160 편지

크레이브스 커피
블룸가 3553번지
텍사스주 오스틴시 89822

10월 24일

아너 윌리암스 씨, 시 의원
시청
텍사스주 오스틴시 89820

윌리암스 씨에게,

제가 편지를 드리는 것은 새로운 수영장과 159 스포츠 복합시설을 블룸가에 건설하는 것에 대한 지지를 표현하기 위해서입니다.

저의 제과점과 카페 사업이 블룸가에 위치하고 있기 때문에, 제 의견이 고려되어야 한다고 생각합니다. 저는 거리에 교통량이 늘

어날 것이라는 것은 이해합니다. 그리고 교통 체증에 대한 많은 걱정이 있다는 것도 이해합니다. 제 견해로는, **160(A)** 늘어난 교통으로 생기는 사업체들이 받을 혜택이 그것에 의해 발생되는 문제점보다 훨씬 더 크다고 봅니다.

제가 제안 드리는 것은 시에서 블룸가와 4번가에 있는 4방향 일시정지 표지판을 **160(B)** 교통 신호등으로 교체하라는 것입니다. 이것은 예상되는 교통 혼잡을 완화하는 데 많은 도움을 줄 것입니다.

160(D) 또한 제안된 수영장 바로 바깥쪽에 버스 정거장 하나를 추가하는 것도 좋은 생각일 것입니다. 이 도로를 빈번히 다니는 두 대의 버스가 있지만, 현재 버스 정거장들은 다소 먼 거리입니다.

이 제안이 뉴스로 나온 이후로, 저는 고객들과 인근의 업체 주인을 대상으로 격의없는 설문 조사를 해보았습니다. 저와 이야기를 나눈 대부분의 사람들은 우리 도로에 새로운 건물을 세우는 그 제안을 지지합니다. 제가 추정하기로 적어도 80퍼센트는 그 건설 계획을 찬성합니다. 그러므로, 시 의회가 이 문제에 대해서 다음 달에 투표를 할 때, "찬성" 투표를 해주세요.

시간 내주셔서 감사합니다.

안녕히 계세요.

마고 레이랜드
크레이브스 커피점 점주

express 표현하다 complex 복합단지 be situated 위치해 있다 concern 걱정 traffic jam 교통 체증 in my view 나의 견해로는 result from ~로부터 발생하다 far 훨씬, 멀리 outweigh 더 중요하다 replace 교체하다 stop sign 일시정지 표지판 do a lot 많은 일을 하다 ease 완화하다 anticipated 예상되는 traffic congestion 교통 혼잡 bus stop 버스 정거장 frequently 빈번하게 proposal 제안 conduct a survey 설문 조사를 하다 casual survey 격의 없는 설문 조사 neighboring 인근의 erect 세우다 estimate 추정하다 at least 적어도 be in favor of ~을 찬성하여, ~을 지지하여

159 동의어 찾기 유형

해석   첫째 단락, 둘째 줄의 단어 "complex"와 의미상 가장 가까운 것은?
(A) 복잡한 문제
(B) 어려움
(C) 시설
(D) 변화

해설   complex는 '복잡한'이라는 뜻을 가지고 있기 때문에

(A)를 정답으로 선택하는 이들이 많을 것이다. 하지만 sports complex는 '스포츠 종합시설/단지'라는 의미이기 때문에 complex는 '시설, 단지'라는 의미를 나타낸다. 따라서 정답은 '시설'이라는 뜻을 가진 (C) facility이다.

160 사실 관계 확인 유형

해석   예상되는 교통량 증가에 대해서 언급되지 않은 것은 무엇인가?
(A) 지역 사업들에게 도움이 될 것이다.
(B) 교통 신호등으로 통제될 수 있을 것이다.
(C) 결과적으로 더 많은 교통 사고를 야기할 것이다.
(D) 버스 정거장을 추가함으로써 해결될 수 있을 것이다.

해설   교통량 증가를 키워드로 보고, 그 이후에 나오는 내용들을 읽으면서 언급된 것들을 하나씩 제거해 나간다. 위 본문 해석에서 표시된 곳들을 보자면 (A), (B), (D)는 언급되었지만 (C)는 언급되지 않았다.

Questions 161-165 광고와 문의 사항

요크랜드 대저택에서 편히 느긋하게 쉬세요

요크셔 무어스에 자리잡아서 **162** 요크랜드 대저택은 편히 느긋하게 쉬실 수 있는 완벽한 장소입니다. 저희의 굉장하고 고급스러운 침대와 아침 식사는 당신에게 따뜻하고 친숙한 숙박을 제공합니다. 모팟에서 단지 30분 거리입니다.

근처에서 즐길 수 있는 굉장한 많은 활동에는 하이킹, 낚시, 산악자전거, 말 타기 등이 있습니다.

저희는 개인 욕실이 달린 킹 사이즈 혹은 트윈 객실을 가지고 있으며, 모든 객실에서는 눈이 덮인 산이나 농장을 조망할 수 있습니다. 여러분은 저희의 농장을 둘러보시고 **163(B)** 돼지와 닭에게 먹이를 주고, **163(A)** 골프를 하실 수 있으며, 그리고 **163(C)** 근처의 강에서 수영을 하실 수 있습니다.

161 저희는 겨울철에 이용 가능한 특별 할인 요금제를 가지고 있습니다. 11월~2월 사이에 숙박하시면, 정가에서 30퍼센트 할인을 받을 것입니다.

추가 문의나 예약을 위해서는 전화나 팩스로 연락을 주세요. 전화 번호는 (07) 555 9322이고 팩스 번호는 (07) 555 9323입니다.

unwind 긴장을 풀다, 느긋이 쉬다 nestle 자리잡다 rest 쉬다 stunning 놀랄 만큼 아름다운 accommodation 숙박 nearby 근처의 including ~을 포함하는 much more 훨씬 더 많은 것 have views 조망을 가지다, 조망을 즐길 수 있다 snowcapped 눈으로 덮힌 feed 먹이를 주다 discounted rate 할인 요금 regular rate 정가 query 질문, 문의

팩스 번호 (07) 555 9323

4월 13일

관계자분께,

당신의 대저택에서 12월 30일에서 1월 14일 사이 예약에 관심이 있습니다. **164** 저희는 성인 4명에 아이 4명입니다. 단체 할인을 제공해 주시는지 궁금하고 성인들과 아이들에 대한 숙박 요금을 알고 싶습니다. 우리는 생후 6개월 된 아기가 있어서, 아기용 침대가 필요할 것입니다.

165 안내 책자를 우리에게 이메일로 보내 줄 수 있을까요? 제 이메일 주소는 f.zhang@airmail.co.fr입니다.

감사드립니다.

안녕히 계세요.

프랭크 장

to whom it may concern 관계자분께 be interested in ~에 관심을 가지다 booking 예약 wonder if ~인지 아닌지 궁금하다 group discount 단체 할인 nightly rate 숙박 요금 cot 아기 침대

161 키워드 찾기 유형

해석 언제 30퍼센트 할인을 받을 수 있는가?
(A) 1주일 이상 숙박할 경우
(B) 휴일에 대해 미리 금액을 지불할 경우
(C) 더 추운 기간에 숙박할 경우
(D) 3명 이상의 손님이 있을 경우

해설 "30퍼센트 할인"이 키워드이다. 30퍼센트 할인이 나오는 곳을 보면, 11월~2월 사이에 숙박시 할인이라고 언급되어 있다. 그때는 겨울이니 그것을 다른 말로 바꾸어 보면 '더 추운 계절'(the colder months)이라 할 수 있다. 정답은 (C)이다.

162 사실 관계 확인 유형

해석 요크랜드 대저택은 무엇인가?
(A) 시내 호텔
(B) 배낭여행자을 위한 호스텔
(C) 고급스러운 게스트 하우스
(D) 사냥을 위한 막사

해설 "요크랜드 대저택"을 키워드 삼아 찾아본다. 그런데 광고문의 제목에서 'Relax and Unwind'라는 표현과 광고문의 앞 부분에서 "굉장하고 고급스러운 침대와 아침 식사는 당신에게 따뜻하고 친숙한 숙박을 제공합니다"라고 언급된 것을 보고 "요크랜드 대저택"이 고급스러운 숙박 업체라는 것을 알 수 있다. 따라서 정답은 (C)이다.

163 사실 관계 확인 유형

해석 요크랜드 대저택에서 제공되지 않는 활동은 무엇인가?
(A) 골프
(B) 동물 먹이주기
(C) 수영
(D) 급류 타기

해설 162번 정답이 나온 뒤 쪽에서 각종 활동들이 열거된 곳을 정답의 단서로 삼는다. (A), (B), (C)는 모두 언급 되었으나 (D)는 언급되지 않았다.

164 사실 관계 확인 유형

해석 프랭크 장의 단체 손님은 몇 명인가?
(A) 9명
(B) 8명
(C) 6명
(D) 4명

해설 일단 '프랭크 장'이 두 번째 글인 편지를 쓴 사람이라는 것을 확인한다. 그리고 편지글의 앞부분에서 "성인 4명, 아이 4명"으로 이루어진 그룹이라는 언급을 찾는다. 이를 통해 숙박을 하는 게스드의 총 인원은 8명이라는 계산이 나온다. 따라서 정답은 (B)이다.

165 사실 관계 확인 유형, 키워드 찾기 유형

해석 요크랜드 대저택은 프랭크에게 어떻게 답신을 해야 하는가?
(A) 팩스로
(B) 이메일로
(C) 전화로
(D) 서면으로

해설 보통 연락처 정보는 맨 끝에 나오기 마련이다. 마지막 부분에서 이메일로 연락하라면서 이메일 주소를 알려주고 있다. 따라서 정답은 (B)이다.

Questions 166-170 티켓, 메모, 웹 페이지

고객 정보

여행자: 맬로리 포드

예약 번호: 3957394

이메일: mforde@abc.com

예약 날짜: 2월 13일, 수요일

전화: 123-555-4837

여행 요약

출발지: 미국, 뉴욕

도착지: 일본, 도쿄

출발: 3월 9일 토요일, 오후 6시 5분

도착: **170** 3월 10일 일요일, 오후 3시 15분

book 예약하다 summary 요약 depart 출발하다

회람

수신: 맬로리 포드

발신: 로버트 바우만

날짜: 2월 18일, 월요일

제목: 도쿄 출장

166 당신에게 도쿄 컨퍼런스에 대한 정보를 보내고 싶었습니다. 그래서 당신이 그에 맞게 계획할 수 있도록 말이죠. 첫 번째 회의는 3월 11일 월요일 2시에 있습니다. 주제는 향수와 향수에 민감한 사람들입니다. 그것이 당신에게 길고 피곤한 비행 후에 충분히 167 회복할 시간을 주기를 바랍니다. 3시에 회사의 사장님에 의한 발표가 있을 것이고, 4시에는 마케팅 관련 논의가 있습니다. 5시에는 편안한 식사를 동료들과 할 것을 기대하실 수 있습니다. 2일차에 대한 정보는 도착하는 대로 제공될 것입니다.

컨벤션 센터 호텔에 머무르길 추천합니다. 숙박은 꽤 안락할 것이고, 당신은 컨벤션 센터로 버스를 타고 왔다 갔다 하는 것에 대해 걱정할 필요가 없을 것입니다. 도쿄에 도착하면, 공항에서 호텔로 가는 셔틀 서비스가 10시까지 매 시간마다 있습니다.

168 요청대로, 당신의 첫날밤을 위해 객실 하나를 예약해 놓았습니다. 편하실 때에 89달러를 저에게 주시면 됩니다. 도쿄에서 당신을 만나서, 내년에 대한 당신의 제안을 듣기를 기대하고 있습니다. 169 저는 특히 동물 실험의 인도적 대안에 대해 당신이 해온 연구에 흥미가 있습니다.

accordingly 그에 따라서 scent 향기, 향수 sensitivity 민감함 recover 회복하다 tiring 피곤하게 하는 relaxing 편안한 colleague 동료 직원 upon arrival 도착하자마자 accommodation 숙박 worry about ~에 대해 걱정하다 back and forth 왔다갔다 as requested 요청 받은 대로 at your earliest convenience 가능한 빨리 be intrigued with ~에 흥미가 있다 humane 인도적인 alternative to ~의 대안 animal testing 동물 실험

컨벤션 센터 호텔
일본, 도쿄

층	1박 당 가격
1층	69달러
168 2층	168 89달러
3층	109달러
스위트룸	149달러

알아 두세요:

다음의 추가 요금은 공항 셔틀 서비스 이용에 대해 적용됩니다. 공항에서 호텔로 가는 교통수단이 필요하시면 미리 전화해주세요.

월요일-금요일 오후 5시 이전: 15달러

월요일-금요일 오후 5시 이후: 20달러

토요일: 25달러

170 일요일: 30달러

floor 층 note 알아두다 surcharge 추가 요금 apply 적용하다, 적용되다 in advance 미리 require 필요로 하다 transportation 교통수단

166 주제 찾기 유형

해석 회람글의 목적은 무엇인가?
(A) 포드 양으로부터 정보를 요청하는 것
(B) 포드 양을 컨퍼런스에 초대하는 것
(C) 컨벤션 센터에 방을 예약하는 것
(D) 포드 씨가 계획하는데 도움을 주는 것

해설 memo인 두 번째 글의 주제를 찾아야 한다. 주제를 찾을 때는 맨 앞부분을 참고한다. 컨퍼런스 관련 정보를 보내는 이유로 "그에 맞게 계획할 수 있도록"(so that you can plan accordingly)이라고 언급된 것을 보면 (D)가 정답이라는 것을 알 수 있다.

167 동의어 찾기 유형

해석 회람글에서 첫째 단락, 셋째 줄의 단어 "recover"와 의미상 가장 가까운 것은?
(A) 되찾다
(B) 다시 활력을 찾다
(C) 다시 시작하다
(D) 변제하다

해설 recover는 '병이나 피로 따위에서 회복하다'라는 뜻이다. 보기들이 모두 '다시~한다'는 개념을 가지고 있지만, 본문에서 "after your long, tiring flight"라고 언급되어 있으므로 여기서 recover는 '피로에서 회복한다'는 의미를 나타낸다. 따라서 이와 같은 의미를 가진 단어는 (B)이다. juvenile이 '청소년, 아이'를 뜻하는 말이니 '다시'라는 의미의 접두어 're-'가 붙어 rejuvenate는 "어린아이 시절로 돌아간다"는 어원을 가지며, 이에 파생된 의미로 '활기를 되찾다'는 의미도 있다. redeem은 '돈, 명예, 권리 등을 되찾다, 만회하다'라는 뜻이다.

168 이중지문 대조 유형

해석 어떤 층에 포드 양의 방이 가장 위치할 것 같은가?
(A) 1층
(B) 2층
(C) 3층
(D) 스위트룸

해설 보통 숫자나 금액에 관련된 문제가 나오면, 그 문제는 이중지문 대조 유형이다. 두 번째 글에서 요청대로 방을 예

약했으니 89달러를 내라는 말을 단서로 삼고, 세 번째 글에서 89달러에 해당하는 층이 2층인 것을 확인할 수 있다. 따라서 정답은 (B)이다.

169 사실 관계 확인 유형

해석 로버트 바우만은 컨퍼런스에서 맬로리 포드와 무엇에 관해서 이야기를 하고 싶어하는가?
(A) 신제품군 마케팅 전략
(B) 새로운 향기의 화장품에 대한 제안
(C) 제품에서 거슬리는 향기를 제거하고자 하는 계획
(D) 동물을 이용하지 않고 제품 안전성을 테스트하는 것에 대한 방안

해설 보통 무엇을 원하는가에 대한 대답은 글의 뒷부분에 나온다. 둘째 글 끝부분에 보면 동물 실험에 대한 인도적 대안들에 대한 연구에 관심이 있다는 것이 언급되었다. 따라서 정답은 (D)이다.

170 이중지문 대조 유형

해석 포드 양은 공항 셔틀 서비스에 대해서 얼마를 내야 할까?
(A) 15달러
(B) 20달러
(C) 25달러
(D) 30달러

해설 숫자나 금액이 문제로 나오면, 그 문제는 이중지문 대조 유형이다. 우선 세 번째 글에서 대략 셔틀 이용 요금 나오는 부분이 있음만 확인하고 첫 번째 글의 비행기 시간을 본다. 도쿄에는 일요일 오후에 도착한다고 언급되어 있으므로, 세 번째 글에서 일요일에 대한 셔틀 서비스 금액을 확인해야 한다. 따라서 정답은 30달러, (D)이다.

HALF TEST 2

147 (C)	**148** (C)	**149** (B)	**150** (C)
151 (D)	**152** (C)	**153** (C)	**154** (B)
155 (B)	**156** (C)	**157** (D)	**158** (B)
159 (B)	**160** (D)	**161** (C)	**162** (B)
163 (A)	**164** (B)	**165** (A)	**166** (B)
167 (C)	**168** (B)	**169** (D)	**170** (D)

Questions 147-148 광고문

월 15달러 추가로 장거리 전화 요금제를 업그레이드하세요!

G-모바일 커뮤니케이션은 **148** 월 15달러만으로 당신이 선택

하신 어떤 번호든 3개의 번호*에 무제한 장거리 전화 서비스를 제공하고 있습니다.

147 현재 월 25달러 이상의 요금제를 이용 중이라면 이 장거리 전화 요금제를 추가하시고, 전 세계에 있는 가족과 친구들과 연락하세요.

이번 행사는 온라인으로만 이용 가능합니다. 예약 코드를 사용하세요: hookmeup.

7월 31일까지 이용 가능합니다.

* 주: **148** 월 10달러로 2개의 번호를 더 추가하세요.

long distance 장거리 **extra** 추가적인 **unlimited** 무제한의 **of your choice** 당신이 선택하신 **add** 추가하다 **phone plan** 전화 요금제 **stay in touch with** 연락하고 지내다 **online only** 온라인으로만 **code** 코드, 규정, 번호 **available** 이용 가능한 **note** 주석, 주

147 사실 관계 확인 유형

해석 이 할인에 대해 자격이 있는 사람은 누구인가?
(A) 장거리 요금제를 가지고 있는 고객
(B) 청구 요금을 온라인으로 지불하는 고객
(C) 25달러 이상의 전화 요금제를 가진 고객
(D) 3개외 국가에 친척을 가진 고객

해설 이러한 문제에 대한 정답은 글의 앞부분에 등장하는데, 광고 주제가 나오고 그 다음 단락에 언급되어 있다. "to any monthly phone plan $25 or over"라는 부분에서 광고되는 서비스를 받을 수 있는 대상을 언급하고 있다. 따라서 정답은 '25달러 이상 요금제 사용자', 즉 (C)이다.

148 사실 관계 확인 유형, 키워드 찾기 유형

해석 5개의 번호를 포함하는 요금제는 얼마인가?
(A) 10달러
(B) 15달러
(C) 25달러
(D) 31달러

해설 '5개의 번호'가 키워드이긴 한데, 본문에서는 5개의 번호가 언급되지 않았다. Part 7을 풀 때 한가지 팁을 알려주면, 보통 * 표시(주석)가 된 부분은 문제에서 중요한 단서로 작용한다는 사실이다. 본문의 * 표시는 '3개의 번호'라는 단어에 붙어 있으며, 그에 대한 주석은 '10달러로 2개의 번호를 더 추가하라'는 내용이다. 따라서 3개의 번호에서 2개의 번호를 추가하면 5개의 번호에 대한 요금제 금액을 알 수 있다. 3개의 번호에 대한 요금이 월 15달러이고 추가 2개의 번호에 대해서는 월 10달러라고

했으니 5개의 번호에 대한 요금제는 월 25달러라는 계산이 나온다. 따라서 정답은 $15+$10=$25, (C)이다.

Questions 149-150 이메일

> 발신: 대니얼 램 <dlam@publiclibrary.com>
> 수신: 미공개 수신자
> 제목: 도서관 새 소식
> 날짜: 1월 21일
>
> 고객님들께,
>
> 공공 도서관에 대한 당신의 지속적인 지원에 감사드립니다.
>
> 이번에 기쁘게도 발표 드리는 것은, **149** 저희가 120대의 신규 컴퓨터들을 구매하여서 이 도시 지점들에 배포했다는 사실입니다. 온라인 포탈 개시를 기리기 위해, 이것들은 다음주에 대중들에게 이용 가능하게 될 것입니다. **150** 당신의 도서관 카드 번호와 비밀번호를 이용하여 로그인하는 것으로, 포탈은 당신이 도서관에서 빌리는 도서, CD, DVD 등을 어떤 컴퓨터에서든 추적하여 확인 가능하게 해줍니다.
>
> 추가적인 독서, 듣기, 그리고 시청 등에 대한 추천 또한 포탈에 나타나게 되어 당신으로 하여금 다음으로 무엇을 경험해볼 것인지 선택하는 데 도움을 줄 것입니다. 이러한 추천은 매체에 상관 없이 이루어집니다. 예를 들어, 당신이 *파리 갔다 오기*라는 책을 읽었다면, 그 소설에 근거한 영화가 당신의 추천에 나타날 것이며, 뿐만 아니라 동일한 주제의 다른 도서도 나타날 것입니다.
>
> 도서관에 들리시거나 혹은 온라인으로 확인해보세요-저희는 제공해 드릴 것이 아주 많답니다!
>
> 안녕히 계세요.
>
> 대니얼 램, 지점 코디네이터

patron 후원자, 단골, 고객 continued 지속적인 be pleased to do ~하게 되어 기쁘다 announce 발표하다 distribute 나눠주다, 배포하다 across the city 도시 전역에 available 이용 가능한 mark 기념하다 launch 출시, 시작 keep track of 발자취를 쫓다, 추적하다 based upon ~에 기초를 둔 as well as ~뿐 아니라 stop by ~에 잠시 들르다

149 사실 관계 확인 유형, 키워드 찾기 유형

해석 왜 새로운 컴퓨터들이 다음 주에 이용 가능한가?
(A) 새 책의 출판을 기리기 위해
(B) 온라인 기능의 시작을 기념하기 위해
(C) 고객들을 새 도서관 지사로 끌기 위해
(D) 인터넷 수리에 필요한 시간을 허용하기 위해

해설 일단 질문의 키워드인 '새 컴퓨터'와 '다음 주'를 찾아 본다. 본문에 '120대의 신규 컴퓨터가 배포되었다'고 언급된 후, '다음 주에 이용 가능하다'는 내용이 나온다. 바로 그 뒤에 '포털 출시를 기념하기 위해'(to mark the launch of our online portal)라고 언급된 것을 보고 정답을 찾을 수 있다. 여기서 mark는 celebrate로, launch는 start로, online portal은 online feature로 각각 달리 표현되었다. 따라서 정답은 (B)이다.

150 사실 관계 확인 유형, 키워드 찾기 유형

해석 어떻게 고객들은 포털에 접속할 수 있는가?
(A) 도서관 지점을 방문함으로써
(B) 도서관 이메일을 등록함으로써
(C) 도서관 카드를 이용함으로써
(D) 멤버십을 업그레이드함으로써

해설 키워드는 '포털 접속'(access the portal)이다. 149번에서 포털이 등장하였으니, 바로 그 다음 내용을 살펴보는 것이 좋겠다. 도서관 회원 카드와 비밀번호를 이용해서 접속한다는 내용(By logging in with your library card number and password)이 나온다. 따라서 이에 해당하는 내용인 (C)가 정답이다.

Questions 151-152 문자 메시지

캐서린 **151** 우리가 마침내 드림 보이즈 라이브 콘서트를 내일 보게 되다니 믿을 수 없어! 그 날이 절대 오지 않을 줄 알았어.	오후 10:01
스테이시 너만 그런 건 아냐! 그건 그렇고, 우리 콘서트장에 어떻게 가지? 너 차를 가져갈 거니? 버스나 지하철 타는 것 보다는 훨씬 빠를 텐데.	오후 10:04
152 캐서린 그러려고, 그런데 내 차가 여전히 정비소에 있어서 걱정이네. 적어도 며칠동안은 돌려 받지 못할 텐데.	오후 10:06
스테이시 아, 맞아. 그걸 잊었네. 음, 문제 없어! 택시 타자. 우리가 비용을 분담하면 별로 비싸지 않을 거야. 잊지 말고 티켓들 가져오고!	오후 10:08

get to see 보게 되다 live 라이브 by the way 그건 그렇고 venue 장소 consider 고려하다 a lot 훨씬 auto shop 자동차 정비/수리소 get back 되돌려 받다 at least 적어도 another 추가로 cab 택시 expensive 비싼 split 쪼개다, 나누다

151 화자의 의도 파악 유형

해석 오후 10시 4분에, 스테이시가 "You're not the only one"이라고 썼을 때 그녀가 암시하는 바는?
(A) 더 많은 사람을 초대하고 싶다.
(B) 콘서트 티켓을 구매할 계획을 한다.
(C) 라이브 공연을 본 적이 없다.
(D) 행사를 몹시 기대하고 있다.

해설 우선 제시된 문장을 본문에서 찾아서, 그 문장의 앞 내용을 파악해본다. 앞에는 '가수의 라이브 공연을 보게 되다니, 그 날이 절대 오지 않을 줄 알았어'라는 말이 나온다. 그에 대한 응답으로 이 주어진 문장을 이해해야 한다. '너만 그런건 아니야'라고 한 것은 '나 역시 그런 날이 절대 오지 않을 줄 알았다'라는 말이며, 자신도 마찬가지로 라이브 콘서트를 몹시 기대하고 있다는 뜻으로 이해된다. 따라서 정답은 (D)이다.

152 사실 관계 확인 유형

해석 캐서린에 대해서 언급된 것은 무엇인가?
(A) 그녀의 근무 일정이 변경되었다.
(B) 그녀는 차라리 지하철로 가고 싶어한다.
(C) 그녀의 차량이 현재 수리 중이다.
(D) 그녀는 내일 스테이시에 의해 태워질 것이다.

해설 대화자의 이름을 혼동하지 않도록 유의하며 Katherine이 할 말을 중점적으로 보자. 151번에 대한 힌트가 나온 뒤에 이어지는 캐서린의 말에서 "I'm afraid it's still in the auto shop."이라고 한 것을 볼 수 있다. 여기서 it은 자동차를 의미하며, 그녀의 자동차가 아직 자동차 정비소에 있다는 의미를 나타낸다. 따라서 그녀의 차량이 현재 수리 중이라는 것을 알 수 있으므로 정답은 (C)이다.

Questions 153-155 보고서

이안 하트넷에게

당신이 요청한 대로 저는 저희의 네트워크 보안을 점검해 보고 있습니다. 그리고 지금까지 내가 알아낸 것들은 조짐이 좋아 보이지 않습니다. **153** 문제는 당신의 네트워크 소프트웨어에 있지 않습니다. 사실, 보안 소프트웨어 자체는 최첨단입니다. 만약 제대로 사용된다면, 그것은 네트워크를 외부 공격으로부터 꽤 안전하게 만들어 줄 것입니다. 그러나 그게 문제입니다. 그게 거의 제대로 사용된 적이 없습니다. 당신의 직원 중 많은 수가 취약한 패스워드를 가지고 있습니다. 예를 들어 "1234567"이나 "password" 같은 것 말이죠. 다른 사람들은 사랑하는 사람들의 생일이나 이름을 이용합니다. 제가 이것을 아는 것은 많은 직원들이 패스워드를 책상에 접착 메모로 붙여 놓은 것을 보았기 때문입니다. 물론 이것이 의미하는 것은 또한 그들이 패스워드를 전혀 (목적성에 맞게) 사용하지 않고 있을지도 모른다는 것입니다. 더욱 더 안 좋은 것은, 제가 USB 드라이브 몇 개를 주차장 주변에

놓아 두었습니다. 라벨을 붙이지 않고 말이죠. **154** 그것을 발견한 단지 한 명만이 그것을 절차에 따라 경비실로 제출했습니다. 그 안에 뭐가 있는지 우선 확인하지 않고 말이죠. 나머지 모두는 그것을 컴퓨터에 다 꽂았습니다. 그 드라이브가 악성 소프트웨어를 담고 있을 거란 가능성에 대한 걱정도 하지 않고서 말이죠. **155** 가능한 빨리 모든 직원과 함께 보안 정책을 재검토할 필요가 있습니다.

안녕히 계세요.

존 플레밍

examine 조사하다, 검토하다 security 보안 request 요청하다 findings 발견, 결과 so far 지금까지 promising 조짐이 좋은, 유망한 in fact 사실 state-of-the-art 최첨단의, 최신의 properly 적절히 weak 약한, 취약한 such as A and B: 예를 들어 A나 B와 같은 loved ones 사랑하는 사람들 sticky 끈적한, 접착의 as well 또한 what's worse 더욱 더 안 좋은 것은 lying 놓여 있는 as per ~에 따라 procedure 절차 concern 걱정 contain 담다, 가지고 있다 malicious 악의 있는, 심술 궂은

153 사실 관계 확인 유형

해석 이 회사의 네트워크 보안에 대해 명시된 것은 무엇인가?
(A) 싸고 비효율적이다.
(B) 송치반 구식이나.
(C) 제대로 사용된다면 효과적이다.
(D) 외부 공격에 취약하다.

해설 앞 부분을 보자면 '네트워크 소프트웨어 자체 문제는 아니며, 이것은 최첨단이며, 제대로 쓰면 외부 공격으로부터 꽤 안전하게 만들어 준다'는 말을 하고 있다. 따라서 이와 일치하는 내용은 (C)이다.

154 사실 관계 확인 유형

해석 직원들은 USB 드라이브를 발견했을 때 무엇을 해야 하는가?
(A) 그것이 무슨 파일을 담고 있는지 확인한다.
(B) 경비실로 가져간다.
(C) 즉각 버린다.
(D) 플레밍 씨에게 곧장 준다.

해설 본문에서 USB 드라이브를 주차장 주변에 두고 실험한 결과 한 명만이 열어 보지 않고 경비실로 제출했다고 하고, 나머지는 모두 악성소프트웨어가 있을지도 모른다는 걱정도 하지 않고 컴퓨터에 꽂아 보았다 했다. 글쓴이의 어조로 보아 악성 소프트웨어에 대해 부정적이므로 USB를 발견했을 때 파일을 확인하지 않고 경비실(the security office)로 가져는 것이 올바른 행동인 것으로 보인다. 따라서 정답은 (B)이다.

155 사실 관계 확인 유형

해석 플레밍 씨에 따르면, 이안은 이 상황을 어떻게 처리해야 하는가?
(A) 적어도 현 직원의 절반을 해고한다.
(B) 보안 절차를 직원들과 재검토한다.
(C) 더 강력한 네트워크 보안 소프트웨어를 설치한다.
(D) 중요 컴퓨터들을 네트워크에서 격리한다.

해설 보통 '어떻게 해야 하는가'라는 질문은 글쓴이의 바람을 나타내는 것으로 글의 뒷부분에 언급되는 경우가 많다. 이 글의 마지막 부분에 'You really need to review security policies with all of your staff'이라고 언급된 것으로 보아 정답은 (B)이다.

Questions 156-158 편지

6월 10일

재클린 모렛 양
클리어런스 가구
파인로 2847번지
콜로라도주 덴버시
80001

모렛 양에게,

지난 9월, 저는 당신에게서 소파를 구매했습니다. – [1] – 그것은 하얀 가죽의 "밀튼" 소파였습니다. 아마 저를 기억하실 겁니다. 저와 당신의 아들이 같은 축구 리그에서 활동한다는 것을 알게 되었고 축구 이야기를 하면서 많은 시간을 보냈죠. **158** 축구에 대한 우리의 대화 중에, 당신은 그 소파에 대한 1년 품질 보증을 구매하도록 저를 확신시켰습니다.

– [2] – **158** 제 친구들이 그들의 3살짜리 딸과 함께 저희 집을 방문했어요. 그 아이는 새 소파에 색칠하지 말라는 얘기를 들었지만, 우리가 식사를 마치고 치우는 동안에, 그 아이는 자신이 저희, 어른들보다 더 잘 안다고 생각했고, 소파를 테이블 삼아 그 위에다가 그림을 그렸죠. 그 와중에, 그 아이는 보라색 마커를 시트 쿠션 중 하나에 온통 문질렀습니다. 끔찍했죠! – [3] –

– [4] – **156 157** 보증서를 검토해 봤는데 감사하게도 펜으로 마킹된 것이 보증으로 보장이 되더군요. 저는 보증이 마커펜의 잉크에도 해당되는지 알려주셨으면 합니다. 만약 그것이 보장되지 않는다면, 시트 쿠션을 세척하거나 교환하는 비용을 알려주세요.

도와주셔서 감사합니다.

안녕히 계세요.

그렉 서튼

---

couch 카우치, 긴 의자, 소파 **may** ~일지 모른다 **a great deal of** 대단히 많은 양의 **convince** 확신시키다 **warranty** 보증(서) **be told to do** ~하라 지시/명령 받다 **clean up** 깨끗이 치우다 **grown-ups** 성인들 **in the process** 그 과정 중에 **smear** 문지르다, 얼룩지게 하다 **purple** 보라색(의) **all over** ~위에 온통 **disastrous** 끔찍한, 처참한 **grateful** 감사하는 **extend** 연장하다 **replace** 교체하다

156 주제 찾기 유형

해석 왜 서든 씨는 모렛 양에게 편지를 썼는가?
(A) 좋은 서비스에 대해 감사하기 위해서
(B) 소파 보증서를 구매하기 위해서
(C) 보증 범위에 대해 문의하려고
(D) 소파에 대한 의견을 제시하려고

해설 편지글에서 주제나 목적은 보통 맨 앞부분에 나온다. 그러나 앞부분에서 과거 시제로 나오는 문장은 주제가 아닐 가능성이 높다. 따라서 이 편지에서 첫 번째 단락과 두 번째 단락은 모두 '소파를 구매했을 당시의 상황'과 '소파의 시트 쿠션에 문제가 발생하게 된 상황'을 설명하는 것이므로 주제에 해당하지 않는다. 마지막 단락에서야 글쓴이가 편지를 통해 전달하고자 하는 내용이 나오는데, 그 내용은 '마커펜 잉크로 더러워진 것도 품질 보증으로 보장이 되는지' 물어보는 것이다. 따라서 정답은 (C)이다.

157 추론과 암시 유형

해석 품질 보증이 손상을 보장하지 않을 수도 있는 이유는 무엇인가?
(A) 사람의 실수에 의한 손상은 보장되지 않는다.
(B) 가구의 제조 상의 결함을 보장한다.
(C) 해당 월의 초에 보증 기간이 만료되었다.
(D) 펜으로 된 마킹을 보장한다고 명시되어 있다.

해설 마커펜 잉크로 인한 손상이 아직 보상 대상인지 아닌지 알 수는 없기 때문에 질문에서 might라는 표현으로 추측의 어조로 물어보았다. 그래서 본문에서 언급된 정보로 유추를 해서 정답을 찾아야 한다. 156번의 힌트가 나온 부분에서 '보증서에는 펜 마킹이 보장된다'(pen markings are covered under it)라고 언급되어 있다. 하지만 글쓴이가 궁금한 것은 '펜 마킹이 아니라 마커 마킹으로 인한 것도 품질 보증으로 보상이 되는지'에 대한 것이다. 따라서 정답은 (D)이다.

158 문장 삽입 유형

해석 [1]~[4]로 표시된 곳 중에 다음 문장이 들어가기에 가장 적합한 곳은?
"우리는 어젯밤 사고를 겪었으며, 그 보증에 의해 보상되길 바랍니다."

(A) [1]
(B) [2]
(C) [3]
(D) [4]

해설 주어진 문장은 '어젯밤 사고'(an accident last night)를 언급하였으므로 그 사고에 해당하는 설명이 이 문장 뒤에 위치해야 한다. 따라서 이 문장은 사고에 해당하는 '마커 마킹'에 대해 설명하는 두 번째 단락 앞에 오는 것이 적절하다. 따라서 정답은 (B)이다.

Questions 159-160 설문지

최근의 크래프트 시티 방문에 대한 설문 조사

시간 내서 다음 질문들에 답변해 주셔서 감사합니다. 당신의 응답들은 저희가 당신의 창의적 욕구를 충족하는 미술 용품을 확실히 취급하도록 할 것입니다. 저희 매장은 귀하에게 수천 개의 아이디어를 제공하여 당신이 창의적인 여행을 떠날 수 있도록 할 것입니다. 저희가 어떻게 했는지 함께 봅시다.

159 참여한 모든 설문 응답자들에 대한 감사로, 저희는 선택하신 물품에 대해 60% 추가 할인을 제공해드리고 있습니다.

설문 질문들에 대답하기 위해서 2페이지를 펴세요. **160** 당신은 당신의 작성된 양식을 크래프트 시티에서 계산원이면 누구에게든지 제출해주세요. 좋은 하루 되세요!

데니스 올만, 소유주
크래프트 시티

1. 크래프트 시티에 특정 품목(들)을 찾으러 오셨나요?
___ 네
___ 아니요(아니라면, 3번 질문으로)

2. 찾고 있던 물건(들)을 찾는 것은 얼마나 쉬웠나요?
___ 매우 쉬움
___ 다소 쉬움
___ 어려움
___ 매우 어려움
___ 찾고 있던 물건(들)을 찾지 못했다

3. 크래프트 시티 직원에게 도움을 요청했다면, 그들의 고객 서비스를 평가해 주세요:
___ 친절하고 도움이 됨
___ 도움은 되었지만 친절하지 않았음
___ 친절하지만 도움이 안됨
___ 도와줄 크래프트 시티 직원을 찾을 수 없었음

4. 찾던 물건을 모두 찾았나요?
___ 네(그렇다면, 5번 질문으로)

___ 아니요

4a. 찾던 것을 못 찾았다면, 그것을 찾기 위해 어떤 매장을 가시겠습니까(해당 가게를 모두 나열하세요)?

4b. 결국 어느 매장에서 그 물건을 찾으셨나요? _____

4c. 무슨 물품(들)을 당신은 저희 매장에서 찾을 수 없었나요? _____

---

take the time to do 시간 내서 ~하다 following 다음의 response 응답, 반응 ensure 확실하게 하다 carry 운반하다, 취급하다 art supplies 미술 용품 meet needs 원하는 것을 충족하다 seek to do ~하려고 애쓰다 set off 시작하다 journey 여행 participation 참여 hand in 제출하다 particular 특정한 skip 뛰어넘다 locate 찾아내다 moderately 다소, 적당하게 assistance 도움 rate 등급을 평가하다 friendly 친근한, 우호적인 apply 적용하다, 해당하다 eventually 결국에, 마침내

159 사실 관계 확인 유형

해석 고객들은 설문 작성으로 인해 무엇을 받을까?
(A) 멤버쉽 카드
(B) 매장 할인
(C) 상품권
(D) 무료 선물

해설 보통 설문지의 구성은 이렇게 된다. 맨 앞에는 설문을 부탁하고, 그 설문 응답으로 제공하는 혜택을 언급한다. 여기서도 두 번째 단락에서 60% 추가 할인을 언급하고 있다. 정답은 (B)이다. 참고로 그 혜택 사항을 가끔은 설문지 맨 끝에서 언급하는 경우도 있다. 따라서 글 앞부분에서 혜택 사항을 찾을 수 없다면 재빨리 맨 뒤를 보자.

160 사실 관계 확인 유형

해석 고객들은 작성 완료된 설문을 어디로 제출해야 하는가?
(A) 본사 사무실로
(B) 온라인으로
(C) 아무 직원에게나
(D) 계산원에게

해설 세 번째 단락에서 'You can hand in your completed form to any cashier at Craft City'라는 문장을 통해 정답이 (D)라는 것을 알 수 있다.

Questions 161-165 이메일, 회람글

발신: 힐러리 데스몬드 <hdesmond@alliancefirm.com>
수신: 데릭 쿠플랜드 <dcoupland@alliancefirm.com>
제목: 회람
날짜: 2월 21일

안녕 데릭,

모든 직원을 대상으로 메모 좀 발송해 줄래? 그 컴퓨터 프로그래머가 와서 우리에게 새로운 데이터 베이스의 질문 기능을 사용하는 방법을 가르쳐 준다고 말이야. 그 날짜를 달력에 체크해 둬. **165** 그는 클린턴 파일들이 예정된 날과 같은 날 오후 1시 반에 올 거야.

그 훈련은 몇시간 동안 계속될 거야. 그래서 직원들은 필요하다면 늦게까지 남아있을 준비를 해야 해. 우리는 그 강사에게 다른 날에도 다시 오도록 돈을 내야 하는 것을 원하지 않거든. 혹 안 되는 사람 있으면 알고 싶어.

그 메모에, 알림 글을 하나 더 포함해줘. **161** 월간 재무 보고서 마감 기한에 관해서 말야. 많은 사람들이 여전히 그것을 매달 늦게 제출하고 있고, 그것은 나에게 **162** 부당한 스트레스를 일으키고 있어. 이 외에 내가 할 수 있는게 뭔지 모르겠어. **165** (재무보고를 위한) 1일이 3월에는 일요일에 해당해. 그래서 3월 보고서는 그 다음 날이 예정일이 될 거야.

고마워.

힐러리

---

how to do ~하는 방법 query 질문, 질의 the same ~ as ~와 같은 due 예정된 last 지속하다, 계속하다 be prepared to do ~할 준비를 갖추다 stay late 늦게까지 머무르다 if necessary 필요하다면 come back 되돌아 오다 make it 약속을 지키다 yet another 또 하나의 reminder 알림글, 상기하게 하는 것 monthly 월간의, 월1회의 hand in 제출하다 undue 부당한, 지나친 fall on ~에 해당하다

회람

수신: 선식원
발신: 데릭 쿠플랜드
날짜: 2월 21일

안녕하세요 여러분,

163 많은 분들이 새로운 데이터베이스의 질의 기능에 대해 훈련을 요청해오고 있습니다. 그래서 기쁘게도 알려드립니다. **165** 우리 프로그래머 중 한 분인 마크 퍼거슨이 3월 12일 목

요일 오후 1시 반에 올 겁니다.

만약 그 날짜가 익숙하게 보인다면, 그게 바로 클린턴 파일들이 힐러리에게 접수되어야 할 예정일과 같기 때문입니다. 그 예정일은 뒤로 미뤄지지는 않을 것입니다. 이것이 의미하는 바는 파일들이 훈련 시간이 시작하기 전에 제출되어야 한다는 거죠. 우리는 아주 대규모의 단체이기 때문에, 훈련 시간은 오후 5시가 지나서도 지속될 지도 모릅니다. 따라서 필요하다면 늦게까지 있을 준비를 해주세요. 못 오실 경우 저에게 이메일을 주세요.

164 또한, 친설하게 알려드리자면 사무실의 모든 마감 기한을 지키는 것이 중요하다는 것입니다. 그것이 보고서이든, 파일이든, 질문이든 간에 말이죠. 하나가 늦어지면, 그건 동료 직원에게 많은 스트레스를 야기합니다. 그 동료는 여러분의 것을 기다리는 동안 자신의 업무를 중단할 수 밖에 없거요. 서로의 요구 사항에 대해 신경 써 줍시다. 그리고 열심히 해서 우리의 다음 보고서 마감 기한을 지킵시다. **165** 달력을 보니 다음 마감 기한은 3월 2일이군요. 어떤 방식으로든 제가 도울 일 있으면 알려주세요.

여러분의 엄청난 노력에 항상 감사합니다!

데릭

---

request 요청하다 be pleased to do ~하게 되어 기쁘다 familiar 친숙한, 익숙한 due date 예정일 move back 뒤로 미루다 run past + 시간: ~시를 지나 계속되다 make arrangements 마련하다, 준비하다 if need be 필요하다면 whether ~이든 be forced to do 어쩔 수 없이 ~하다 mindful 신경 쓰는 in any way 어떤 식으로든

161 추론과 암시 유형

해석 이메일로부터 추론되는 바는 무엇인가?
(A) 데릭이 데이터베이스 상에서 질문 기능을 운영할 수 있다.
(B) 데릭은 그의 월간 보고서를 제때에 제출한다.
(C) 직원들은 보고서 마감 기한을 놓치고 있다.
(D) 힐러리는 클린턴 파일들이 늦을 것이라고 생각한다.

해설 특정 사실이 아닌 '이메일 글'에 대한 추론을 요하고 있다. 이런 문제는 한 부분을 읽어서 해결되는 것이 이니라 거의 글 전체를 다 읽어야 해결된다. 이때 각 (A)~(D)의 키워드를 본문과 대조하는 것이 좋은 방법이다. (A)의 경우, 데릭이 실제로 운영할 수 있는지에 대해서는 언급되지 않았다. (B)의 경우 직원들이 제때 제출을 안한다는 말에 위배된다. 바로 이 내용과 정 반대로, 직원들이 마감 기한을 지키지 않는다고 되어 있다. 따라서 정답은 (C)이다. (D)의 경우 힐러리가 늦을 것이라고 생각하는 것은 클린턴 파일이 아니라 월간 재무보고서이므로 오답이다.

정답 및 해설 **49**

162 동의어 찾기 유형

해석 이메일에서 셋째 단락, 셋째 줄의 단어 "undue"와 의미상 가장 가까운 것은?
(A) 무제한의
(B) 부당한
(C) 삼가서 말한
(D) 정의되지 않은

해설 undue에서 due는 '예정된, 마땅한'이라는 의미이다. un~이 붙으면 반의어가 됨은 잘 알 것이다. 따라서 문맥은 이 stress를 자기가 받는 것이 마땅하지 않다는 의미이다. 따라서 deserve(받을 만 하다, ~할 만하다)의 반의어인 undeserved(부당한)가 가장 가까운 의미이다.

163 사실 관계 확인 유형

해석 회람글에 따르면, 직원들은 무엇을 요청했는가?
(A) 데이터 베이스에 대한 질문 관련 훈련
(B) 보고서 마감일에 대한 연기
(C) 클린턴 파일에 대한 도움
(D) 이메일을 통한 의사소통

해설 일단 회람글을 보아야 한다. 데릭이란 사람이 쓴 글인데, 직원들이 요청한 것을 묻고 있다. 그것은 이 회람글 이전에 직원들이 뭔가를 요청했다는 얘기이다. 회람글 첫 줄에 많은 분들이 데이터베이스의 질문 기능에 대한 훈련을 요청했다고 말한다. 따라서 정답은 (A)이다.

164 추론과 암시 유형

해석 회람글로부터 데릭에 대해서 추론되는 바는 무엇인가?
(A) 동료들에게 실망했다.
(B) 지시를 할 때 친절하다.
(C) 클린턴 파일과 관련이 없다.
(D) 훈련 시간에 참여하지 않을 것이다.

해설 데릭이 쓴 글이 전반적으로 직원들에게 친절하고 정중하게 말하고 있는 문체를 사용하고 있다는 것을 알수 있다. 아주 부드럽게 지시를 하는 표현인 a friendly reminder란 표현이 그 예이다. 그러므로 이를 패러프레이징한 (B)가 정답임을 알 수 있다. 나머지는 전혀 언급된 바 없다.

165 키워드 찾기 유형, 이중지문 대조 유형

해석 3월 2일에 발생할 일은?
(A) 재무 보고서들이 제출될 것이다.
(B) 클린턴 파일들이 검토될 것이다.
(C) 질의 훈련이 있을 것이다.
(D) 데이터베이스가 업데이트 될 것이다.

해설 3월 2일이 키워드이다. 두 번째 글 끝 부분에서 3월 2일은 어떠한 보고서 마감 기한임을 알 수 있다. 이때 보통 날짜가 나오면 이중지문 대조 유형이니 첫 번째 글도 참

고해야 한다. 첫째 글에서 재무 보고서 마감이 이번엔 일요일(3월 1일)이라 다음 날이 마감일이라는 말을 보면 3월 2일이 재무보고서 마감일임을 알 수 있다. 따라서 정답은 (A)이다. 혼동스럽겠지만, 클린턴 파일의 마감일은 데이터 베이스 질의 훈련을 하는 날과 같은 날이며, 그 훈련일은 3월 12일이다. 따라서 (B), (C), (D)는 모두 오답이 된다.

Questions 166-170 광고, 지원서, 편지

> **166** 스프링사이드 쇼핑 센터는 정규직 보안 담당 요원을 찾고 있습니다. 서로 다른 교대 근무 패턴이 이용 가능합니다. 지원하려면, 자기 소개서와 지원서를 제출하되, 추천인 세부내역과 함께 완전히 갖춰져야 합니다. 당신이 저희의 선정 과정을 통과하면, 그리고 나서 범죄 기록을 제출할 것을 요청받게 되며, 신변 점검이 요구될 것입니다. 일단 고용되면, **167** 해야할 일은 상점을 순찰하며 질서를 유지하는 것, 분쟁을 해결하고, 그리고 마감 시간에 문들을 단속하는 것을 포함합니다. 모든 보안 요원들에게는 2개의 유니폼이 제공되는데, 그것에 대해 10달러의 예치금을 내야 합니다. **170** 초봉은 주간 교대시 시간당 20달러, 야간 교대시 시간당 24달러, 그리고 주말 근무에 대해서는 시간당 30달러입니다. 혜택 사항으로는 1주일의 휴가와 의료 보험 패키지를 포함합니다.

full-time 정규직의 **shift** 교대 근무 **cover letter** 자기 소개서 **complete with** ~을 완전히 갖추어 **reference** 추천(인), 참조 **pass** 통과하다 **process** 과정, 절차 **criminal** 범죄의 **responsibility** 책임, 해야할 일 **patrol** 순찰하다 **keep order** 질서를 유지하다 **settle** 해결하다 **disturbance** 방해, 소란 **closing time** 마감 시간 **deposit** 예치금 **starting** 시작하는, 초기의 **wage** 급여 **benefits** 혜택, 급여 이외의 부가 수당 **insurance** 보험

스프링사이드 쇼핑 센터
지원 양식서

성명: 스텐리 듀쳇
주소: 일리노이즈주 메드홀시 콜린스가 86번지
전화번호: 554-2294-459
지원 직무: 보안 요원
170 교대 근무 패턴: 주말

고용 이력:

고용주	근무 기간	감독관	연락처
168 ABX 은행	2년	**168** 올리버 버크	553-204-1911
메가벅스 카지노	3년	트레버 네이버스	456-221-5501
드래곤에어 나이트클럽	6개월	토마스 밀러	643-256-2329
미드홀 공항	6년	티나 터니	399-321-6920

application form 지원 양식서 apply for ~을 지원하다

마리아 매디건
스프링사이드 쇼핑 센터
인더스트리얼가 2532번지
플로리다주 템파시 54700

매디건 양에게

169 보안 요원 자리에 대한 저의 지원서를 여기에 제출합니다. 지의 동봉된 양식서에서 보다시피, 저는 다수의 환경을 넘나들며 보안 요원 일을 한 광범위한 경험을 가지고 있습니다.

제가 받은 훈련과 경험은 제게 기술을 주어서, 발생할 수 있는 어떤 상황도 대처할 수 있게 되었습니다. 저는 요청을 받아 사람들을 구내에서 나가게 하기도 했고, 또한 범죄 행위가 발생하고 있을 때는 경찰을 부르기도 했습니다. 이것이 나타내는 바는 제가 언제 물러서야 할지, 언제 권위를 내세워야 할지를 안다는 것입니다.

168 추천서를 위해, 저의 이전 ABX 은행 매니저를 연락해 보세요. 전화로 이미 말해두었고, 그들은 기꺼이 당신에게 이것을 제공해 줄 겁니다. 불행히도, 미드홀 공항의 티나 터니는 더 이상 그 회사에 없습니다. 그래서 그녀에게서 추천서를 얻을 수는 없습니다.

저의 지원서를 고려해 주셔서 미리 감사드립니다.

스텐리 듀쳇

hereby 이에, 이것에 의해 enclosed 동봉된 extensive 광범위한 a number of 많은 setting 환경, 배경 deal with 다루다, 해결하다 arise 발생하다 call upon 요구하다 remove 제거하다, 치우다 premises 토지, 구내, 건물 step down 물러서다 authority 권위 reference 추천(서), 참조 unfortunately 불행히도 no longer 더 이상 ~이 아니다 obtain 얻다, 획득하다

166 주제 찾기 유형

해석 이 광고의 목적은 무엇인가?
(A) 새로운 미팅을 팅고하는 것
(B) **일자리를 광고하는 것**
(C) 세일을 광고하는 것
(D) 새로운 쇼핑몰을 광고하는 것

해설 주제는 주로 맨 앞에 나온다. 첫 줄에 바로 보안 요원을 찾는 구인 광고임을 알 수 있는 말이 나온다. 따라서 정답은 (B)이다.

167 동의어 찾기 유형

해석 광고에서 첫째 단락, 다섯째 줄의 단어 "responsibilities"와 의미상 가장 가까운 것은?
(A) 원인
(B) 자격 요건
(C) **임무**
(D) 직원

해설 responsibility란 단어는 '책임, 책무, 해야할 일'이란 뜻이다. 보기 중에 가장 가까운 단어는 (C) duties이며, 이 단어를 본문의 responsibilities를 내신해서 넣어도 문맥상 자연스럽다.

168 이중지문 대조 유형

해석 매디건 양은 추천서를 위해 누구에게 연락할 것을 지시 받고 있나?
(A) 토마스 밀러
(B) **올리버 버크**
(C) 티나 터니
(D) 트레버 네이버스

해설 보통 고유명사인 이름이 질문에 나오면 이중지문 대조 유형이다. 세 번째 글에서 ABX은행 매니저에게 연락해 보라는 단서를 찾아서 두 번째 글에서 ABX은행 매니저인 올리버 버크, 즉 (B)를 답으로 한다. 보통 삼중지문의 도표에서는 이중지문 대조 유형 관련 정보를 찾을 수 있다.

169 사실 관계 확인 유형

해석 듀쳇 씨에 대해서 명시된 바는 무엇인가?
(A) 최근 탬파로 이사했다.
(B) 현재 카지노에서 일하고 있다.
(C) 관리직에 지원하고 있다.
(D) **여러 회사에서 직무를 맡았었다.**

해설 듀쳇 씨가 쓴 첫 단락을 보자. 보안 요원 자리에 지원한다 했으니 일단 (C)를 소거한다. 맨 위의 주소를 보면 현재 탬파시에 있는 것은 맞지만 최근에 이사왔다는 말은 없으니 (A)도 소거한다. 두 번째 글을 통해 카지노에서 일한 적은 있지만 현재 일하고 있는 건 아니니 (B)도 소거한다. 따라서 남은 보기인 (D)가 정답인데, 듀쳇 씨가 쓴 글의 첫 단락에 보면 다수의 환경에서 광범위한 보안 요원으로서의 경험을 가지고 있다는 말이 나온다. 따라서 그는 여러 회사에서 보안 요원을 했음을 알 수 있다.

170 이중지문 대조 유형

해석 만약 듀쳇 씨가 일자리를 얻게 되면, 그는 시간당 얼마를 벌까?
(A) 10달러
(B) 20달러

(C) 24달러

(D) 30달러

해설   일단 첫째 글 끝부분에 시급을 3가지로 나누어 설명했다는 것을 염두해두고, 지원 양식서를 보면 그는 보안 요원 중에서도 '주말 담당'으로 지원을 하고 있음을 알 수 있다. 따라서 첫째 글의 3가지 부류 중에 주말에 해당하는 30달러를 받게 될 것이다. 정답은 (D)이다.

HALF TEST 3

147 (C)	148 (C)	149 (B)	150 (A)
151 (D)	152 (C)	153 (A)	154 (C)
155 (C)	156 (D)	157 (B)	158 (A)
159 (D)	160 (C)	161 (A)	162 (C)
163 (A)	164 (D)	165 (B)	166 (A)
167 (A)	168 (B)	169 (C)	170 (B)

Questions 147-148 광고

올포드 오아시스 콘도미니엄 - 32개 객실이 지금 세일 중!

바닷가에서 단 5분거리에 있는, 이 새로운 올포드 오아시스 콘도미니엄 빌딩은 평화로움과 프라이버시를 제공하면서도 시내에서 불과 몇 분 거리에 있습니다. **147** 침실 1개, 침실 2개, 침실 3개로 구성된 호실이 이용 가능하고, **148(D)** 이 땅의 커다란 나무들을 즐길 수 있는 커다란 옥외 테라스, 아름다운 꽃이 있는 정원들, 그리고 금붕어와 개구리들이 있는 사람이 만든 시냇물 주변에 있는 오솔길을 특징으로 가지고 있습니다. 각 호실에는 정원터가 함께 제공되며, 그곳에서 채소나 꽃 혹은 당신의 선택에 따른 많은 식물들을 키울 수 있습니다!

개별 호실들은 무채색 톤으로 고상하게 장식되어 있고 현대적이며 에너지 효율적인 **148(A)** 가전 제품들이 특징을 이룹니다. 비치된 시설에는 월풀, **148(B)** 테니스장과 스쿼시 코트, 그리고 체육실이 있습니다.

올포드 오아시스에 와서 당신만의 천국을 골라보세요!

unit 단위, 제품 ocean 바다 feature 특징을 이루다 patio 옥외 테라스 path 오솔길 stream 시냇물 grow 재배하다 of one's own choice 스스로 선택한 tastefully 고상하게 neutral 무채색의 on-site 현장의 pick out 선별하다

147 추론과 암시 유형

해석   올포드 오아시스 콘도미니엄 빌딩에 대해서 추론되는 바는 무엇인가?

(A) 시내에서 멀리 떨어져 있다.

(B) 조경을 한 옥상 정원이 있다.

(C) 다양한 크기의 호실들이 있다.

(D) 현재 건설 중이다.

해설   infer를 보고 추론 유형임을 안다. 두 번째 줄에 쓰여 있는 One, two, and three-bedroom units are available을 보고 (C)가 정답이라는 것을 알 수 있다.

148 사실 관계 확인 유형

해석   콘도미니엄의 특징으로 언급되지 않은 것은?

(A) 가전 제품

(B) 운동 시설

(C) 쇼핑 아울렛

(D) 실외 공간

해설   본문에 (C)만 언급되어 있지 않다. 참고로 (D)는 patio, garden plot이 야외에 있는 것으로 언급되고 있다.

Questions 149-150 안내 책자

탑 여행사는 여러분 여행의 모든 필요한 것을 충족시켜드립니다! 당신이 편안한 **150(D)** 크루즈를 좋아하시든 모험으로 가득찬 휴일을 선호하시든, 저희는 다양한 전문가들을 보유하고 있으며, 이들은 당신이 꿈꾸던 휴가를 현실로 만들어 드릴 것입니다. 여름이 빠르게 다가오고 있어서, 지금이 바로 여름 휴가를 예약할 완벽한 시기입니다.

저희는 다양한 특별 (여행) 상품들을 이용할 수 있게 가지고 있습니다. **149** 6월 15일과 8월 30일 사이의 여행에 대해 5월 30일까지 예약하고 결제할 수 있는 분들을 위해서죠. **150(B)** 이런 상품 중에는 7박을 4성급 피지의 리조트에서 보내는 것도 있는데, 1,988달러이며 돌아오는 편 비행기와, 숙박 그리고 몇 끼의 식사까지도 포함되어 있습니다. 하와이를 선호하신다면 저희는 5박 상품을 가지고 있고, 여기에는 3성급 숙박 시설과 돌아오는 항공편 요금, 그리고 매일 아침 식사까지 1,300달러에 제공합니다.

전화번호 07-8394-987로 저희 전문가 중 한 명에게 연락해 보세요. 우리는 모든 세부 사항들을 당신을 위해 돌보아 드리겠습니다. 이메일로 연락시 consultants@toptravel.com으로 해주세요. 알아두실 것은 **150(C)** 저희의 특별 판매는 매우 제한적이어서, 가능한 빨리 연락 주셔야 이런 특별한 가격을 이용하실 수 있습니다.

whether ~이든 아니든 prefer 선호하다 relaxing 편안한 a range of 다양한 available 이용 가능한 those who ~하는 사람들 return flight 회항편 accommodation 숙박 prefer 선호하다 airfare 항공 요금 daily 매일의 expert 전문가 take care of 돌보다, 처리하다 strictly 엄격하게

149 키워드 찾기 유형

해석 특가 상품을 받기 위해서 고객들은 언제 결제를 해야 하는가?

(A) 5월 1일까지

(B) 5월 30일까지

(C) 6월 15일까지

(D) 8월 30일까지

해설 '언제까지 돈을 지불해야 하는가'가 질문의 키워드이다. 본문에서 날짜가 표시된 부분을 보면 될 것이다. 그런 부분을 보면 6월 15일~8월 30일까지의 여행에 대해서 5월 30일까지 돈을 내라고 하고 있디. 따라서 정답은 (B)이다.

150 사실 관계 확인 유형

해석 탑 여행사가 제공하지 않는 것은 무엇인가?

(A) 기업 출장

(B) 섬에서의 휴가

(C) 할인 여행

(D) 크루즈 예약

해설 여행사가 제공하는 것들을 본문에서 찾아서 하나씩 소거해 나가면 된다. 맨 앞부분에 크루즈 여행(D)이 언급되었고, 섬 휴가(B) 얘기는 149번 정답이 나온 바로 뒤에서 피지와 하와이 같은 섬 얘기를 했다. 할인(C)은 전반적인 흐름에서도 유추되지만, 끝 부분에서 이번 행사가 제한적이라 가능한 빨리 연락 주셔야 이용할 수 있다는 말에서도 알 수 있다. 하지만 기업 출장(A)은 언급된 곳이 없다.

Questions 151-152 온라인 채팅

디톤, 앵거스 (오전 10:22)

151 메리, 10월 판매 실적에 정말 놀랐어. 우리의 휴대용 스피커 신상품이 정말로 기대 이상이야.

윌슨, 메리 (오전 10:24)

정말 그렇지! 우리 이익금은 출시일이었던 9월 4일 이후 매주 증가해 왔어.

디톤, 앵거스 (오전 10:26)

와! **152** 내 생각에 광범위한 인터넷 광고가 결국 좋은 아이디어였어.

윌슨, 메리 (오전 10:27)

결국 그게 정말로 제 값을 했지. 우리가 보통 잡지나 TV를 통해서 하던 것보다 그런 방식으로 더 많은 소비자들에게 도달했지.

디톤, 앵거스 (오전 10:29)

그 얘기 들으니 기쁘다. 아마도 우리는 앞으로 모든 제품 출시에 대해서 똑같이 해야겠어.

윌슨, 메리 (오전 10:31)

맞아! 그건 틀림없이 최고의 전략이야.

---

sales figures 판매 실적 portable 휴대용의 exceed 초과하다 launch 출시 extensive 광범위한 after all 결국 pay off 성공하다, 기대하던 성과를 올리다 in the end 결국에는 bet 틀림없다, 내기하다 definitely 틀림없이 strategy 전략

151 사실 관계 확인 유형

해석 글쓴이들이 일하는 회사에 대해서 알 수 있는 바는 무엇인가?

(A) 재정적 문제를 겪고 있다.

(B) 여러 지점을 운영한다.

(C) 9월에 설립되었다.

(D) 최근에 신제품을 출시했다.

해설 첫 줄의 '스피커 신상품이 기대 이상이야'라는 말만 봐도 최근에 신제품이 출시 되었음을 알 수 있다. 정답은 (D)이다.

152 화자의 의도 파악 유형

해석 오전 10시 27분에, 윌슨 양이 "It really paid off in the end"라고 쓴 의미는 무엇인가?

(A) 새로운 제조 기술이 비용을 낮추는데 도움을 줄 것이다.

(B) 잡지 광고는 예상보다 더 저렴했다.

(C) 온라인 광고는 성공적이라 입증되었다.

(D) 고객 피드백이 회사에 도움이 되었다.

해설 주어진 말이 있는 곳을 본문에서 찾아 바로 그 앞 내용을 파악해야 한다. 바로 앞에 상대방이 '인터넷 광고가 좋은 아이디어였다'는 말에 대해서 한 말이므로 온라인 광고는 성공이었다는 말에 동조하는 표현이다. 참고로 pay off는 '제 값을 하다, 성공하다'란 뜻이다. 정답은 (C)이다.

Questions 153-155 편지

낸시 클린턴 양

다크무어가 628번지

뉴욕시 뉴욕주

74923

글닌닌 앙에게:

153 저희는 당신을 아나킨 리서치 가족으로 환영하게 되어 기쁩니다. 우리는 새로운 다이달러스 프로젝트의 모든 직원들을 위해서 한 차례 예비 교육을 열기로 결정했습니다. 예비 교육은 월요일 아침 9시 정각에 시작하니, 늦지 마세요. 이 세션에서는 당신이 새로운 일자리에 정착하기 위해 알아야 하는 모든 것을 다루며, 표준 사무 절차와 보안 프로토콜도 포함합니다. 이번 세션은 대략 오전 11시까지 계속될 텐데, 그 후에 이른 점심 식사 시간이 있고, 새로운 동료들을 알아갈 수 있습니다.

우리는 다시 **154** 오후 1시에 만나, 당신에게 다이달러스 프로젝트 그 자체의 자세한 사항들에 대해 간략한 설명을 드릴 것입니다. 우리가 이것에 대해 지금까지 **155** 왜 그렇게 입을 꼭 다물고 있었는지에 대해서 분명 몹시 궁금해 하신다는 것을 압니다. 저희의 비밀 유지가 다소 첩보전처럼 보인다면 사과드립니다. 이것에 대해서 어떤 악의 같은 것은 전혀 없음을 확실하게 알려드립니다. 우리는 그저 최근에 (저희의) 비밀 정보를 입수한 것에 대해서 경쟁자들과 다소 문제가 있었을 뿐입니다. 그래서 평소보다 더 우리의 보안에 대해서 좀더 엄격해 질 수밖에 없었습니다.

안녕히 계세요.

제임스 그래엄

host 개최하다 **orientation** 오리엔테이션, 예비 교육 **promptly at + 시간:** ~시 정각에 **settle** 정착하다 **procedure** 절차 **security** 보안 **protocol** 프로토콜, 의례 **last** 지속하다, 계속되다 **roughly** 대략, 거의 **brief** 간략히 설명하다 **extremely** 몹시, 매우 **curious** 호기심 있는 **as to** ~에 대하여, 관하여 **tight-lipped** 입을 꼭 봉한 **apologize** 사과하다 **secrecy** 비밀 유지 **cloak-and-dagger** 음모의, 첩보활동을 다룬 **assure** 확신시키다 **sinister** 불길한, 악의 있는 **get a hold of** ~을 입수하다 **strict** 엄격한

153 주제 찾기 유형

해석　이 편지의 목적은 무엇인가?
(A) 신입 직원에게 일정을 알려주는 것
(B) 신입 직원들을 선택하기 위한 판단 기준을 정하는 것
(C) 기업 보안의 중요성을 강조하는 것
(D) 자세한 사무 절차를 설명하는 것

해설　주제는 맨 앞에 나온다. 신입 직원을 환영한 뒤 9시에 시작하니 늦지 말라고 한다. 그 후에는 11시, 1시 등의 시간별 일정이 나온다. 정답은 (A)이다.

154 사실 관계 확인 유형, 키워드 찾기 유형

해석　언제 클린턴 양은 그녀의 프로젝트에 대해서 알게 될까?
(A) 오전 9시에
(B) 오전 11시에
(C) 오후 1시에
(D) 오후 3시에

해설　프로젝트에 대해 알게 되는 것이 키워드이다. 언뜻 초반부에 다이달러스 프로젝트 얘기가 나와서 9시를 답으로 한 분도 있을 것이다. 그러나 잘 보면 9시~11시는 표준 사무 절차에 관한 얘기를 하는 시간이다. 즉, 신입 직원이라면 알아야 할 기본적인 것을 알려주겠다는 얘기다. 정답은 그 다음 단락에 나오는 1시부터, 즉 (C)가 답이다.

155 키워드 찾기 유형

해석　왜 프로젝트의 세부 사항들이 비밀로 유지되어왔는가?
(A) 당황스러운 언론 취재를 피하기 위해서
(B) 신입 직원들을 먼저 준비시키기 위해서
(C) 회사 경쟁자들로부터 비밀을 지키기 위해서
(D) 발표의 시기를 조율하기 위해서

해설　비밀로 유지했다는 말이 나오는 부분을 찾아야 한다. 이 때 질문에 나온 비밀(secret)이란 단어들이 본문에서는 tight-lipped(입을 꼭 다문), secrecy(비밀 유지), cloak-and-dagger(첩보의), confidential(비밀스런) 등과 같은 말들로 대체 사용되었음을 알아야겠다. 그런 단어들이 나오는 마지막 부분을 보면 최근에 자신들의 비밀 정보를 입수한 것에 대해서 경쟁자들과 다소 문제가 있었기 때문에 더 보안에 엄격해질 수밖에 없었다고 나와 있다. 이는 경쟁자들로부터 비밀 정보를 유지하기 위해 취하는 조치이므로 정답은 (C)이다.

Questions 156-158 공지글

- [1] -. **156 157** 크리스마스 시즌이 거의 다가왔기 때문에, 여러분 모두에게 다가올 연례 크리스마스 파티에 대해 알려드리고자 합니다. - [2] -.

늘 그렇듯이, 저희는 주제가 있습니다. 그리고 올해는 붉은 색으로 결정했습니다. 크리스마스의 분위기를 내기 위해서, 모든 사람들은 붉은 옷을 입고 파티에 오셔야 하며, 또한 10달러를 넘지 않는 선물을 가지고 오셔야 합니다. - [3] -.

파티는 밸리 인 리조트에서 열리는데, 저녁 식사와 음료를 포함할 것입니다. 모든 사람들은 아래층에서 12월 12일 토요일 오후 5시에 만날 것이며 택시를 준비해서 여러분을 행사장으로 모시고 그 후에 집으로도 모셔다 드릴 것입니다. - [4] -.

158 불행히도, 파티는 오직 성인들만을 위한 것이지만 몇 주 후에 산타 할아버지가 방문할 것이므로, 취학 연령의 아이들이 있으면 그때 데리고 오시면 됩니다.

참석 여부를 확인해 주시기 바라며 어떤 특별한 식사상의 요구 사항이 있다면 알려주시기 바랍니다. 이메일 laura.bell@mediasolutions.com으로 프론트 데스크의 로라에게 알려주시면 됩니다. 여러분을 거기서 뵙기를 기대합니다.

now that ~하기 때문에 **annual** 연례의 **get into** 들어가다 **spirit** 정신 **outfit** 의상 한 벌 **no more than** 겨우, 단지 **transport** 운반하다 **afterwards** 그 후에 **unfortunately** 불행히도 **bring along** 데려오다 **school-aged** 취학 연령의, 학령기의 **make sure** 확실히 하다 **confirm** 확인하다 **attend** 참석하다 **dietary** 식사의

156 주제 찾기 유형

해석 이 공지글의 목적은?
(A) 다른 색의 주제를 제안하는 것
(B) 행사에 대한 아이디어를 수집하는 것
(C) 상품들에 대한 지출을 줄이는 것
(D) 행사 정보를 제공하는 것

해설 주제는 주로 앞에 나온다. '크리스마스 파티에 대해 알려드리고자 한다'라고 정확히 언급되었다. 정답은 (D)이다.

157 문장 삽입 유형

해석 [1]~[4]로 표시된 곳 중에 다음 문장이 들어가기에 가장 적합한 곳은?

"이 행사는 수 년 동안의 회사 일정 중에 가장 중요한 것이었고 모두가 갈망하여 기다립니다."

(A) [1]
(B) [2]
(C) [3]
(D) [4]

해설 주어진 문장에서 'this event'에 주목한다. this event라고 하려면 바로 앞에서 먼저 event를 언급하여야 한다. 따라서 [2]번 위치 바로 앞에 행사를 알렸고, 그 바로 [2]번 위치에 저 문장을 넣는 것이 가장 잘 어울린다. 항상 this, that, the와 같은 지시어가 붙은 경우, 그 앞에 해당 명사가 있는지를 꼭 살펴보자.

158 사실 관계 확인 유형

해석 누가 참석하도록 초대되지 않는가?
(A) 어린 아이들
(B) 시간제 근무 직원들
(C) 음식 알레르기가 있는 사람들
(D) 교통수단이 없는 사람들

해설 참석 대상이 아닌 부류를 골라내면 된다. 불행히도 (unfortunately)와 같은 말이 있으면 꼭 주의하여 살피자. 성인들을 대상으로 한 행사라 했으니 어린 아이들은 참석할 수 없을 것이다. 따라서, 정답은 (A)이다. 바로 뒤에 아이들을 위한 행사는 따로 마련되어 있다고 나온다.

Questions 159-160 이메일

발신: 조안나 파킨슨
수신: 전 직원
회신: 건강의 날

159 올해 연례 건강의 날 행사가 다음 금요일, 6월 9일에 있습니다. 여러분은 가족분들을 모시고 오셔도 좋습니다.

평소와 마찬가지로, 적십자사 직원들이 와서 응급 조치 시연을 보

이며, 뿐만 아니라 간호사분들과 다른 전문가들이 와서 기본적 의료 검사를 할 것입니다. 이것은 아주 좋은 기회로 여러분 아이들의 기본적인 시력, 청력 문제 같은 것을 검사할 수 있습니다. 할아버지와 할머니도 또한 몇 가지 기본적 점검을 원하실 수 있습니다. 가벼운 다과도 또한 이용 가능합니다.

날씨는 좋을 것으로 예상됩니다. 그래서 우리는 많은 활동들을 야외에서 열 것입니다. 다른 활동들은 실내 행정 구역에서 일어날 것입니다. **160** 가족분들에게 북쪽 주차장에 주차하라고 지시해주세요, 가능시라면 언제든지 말이죠.

회사에서는 이것을 직원들에게 특별한 혜택으로 제공하는 것이니, 이점을 존중하시어 시간을 현명하게 이용하시길 바랍니다.

감사드립니다,

조안나 파킨슨

---

annual 연례의 **take place** 일어나다, 발생하다 **be welcome to do** 기꺼이 ~하세요 **as usual** 평소와 마찬가지로 **representative** 대표자, 직원 **first aid** 응급 조치 **demonstration** 시연 **conduct** 행하다 **screening** 검사, 선별 **vision** 시력 **hearing** 청력 **refreshment** 가벼운 다과 **be expected to do** ~할 것으로 예상되다 **fine** 날씨가 맑은 **direct** 안내하다 **whenever** 언제든지 **respect** 존중하다

159 주제 찾기 유형

해석 이메일의 목적은 무엇인가?
(A) 누군가의 건강에 대한 문의를 하는 것
(B) 회사가 야유회를 가져야 한다고 제안하는 것
(C) 기업의 건강 정책에 대한 설명을 하는 것
(D) 행사에 대한 정보를 주는 것

해설 역시 주제 찾기이니 첫 단락을 보면 쉽게 찾을 수 있다. 연례 건강의 날 행사가 있다고 말하고 있다. 정답은 (D)이다.

160 키워드 찾기 유형

해석 직원들의 친척들은 어디에 주차를 해야 하는가?
(A) 행정 구역에
(B) 남쪽 주차장에
(C) 북쪽 주차장에
(D) 직원 주차장에

해설 가족과 주차를 키워드로 하여 찾아보면, 가족은 북쪽 주차장에 주차하라고 전달하라는 말을 세 번째 단락에서 찾을 수 있다. 친척(relatives) 또한 가족 구성원(family members)에 해당한다. 따라서 정답은 (C)이다.

> **161** 그저 "우두머리"가 되려고 하지 말아라.
> 직장에서 지도사가 되어라.
>
> 관리자가 된다는 것과 지도자가 된다는 것 사이에는 차이가 있다. 당신이 충분히 용감하다면, 직원들에게 그들이 당신을 어떻게 보는지 물어보라, 관리자인지, 아니면 지도자인지 말이다.
>
> 서류상에서는, 당신이 이상적인 관리자처럼 보일 수 있다. 판매 수치는 매달 증가하며, 회계 장부는 균형이 맞고, 마감 기한은 충족되며, 지속적으로 고품질의 작업이 생산된다. 그러나 근무 환경은 어떠한가? 당신의 직원들은 아침에 출근하는 것을 정말 좋아할까? 아니면 그들은 그것을 두려워할까? 물론 당신 부서는 일을 잘 해낸다, 그러나 당신의 직원들이 최선을 다할 수 있는 창의적 자유로움을 가지고 있을까? - 그리고 회사를 위해 최선을 다하고 있을까? 그들이 합당한 근무 환경을 가지고 있어서 일을 즐기고, 성장하며, 회사를 전진시키고 있는가?
>
> 당신의 직원들은 당신이 그들의 편이라는 것을 알아야 한다. **161** 우리의 이틀간에 걸친 컨퍼런스는 지도자들과 차기 지도자들을 위한 것인데, 여러분에게 (직원을) 육성하는 시도자가 될 방법을 보여 줄 것이다. 이것은 향상을 **162** 촉진하는 것과 각 직원들에게 그들이 최선을 다하기 위해서 필요로 하는 것을 주는 것을 포함한다. 우리는 관리 일정, 직장내 공정성 그리고 마감기한 충족 같은 것에는 집중하지 않을 것이다. **161** 우리의 접근 방식은 당신을 가르쳐서 지원들을 키워나가고 권한을 나누어주는 것이 될 것이다. 그 대가로, 당신은 늘 꿈꿔왔던 것보다 더 많은 것을 되돌려 받게 될 것이다.
>
> 함께 하실 곳:
> 펠릭스 센터 회의실
> **163** 5월 4일~5일
> 오전 9시~오후 4시
> 아침과 점심 식사가 제공될 것이다.
> 권한 위양 전문가들에 의해 운영되는 컨퍼런스

> **164** 발신: 스튜어트 올슨 <solson@pssg.com>
> 수신: 트레이시 엘리스 <tellis@pssg.com>
> 제목: 리더십 컨퍼런스
> 날짜: 3월 29일 목요일
>
> 안녕 트레이시,
>
> 네가 나에게 지난 화요일 회의에서 말해준 컨퍼런스를 확인해 봤고, 나는 참석하고 싶어. 지금이 가장 좋은 때는 아니긴 해, '장미에 떨어지는 빗방울 축제 자선 기금 마련회'가 그 컨퍼런스가 있는 주, 금요일이란 점을 고려하면 말이지. 내가 이메일로 컨퍼런스 조직 위원에게 연락해 봤고, **163** 그녀가 말해주길 둘째 날은 주로 개인 평가하는 거래. 그녀는 내가 월요일만 참석하도록 허락 해 줄 거야. 그 컨퍼런스는 이번 가을에 다시 열릴 거야. 그녀는 내가 그때 둘째 날에 참석할 수 있을 거라고 말했어.
>
> 내가 관리자 기술을 개선시키고 싶어하는 것에 정말 많이 지지를 해줘서 고마워. **164** **165** 케이트가 생각하기에 그녀가 성공하기 위해 필요로 하는 것을 내가 주고 있지 않다고 여긴 것이, 케이드기 일을 그만 둔 주요 원인이란 건 알고 속상했어. 그녀가 나에게 이런 걸 말할 수 없다고 생각했다는 것에 실망했고, 그녀가 선택할 수 있는 유일한 것이 그만두는 것이었다는 것도 실망스러웠어. 어떤 매니저도 자기가 누군가를 실패시켰다는 것을 들으면 좋아하지 않는 법이지. 나에게 개선할 기회를 줘서 고마워.
>
> 내가 그 컨퍼런스에 등록하기 전에, 학교에 삼석할 계획이 있는 사람이 누가 또 있을까? 내가 동시에 등록해 줄 수 있거든.
>
> 고마워, 트레이시.
>
> 스튜어트
> 개발 부장
> 프린스턴 스타인 여학교

difference 차이 brave 용감한 on paper 서류상 appear to do ~해 보인다 book 회계 장부 consistently 끊임없이 what about ~은 어때 work environment 근무 환경 leave for work 일하러 나서다, 출근하다 dread 무서워하다, 크게 두려워하다 do one's best 최선을 다하다 right 올바른 forward 앞으로 on one's side ~의 편에 있는 emerging 나타나는, 출현하는 nurture 양육하다, 키우다 foster 기르다, 촉진하다 focus on ~에 집중하다 fairness 공정성 meet deadlines 마감 기한을 충족하다 approach 접근 방식 give away 나눠주다 in return 그 대가로 get back 되돌려 받다 more than ~이상, ~보다 더 많이

would like to do ~하고 싶다 attend 참석하다 given that ~을 고려하면 mainly 주로 assessment 평가 indicate 나타내다, 표시하다 at that point 그때에 be supportive of ~을 후원/지지하다 upset 속상한 mainly because 주로 ~때문에 disappointed 실망한 option 선택 사항 quit 그만두다 register for ~에 등록하다 sign up 등록시키다 at the same time 동시에

161 주제 찾기 유형

해석 이 컨퍼런스의 주제는 무엇인가?
   (A) 직원들이 생산성을 높이도록 도와주는 것
   (B) 올바른 직원을 고용하여 사업을 성장시키는 것
   (C) 힘든 근무 환경을 이끄는 것
   (D) 승진을 하기 위한 리더십 기술을 개발하는 것

해설 컨퍼런스 광고성 성격의 글이고, 이 컨퍼런스의 주제를 묻고 있다. 우선 주제 찾기 문제이기 때문에 제목에서 단서를 찾을 수 있다. 앞에 'boss가 되려 하지 말고 leader가 되라'는 말을 볼 수 있다. 이것은 상명하복식의 상사(boss)가 되지 말고 직원들을 이끄는 사람(leader)이 되란 뜻일 것이다. 이 말만 보아도 답이 (A)라는 것을 알 수 있지만, 첫 번째 글 세 번째 단락에서 직원들의 성장과 권한 양도에 관련된 언급을 볼 수 있는데, 이를 통해 (A)가 정답이라는 것을 확실히 알 수 있다. (D)는 리더십 기술의 개발은 맞지만, 승진하기 위한 것이라는 언급은 없으므로 오답이다.

162 동의어 찾기 유형

해석 기사글의 셋째 단락, 셋째 줄의 단어 "fostering"과 의미상 가장 가까운 것은?
(A) 감독하는 것
(B) 돌보는 것
(C) 촉진하는 것
(D) 모으는 것

해설 셋째 단락에 쓰인 nurture, foster는 모두 같은 의미이다. 원래 이 단어는 어린 아이를 먹이고 키우는 것을 의미한다. 그래서 (B)를 선택한 분들이 있을 것 같다. 그러나 forstering 뒤에 있는 목적어인 improvement(개선)와 의미상 어울리지 않는다. '개선'을 돌보는 것이 아니라 '개선'을 촉진(promote)한다고 보는 것이 타당하다. 따라서 정답은 (C)이다.

163 이중지문 대조 유형

해석 언제 스튜어트는 회의에 참석할까?
(A) 5월 4일에
(B) 5월 5일에
(C) 5월 6일에
(D) 5월 7일에

해설 보통 날짜가 나오면 이중지문 대조 유형이다. 두 번째 이메일에서 표시된 곳을 보면 둘째 날은 다음에 가고, 이번엔 월요일 즉 첫째 날만 간다는 것을 알 수 있다. 따라서 첫째 글에서 5월 4일~5일에 걸쳐 있는 컨퍼런스 날짜 중, 첫째 날, 즉 (A)가 답임을 알 수 있다.

164 키워드 찾기 유형

해석 케이트는 누구인가?
(A) 트레이시 엘리스의 현 직원
(B) 컨퍼런스 조직 위원
(C) 기금 마련 축하 행사 조직 위원
(D) 스튜어트 올슨의 이전 직원

해설 케이트를 키워드로 하여 찾아보자. 케이트는 글쓴이가 마음에 들지 않아서 그만두었다고 언급되어 있다. 따라서 이 편지를 쓴 발신자를 맨 위에서 확인하여 글쓴이가 스튜어트 올슨임을 확인하고, 그만두었다고 했으니 '전 직원'이라 표현한 (D)가 정답이 된다.

165 사실 관계 확인 유형

해석 왜 케이트는 학교에서의 그녀의 일을 그만두었는가?
(A) 그녀가 하고 있는 일이 성취감을 주지 못한다는 것을 알게 되어서
(B) 그녀의 상사에게 지지를 받고 있지 않다고 생각해서
(C) 그녀가 비효율적이 부장이라 믿어서
(D) 그녀가 다른 학교에 고용되어서

해설 164번 정답을 찾으면서 동시에 이 문제에 대한 정답을 찾았을 것이다. 케이트는 부하 직원이고 편지 쓴 스튜어트는 상사(boss)인데, 케이트 생각에 자기가 성공하는 데 필요한 것을 상사가 주고 있지 않다고 여겨서 그만두었다고 나온다. 이것을 패러프레이징한 것이 (B)라 볼 수 있다.

Questions 166-170 메모, 설문, 보고서

회람

수신: 전 직원

동료들에게,

우리 지원 부서 직원들이 전화 문의를 처리하는 데 걸리는 시간에 수많은 고객들이 불만스러워 했다는 것을 알게 되었습니다. **166** 그래서 우리가 고객에게 제공하는 서비스를 개선하고자 하는 노력으로, 상급 경영진은 지원 부서에 연락하는 모든 고객을 설문조사 하기로 결정했습니다. 우리의 서비스 수준을 평가함으로써, 우리는 개선을 필요로 하는 모든 영역을 확인할 수 있을 것입니다. **167** 조사 결과는 시장 조사 부서장이 이번 주 말에 발표할 것입니다.

---

it has come to our attention that ~을 알게 되었다 a number of 많은 frustrated 좌절된 take time 시간이 걸리다 deal with 해결하다 query 질문 as such 그래서 in an effort to do ~하고자 하는 노력으로 through ~을 통해서 evaluate 평가하다 identify 확인하다 require 필요로 하다 improvement 개선, 향상 at the end of ~의 끝에, ~의 말에

소중한 고객님께. 잠시만 시간 내서 다음 질문들에 답변을 해주세요. 우리 테크큐브 사의 고객 지원 서비스에 대한 여러분의 경험에 관한 것입니다.

1번. 고객 지원 직원과 상담 가능하기 전까지 얼마나 오랫동안 전화상으로 기다리셔야 했나요?
A. 1분 이하

B. 10분 이하

C. 10분 이상

2번. 고객 지원부가 당신의 문제를 해결하는 데 얼마나 오래 걸렸나요?

A. 5분 이하

B. 30분 이상

C. 하루 이상

D. 문제 해결 안됨

3번. 전반적으로 당신이 받으신 서비스에 얼마나 만족하셨나요?

A. 매우 만족

B. **168** 꽤 만족

C. 만족

D. 만족하지 못함

valued 귀중한 **take a moment to do** 잠시 시간 내서 ~하다 **answer the question** 질문에 답하다 **following** 다음의 **available** 이용할 수 있는, 쓸모 있는 **less than** 이하 **more than** 이상 **how long** 얼마나 오래 **solve** 해결하다 **resolve** 해결하다 **overall** 전반적으로

다음은 10월달 내내 행해진 테크큐브 사 고객들에 대한 조사의 결과이다. 정확히 439명의 고객들이 설문을 완료했다.

167 알피 올리버에 의해 발표된 결과에 따르자면, 1번 질문에 26퍼센트가 1분 이하, 38퍼센트는 10분 이하, 36퍼센트는 10분 이상이라 답했다. 두 번째 질문에는 57퍼센트가 5분 이하, 9퍼센트가 30분 이상, 13퍼센트는 하루 이상이라 답변했다. 그리고 21퍼센트는 문제가 해결되지 않았다 했다. **168** 세 번째 질문에 대해서는, 대다수 사람들이 두 번째 선택안을 선택했다. 이것은 이 부서에 개선의 여지가 있음을 나타낸다.

169 분명한 것은 고객 만족을 개선하려는 우리의 노력은 충분하지 않았다는 것이다. **170** 판매량이 증가함에 따라, 전화 건수도 비슷하게 증가했고, 그래서 우리는 직원들을 늘려서 고객의 요구 사항을 더 효율적으로 충족시켜야 한다. 우리는 또한 새로운 정책을 시작해야 한다. 바로 이메일로 고객에게 후속 조치를 하는 것인데, 그들의 문제들이 해결되었는지를 확실히 하기 위해서이다.

result 결과 **administer** 관리하다, 처리하다 **through** ~을 통해, ~동안 내내 **exactly** 정확히 **complete** 끝마치다 **with regards to** ~에 관해서 **indicate** 나타내다 **room for** ~에 대한 여지 **similarly** 유사하게 **expand** 확장하다 **follow up with** 후속 조치하다 **ensure** 확실하게 하다 **resolve** 해결하다

166 주제 찾기 유형

해석 왜 테크큐브 사는 설문 조사를 실시했는가?

(A) 고객 서비스를 향상시키기 위해서

(B) 소비자 지출 경향을 알아내기 위해서

(C) 신입 직원들을 평가하기 위해서

(D) 제품에 대한 의견를 얻기 위해서

해설 why로 물어보면 주제 찾기에 해당한다. 첫 줄에 고객들의 불만 사항을 하나 언급한 후, 고객 서비스를 개선하기 위해서 설문 조사를 하기로 했다는 말이 나온다. 정답은 (A)이다.

167 키워드 찾기 유형, 이중지문 대조 유형

해석 알피 올리버는 누구일까?

(A) 선임 시장 조사관

(B) 인사부장

(C) 전화 교환원

(D) 제품 개발자

해설 일단 알피 올리버를 키워드로 찾아보면 세 번째 글에서 시장 조사 결과를 발표한 사람임을 알 수 있지만 구체적인 직함은 나오지 않는다. 사람 이름과 같은 고유명사는 이중지문 대조 유형으로 출제된다. 첫 번째 글, 가장 마지막 부분에서 설문 조사 결과를 발표하는 것이 '시장 조사 부서장'이란 말을 찾아내면 된다. 따라서 정답은 (A)이다.

168 키워드 찾기 유형, 이중지문 대조 유형

해석 설문 조사의 질문 3번에 대해서 가장 많은 사람이 선택한 답변은?

(A) 매우 만족

(B) 꽤 만족

(C) 만족

(D) 만족하지 않음

해설 일단 설문 결과를 나타내는 세 번째 글을 보자. 세 번째 질문에서 대다수 사람들이 두 번째 선택안을 택했다 한다. 따라서 설문지 역할을 하는 두 번째 글을 보고 두 번째 항목이 무엇인지 확인하면 답이 나온다. 정답은 (B)이다.

169 동의어 찾기 유형

해석 보고서의 셋째 단락, 첫째 줄의 단어 "clear"와 의미상 가장 가까운 것은?

(A) 비어있는

(B) 유명한

(C) 명백한

(D) 있음직한

해설 It is clear that~은 that 이하는 '확실하다, 분명하다'는 뜻이다. 따라서 보기 중에 (C)apparent와 바꾸어 쓸 수 있다. apparent는 '명백한, 확실해 보이는, 외관상 ~같은'이란 뜻을 가진 단어이다.

170 키워드 찾기 유형

해석 왜 테크큐브 사는 더 많은 직원을 고용할 것인가?
(A) 판매 수량을 증대하는 데 도움을 주기 위해서
(B) 증가하는 전화량을 처리하기 위해서
(C) 전단지 배포를 돕기 위해서
(D) 새로운 교대 근무 시스템을 허락하기 위해서

해설 질문에 hire more staff이 보고서 후반부에 해결책으로 제시하는 expand our workforce랑 같다라는 것만 안다면 쉽게 찾을 수 있다. 판매량이 증가하고 전화가 늘어서 직원을 더 뽑자는 것이니 결국 늘어난 전화량을 대치하기 위함이므로 정답은 (B)이다.

HALF TEST 4

147 (C)	**148** (C)	**149** (B)	**150** (A)
151 (C)	**152** (C)	**153** (C)	**154** (B)
155 (D)	**156** (A)	**157** (C)	**158** (D)
159 (A)	**160** (A)	**161** (C)	**162** (B)
163 (C)	**164** (B)	**165** (B)	**166** (D)
167 (C)	**168** (D)	**169** (B)	**170** (A)

Questions 147-148 광고문

라미아 고원 골프 코스의 아름다움과 도전 과제를 경험해 보세요. 요크타운 끝자락에 원시의 황무지에서 조각으로 빚어낸, 이 우거진 숲과 구릉진 페어웨이는 라미아 고원을 눈에 대한 호사로 만들어줍니다. 그러나 이런 아름다운 경치와 평화로운 이 지역의 고요함으로 인해 속지 마시길 바랍니다. **147** 라미아 고원은 미국에서 가장 힘든 골프 코스로 유명합니다. 적절히 놓여진 그리고 예상치 못한 해저드와 오래된 숲의 빽빽한 덤불은 심지어 가장 숙련된 골퍼 조차도 언더 파에 머무르게 합니다.

1일 이용권   -- 300달러
1개월 회원권 -- 1,500달러
연간 회원권 -- 8,000달러

148 티타임을 배정할 때 비회원보다는 회원에게 우선권이 주어진다는 것을 알아두세요.

challenge 도전 과제 carve 조각내다, 베어내다 out of ~로부터 pristine 원시의 wilderness 황무지 edge 가장자리 lush 우거진 rolling 구불구불한 fairway 페어웨이 (골프:잔디 구역) treat 대접 calm 고요함, 평온 fool 놀리다 renowned 유명한 tough 거친 unexpected 예상치 못한 hazards 해저드 (골프: 코스 내 모래, 못 등 방해물) dense 빽빽한 thicket 덤불, 관목숲 old-growth 오래된 나무 숲

---

skilled 숙련된 under par 언더 파 (골프: 규정 타수보다 적은 타수) trial 시험 pass 통행증 priority 우선하는 것 assign 할당하다, 배정하다 tee-time 티타임 (골프: 각 홀의 시작 시간, 티는 골프공을 올려두는 받침대를 의미)

147 키워드 찾기 유형

해석 라미아 고원 골프 코스는 무엇으로 가장 유명한가?
(A) 얼마나 비싼지
(B) 얼마나 멀리 떨어져 있는지
(C) 일마나 어려운지
(D) 얼마나 배타적인지

해설 질문 끝 부분의 키워드인 best known for와 유사한 말을 본문에서 찾아본다. 본문에는 renowned로 표현되어 있다. 가장 힘든 골프 코스로 유명하다는 언급을 토대로 정답이 (C)라는 것을 알 수 있다.

148 키워드 찾기 유형

해석 티타임에 대해 누가 우선권을 가지게 될 것인가?
(A) 미리 예약한 사람들
(B) 코스에 먼저 나타나는 사람들
(C) 정회원 자격을 가진 사람들
(D) 빠르게 경기를 진행할 것 같은 사람들

해설 질문의 키워드는 우선권을 가진다(get priority)이며, 본문 가장 마지막 부분을 보고 회원 우선이란 점을 알아내면 된다. 정답은 (C)이다. 보통 이런 안내문 같은 것에서 맨 마지막에 '알아두세요(Please note)'라고 언급된 부분은 정답과 연계 되는 경우가 많다.

Questions 149-150 편지

링 슈 양
전시 책임자

슈 양에게,

아시겠지만, 제가 최근 박물관장을 대상으로 하는 컨퍼런스에 다녀왔어요. 그리고 그곳에 있는 동안, **149** 제가 알게 된 것은 시청각 자료들을 박물관 전시에 활용하는 방안에 대한 새로운 좋은 워크샵이 있다는 거예요. 그 워크샵은 피닉스 대학에서 주최하는 것이며 3월달에 긴 주말에 걸쳐 개최됩니다. **150** 그것에 관한 전단지를 동봉해요. **149** 당신에게 훌륭한 교육적 기회라 생각해요. 박물관은 참석 비용과 출장 경비를 충당해드릴 겁니다.

안녕히 계세요.

조지 힐
그린 라피드 박물관 관장

attend 참석하다 while ~하는 동안 incorporate 합치다
put on 주최하다 take place 개최하다 enclose 동봉하다
flyer 전단지 opportunity 기회 cover 충당하다
attendance 참석

personnel 인사과 extend 연장하다 business trip 출장
based on ~에 기반을 두고서 sightseeing 관광 focus on
~에 집중하다 take care of 돌보다, 처리하다 reminder 알림
글, 상기시켜 주는 것

149 주제 찾기 유형

해석 이 편지의 주요 목적은 무엇인가 무엇인가?
(A) 슈 양에게 시청각 전시에 대해 문의하는 것
(B) 수업에 참석하기를 장려하는 것
(C) 워크숍 정보를 요청하는 것
(D) 회사 통근 수당을 제공하는 것

해설 본문 자체가 길지 않아서, 이런 경우는 다 읽는 것도 나쁘지 않다. 대략적으로 좋은 워크숍이 있는데, 좋은 기회가 될 것이며, 박물관에서 비용을 충당해 줄 것이라는 내용이다. 따라서 정답은 (B)임을 알 수 있다.

150 키워드 찾기 유형

해석 편지와 함께 동봉된 것은 무엇인가?
(A) 전단지
(B) 교재
(C) 수표
(D) 지원 양식서

해설 보통 include(포함하다)는 enclose(동봉하다), send along(함께 보낸다) 등과 같은 말로 바뀌어 본문에 표현되곤 한다. 본문에서는 동봉한다(enclosing)라는 표현을 썼으며, 그 목적으로 flyer(전단지)가 나오므로 정답은 (A)이다.

Questions 151-152 문자메시지

스티브 바버 다이애나, 인사 부장과 혹시 얘기해봤니? 우리 출장을 며칠 연장하는 것에 대해서.	오후 1:22
다이애나 이스트맨 응, 오늘 아침에 얘기했지. **151** 유감이지만, 그녀가 말하길 그건 허용되지 않는다고 해. 회사 정책에 따르면 말이지.	오후 1:25
스티브 바버 그게 걱정이었는데. 컨퍼런스 후에 프라하 관광을 좀 하기를 정말 바랐는데.	오후 1:27
다이애나 이스트맨 나도 그래. 근데 그 결정을 이해할 수 있을 것 같아. 우리 프로젝트에 전념하려면 이곳으로 돌아와야지.	오후 1:29
스티브 바버 맞아. **152** 음, 호텔에 우리가 13일이 아니라 10일에 떠난다고 알려줘야 할 것 같은데.	오후 1:31
다이애나 이스트맨 **152** 오, 맞아. 지금 처리할게. 알려줘서 고마워.	오후 1:32

151 화자의 의도 파악 유형

해석 오후 1시 27분에, 바버 씨가 "I was afraid of that"이라고 썼을 때 암시하는 바는 무엇인가?
(A) 마감 기한을 충족할 수 없을 것이라 생각한다.
(B) 이스트맨 양이 그와 함께 못가서 실망이다.
(C) 허가가 주어지지 않을 거라 생각했다.
(D) 회사가 새로운 정책들을 실행할 것을 걱정한다.

해설 주어진 문장의 앞 부분을 잘 파악하는 것이 제일 중요하다. 바로 앞에는 회사 정책에 따라 허락되지 않는다는 말이 있으며, 그에 대해 "I was afraid of that"는 '그럴까봐 두려웠어', '그럴까봐 걱정했어'라는 의미를 나타낸다. 따라서 이 말을 하는 사람도 역시 허락되지 않을 것이라고 생각했다는 것을 알 수 있다. 따라서 정답은 (C)이다.

152 사실 관계 확인 유형

해석 이스트맨 양은 다음에 무엇을 할 것인가?
(A) 프로젝트 일정을 짠다
(B) 그녀의 상사에게 연락한다
(C) 예약을 변경한다
(D) 컨퍼런스 센터에 전화한다.

해설 다음 할 일을 묻는 질문은 두 가지 유형이 있나. 하나는 대화자 중 한명이 직접 무엇인가를 하겠다고 언급한 경우이고, 다른 경우는 상대방이 무엇인가를 해달라고 부탁 또는 명령을 하고 다른 대화자가 알겠다고 대답하여 다음 할 일이 질문과 대답으로 밝혀지는 경우이다. 이 글에서는 후자의 방식으로 드러난 경우인데, 바버 씨가 호텔에 일정 변경에 대해 알려야 할 것 같다고 말하고, 이스트맨 양이 "Oh, right. I'll take care of it now."라고 대답하고 있다. 이를 통해, 이스트맨 양이 다음에 할 일이 호텔 예약 일정을 변경하는 것이라는 것을 알 수 있으므로 정답은 (C)이다.

Questions 153-155 회람글

머핀 바이트 카페
수신: 밸러리 애덤스, 매장 매니저 *발신: 레일린 해리스, 지역 매니저* *날짜: 11월 9일* *제목: 앞으로의 변경 사항*
다음과 같이 알려드리려 글을 씁니다. **153** **154** 센터빌몰의 소유자가 그 센터를 겨울철 며칠간 일찍 문을 닫기로 결정을 내

렸다고 합니다. 유동 인구가 적어지기 때문이죠. 이것이 의미하는 바는 우리 카페가 월, 화요일에 5시가 아니라 4시에 문을 닫는다는 겁니다. 그리고 수, 목, 금요일에는 5시 반이 아닌 4시 반에 문을 닫을 겁니다.

155 이런 변경 사항을 가능하게 하기 위해서, 모든 직원은 그들의 교대 근무 시간을 하루에 1시간씩 줄이게 될 것입니다. 선택 사항으로 점심시간을 30분 줄이고, 직원들이 교대 근무를 하루에 30분 줄이는 방안이 있습니다.

당신이나 당신 직원들 중에 누구라도 염려되는 일이 있다면 저에게 직접 연락 주세요.

upcoming 다가오는 **close** 문 닫다 **foot traffic** 유동 인구 **instead of** ~대신에 **facilitate** 가능하게 하다 **shorten** 줄이다 **option** 선택 사항 **directly** 직접 **concern** 걱정, 염려

153 사실 관계 확인 유형

해석 머핀 바이트 카페에 대해 알 수 있는 것은?
(A) 신규 업체이다.
(B) 일주일에 7일 문을 연다.
(C) 쇼핑몰 안에 위치해 있다.
(D) 겨울에 매우 바쁘다.

해설 이 글 자체가 머핀 바이트 카페에 대한 것으로 센터빌몰 영업 시간 변경의 결과로 카페 영업 시간이 변경되기에 카페가 센터빌몰에 입점해 있음을 알 수 있다. 정답은 (C)이다.

154 주제 찾기 유형

해석 왜 이 사업체는 변경을 하는가?
(A) 회사가 돈을 절약할 필요가 있어서
(B) 고객이 적어서
(C) 충분한 직원이 없어서
(D) 점심을 사먹는 사람이 적어서

해설 why가 보이니 주제 찾기 유형이고, 맨 앞을 보자. slower foot traffic이란 표현만 이해하면 답을 맞출 수 있는데, 직역을 하자면 걸어(foot) 들어오는 손님 수(traffic)가 느려졌다(slower)는 뜻이니 고객이 적다는 (B)가 답이 된다.

155 사실 관계 확인 유형

해석 변경 사항으로 인해 예상되는 결과는 무엇인가?
(A) 카페는 겨울에 문을 닫을 것이다.
(B) 신규 직원은 채용되지 않을 것이다.
(C) 직원들은 휴식 횟수를 덜 가지게 될 것이다.
(D) 직원들은 더 적은 시간을 근무할 것이다.

해설 질문 순서상 154번 힌트가 나온 다음 부분에 155번의 힌

트가 있을 것이다. 이때 근무시간 1시간 줄인다는 말을 보고 답을 (D)로 하는 것은 어렵지 않을 것이다. 참고로 (C)의 fewer breaks란 표현은 휴식의 빈도수가 적어짐을 말하는 것이므로 본문의 변경사항과 관련이 없다. 이것은 가령 하루 3번 쉬던 것을 2번 쉴 때 어울리는 말로 본문과는 어울리지 않는 표현이다. 즉 few는 '양'을 의미하는 것이 아니라 '수'를 의미하는 말이란 것을 이해하면 좋겠다.

Questions 156-158 정보문

딕슨 프린터 제품 보증 정보

이 딕슨 프린터 제품 보증은 모든 딕슨 프린터에 적용됩니다. 딕슨 매장에서 구매되었거나 공식 판매점에서 구매하신 경우에 한합니다. 이 보증서는 제 3자나 비공식 소매업체에서 구매하신 경우에는 적용되지 않습니다. – [1] –.

프린터에 문제가 있어 고객 서비스 센터 무료 전화 1-555-8234로 전화하시면, 우리는 문제를 해결하려 노력하겠습니다. 만약 문제가 해결이 되질 않으면, 우리는 당신을 가까운 서비스 센터로 연결해 드릴 것입니다. – [2] –.

156 보증서 조항들에 따라, 당신은 무료 서비스를 구매일로부터 최대 2년간 받을 자격이 되십니다. – [3] –. 만약 당신 프린터가 구매일로부터 6개월 이내에 문제가 발생하면, 당신은 수리 혹은 교환을 선택하실 수 있습니다. **157(B)** 그러나 만약 당신이 프린터를 직접 수리하려고 시도하거나 **157(D)** 인가되지 않은 수리 서비스를 이용한다면, 프린터 교환에 대한 자격을 상실하게 됩니다.

우리의 자격있는 기술자 중 한 명이 3일이내로 당신을 방문하여 프린터를 점검할 것입니다. 프린터가 공장에서 수리할 필요가 있다면, 당신에게 비용 부담 없이 대체 프린터를 제공해 드립니다. **157(C)** **158** 만약 문제의 원인이 잘못된 조작이라고 간주된다면, 고객은 수리 비용을 지불하셔야 할 것입니다. – [4] –.

이 정보문을 보증서와 함께 꼭 보관해 두셔야 합니다. 이것을 당신은 기술자에게 보여 주셔야 할 겁니다.

질문이 있다면 위에 제공된 무료 전화 번호로 연락 주시거나 혹은 다른 방안으로는 admin@dixonprinterproducts.com으로 이메일 주세요.

---

warranty 보증서 **apply to** ~에 적용되다 **authorized** 인가된, 공인된 **third party** 제 3자 **unauthorized** 비인가된 **retailer** 소매업체 **toll free** 요금 부담 없는, 무료의 **solve** 해결하다 **refer** 소개하다 **nearest** 가장 가까운 **terms** (계약의) 조건 **be entitled to + 동사원형/명사:** ~할 자격이 되다 **up to** 최대 **develop** 발전시키다, 발현하다, 만들어 내다 **replace** 교체하다 **however** 그러나 **attempt to do** ~하려

고 시도하다 **fix** 고치다 **be eligible for** ~에 대한 자격이 있다
replacement 대체 **qualified** 자격을 갖춘 **within** 이내에
loan 임대 **at no charge** 비용 부담없이 **deem** 간주하다, 여
기다 **faulty** 잘못된 **charge** 요금부과, 요금 청구 **ensure** 확
실하게 하다 **retain** 유지하다 **guarantee** 보증 **query** 질의
alternatively 대안으로, 다른 방안으로

156 사실 관계 확인 유형

해석 보증 기간은 얼마인가?
(A) 2년
(B) 6개월
(C) 1년
(D) 3년

해설 보증서에서 보증 기간은 매우 중요한 정보이다. 셋째 단
락 앞부분에서 구매일로부터 최대 2년이라 표현되어 있
다. 정답은 (A)이다.

157 사실 관계 확인 유형

해석 언제 이 보증서는 적용되지 않는가?
(A) 프린터가 이미 수리었다면
(B) 고객이 프린터를 수리하면
(C) 고객이 프린터를 잘못 이용하면
(D) 비공인 기술자가 프린터를 수리하면

해설 넷째 단락을 보면 잘못된 조작(faulty operation)에 의
한 문제라면 수리 비용을 내야 한다고 나오고 있다. 수리
비용을 낸다면 그건 보증서에 적용되지 않는다는 의미
이니 정답은 (C)이다. 선택 사항으로 수리나 교환이 있
는데, 직접 수리하거나 인가되지 않은 수리 서비스를 이
용 시에는 교환에 대한 자격을 상실한다고 언급되어 있
다. 이는 수리, 교환 중 교환만 되지 않을 뿐 수리는 여전
히 가능하다는 것을 암시한다. 따라서 (B)와 (D)는 정답
이 될 수 없다.

158 문장 삽입 유형

해석 [1]~[4]로 표시된 곳 중에 다음 문장이 들어가기에 가장
적합한 곳은?

"이것이 적용되는 것은 프린터가 설명서에 따라 작동되
지 않았던 경우들이다."

(A) [1]
(B) [2]
(C) [3]
(D) [4]

해설 주어진 문장을 잘 보자. 특히 this와 같은 지시어가 나오면
그 앞에 해당하는 것이 나와야 한다. 이것이 적용되는 경
우가 설명서 대로 작동하지 않았던 경우라면, 그것은 '잘
못된 조작'을 말하는 것이고, '잘못된 조작'을 언급한 부분
은 바로 [4]번 바로 앞이었다. 따라서 정답은 (D)이다.

Questions 159-160 의제

160 헐리학 국제 학교
이사회

7월 15일 의제
주목: 159 이것은 조찬 모임이 될 것입니다. 왜냐하면 많은 이
사들이 7월 15일 오전 11시 반에 시작하는 학교 운동회에 참여
하기 때문입니다.

1. 재정 검토와 예산 업데이트 – 멜리사 알바레즈
2. 교장 급여 인상안 – 프레드 실버스타인
3. 운동장 바닥 재공사 입찰 – 휴고 브레든
4. 직원 은퇴/대체 – 제니 크럼
5. 160 우리 학생들의 국적에 대한 최근 데이터 – 제레미
피시

board of directors 이사회 **agenda** 의제 **breakfast
meeting** 조찬 모임 **be involved in** ~에 관여하다 **field
day** 운동회, 야외 활동 **financial** 재정의 **budget** 예산
headmaster 교장 **salary increase** 급여 인상 **bid for**
~에 대한 입찰 **resurface** 표면을 다시 정비하다 **retirement**
은퇴 **replacement** 교체

159 사실 관계 확인 유형

해석 언제 이 모임이 열릴 것인가?
(A) 이른 아침에
(B) 오전 11시 반에
(C) 오후에
(D) 저녁에

해설 이 회의가 언제 있을 것인지 묻고 있다. 별로 어려운 유
형은 아니지만, 11시 반을 보고 (B)를 선택할 수 있다. 하
지만 그 시각은 Field Day(운동회)가 시작되는 시간이
다. 회의는 '조찬 회의'로 한다고 나오고 있다. 따라서 11
시 30분 이전에 끝내야 하는 회의이므로 11:30분 보다
이전의 시간을 의미하는 (A)가 정답이다.

160 추론과 암시 유형

해석 이 학교에 대해서 암시된 바는 무엇인가?
(A) 많은 국가에서 온 학생들이 있다.
(B) 재정적 어려움을 겪고 있다.
(C) 새 직원들을 고용하고 있다.
(D) 건물의 많은 부분에 수리를 필요로 한다.

해설 (B), (C), (D)는 본문과 일치하지 않거나 언급되지 않
은 내용이다. 이 글의 맨 첫부분에서 학교의 이름이
Hollyhock International School이라는 것을 보고 여러
국가에서 온 학생들이 다니는 국제학교라는 것을 유추
할 수 있다. 따라서 정답은 (A)이다.

Questions 161-165 회람, 이메일

회람

수신: 전직원

발신: 톰 휘태커

날짜: 8월 5일

회신: 새 컴퓨터

직원 여러분,

161 마침내 우리의 새 컴퓨터에 대한 소식을 받았습니다! 그것들은 이번 주 말 즈음에 도착할 것입니다.

기술 부서는 여러분을 위해 그것들을 준비하는 데 3~5일을 필요로 할 것입니다. 프로그램을 설치하고 업그레이드 하며, 프린터와 서버를 연결하느라 바쁠 것입니다. 모든 백엔드 작업이 다 끝난 후에, 기술 부서 직원들은 새 컴퓨터를 분배하고 설치할 것입니다. 이전의 컴퓨터들은 치워질 것입니다. 우리 기술부 직원들 작업이 수월하도록 하기 위해서 우리는 작업을 4일간에 걸쳐 나누었습니다. 기술부 직원 두 명이 팀을 이루어 함께 이 모든 것을 부서별로 설치하는 작업을 하게 될 것입니다. **161** 여기 일정표가 있습니다:

1일차 (교체, 샐리와 더그): 그래픽 디자인 부서, 기술 부서
165 2일차(교체, 테드와 줄리): 행정 지원부
3일차(교체, 샐리와 줄리): 경영진, 저술 부서
4일차(교체, 더그와 줄리): 광고 부서

162 잊지 말고 당신의 모든 파일들을 서버에 저장해두세요. 데스크탑이나 하드 드라이브에 저장한 것은 모두 잃게 될 것입니다. 기술 부서가 모든 것을 백업하는 중입니다. 그러나 그들을 위해 – 그리고 여러분 자신을 위해 – 좀 더 쉽게 하도록 해주시기 바랍니다. 그리고 모든 것을 서버에 저장하세요.

질문 있으면, 나에게 이메일로 보내세요.

톰

---

be busy -ing ~하느라 바쁘다 **hook up** 연결하다 **back-end** 백 엔드인 (사용자가 아니라 프로그램에 의해 이용되는) **distribute** 나눠주다, 분배하다 **set up** 설치하다 **remove** 치우다, 제거하다 **divide** 나누다 **over + 기간:** ~에 걸쳐서 **changeover** 전환, 교환 **save** 저장하다 **lose** 잃다

---

164 발신: 재닛 하비<jharvey@hrc.com>

수신: 톰 휘태커<twhittaker@hrc.com>

제목: 교체 날짜

날짜: 8월 6일

안녕하세요 톰,

163(B) 교체에 관한 회람 받았어요. 보내줘서 고맙습니다. **163(A)** 저는 당신이 이 복잡한 과정을 정리한 방식이 마음에 듭니다. 그것은 모두에게 명확하게 만들어 줬어요. **163(D)** 전 또한 당신이 그 컴퓨터들을 이달말 이전에 받도록 마련했다는 것에 정말 기대가 됩니다. 우리가 업그레이드 없이 9월달로 들어가게 될까봐 걱정하기 시작했거든요. 언짢아하는 디자이너들과 많이 마주하게 될 것이라 예상하고 있었어요!

164 저로서는, 테드와 컴퓨터 문제들을 가지고 작업하는 데 익숙해졌어요. 그대로 계속하길 바랍니다. **165** 저는 그가 제 컴퓨터를 교체하는 날에 작업하도록 마련해 두었습니다. 그는 그 변경 사항을 나머지 팀원들에게 전달하기로 했어요.

감사합니다.

재닛 하비
생산부 매니저

---

complicated 복잡한 **process** 과정, 절차 **anticipate** 예상하다 **as for** ~에 관해서 **get used to + 동명사:** ~하는 데 익숙해지다

161 주제 찾기 유형

해석 회람글의 주제는 무엇인가?
(A) 직원들에게 훈련 시간에 참석하라고 요청하는 것
(B) 기술적 문제들의 원인을 설명하는 것
(C) 언제 직원들이 새로운 장비를 기대할 수 있는지를 나타내는 것
(D) 직원들이 새로운 소프트웨어에 익숙해지길 제안하는 것

해설 주제를 찾는 문제이므로 앞 부분에서 힌트를 찾아야 하겠다. 제일 첫 문장에서 이번 주에 새 컴퓨터들을 받게 된다는 말을 보아도 알 수 있을 것이다. 혹시 안 떠오르는 분은 더 읽어야 할 것이다. 일정에 대해 말해주다가 중간 이후는 아예 일정표가 있다고 하면서 일자별로 일정을 언급하고 있다. 따라서 정답은 (C)이다.

162 키워드 찾기 유형, 사실 관계 확인 유형

해석 회람글에서 직원들이 무엇을 하라고 요청받는가?
(A) 기술부 직원들을 위해 책상을 치우는 것
(B) 문서들을 서버로 옮기는 것
(C) 시간을 마련해서 기술 부서 직원들을 만나는 것
(D) 그들의 컴퓨터가 작동하는지 아닌지 확인하는 것

해설 보통 요청 받은 것을 묻는 문제는 뒷부분에 명령문 형태로 자주 나온다. 지금도 일정표가 모두 끝나고 끝부분에서 '잊지말고 저장해 둬라'라고 명령문이 나온다. 따라서 정답은 (B)이다.

163 사실 관계 확인 유형

해석 이메일에서 톰이 칭찬받는 이유가 아닌 것은?
(A) 교체 작업을 준비한 것
(B) 회람을 보낸 것
(C) 소프트웨어 업그레이드를 구매한 것
(D) 컴퓨터를 획득한 것

해설 이메일 첫 단락을 보면 (A), (B), (D)가 차례로 확인이 된다. 그러나 (C)는 본문 어디에도 언급되지 않았다.

164 추론과 암시 유형

해석 재닛 하비에 대해서 추론할 수 있는 것은 무엇인가?
(A) 컴퓨터를 불편해 한다.
(B) 테드의 능력에 확신이 있다.
(C) 그래픽 디자인 직원 중 하나다.
(D) 마감 기한에 대해 불안감을 느낀다.

해설 우선 질문에 나온 재닛 하비를 파악해 보니 발신자(I)임을 알 수 있다. 163번 정답이 나온 후, 바로 뒷 단락에서 '테드와 작업하는 데 익숙해졌고, 그대로 계속 유지하길 바란다'라는 말을 보면 그녀는 테드의 능력에 확신이 있음을 알 수 있다. 정답은 (B)이다.

165 이중지문 대조 유형

해석 어느 날에 재닛은 그녀의 새 컴퓨터를 받을것인가?
(A) 1일차
(B) 2일차
(C) 3일차
(D) 4일차

해설 날짜나 시기를 묻는 질문은 이중지문 대조 유형이다. 우선 이메일을 보면 테드와의 작업이 익숙해졌고, 테드가 내 컴퓨터 교체하는 날에 작업하도록 해두었다고 언급되어 있다. 따라서 첫째 글에 4일짜리 작업 내용 중, '테드'가 들어간 Day 2에 재닛이 컴퓨터를 받는 것이다. 따라서 정답은 (B)이다.

Questions 166-170 광고문, 목록, 편지

주말 여행을 원해오고 있으신가요? 휴가는 돈이 많이 들 수 있죠. 하지만 달리안 리조트에서라면, 당신은 집에서 1천마일은 떨어져 있다고 느끼실 것입니다. **167** 사실 저희가 겨우 도시에서 몇 분 거리에 떨어져 있지만, 저희의 식물원과 강가의 경치는 당신을 다른 곳으로 옮겨드릴 것입니다.

166 저희의 주말 특별 패키지 상품은 금요일과 토요일 밤에 대해 1박에 90달러 대신 단 45달러에 방을 제공해 드립니다! 각 방에는 킹사이즈의 침대와 커다란 TV가 있습니다. 이런 특별 요금은 또한 무료 아침 식사와 세계적으로 유명한 스파에서의 커플 마사지를 포함합니다. 이곳에 계신 동안에, 잊지 마시고 5성급 식사를 식당에서 즐겨 보세요. 유명한 주방장인 트레버 퍼키슨이

만든 메뉴가 있습니다.

이 주말 특별 상품은 1월과 2월에만 운영될 것입니다. 따라서 반드시 이런 특별한 기회를 이용해 보세요. 더 많은 정보를 원하시면, **170** 555-2991로 전화 하셔서 프랜 베르너와 상의하세요.

weekend away 주말을 이용한 휴가 expensive 비싼 even though 비록 ~일지라도 botanical 식물의 riverfront 강가의 transport 운반하다 per ~마다, ~당 instead of ~대신에 complimentary 공짜의, 무료의 renowned 유명한 take advantage of ~을 이용하다 unique 독특한, 특별한

	달리안 리조트 활동 4쪽 중 3쪽		
활동	강사	필요 장비	인당 가격
리버 크루즈	쥴스 워	구명조끼, 보트 임대	69달러
168 화이트-워터 급류 타기	**168** 애비 클램시	구명조끼	**168** 79달러
숲 탐험	토비 페어	튼튼한 워킹화	35달러
능산	엔조 마사로니	하이킹용 신발	25달러

활동을 예약하시기 위해서, **170** 저희 영업 이사의 직통 번호 555-2991로 전화주세요.

rafting 급류 타기, 뗏목 타기 instructor 강사 equipment 장비 life jacket 구명조끼 sturdy 견고한, 튼튼한 book 예약 하다 simply + 명령문: 그저 ~만 하세요

달리안 리조트 관계자 분께,

제 이름은 비벌리 슈미트입니다. 달리안 리조트 주말 특별 패키지 상품 광고에 대한 응답으로 편지드립니다. 지난주, 제 남편과 저는 달리안 리조트에 머물렀습니다. 더 레드포드 가제트에 실린 좋은 평가를 읽고 난 후 였습니다. 객실은 놀라웠고, 훌륭한 식당에서의 음식도 대단했습니다. **168** **169** 그러나, 우리는 제가 참여한 활동에 대해서 요금이 과다 청구되었던 것 같습니다. 애비 클램시 강사는 매우 전문적이었지만, 79달러가 아닌 99달러를 청구받은 것 같습니다. 그 실수로 인한 차액을 환불해주시기 바랍니다.

안녕히 계세요.

비벌리 슈미트

in response to ~에 대한 응답으로 favorable 유리한, 호의적인 review 평론, 비평기사 amazing 놀랄만한 fine 훌륭한 seem to do ~한 것 같다 overcharge 과다 청구하다 take part in ~에 참가하다 extremely 몹시, 매우 refund 환불하다 price difference 차액

166 주제 찾기 유형

해석 달리안 리조트가 광고하고 있는 것은 무엇인가?
(A) 스파에서의 시범 회원권
(B) 식당에서의 무료 식사
(C) 시골 여행
(D) 호텔 객실에 대한 할인

해설 광고문에서 광고 대상이 무엇인지 묻는 문제는 주제 찾기 유형이라 볼 수 있다. 물론 스파나 식당 등의 이야기도 언급은 되고 있지만, 가장 핵심 내용은 객실을 90달러에서 45달러로 할인해 준다는 내용일 것이다. 따라서 정답은 (D)이다.

167 사실 관계 확인 유형

해석 달리안 리조트에 대해서 명시된 것은 무엇인가?
(A) 최근에 이전했다.
(B) 골프 코스를 포함하고 있다.
(C) 도시 근처에 위치하고 있다.
(D) 여러 식당을 가지고 있다.

해설 사실 관계 확인 유형은 (A)~(D)를 먼저 읽고 본문을 보는 것이 좋다. 보기 중에 언급된 것은 도시에서 몇 분 거리에 떨어져 있다는 말로 보아, (C)가 정답이다.

168 이중지문 대조 유형

해석 슈미트 양은 어떤 활동에 참여했는가?
(A) 숲 탐험
(B) 리버 크루즈
(C) 등산
(D) 화이트-워터 급류 타기

해설 세 번째 글에서 애비 클램시라는 강사 이름과 원래 내야 할 돈이 79달러였다는 단서를 찾은 후, 두 번째 글에서 이 강사가 맡은 활동이 무엇인지 알아보면 된다. 따라서 애비 클램시 강사는 화이트 워터 급류 타기이므로 정답은 (D)이다.

169 주제 찾기 유형

해석 왜 슈미트 양은 리조트에 편지를 쓰는가?
(A) 개인적 물품을 잃어버렸기 때문에
(B) 과다 청구를 받았기 때문에
(C) 예약하기를 바라기 때문에
(D) 마사지에 대한 불평을 하고 싶어서

해설 일단 슈미트 양이 쓴 글, 즉 세 번째 글을 보자. 처음에는 리조트에 대해 만족한 것에 대해 나열한다. 이러한 글의 대부분은 '그러나(However)'라는 말이 나오면서 불만이나 문제점이 제기되기 마련이다. 여기서도 However 이후로 슈미트 양이 겪은 문제에 대해 설명되고 있다. 슈미트 양은 과다 요금 청구 문제를 제기하면서 차액을 돌려줄 것을 요구하고 있다. 정답은 (B)이다.

170 이중지문 대조 유형

해석 프랜 베르너의 직책은 무엇인가?
(A) 영업 이사
(B) 홍보 이사
(C) 리조트 매니저
(D) 고객 서비스 관리자

해설 사람 이름이나 직책은 이중지문 대조 유형이다. 일단 프랜 베르너라는 이름을 찾아보면 첫째 글 끝부분에 전화번호와 함께 나온다. 그러나 직책이 무엇인지 알 수 없으므로 다른 지문에서 찾아보아야 한다. 두 번째 글 끝부분에 그 전화번호가 반복되면서 '영업 이사'(sales executive)라고 언급되어 있다. 따라서 정답은 (A)이다.

HALF TEST 5

147 (A)	**148** (C)	**149** (D)	**150** (B)
151 (B)	**152** (D)	**153** (C)	**154** (C)
155 (D)	**156** (C)	**157** (A)	**158** (C)
159 (C)	**160** (A)	**161** (D)	**162** (B)
163 (D)	**164** (A)	**165** (B)	**166** (D)
167 (B)	**168** (B)	**169** (C)	**170** (A)

Questions 147-148 공지문

할리우드 극장으로 오신 걸 환영합니다

저희의 모든 충성스런 단골 고객들께 할리우드 극장을 지난 25년 간에 걸쳐서 후원해 주신 것에 감사드리고자 합니다. **147** 저희는 극장 크기를 증대하기로 결정을 내렸고, 그래서 저희는 7월 6일에서 8월 14일 사이에 문을 닫고 개조 작업을 진행합니다.

저희의 메인 극장이 문을 닫는 동안, 소극장 - 메인가에서 조금 떨어진 곳에 위치한 할리우드 2 - 는 열려 있습니다. 할리우드 2는 매일 오후 2시에서 밤 10시까지 영화를 상영합니다. **148** 저희는 할인된 티켓을 모든 단골 고객님들께 제공드립니다. 저희가 메인 극장을 개조하는 동안말입니다.

할리우드 극장은 재오픈 축제의 저녁 행사를 열 것인데, 무료 와

인과 가벼운 먹거리를 갖추고서 8월 15일에 열릴 것입니다. 티켓은 할리우드 2에서 구입 가능합니다.

loyal 충성스런 **patron** 단골 고객 **support** 후원하다, 지지하다 **over + 기간:** ~에 걸쳐서 **closed** 문을 닫은 **renovation** 혁신, 개조 **carry out** 실행하다 **off** 떨어져, 벗어나 **screen films** 영화를 상영하다 **hold** 개최하다 **gala** 갈라, 축제 **complete with** ~을 완벽하게 갖춘 **complimentary** 무료의 **available** 이용 가능한, 구입 가능한

147 사실 관계 확인 유형

해석 할리우드 극장에 대해 명시되어 있는 것은 무엇인가?
(A) 리모델링 될 것이다.
(B) 영화제를 주최할 것이다.
(C) 이전될 것이다.
(D) 운영시간을 바꾸었다.

해설 첫째, 둘째 줄에 극장을 늘리려 개조 작업을 진행한다는 내용이 있기에 정답은 (A)이다. 다른 보기들은 언급되어 있지 않다.

148 키워드 찾기 유형

해석 할리우드 극장은 고객들에게 무엇을 제공하고 있는가?
(A) 추가 영화
(B) 무료 식사
(C) 할인 디켓
(D) 연장된 운영 시간

해설 질문에서 '제공한다'(offer)를 키워드 삼아 본문에서 찾아보면 '할인 티켓'을 제공한다(We are offering discounted tickets)고 언급되고 있다. 정답은 (C)이다.

Questions 149-151 편지

체스터 시의회
프라이빗 백 8723번지
몬타나주, 미솔라시

프랭클린 양에게,

저는 3월 7일자의 당신의 편지를 받았습니다. 그 내용은 당신이 2월 20일 오후 1시에 실버데일에 주차하시는 동안 당신이 발생시킨 주차 위반 벌금에 관한 것이었습니다.

150(C) 현재의 등록증을 붙여두지 않은 것으로 인해 부과된 벌금 250달러를 둘러싼 세부 사항들을 검토해 보았습니다. 이 경우에, 저희는 당신의 설명을 받아들이기로 결정했습니다. 그 설명은 이전의 허가증이 실수로 붙어 있었다는 것이었죠. 문제가 되고 있는 그 날 당신이 현재의 등록증을 확실히 가지고 있었다는 것을 입증하기 위해 사진을 증거로 제공해 주셔서 감사합니다.

그러나, **150(D)** 당신이 이전에 주차 요금을 지불하지 않은 것, 그리고 또한 **150(A)** 소화전 근처에 주차한 것에 대해 벌금을 받은 적이 있다는 것을 압니다. 당신이 또 다른 주차 위반 벌금을 향후 6개월 이내에 받는다면, 당신은 벌점 6점을 받게 될 것입니다. 따라서 체스터시의 주차 시설을 이용하실 때 반드시 주의하시기 바랍니다.

149 151 당신이 이미 벌금을 내셨기 때문에, 아래 세부 사항을 작성해 주시면, 지불하신 돈을 당신에게 상환해 드리겠습니다. 작성하신 정보는 가능한 빨리 되돌려주세요. 왜냐하면 저희는 그 세부 사항을 3월 20일까지 받아야 당신의 환불을 진행해 드릴 수 있기 때문입니다.

이해해 주셔서 감사드립니다.

안녕히 계세요.

그레이스 존스
체스터 시의회 주차 단속부

151 이름 _____
주소 _____
계좌 번호 _____

* 수표로 지불 받기를 원하신다면 전화해주세요. 현금 환급은 시 규정상 허락되지 않습니다.

fine 벌금 **incur** 초래하다, 발생시키다 **surrounding** ~을 둘러싼 **registration** 등록 **certificate** 인증서 **occasion** 경우, 사건 **explanation** 설명, 해명 **permit** 허가증 **mistakenly** 실수로 **evidence** 증거 **in question** 문제되고 있는, 논쟁 중인 **note** 알게 되다, 지적하다, 언급하다 **previously** 전에 **parking fee** 주차료 **fire hydrant** 소화전 **demerit** 벌점, 과실 **ensure** 확실하게 하다 **take care** 주의하다, 신경쓰다 **fill in** 작성하다 **reimburse** 상환하다 **return** 되돌려 내다 **process** 처리하다 **refund** 환불 **understanding** 이해심

149 사실 관계 확인 유형

해석 왜 프랭클린 양은 체스터 시의회를 연락해야만 하는가?
(A) 추가적인 처벌을 피하기 위해서
(B) 추가 증거를 제공하기 위해서
(C) 그들의 서비스에 관한 불평을 하기 위해서
(D) 환불을 받기 위해서

해설 보통 '~연락주세요'와 같은 부분은 글의 뒷 부분에 나오기 마련이다. 지금도 전반적으로 과거에 있었던 일을 얘기하던 단락들은 이 문제와는 관련이 없다. 정답은 가장 마지막 단락에 나오는데, '아래 세부 사항을 작성해 주면 낸 돈을 상환해 드리겠다'고 나온다. 그 세부 사항을 작

성한 후 보내는 것을 연락하는 것(contact)로 보면, 프랭클린 양은 환불을 받기 위해서 시의회에 연락을 해야 한다. 따라서 정답은 (D)이다.

150 사실 관계 확인 유형, 키워드 찾기 유형

해석 프랭클린 양이 벌금을 받은 이유로 언급되지 않은 것은?
(A) 그녀가 소화전에 주차를 해서
(B) 그녀가 제 시간에 문서를 제출하지 않아서
(C) 적절한 인증서가 보이지 않아서
(D) 그녀가 미지불된 주차 벌금을 지불하지 않아서

해설 질문을 잘 읽어보면 프랭클린 양이 벌금을 받은 이유가 3가지 이상 본문에 나올 것임을 알 수 있다. 현재 이 글에서 적합한 형태의 인증서(등록증)가 없었기 때문에 벌금을 받았으며, 그 이전에는 소화전 근처에 주차를 하고 주차 요금을 내지 않아서 벌금을 받았다는 언급도 있다. 따라서 본문에서 언급되지 않은 것은 (B)이다.

151 사실 관계 확인 유형

해석 프랭클린 양이 다음에 해야하는 것은 무엇인가?
(A) 불만을 제기한다
(B) 개인 정보를 제공한다.
(C) 운전 실력을 향상시킨다.
(D) 또 다른 벌금을 낸다.

해설 다음에 할일에 대해 묻는 질문은 본문의 끝 부분에서 명령문의 형태로 확인할 수 있다. '아래 정보를 작성해 달라'라고 하고 있고, 아래 정보 작성란을 보면 이름, 주소, 계좌 번호 등을 적어야 하므로 이것을 '개인 정보 제공'으로 볼 수 있겠다. 따라서 정답은 (B)이다.

Questions 152-153 이메일

발신: 달라스 프리만
수신: 제니퍼 꾸르뜨네
회신: 3개월간의 구독자 설문지 조사

안녕 제니퍼,

152 너도 알다시피, 우리가 지난 여름 3개월 동안 계속해서 우리 잡지에 설문 조사를 했잖아. 그래서 우리 독자층에 대해 서 더 많은 깃틀 알게 되었어. 자, 여기 놀라운 결과들이 있어.

얼마나 자주 잡지를 읽으시나요?
매달 – 31%   거의 매달 – 19%
1년에 몇 번 – 21%   단지 이번 호만 – 20%

잡지를 구독하고 계시나요? 아니면 보통 신문 가판대에서 구매하시나요?
구독한다 – 9%   가판대 – 83%

153 잡지에서 어떤 기사가 가장 많은 흥미를 끌었나요?
시사 – 10%   요리법 – 12%
153 건강과 미용 – 45%   연예 – 28%

이러한 결과들로 판단해 보자면, 내 생각에 우리는 계속해서 매력적인 표지와 포장에 집중할 필요가 있어. 그리고 지속적으로 다양한 주제들을 제공해야 해. 뿐만 아니라, 건강과 미용 기사도 말이야.

달라스

questionnaire 설문지 **consecutive** 연속적인
readership 독자(수), 독자층 **subscribe** 구독하다
newsstand 가판대 **interest** 흥미를 유발하다 **judging by**
~로 판단하건대 **attractive** 매력적인 **varied** 다양한 **article**
기사글

152 주제 찾기 유형

해석 왜 이 이메일은 쓰여졌는가?
(A) 독자들에게 그들이 무엇을 좋아하는지 물어보려고
(B) 설문지에 대해서 문의하려고
(C) 잡지 기사를 설명하려고
(D) 자료 요약을 제공하려고

해설 why는 주제 찾기 유형이다. 주제는 첫 단락에 나오니 글의 첫 부분을 보자. 지난 3개월간 설문을 행했고, 놀라운 결과가 있다고 하는 것으로 보아 설문 조사의 내용을 전달하는 것이 이 글의 목적으로 보인다. 따라서 정답은 (D)이다.

153 키워드 찾기 유형

해석 이 이메일에 따르면, 무엇이 잡지에서 가장 인기 있는 주제인가?
(A) 시사
(B) 요리법들
(C) 건강과 미용
(D) 연예

해설 질문에서 가장 인기 있는 주제(the most popular topic)를 키워드 삼아 선문지 항목을 살펴본다. the most popular topic이 Which articles interest you the most의 패러프레이징이라는 것을 알 수 있다. 즉, '가장 흥미를 끈 기사는 무엇인지' 묻는 질문이 가장 인기있는 주제와 같은 의미를 나타내는 것으로 보는 것이다. 따라서 이 항목에서 45%의 답변을 받은 건강과 미용(Health & Beauty)가 정답이다.

Questions 154-155 온라인 채팅

> **네블, 새라 (오후 4:17)**
> 안녕, 스콧… 그래서, 너 이번 주말에 일본으로 가는 우리 출장에 대해 흥분되니?
>
> **챔버스, 스콧 (오후 4:19)**
> 기다릴 수 없네! **154** 여행 안내책을 다 외울 지경이야. 다시 한번 고마워…다시 가져다 줘야 하는데.
>
> **네블, 새라 (오후 4:21)**
> **154** 오, 서두를 건 없어. 그냥 그거 가져가. 비행하는 동안에도 다시 보고 싶을 거야.
>
> **챔버스, 스콧 (오후 4:22)**
> 좋은 생각이네. 그리고, **155** 일본 고객들이 리무진을 보내서 우리를 공항에서 호텔까지 데려다 주는 거지, 맞지?
>
> **네블, 새라 (오후 4:23)**
> 내가 알기로는 (그래). 금요일까지는 확인을 받을 거야.
>
> **챔버스, 스콧 (오후 4:24)**
> 좋아. 그럼, 나에게 알려줘.

excited 흥분한 business trip 출장 from cover to cover 앞 장에서 뒷 장까지 get back 되돌려주다 hurry 서두르다 as far as ~하는 한 confirmation 확인 inform 알리다, 통지하다

154 추론과 암시 유형

해석 챔버스 씨에 대해 추론될 수 있는 것은 무엇인가?
(A) 일본을 과거에 방문해 본 적 있다.
(B) 일본의 여행 안내원에게 연락해 봤다.
(C) 책을 네블 양으로부터 빌렸다.
(D) 네블 양을 위한 항공편을 예약했다.

해설 infer를 보고 추론 유형임을 안다. 챔버스의 말을 보면 여행 안내 책자를 샅샅이 '다 봤다'하면서 '되돌려 줘야 하는데'하고 있다. 이에 대해서 네블 양은 '서두르지 말고, 그냥 가져가'라고 하고 있다. 이 대화를 보면 여행 책자는 원래 네블 양의 것인데 챔버스 씨에게 빌려준 것이라는 것을 알 수 있다. 따라서 정답은 (C)이다.

155 화자의 의도 파악 유형

해석 오후 4시 23분에, 네블 양의 "As far as I know"가 암시하는 바는 무엇인가?
(A) 그녀는 호텔이 공항에서 멀리 있다고 생각한다.
(B) 그녀는 비행기가 제 시각에 도착할 것이라고 확신한다.
(C) 그녀는 여전히 묵을 곳을 정할 필요가 있다.
(D) 그녀는 교통수단이 제공될 것이라고 믿는다.

해설 주어진 시간과 주어진 말을 본문에서 우선 찾은 후 그 앞의 내용을 보아야 한다. 그 앞에서 "일본 고객들이 공항에서 호텔까지 우리를 데려다 줄 리무진을 보내는 거지?"라고 묻는 것에 대한 대답으로 '내가 알기로는'이라고 답했으므로, 이 대답의 의미가 일본 고객들이 공항에서 호텔까지 데려다 줄 리무진을 보낼 것이라고 생각한다는 것이다. 이를 패러프레이징 해서 '교통수단이 제공될 것'이라고 나타낸 (D)가 정답이다.

Questions 156-157 광고문

> **플로라 식당**
>
> **156** 저희의 유명한 일요일 브런치를 와서 함께 하세요! 모든 것을 7달러 99센트에 드실 수 있습니다.
> **156** 매주 일요일 11시에서 1시 사이에, **157(A)** 우리는 김이 모락모락나는 브런치 뷔페를 제공합니다.
> 다양한 계란 요리, 베이컨, 소시지, 그리고 햄이 있습니다.
> 팬케익, 와플, 그리고 프렌치 토스트도 있습니다.
> 신선한 계절에 맞는 과일들은 물품이 있는 경우에만 제공됩니다.
> 그리고 마실 것으로는 신선한 커피, 뜨거운 차, 오렌지 주스, 그리고 사과 주스가 있습니다.
> **157(B)** 5세 이하는 무료이며, 65세가 넘는 분들은 15%할인을 받으십니다.
> 저희는 매주 일요일에 영업을 합니다. 그러니 집안 전통처럼 매주 오시는게 어떨까요? 함께 식사했으면 좋겠습니다.
> 14번 출구 근처 이스트 스트릿 254번지에 있으며 무료 주차가 가능합니다.

brunch 브런치 (아침 + 점심 식사) piping-hot 몹시 뜨거운 be subject to + 명사: ~의 대상이다 availability 이용 가능성 senior 노인 why not ~하는 게 어때 family tradition 가족 전통

156 사실 관계 확인 유형

해석 얼마나 자주 브런치 스페셜은 제공되는가?
(A) 매 시간 마다
(B) 매일
(C) 매주
(D) 매월

해설 글의 앞 부분에서 '일요일 브런치, 매주 일요일'라는 단어들을 통해 매주 일요일마다 제공됨을 알 수 있다. 정답은 (C)이다.

157 사실 관계 확인 유형

해석 브런치 메뉴에 대해 명시된 것은 무엇인가?
(A) 선택할 수 있는 세트 메뉴가 없다.
(B) 모든 고객은 동일한 돈을 낸다.
(C) 아이를 위한 특별 메뉴가 있다.
(D) 고객들은 과일 한 접시만을 받을 수 있다.

해설 일요일 브런치는 '뷔페' 형태임을 알 수 있다. 따라서 따로 선택 가능한 세트 메뉴는 없다고 보아야 한다. 정답은 (A)이다. (B)의 경우 노인은 할인 되므로 오답, 5세 이하는 무료라는 말은 있어도 따로 메뉴는 언급되지 않았으므로 (C)도 오답이며, 계절에 맞는 과일을 제공한다고 되어 있지만 1회 제공을 받는다고 되어 있지 않았으므로 (D)도 오답이다.

Questions 158-160 회람글

아더에게,

오늘 오후 당신의 전화를 못 받아서 미안합니다. 제가 당신을 사무실에서 잠시 뵙기를 바랐지만, 이미 나가신 듯 하더군요. 만날 시간을 정할 수 있을까요? 정말로 제가 다음 광고들에 대해 가지고 있는 몇 가지 아이디어들에 대한 당신의 의견을 받고 싶습니다.

– [1] –. **158 160** 만약 우리가 TV 광고를 계속하기를 바란다면, 제 생각에는 우리 광고가 나오는 프로그램들을 재검토해야만 합니다. 그리고 우리 광고가 방영되는 시간도 재검토 해야죠. – [2] –. 만약 우리의 표적 시장이 그런 특정 프로그램을 보고 있지 않거나 그들이 그 시간에 TV를 보지 않는다면, 우리 광고들이 낭비되니까요. – [3] –. 제 생각에는 우리 타겟 마켓의 TV 시청 습관에 대한 약간의 조사가 보장되어야 한다고 봅니다. – [4] –.

저는 금요일까지는 일정이 꽉 차 있습니다만, **159** 다음 주 오후는 자유롭습니다. 가능한 빨리 만나고 싶습니다. 그 제품이 3월에 출시될 거니까요. 제 비서에게 전화 주셔서 당신에게 편한 시간을 잡아 주세요.

감사합니다!

킴

---

miss 놓치다, 그리워하다 **catch** 붙잡다, 잠시 말을 걸다 **it seems (that)** ~인 것 같다 **get** 얻다, 받다 **input** 의견 **air** 방송하다 **target market** 타겟 마켓, 표적 시장 **particular** 특별한 **at that time** 그 시간에 **waste** 낭비하다 **warrant** 보장하다 **launch** 출시하다 **convenient** 편리한

150 추론과 암시 유형

해석 킴은 그들이 무엇을 해야 한다고 제안하는가?
(A) TV에 광고를 하자고
(B) TV 광고를 중단하자고
(C) 다른 시간에 광고하자고
(D) 잡지에 광고하자고

해설 킴의 의견을 구체적으로 언급한 두 번째 단락을 읽고 유추해야 된다. 크게 두 가지를 주장하고 있는데 타겟 마켓이 보는 방송, 보는 시간에 TV 광고를 하자는 것이 요지

이다. 이것은 기존의 방송 시간대가 적절치 않다고 킴이 생각하고 있다고 유추된다. 따라서 정답은 (C)이다.

159 추론과 암시 유형

해석 킴은 아더를 언제 만나는 것을 원할 것인가?
(A) 내일 오후
(B) 월요일 아침
(C) 월요일 오후
(D) 금요일 아침

해설 보통 만날 시간 약속은 글의 끝 부분에 나오는 편이다. 다음 주 오후가 좋고, 가능한 빨리 보자고 하는 것으로 보아 다음 주 초에 보기를 원한다고 유추 가능하다. 따라서 다음 주의 첫날인 월요일 오후가 가장 좋은 시간이 될 것이다. 정답은 (C)이다.

160 문장 삽입 유형

해석 [1]~[4]로 표시된 곳 중에 다음 문장이 들어가기에 가장 적합한 곳은?

"제 생각은 현재 TV 광고는 너무 비용이 많이 들고, 우리의 표적 시장에 닿지 않고 있다는 것이에요."

(A) [1]
(B) [2]
(C) [3]
(D) [4]

해설 일단 주어진 문장을 잘 살피는 게 중요하다. 이 주어진 문장은 전체 글의 두 번째 단락을 아우르는 말이라 할 수 있는데, 즉 킴의 핵심 의견이다. 그런데 첫 단락 끝은 광고에 대한 의견으로 끝나고 있고, 둘째 단락은 의견에 대한 세부적 내용들이다. 따라서 [1]번 위치에 주어진 문장을 넣으면 "My thinking is~"로 시작하는 의견을 피력하기에 적절한 위치가 된다. 또한 자신의 의견에 대한 세부사항을 다루는 둘째 문단의 내용과도 자연스럽게 연결된다. 따라서 정답은 (A)이다.

Questions 161-165 편지, 광고문

7월 31일
앨러스터 레넌 씨
세이브온 할리데이
루튼 서커스가 45-106번지
런던 TP6 1GV
영국

레넌 씨에게,

나의 가족과 나는 지난 토요일 마조르카로의 여행에서 돌아 왔습니다. 그 여행은 우리가 세이브온 할리데이를 통해 온라인으로 예약했던 거죠. 우리는 로얄 샌즈 리조트에서 머물렀습니다.

저희는 즐거운 휴가를 가졌습니다. 그러나, 우리는 체크 아웃할 때 문제가 있었습니다. 우리는 모든 것이 다 비용 포함인 휴가 상품을 구매했다고 믿었습니다. 즉, 객실과 식사기 모두 포함된 것을 말입니다. **161** 체크인 할 때, 우리는 패키지 팔찌를 받지 않았습니다. 저희가 그 모든 비용 포함 휴가 상품에 해당한다는 것을 나타내는 팔찌 말이죠. 우리는 이것이 조금 이상하다고 생각은 했지만, 그다지 많은 신경을 쓰지 않았습니다.

우리는 모든 식사와 음료에 대해서 객실로 요금을 청구하라는 말을 들었고, 그렇게 했습니다. 체크 아웃할 때, 우리는 2975달러를 지불해야 한다는 말을 들었습니다. 보기에, 그 모든 요금이 포함된 상품은 단지 4명 이하의 가족에게만 적용된 것 같네요. 우리는 5명이었습니다.

돌아온 후에, 서는 세가 여행 예약시 신문에서 오려둔 광고를 확인해 보았습니다. 어디에도 그 저렴한 요금이 단지 4명 이하의 가족에게만 적용된다는 표시는 없었습니다.

예약 시에, 저는 영업 직원인 데본에게 우리가 5명의 그룹이라고 말했습니다. 그는 그 할인 요금이 4명을 넘는 단체에는 적용되지 않음을 언급하지 않았습니다.

162 저는 당신이 식사와 음료의 비용을 충당해 주기를 기대합니다. 자세한 청구서를 동봉합니다. **165** 또한 제안드리기를 당신이 그 광고를 다시 인쇄해서 5명 이상의 가족은 모든 비용 포함 상품에서 배제된다는 것을 알려야 합니다. 제 생각에는 당신이 또한 더 큰 가족들에게 또한 추가로 어떤 것을 제공해 주셔야 한다고 생각합니다.

안녕히 계세요.

릴라 필립스

return 되돌아 오다 lovely 사랑스런 encounter 마주치다 all inclusive 올 인클루시브 (숙박과 식사 등을 모두 포함하는 상품) room and board 식사를 포함한 숙박 bracelet 팔찌 charge 청구하다 owe 빚지다 apparently 분명히, 보기에 apply to ~에 적용되다 indication 나타냄, 표시 mention 말하다, 언급하다 detailed 자세한 exclude 제외하다, 배제하다 extra 추가적인 as well 또한

모든 것이 포함된 상품: 로얄 샌즈 리조트, 마조르카
1주일에 1인당 499달러부터
1월 10일에서 2월 12일 사이에 언제든지 머무르세요.

세이브온 할리데이는 기쁘게도 이 믿을 수 없는 모든게 포함된 상품을 마조르카의 **164** 호평 받는, 5성급 로얄 샌즈 리조트에 대해 제공해 드립니다.

일주일 동안 1인당 단 499달러로 당신은 정가에서 500달러를 절

약하게 됩니다!

이 패키지는 **163(C)** 바다가 보이는 4인용방*, 발코니, 그리고 **163(A)** 뜨거운 개인 욕조, 뿐만 아니라 우리 여덟 군데 리조트 식당에서 제공되는 **163(B)** 무료 식사와 음료를 포함하며 여기에는 인기 있는 리스토란테 티노스도 포함됩니다.

지금 전화해서 이 잊을 수 없는 휴일을 예약하세요!

165 * 주의: 할인된, 모든 비용 포함 1인당 499달러는 4명 이하의 그룹에만 적용됩니다. 5명 이상의 그룹에게는 1인당 499달러 가격은 방에만 적용됩니다 – 그러나 아이들은 식사가 무료입니다!

incredible 믿을 수 없을 정도의 acclaim 갈채하다, 격렬히 칭찬하나 regular price 정가, 정상 가격 hot tub 욕조 unforgettable 잊을 수 없는 count toward ~로 합산되다

161 키워드 찾기 유형

해석 필립스 양는 체크인 과정에 대해 무엇을 이상하다고 여겼는가?
(A) 예약에 따르면 그녀는 4명의 단체에 속했다.
(B) 이 호텔은 그녀의 신용카드 정보를 요청했다.
(C) 프론트 데스크 직원이 그녀의 예약을 접수해 두지 않았다.
(D) 그 호텔이 모든 비용 포함을 증명하는 팔찌를 제공해 주지 않았다.

해설 질문의 키워드는 odd(이상한)이다. 본문에는 odd가 strange로 표현되고 있다. 이때 이상하다고 여긴 것은 본인은 모든 비용 포함 상품을 예약했다고 믿었는데, 그 모든 비용 포함 상품을 구매했다는 것을 나타내는 팔찌를 주지 않은 것이었다. 따라서 정답은 (D)이다.

162 키워드 찾기 유형, 사실 관계 확인 유형

해석 필립스 양은 레넌 씨가 무엇을 하기를 기대하는가?
(A) 데본에게 연락해서 릴라의 예약상의 실수를 설명하는 것
(B) 그녀에게 식음료 비용을 변제해 주는 것
(C) 리조트와 적절한 거래를 재협상하는 것
(D) 호텔에 요청해서 모든 요금 포함 팔찌를 릴라에게 전달하는 것

해설 질문에서 요청하는 바(ask)를 물어보면, 보통 단서가 뒤에 나온다. 마지막 단락에서 'I expect you to~' 부분이 바로 요청 사항이 나타나는 부분이다. 그것은 부당하게 본인이 지불했다고 생각하는 식음료 비용을 변제해 줄 것을 요청하는 내용이다. 따라서 정답은 (B)이다.

163 사실 관계 확인 유형

해석 4명 이하 그룹의 상품에 포함되지 않은 것은 무엇인가?
(A) 뜨거운 욕조가 달린 방
(B) 무료 식사와 음료
(C) 바다 경관
(D) 야간 오락거리

해설 포함되지 않은 것을 물었으니 보기 4개중 3개는 언급될 것이다. 3개 이상을 언급하려면 쉼표를 여러 번 쓰면서 나열하기 마련이다. 그런 부분을 두 번째 글에서 찾아보면 (A), (B), (C)가 차례로 확인된다. 정답은 (D)이며 entertainment란 유흥, 오락거리를 발하는데 노래, 춤 등의 공연을 의미한다.

164 동의어 찾기 유형

해석 광고글에서 첫째 단락, 첫째 줄의 단어 "acclaimed"와 의미상 가장 가까운 것은?
(A) 인정받는
(B) 소유된
(C) 방문된
(D) 후원받은

해설 acclaim은 '갈채하다, 열렬히 환호하다'란 뜻이다. 이것과 가장 가까운 단어를 찾자면 인정받는다는 의미의 recognized일 것이다. 만약 acclaim 같은 단어를 전혀 모를 때에는 해당 부분에 (A)~(D)를 하나씩 대입하여 해석해 보는 것이 좋다. 정답은 (A)이다.

165 이중지문 대조 유형

해석 릴라의 편지의 결과로 세이브온 할리데이 광고에 어떤 변경이 이루어졌는가?
(A) 단체는 티노 식당에서 무료 식사를 즐길 수 있다.
(B) 5명 이상 그룹의 아이들은 보너스(혜택)를 받는다.
(C) 아이들은 다양한 활동에 참여할 수 있다.
(D) 5명 이상의 그룹은 모든 것이 포함된 상품 팔찌를 받게 된다.

해설 일단 릴라의 편지 가장 마지막에 보면, 두 가지를 제안하고 있다. 첫째는 5명 이상은 해당되지 않는다는 점과, 5명 이상에게도 추가적 혜택을 뭔가 제공해 달라는 것이다. 이 두 가지를 기억하면서 두 번째 광고를 보자. 맨 마지막에 note(주의)라고 하면서 릴라의 제안대로 5명 이상은 해당되지 않는다는 점을 명시했고, 하지만 아이들은 무료 식사가 가능하다는 추가적 혜택을 제공했다. 따라서 정답은 (B)이다.

Questions 166-170 광고문, 영수증, 이메일

랜드스케이프 서플라이
166 재고 처리 세일!

166 성수기가 끝나감에 따라, 랜드스케이프 서플라이는 재고 처리를 할 것입니다. 이번 기회로 내년의 프로젝트들을 위한 물품들을 비축해 두세요.

벽돌
옹벽이나 낮은 정원용 벽을 이 조경용 벽돌로 만들어 보세요. 또한 **벽돌**로 안뜰을 만들수도 있습니다. 붉은색, 회색, 기타 다양한 돌의 색이 이용 가능합니다. 여러 다른 표면 처리가 되어 있습니다. 30% 할인.

안뜰 테이블
유리가 올라간 저희의 모든 테라스용 테이블은 세일 중입니다. 원형 3피트짜리나 직사각형 3~4피트짜리에서 선택하세요. 18 평방 인치의 커피 테이블도 또한 세일 중입니다. **167** 15% 할인.

정원용 도구
매우 다양한 수작업 도구들도 또한 세일 중입니다. 크래프티 앤 워크맨 브랜드의 도구들도 포함됩니다. 20% 할인.

시멘트
지금은 너무 추워서 시멘트를 붓기는 어렵지만, 자재를 지금 비축해 두고 내년 나중에 프로젝트에 쓰실 수 있습니다. 25% 할인.

가정용 식물
다양한 실내용 식물을 가정이나 사무실을 위해 대량 구비해 두었습니다. 모두 판매 합니다. 필로덴드론, 아프리카 바이올렛, 난초, 덩굴, 양치류, 그 밖에 다수. 35% 할인.

* 시내에는 무료 배달
168 * 세일 행사는 11월 30일에 종료됩니다.

---

landscape 조경 inventory 재고 growing season 성수기 sell off 팔아 치우다 stock 적재하다 brick 벽돌 retaining wall 옹벽, 제방 patio 안뜰 surface 표면 oblong 직사각형의 a wide selection of 대단히 다양한 pour 쏟아 붓다 end 끝나다

랜드스케이프 서플라이
영수증 번호 974390 14:51
고객: 줄리안 냐 씨

	수량	할인	합계(할인 적용)
랜드스캡 특별 할인	12	35%	32.50달러
랜드스캡 특별 할인	3	**167** 15%	**167** 216.75달러
비너스 조각상	1	0%	100달러

구매 후 28일내에 환불을 해드립니다. **170** 랜드스케이프 서플라이 겨울 세일에서 구매된 모든 식물은 환불될 수 없음을 알려드리게 되어 유감스럽게 생각합니다. 랜드스케이프 직원에게 추가적 세부 사항을 문의하세요.

receipt 영수증 quantity 수량 apply 적용하다 special offer 특별 제공 (=세일) statue 조각상 permit 허락하다 refund 환불 regret 유감이다 further 추가적인

발신: JulianNjaa@armeniancafe.com
수신: sales@landscapesupply.com
제목: 세일 구매
날짜: 12월 4일

관계자분께,

168 **170** 귀사의 최근 세일의 마지막 날에, 저는 12개의 대형 화분들을 저의 식당에 쓰려고 샀습니다. 식당에는 큰 창들이 있고, 그 식당은 밤에 따뜻하게 유지됩니다. **169** 그러나 그 화분들 중 8개가 이미 죽어 버렸고, 다른 3개도 매우 연약해 보입니다.

제가 이 화분들을 불과 1주일 밖에 가지고 있지 않았기 때문에, 저는 어떻게 그것들이 그렇게 빨리 죽을 수 있었는지 이해할 수 없습니다. 이 화분들에게 물이 부족하지도 않았습니다. 저는 죽은 덩굴 식물 중 하나를 파보았는데, 사실상 그건 뿌리가 선혀 없다는 것을 알게 되었습니다. **169** 제가 내릴 수 있는 유일한 결론은 귀사가 많은 수의 죽어가는 식물들을 팔았다는 것이며, 그것들은 대신에 버려졌어야만 했습니다.

저는 영수증을 동봉합니다. 이 식물들에 대한 전액 환불을 바라기 때문입니다. 제가 향후에 귀사에서 아무것도 사지 않을 것이라는 것을 확신하셔도 됩니다.

줄리안 냐
아르메니안 카페
코크 스트릿 332번지

---

recent 최근의 dozen 12개의 potted plant 화분 weak 약한 no more than 겨우, 단지 lack 부족하다 dig 파다 ivy 덩굴 식물 practically 실제적으로 root 뿌리 conclude 결론을 내리다 a large number of 아주 많은 수의 expiring 죽어가는, 만료의 throw away 버리다

166 주제 찾기 유형

해석 왜 랜드스케이프 서플라이는 세일을 하는가?
(A) 재단장을 위해 임시로 문을 닫을 것이기 때문에
(B) 폐업을 할 것이기 때문에
(C) 새로운 제품군을 홍보하고 있기 때문에

(D) 재고 수준을 낮추고 있기 때문에

해설 why를 보고 주제 찾기 유형이라는 것을 알 수 있다. 광고문의 제목에서 '재고 처리 세일(Inventory Reduction Sale)'이라고 나와 있으며, 또한 광고글의 첫 부분에서도 성수기가 끝나감에 따라 재고 처리를 한다는 말이 나온다. 따라서 정답은 (D)이다.

167 이중지문 대조 유형

해석 냐 씨가 216달러 75센트를 지불한 항목은 무엇인가?
(A) 벽돌
(B) 안뜰 테이블
(C) 정원용 도구
(D) 시멘트

해설 금액이 나오면 이중지문 대조 유형이다. 두 번째 글인 영수증에서 $216.75를 찾은 후, 그게 15%할인되었다는 단서를 찾아낸다. 이를 바탕으로 첫 번째 글의 15% 할인 항목을 찾아보면 안뜰 테이블(patio tables)라는 것을 알 수 있다. 따라서 정답은 (B)이다.

168 이중지문 대조 유형

해석 언제 냐 씨는 랜드스케이프 서플라이에서 구매를 했는가?
(A) 11월 27일
(B) 11월 30일
(C) 12월 1일
(D) 12월 4일

해설 날짜가 나오면 역시 이중지문 대조 유형이다. 우선 세 번째 글 처음 부분에서 세일 행사 마지막 날에 샀다는 말이 단서이다. 보통 영수증에는 구매일이 등장하기 때문에 두 번째 글을 보게 되지만 거기에는 날짜는 언급되지 않았다. 따라서 첫째 글 제일 하단부에 세일 종료일을 보고 답을 선택하면 되겠다. 정답은 (B)이다.

169 주제 찾기 유형

해석 무슨 문제를 냐 씨는 이메일에서 묘사하고 있는가?
(A) 몇몇 물건의 가격이 너무 비싸게 매겨져있다.
(B) 몇몇 물건이 늦게 배달되었다.
(C) 몇몇 물건이 좋지 않은 상태로 도착했다.
(D) 몇몇 물건이 맞지 않는 크기이다.

해설 문제점이 무엇인지 묻는 문제는 항상 주제 찾기 유형에 해당한다. 이메일의 첫 단락에 구매한 화분들이 죽어버렸다고 언급하였다. 냐 씨가 결론을 내린 부분에서 버렸어야 할 물건들을 판매한 것이라고 언급되어 있는 것을 확인할 수 있다. 따라서 정답은 (C)이다.

170 추론과 암시 유형, 이중지문 대조 유형

해석 냐 씨에 대해서 추론될 수 있는 것은 무엇인가?

(A) 아마도 환불을 받지 않을 것이다.
(B) 랜드스케이프 서플라이에 전화로 연락하려 했다.
(C) 랜드스케이프 서플라이를 직접 방문하고자 한다.
(D) 정확한 할인을 받지 못했다.

해설   infer가 있어서 추론 문제이긴 한데, 이 문제는 이중지문 대조 유형에 더 가깝다. 우선 세 번째 글에서 식물을 11월 30일에 구매한 것을 확인하고, 두 번째 글 영수증 제일 하단부에 겨울에 구매한 식물류는 모두 환불 대상이 아니라는 내용을 연계하여 보면 냐 씨는 환불을 받지 못할 것이라는 것을 추론할 수 있다. 정답은 (A)이다.

실전 모의고사 TEST 1

147 (B)	**148** (C)	**149** (A)	**150** (D)
151 (D)	**152** (C)	**153** (B)	**154** (C)
155 (A)	**156** (C)	**157** (B)	**158** (C)
159 (A)	**160** (D)	**161** (B)	**162** (C)
163 (D)	**164** (B)	**165** (C)	**166** (A)
167 (C)	**168** (D)	**169** (B)	**170** (C)
171 (B)	**172** (C)	**173** (D)	**174** (A)
175 (D)	**176** (D)	**177** (C)	**178** (C)
179 (D)	**180** (B)	**181** (C)	**182** (D)
183 (A)	**184** (C)	**185** (B)	**186** (C)
187 (D)	**188** (A)	**189** (B)	**190** (C)
191 (B)	**192** (D)	**193** (B)	**194** (C)
195 (A)	**196** (D)	**197** (C)	**198** (A)
199 (B)	**200** (B)		

147-148 다음 구인 광고를 참조하시오.

주니퍼 힐이 현재 채용 중입니다!

저희 직원으로 입사하셔서 고객들께 잊지 못할 경험을
제공해 드리도록 도와주십시오!

저희는 다음 직책에 어울리는 분을 찾고 있습니다:
147 시설 관리 담당 직원, 프런트 데스크 직원,
접객 담당자, 연회실 책임자
경쟁력 있는 연봉과 복지 혜택을 제공해 드립니다.

148 저희 쪽으로 찾아오셔서 채용 책임자 샘 핸런 씨에게
이력서를 전해주십시오.
채용 담당 부서는 로비에 들어서자마자 왼편에 위치해 있습니다.

저희가 희망하는 지원자로서 최종 목록에 오르실 경우,
적합한 면접 날짜와 시간을 정할 수 있도록 전화 드릴 것입니다.

hire ~을 고용하다 join ~에 합류하다, 입사하다 help do ~하는 것을 돕다 give A B: A에게B를 주다, 제공하다 unforgettable 잊지 못할 experience 경험 look for ~을 찾다 housekeeping (호텔 등의) 시설 관리 concierge 접객 담당자 banquet 연회 supervisor 책임자, 상사, 감독관 competitive 경쟁력 있는 benefits package 복지 혜택 provide ~을 제공하다 drop off ~을 갖다 놓다, 내려 놓다

résumé 이력서 **recruitment** 채용, 모집 **on one's left** ~의 왼편에 **once** ~하자마자, ~하는 대로 **shortlist** ~을 최종 목록에 올리나 **as** (자격, 신분 등) ·로서 **desirable** 희망하는, 바람직한 **candidate** 지원자, 후보자 **set up** ~의 일정을 정하다

147 추론과 암시 유형

해석 주니퍼 힐은 무슨 종류의 업체인가?
(A) 레스토랑
(B) 호텔
(C) 여행사
(D) 행사 기획 전문 회사

해설 채용 직책이 언급된 네 번째 줄에 쓰여 있는 Housekeeping Staff, Front Desk Staff, Concierges, Banquet Hall Supervisor는 모두 호텔에 근무하는 사람들이므로 (B)가 정답이다.

어휘 **agency** 대행사, 대리점 **planning** 기획 **firm** 회사

148 사실 관계 확인 유형

해석 구직자들은 무엇을 하도록 권해지는가?
(A) 채용 책임자에게 전화하는 일
(B) 취업의 날 행사에 참석하는 일
(C) 주니퍼 힐을 직접 방문하는 일
(D) 지원서를 이메일로 보내는 일

해설 여섯 번째 줄에 직접 찾아와서 이력서를 내라는(Come on down and drop off your résumé ~) 말이 쓰여 있으므로 직접 방문하는 일을 언급한 (C)가 정답이다.

어휘 **be advised to do** ~하도록 권해지다, 권고 받다 **attend** ~에 참석하다 **in person** 직접(가서) **application** 지원(서), 신청(서) **form** 양식, 서식

Paraphrase
Come on down ➜ Visit

149-150 다음 공지를 참조하시오.

브랜디와인 비스트로

저희는 맛있는 모든 재료를 소비해야 합니다!
149 150 저희 브랜디와인 비스트로는
오직 일주일만 더 문을 엽니다.
모든 메뉴 품목들이 반값 이하로 판매되고 있습니다!
149 맛있는 저희 수프와 샐러드, 그리고 버거를
한 번 드셔 보시기 바라며, 이 모든 음식들은 지역에서
재배한 재료를 활용해 만들어집니다.
모든 탄산 음료에 대해 무료 리필을 제공해 드립니다.
할인된 메뉴 품목은 5월 29일 일요일까지 이용 가능합니다.
저희는 월요일부터 목요일까지는 오전 11시에서 오후 9시까지,

금요일부터 일요일까지는 오전 10시에서 오후 10시까지
문을 엽니다.
리치몬드 스트리트에 위치한 클라크 공공 도서관
건너편에서 저희를 찾으실 수 있습니다.
www.brandywinebistro.com에서 저희 메뉴를
확인해 보십시오.
저희는 20년 넘게 고객들께 즐겁게 서비스를 제공해 드렸습니다!
여러분의 성원에 감사드립니다.

use up ~을 모두 소비하다, 다 써버리다 **ingredient** (음식) 재료, 성분 **item** 품목, 제품, 물품 **at half-price** 반값에 **A or less**: A 이하로 **try** ~을 한 번 먹어 보다 **locally-grown** 지역에서 재배한 **free** 무료 **available** 이용 가능한, 구매 가능한 **opposite** ~건너편에, 반대편에 **view** ~을 보다 **serve** ~에게 서비스를 제공하다 **more than** ~가 넘는 **patronage** 성원, 애용

149 추론과 암시 유형

해석 누가 공지를 게시했을 것 같은가?
(A) 레스토랑 소유주
(B) 음식 평론가
(C) 재료 공급업자
(D) 도서관 직원

해설 두 번째 줄에 일주일만 더 문을 연다는(~ only open for one more week) 운영 방침이 쓰여 있는데, 이는 소유주가 결정하는 부분에 해당된다. 또한 네 번째 줄에 쓰여 있는 our delicious soups, salads, and burgers를 통해 레스토랑임을 알 수 있으므로 (A)가 정답이다.

어휘 **owner** 소유주 **critic** 평론가, 비평가 **supplier** 공급업자, 공급업체

150 사실 관계 확인 유형

해석 브랜디와인 비스트로에 관해 암시된 것은 무엇인가?
(A) 신규 지점을 개설했다.
(B) 영업 시간을 연장했다.
(C) 새로운 메뉴 품목을 홍보하고 있다.
(D) 폐업할 예정이다.

해설 두 번째 줄에 일주일만 더 문을 연다고(~ only open for one more week) 알리는 부분을 통해 곧 폐업하는 곳임을 알 수 있으므로 (D)가 정답이다.

어휘 **branch** 지점, 지사 **extend** ~을 연장하다 **promote** ~을 홍보하다 **go out of business** 폐업하다

Paraphrase
only open for one more week ➜ going out of business

151-152 다음 공지를 참조하시오.

> ### 중요 공지
>
> **151** 아카시아 은행의 하이 스트리트 지점 개조 공사가 10월 2일에 시작되어 10월 4일에 종료될 것입니다. 모든 은행 직원들과 자문 담당 직원들이 개조 공사 중에 평소대로 고객들께 서비스를 제공해 드릴 수 있기는 하지만, **151** 중앙 출입구와 ATM 이용 공간이 10월 5일까지 폐쇄될 것입니다. **152** 고객들께서는 반드시 샤프턴 몰과 붙어 있는 입구를 통해 은행에 들어오고 나가셔야 하는데, 중앙 출입구가 잠길 것이기 때문입니다. 고객들께서는 반드시 해당 ATM 이용 공간이 접근 불가능한 상태인 동안 은행 중앙 로비 안쪽에 위치해 있는 두 대의 ATM을 이용하실 수 있습니다.

notice 공지 remodeling 개조, 리모델링 branch 지점, 지사 commence 시작되다 although (비록) ~이기는 하지만 bank teller 은행 직원 advisor 자문, 고문 available (사람) 시간이 나는, (사물) 이용 가능한 serve ~에게 서비스를 제공하다 as normal 평소대로, 정상적으로 during ~중에, ~동안 vestibule 이용 공간, 대기 공간 leave ~에서 나가다, 떠나다 through ~을 통해 adjoining ~와 붙어 있는, 인접한 position ~을 위치시키다, 두다 inside ~안쪽에, 내부에 while ~하는 동안 inaccessible 접근할 수 없는, 이용할 수 없는

151 주제 찾기 유형

해석 공지의 목적은 무엇인가?
(A) 고객들을 개장식 행사에 초대하는 것
(B) 은행에서 이용 가능한 신규 서비스를 알리는 것
(C) 개조 공사의 최근 지연 문제에 대해 사과하는 것
(D) 고객들에게 은행 내 변동 사항에 관해 알리는 것

해설 초반부에 언급되는 공사 일정(Remodeling work ~ will commence on October 2 and end on October 4), 그리고 그로 인해 발생되는 서비스 관련 변동 사항(~ the main entrance and ATM vestibule will be closed until October 5)을 알리는 지문이므로(D)가 정답이다.

어휘 invite ~을 초대하다 announce ~을 알리다, 발표하다 apologize for ~에 대해 사과하다 recent 최근의 delay 지연, 지체 renovation 개조, 보수 notify ~에게 알리다

152 사실 관계 확인 유형

해석 고객들은 무엇을 하도록 요청받는가?
(A) ATM 이용 공간에 있는 ATM을 이용하는 일
(B) 은행의 중앙 로비로 들어가는 것을 삼가는 일
(C) 쇼핑 센터를 통해 은행에 들어가는 일
(D) 자문 담당 직원과 예약 일정을 잡는 일

해설 지문 후반부에 고객들이 반드시 샤프턴 몰과 붙어 있는

입구를 통해 은행에 들어오고 나가야 한다고 (Customers must enter and leave the bank through the adjoining Sharpton Mall entrance ~) 알리고 있으므로 이를 언급한 (C)가 정답이다.

어휘 refrain from -ing ~하는 것을 삼가다 via ~을 통해 schedule ~의 일정을 정하다 appointment 예약, 약속

Paraphrase
through the adjoining Sharpton Mall entrance
→ via a shopping center

153-154 다음 온라인 채팅을 참조하시오.

디지마트 온라인	
리 화이트 오후 1:11	안녕하세요, 킴 양. **153** 미드웨이 주식회사를 위해 또 다른 구매를 하기를 원하시나요?
도나 킴 오후 1:13	실은, 저희가 사이언300 프린터가 다시 재고로 들어오기를 계속 기다려 왔는데, 구매 가능한 상태가 되면 저희가 통보를 받게 될 거라고 디지마트 직원 한 분이 저에게 말씀해 주셨어요. 저, 그 프린터가 귀사의 웹 사이트에서 판매 중인 것을 알게 되었지만, 통보를 받지 못했습니다.
리 화이트 오후 1:14	그 부분에 대해 사과드립니다. 문자 알림 메시지용 연락처가 저희에게 있나요?
도나 킴 오후 1:15	네, 제 개인 번호인 555-2235일 겁니다.
리 화이트 오후 1:17	확인해 보겠습니다. 저희 데이터베이스에서 미드웨이 주식회사 기록을 열어 보겠습니다. 저희 고객 기록에 따르면, 파일상에 귀사에 대해 다른 전화 번호가 있습니다. **154** 알림 메시지는 555-2086번으로 라킨 씨에게 보내졌습니다.
도나 킴 오후 1:19	아, 맞아요. 이제 이해가 되네요. 그분이 이곳에서 전임 책임자였어요. 귀사의 직원들 중 한 분이 저희 상세 정보를 업데이트하는 일을 잊으신 것 같네요.

make a purchase 구매하다 another 또 다른 한 번의, 또 다른 하나의 actually 실은, 사실은 wait for A to do: A가 ~하기를 기다리다 come back in stock 재고로 다시 들어오다 representative 직원 receive ~을 받다 notification 통보, 알림 become + 형용사: ~한 상태가 되다 available 구매 가능한, 이용 가능한 notice ~을 알게 되다, 알아차리다 for sale 판매 중인 notify ~에게 통보하다, 알리다 contact number 연락처 text 문자 메시지 pull up (자료 등) ~을 열어보다, 꺼내 보다 according to ~에 따르면 make sense 이

정답 및 해설 75

해가 되다, 앞뒤가 맞다 **previous** 이전의, 과거의 **forget to do** ~하는 것을 잊다 **details** 상세 정보, 세부 사항

153 사실 관계 확인 유형, 추론과 암시 유형

해석 미드웨이 주식회사에 관해 언급된 것은 무엇인가?
(A) 기존 고객들의 데이터베이스를 모아 정리하고 있다.
(B) 디지마트에서 이전에 구매한 적이 있었다.
(C) 전자 기기를 제조한다.
(D) 최근에 화이트 씨를 고용했다.

해설 1시 11분에 화이트 씨가 쓴 첫 메시지를 보면 미드웨이 주식회사를 위해 또 다른 구매를 할 것인지(Do you wish to make another purchase ~) 묻고 있는데, 이는 이전에 구매를 한 적이 있음을 뜻하는 말이다. 따라서 이와 같은 사실을 언급한 (B)가 정답이다.

어휘 **compile** (자료 등) ~을 모아 정리하다 **existing** 기존의 **manufacture** ~을 제조하다 **electronic device** 전자 기기 **recently** 최근에 **hire** ~을 고용하다

Paraphrase
make another purchase → has made previous purchases

154 화자의 의도 파악 유형

해석 오후 1시 19분에, 김 양이 "That makes sense"라고 썼을 때 의도한 것은 무엇이겠는가?
(A) 엉뚱한 전화 번호로 전화를 걸었다는 것을 알아차리고 있다.
(B) 일부 정보를 제공하는 일을 잊었다는 것을 유감스럽게 생각하고 있다.
(C) 자신이 왜 알림 메시지를 받지 못했는지 이해하고 있다.
(D) 배송 지연에 대한 화이트 씨의 설명을 받아들이고 있다.

해설 제시된 문장은 앞서 언급된 말에 대해 '이해가 되다, 앞뒤가 맞다'등을 의미할 때 사용한다. 이 지문에서는 바로 앞서 1시 17분에 화이트 씨가 555-2086번으로 라킨 씨에게 알림 메시지가 보내졌다고(The notification was sent to Mr. Larkin at 555-2086) 말한 것에 대한 반응으로 쓰였다. 따라서 왜 다른 사람에게 메시지가 보내졌는지 알게 되었다는 뜻으로 말한 표현임을 알 수 있으므로 이에 해당되는 의미를 지닌 (C)가 정답이다.

어휘 **realize that** ~임을 알아차리다, 깨닫다 **regret that** ~임을 유감으로 생각하다 **provide** ~을 제공하다 **accept** ~을 받아들이다, 수용하다 **explanation** 설명 **shipping** 배송, 선적 **delay** 지연, 지체

155-157 다음 정보를 참조하시오.

> 스틸워터 영화 도서관은 만권이 넘는 영화를 소장하고 있는 곳으로서, 귀중한 지역 자원이자 교육 기관의 역할을 하는 것을 자랑스럽게 여기고 있습니다. 두 분의 지역 교사들에 의해 처음 설립된, 스틸워터 영화 도서관은 회원들께 아주 다양하고 우수한 서비스와 출판물을 제공해 드리는 것뿐만 아니라 우리 지역 사회를 하나로 더욱 가깝게 통합하는 장소의 역할을 하는 데 전념하고 있습니다.
>
> —[1]—. **157** 12명의 저희 직원 모두는 스틸워터 지역에서 자랐으며, 자신들이 맡고 있는 일의 가장 뛰어난 측면이 지역 사회에 뭔가 돌려줄 수 있게 해 준다는 점이라고 종종 말합니다. —[2]—. 게다가, 저희 회원들의 연간 회비 중 약 80퍼센트가 바로 이곳 스틸워터 지역 내 다양한 행사와 교육 기회에 자금을 제공하는 데 사용되고 있습니다. —[3]—. **155** 스틸워터 영화 도서관에서, 여러분께서는 아주 다양한 소장 영화들을 대출해 가실 수 있을 뿐만 아니라, **156** 30년 동안 지역 주민들께 서비스를 제공해 오고 있는 소중한 기관을 지원하시게 될 겁니다. —[4]—.

collection 소장(품), 수집(품) **more than** ~을 넘는 **film** 영화 **motion pictures** 영화 **pride oneself on** ~에 대해 자랑스럽게 여기다 **invaluable** 귀중한 **local** 지역(의) **resource** 자원 **institute** 기관, 협회, 단체(= institution) **originally** 처음에, 애초에 **found** ~을 설립하다 **be dedicated to -ing** ~하는 데 전념하다, 헌신하다 **offer** ~을 제공하다 **a wide range of** 아주 다양한(= a vast selection of) **exceptional** 우수한, 아주 뛰어난 **publication** 출판(물) **as well as** ~뿐만 아니라 …도 **serve as** ~의 역할을 하다 **location** 장소, 위치 **bring A closer together**: A를 하나로 더욱 가깝게 통합하다 **community** 지역 사회 **grow up** 자라다 **aspect** 측면, 양상 **allow A to do**: A가 ~할 수 있게 해 주다 **furthermore** 게다가, 더욱이 **approximately** 약, 대략 **annual** 연간의, 해마다의 **member's fee** 회비 **fund** ~에 자금을 제공하다 **opportunity** 기회 **not only A but also B**: A뿐만 아니라 B도 **be able to do** ~할 수 있다 **borrow from** ~에서 빌려가다, 대출하다 **support** ~을 지원하다, 후원하다 **cherished** 소중한 **serve** ~에 서비스를 제공하다 **resident** 주민 **decade** 10년

155 추론과 암시 유형

해석 정보가 어디에서 볼 수 있을 것 같은가?
(A) 잠재 회원들을 위한 안내 책자에서
(B) 도서의 소개 글에서
(C) 신입 직원들을 위한 안내 책자 묶음에서
(D) 스틸워터 여행 가이드북에서

해설 이 지문은 전체적으로 도서관을 소개하는 정보를 담고 있으며, 두 번째 단락 후반부에 가서 이 글을 읽는 사람을 you로 지칭해 다양한 영화 중에서 대출할 수 있다는

(~you will not only be able to borrow from a vast selection of films, ~) 정보를 전하고 있다. 이는 잠재 이용객을 위한 안내 책자 등에서 할 수 있는 말에 해당되므로 (A)가 정답이다.

어휘 **appear** 보이다, 나타나다 **pamphlet** 안내 책자, 소책자 **potential** 잠재적인 **introduction** 소개 **information pack** 안내 책자 묶음

156 사실 관계 확인 유형

해석 도서관이 얼마나 오래 전에 설립되었는가?
(A) 3년 전에
(B) 10년 전에
(C) 30년 전에
(D) 300년 전에

해설 맨 마지막 문장에 주민들에게 서비스를 제공해 온 기간을 three decades로 나타내고 있는데(~ has been serving local residents for three decades), 이는 30년을 의미하므로 (C)가 정답이다.

157 문장 삽입 유형

해석 [1]~[4]로 표시된 곳 중에서 다음 문장이 들어가기에 가장 적합한 곳은?
"영화를 빌리기 위해 잠시 들르실 경우에, 그분들 중 많은 분들의 얼굴을 분명 알아보실 수 있습니다."
(A) [1]
(B) [2]
(C) [3]
(D) [4]

해설 제시된 문장은 특정 복수명사를 지칭하는 대명사 their와 함께 그 사람들의 얼굴(their faces)을 알아볼 수 있다는 의미를 나타낸다. 따라서 their가 사람 복수명사를 지칭한다는 것을 알 수 있으므로 12명의 직원 전부(All of our twelve employees)를 언급한 문장 뒤에 위치한 [2]에 들어가 그 직원들과 관련된 정보를 말하는 흐름이 되어야 알맞으므로 (B)가 정답이다.

어휘 **be sure to do** 분명 ~하다, ~할 것이 확실하다 **recognize** ~을 알아보다, 인식하다 **stop in** 잠시 들르나

158-160 다음 정보를 참조하시오.

미라지 솔루션즈 주식회사

미라지 솔루션즈는 10년 전에 재능 있는 소프트웨어 컨설턴트인 스티븐 젠킨스 씨에 의해 설립된 손꼽히는 웹 디자인 회사입니다. 젠킨스 씨가 미시간 주의 칼라마주 지역에 있는 아주 작은 한 사무실 공간에서 업체를 처음 열었을 때, 이렇게 성공적인 곳이 되

어 결국 미국의 30개가 넘는 주에서 지사를 운영할 것이라고 생각지도 못하셨습니다.

미라지 솔루션즈는 현재 천 명이 넘는 직원들을 고용하고 있으며, 저희 회사는 간단한 웹 사이트를 만드는 개인에서부터 웹 스토어나 안전한 거래 수단과 같은 복잡한 온라인 기능들을 필요로 하는 대규모 회사에 이르기까지 아주 다양한 고객들을 맡고 있습니다. **159** 디트로이트에 위치한 저희 본사로부터, **158** 저희는 각 프로젝트를 이끌 선임 디자이너를 배정해 전국 곳곳의 프로젝트들을 총괄하고 있으며, 개별적인 일대일 비즈니스 경험을 선사해 드리고 있습니다.

저희는 과거와 현재의 고객들 사이에서 인상적인 명성을 얻어 왔는데, 여기에는 은행과 슈퍼마켓, 그리고 호텔을 포함하고 있으며, 앞으로 저희와 함께 하게 될 모든 신규 고객들의 기대치를 뛰어 넘는 데 온전히 전념하고 있습니다.

158 경험 많고 믿을 수 있는 웹 디자인 회사를 찾고 계신다면, 555-2777번으로 지금 바로 미라지 솔루션즈에 연락 주셔서 첫 무료 상담 일정을 잡아 보십시오. **160** 어디에 가장 가까운 저희 사무실이 있는지 알아보시는 것뿐만 아니라 이용 가능한 전체 서비스 목록을 확인해 보시려면, 저희 웹 사이트 http://www.miragesolutions.com을 방문하시기 바랍니다.

leading 손꼽히는, 선도적인 **establish** ~을 설립하다, 확립하다 **talented** 재능 있는 **consultant** 컨설턴트, 상담 전문가 **business** 사업체, 회사 **tiny** 아주 작은 **become + 형용사:** ~한 상태가 되다 **successful** 성공적인 **eventually** 결국, 마침내 **operate** ~을 운영하다 **branch** 지사, 지점 **more than** ~을 넘는 **employ** ~을 고용하다 **workforce** 직원들, 인력 **take on** ~을 맡다 **a wide range of** 아주 다양한 **individual** 개인, 사람 **large-scale** 대규모의 **require** ~을 필요로 하다 **complex** 복잡한 **feature** 기능, 특징 **transaction** 거래 **facility** 수단, 설비, 시설(물) **base** 본사, 기반 **oversee** ~을 총괄하다, 감독하다 **from coast to coast** 전국 곳곳에 **assign** ~을 배정하다, 할당하다 **head up** ~을 이끌다, 책임지다 **one-to-one** 일대일의 **garner** ~을 얻다 **impressive** 인상적인 **reputation** 명성, 평판 **among** ~사이에서, ~중에서 **current** 현재의 **include** ~을 포함하다 **fully** 온전히, 전적으로 **be committed to -ing** ~하는 데 전념하다 **exceed** ~을 뛰어 넘다, 초과하다 **expectation** 기대(치) **look for** ~을 찾다 **experienced** 경험 많은 **dependable** 믿을 수 있는 **firm** 회사 **contact** ~에게 연락하다 **right away** 지금 바로, 당장 **set up** ~의 일정을 정하다, ~을 마련하다 **initial** 처음의 **complimentary** 무료의 **consultation** 상담 **find out** ~을 알아 보다, 찾아 보다 **nearest** 가장 가까운 **view** ~을 보다 **available** 이용 가능한

해석   정보는 어디에서 볼 수 있을 것 같은가?
(A) 채용 박람회 게시판에서
(B) 직무 설명서에서
(C) 전국 일간지에서
(D) 제품 포장지에서

해설   두 번째 단락에서 전국 곳곳의 프로젝트를 총괄하기 위해 각 프로젝트에 대해 선임 디자이너를 배정한다고(~ we oversee projects from coast to coast, assigning a lead designer ~) 알리는 말과, 마지막 단락에서 믿을 수 있는 업체를 찾고 있다면 연락해 달라고 요청하는(~ contact Mirage Solutions right away at 555-2777 ~) 말을 통해 전국의 고객들을 대상으로 하는 정보인 것으로 판단할 수 있다. 따라서 이와 같은 규모로 정보를 유포할 수 있는 수단인 (C)가 정답이다.

어휘   **recruitment fair** 채용 박람회 **notice board** 게시판 **employee handbook** 직무 설명서 **national** 전국적인 **packaging** 포장(지)

159 사실 관계 확인 유형

해석   미라지 솔루션즈에 관해 아마도 무엇이 사실일 것 같은가?
(A) 본사가 디트로이트를 기반으로 하고 있다.
(B) 프로젝트들이 대부분 슈퍼마켓을 포함하고 있다.
(C) 설립자가 더 이상 회사에 관계되어 있지 않다.
(D) 소기업들과 함께 하는 경향이 있다.

해설   두 번째 단락 후반부에 쓰여 있는 From our base in Detroit를 통해 본사가 디트로이트에 있다는 것을 알 수 있으므로 (A)가 정답이다.

어휘   **headquarters** 본사 **be based in** ~을 기반으로 하다 **involve** ~을 포함하다, 수반하다 **founder** 설립자 **be involved in** ~에 관계되다 **no longer** 더 이상 ~않다 **tend to do** ~하는 경향이 있다

Paraphrase
our base in Detroit → its headquarters are based in Detroit

160 사실 관계 확인 유형

해석   지사 위치와 관련된 정보를 어떻게 얻을 수 있는가?
(A) 한 전화 번호로 전화함으로써
(B) 이메일을 하나 보냄으로써
(C) 한 안내 책자를 읽음으로써
(D) 한 웹 사이트를 방문함으로써

해설   지사 위치를 찾는 방법은 마지막 단락에 언급되어 있는데, 어디에 가장 가까운 사무실이 있는지 알아보려면 자사의 웹 사이트를 방문하도록 (To find out where our

nearest office is to you, ~ visit our Website at http://www.miragesolutions.com) 요청하고 있으므로 (D)가 정답이다.

어휘   **obtain** ~을 얻다, 획득하다 **by** (방법) ~함으로써 **brochure** 안내 책자, 소책자

161-164 다음 이메일을 참조하시오.

발신: ehoward@brookgov.net
수신: <행사_공연자_명단>
날짜: 6월 10일, 수요일
제목: 토요일 음악 축제

공연자 여러분,

유감스럽게도, 이번 주 토요일에 윌라드 플라자에서 개최될 예정이던 샤잠 음악 축제가 계획대로 진행되지 않을 것이라는 점을 알려 드리기 위해 연락 드립니다. 그 이유는 열대 폭풍우가 이번 주말에 행사장을 직접적으로 관통해 지나가는 경로에 있기 때문이며, 이로 인해 그 진로상에서 매우 강한 바람과 폭우를 발생시킬 것입니다. 결과적으로, 저희는 행사에 대한 참가자 수가 극히 낮을 것으로 강하게 예상하고 있습니다.

161 행사 주최측과 연락을 주고받아 온 의회 대표자로서, 저는 딕슨 빌딩 중앙 출입구 반대편에 있는 지붕 없는 야외 무대인 **162** 공연 무대가 폭우가 발생될 경우에 사용하기에 너무 위험하다고 결정을 내렸습니다. 폭풍우가 예상보다 더 약해지고 아주 많은 입장권 소지자들이 분명 **163** 나타난다 히더라도, 가수들과 음향 엔지니어에게 발생될 부상 위험을 무릅쓸 수 없습니다.

이와 같은 마지막 순간의 취소에 대한 더할 나위 없는 제 사과를 받아 주시기 바랍니다. 이것이 저희의 통제를 넘어선 일이라는 점을 이해해 주시기를 바랍니다. 저희는 그곳에서 축제를 옮기기 위한 바람으로 적합한 실내 장소를 찾기 위해 시도해 봤지만, 많은 수의 참석자들을 안전하게 수용할 수 있을 정도로 충분히 넓은 곳이 없습니다.

164 진심 어린 유감의 표시로, 행사가 개최되지는 않지만 여러분 각자에게 사전에 조정된 공연비의 50퍼센트를 제공해 드릴 계획입니다. 그리고, 저희 도시에서 향후에 열릴 음악 축제에서 기꺼이 공연하실 수 있기를 바랍니다.

안녕히 계십시오.

161 에드워드 하워드

---

with regret 유감스럽게도 **contact** ~에게 연락하다 **let A know that:** A에게 ~임을 알리다 **set to do** ~할 예정인 **take place** (일, 행사 등이) 개최되다, 발생되다 **go ahead** 진행되다 **as planned** 계획대로 **tropical storm** 열대 폭풍우 **on**

course 경로상에 있는, 예정된 방향대로 **pass** 지나가다 **directly through** ~을 직접 관통해 **site** 장소, 현장, 부지 **bring** ~을 야기하다, 불러 일으키다 **extremely** 극도의, 매우, 대단히 **path** 진로, 경로 **as a result** 결과적으로, 그 결과 **strongly** 강하게, 대단히 **expect that** ~할 것으로 예상하다 **attendance** 참가, 참가자의 수 **council** 의회 **representative** 대표자, 직원 **correspond with** (서신 등으로) ~와 연락을 주고 받다 **organizer** 주최자, 조직자 **make a decision** 결정을 내리다 **uncovered** 지붕이 없는, 덮여 있지 않은 **opposite** ~반대편에 **too A to do:** ~하기에는 너무 A한 **in the event of** ~의 경우에 **even if** ~한다 하더라도 **than expected** 예상보다 **a large number of** 아주 많은 수의 **holder** 소지자, 보유자 **risk** ~의 위험을 무릅쓰다 **injury** 부상 **Please accept my apologies for** ~에 대한 제 사과를 받아 주시기 바랍니다 **utmost** 최대한도의, 극도의 **last-minute** 마지막 순간의 **cancelation** 취소 **beyond one's control** ~의 통제를 벗어난 **attempt to do** ~하려 시도하다 **suitable** 적합한, 어울리는 **location** 장소, 위치 **in the hopes of** ~에 대한 바람으로 **enough to do** ~하기에 충분히 **accommodate** ~을 수용하다 **attendee** 참석자 **as a token of** (감사, 사과 등) ~의 표시로 **sincere** 진심의, 진정한 **plan to do** ~할 계획이다 **offer A B:** A에게 B를 제공하다 **pre-arranged** 사전에 조정된, 미리 조치된 **fee** 요금, 수수료 **even though** (비록) ~이기는 하지만 **be happy to do** 기꺼이 ~하다 **perform** 공연하다

161 사실 관계 확인 유형

해석 하워드 씨는 누구일 것 같은가?
(A) 행사 기획자
(B) 의회 구성원
(C) 유명 가수
(D) 음향 엔지니어

해설 하워드 씨의 이름은 지문 맨 아래에 표기되어 있으며, 이는 이 이메일의 발신인임을 의미한다. 또한 두 번째 단락에 자신의 신분을 As the council representative와 대명사 I로 지칭하는 것을 통해 의회 구성원임을 알 수 있으므로 (B)가 정답이다.

어휘 planner 기획자
<u>Paraphrase</u>
council representative → council member

162 추론과 암시 유형

해석 공연 무대에 관해 암시된 것은 무엇인가?
(A) 딕슨 빌딩 내부에 위치해 있다.
(B) 지붕이 갖춰져 있다.
(C) 비가 내리는 날씨에 안전하지 않다.

(D) 다른 장소로 옮겨질 수 있다.

해설 공연 무대의 특성이 언급되는 두 번째 단락에, 폭우가 발생될 경우에 너무 위험하다는(~ the performance stage ~ too dangerous to use in the event of heavy rain) 말이 쓰여 있으므로 (C)가 정답이다.

어휘 **be located inside** ~내부에 위치해 있다 **be fitted with** ~가 갖춰져 있다, 장착되어 있다
<u>Paraphrase</u>
too dangerous to use in the event of heavy rain → unsafe in wet weather

163 동의어 찾기 유형

해석 두 번째 단락, 네 번째 줄의 표현 "show up"과 의미가 가장 가까운 것은 무엇인가?
(A) 보여주다
(B) 초과하다
(C) 만족시키다
(D) 도착하다

해설 해당 문장에서 동사 표현 show up의 주어로 '많은 수의 입장권 소지자(a large number of ticket holders)가 쓰여 있는데, 이는 행사 관람객을 의미한다. 따라서 관람객들이 공연장에 나타나는 것을 뜻하기 위해 show up이 쓰인 것으로 판단할 수 있으며, 이는 도착하는 것과 같은 의미를 나타내므로 '도착하다'를 뜻하는 (D) arrive가 정답이다.

164 사실 관계 확인 유형

해석 샤잠 축제 공연자들은 무엇을 받을 것인가?
(A) 별도의 행사 입장권
(B) 부분적인 지급 비용
(C) 업데이트된 콘서트 일정표
(D) 할인 쿠폰

해설 마지막 단락에, 유감의 표시로 사전에 조정된 공연비의 50퍼센트를 제공할 계획이라는(~ we plan to offer each of you 50 percent of your pre-arranged performance fee ~) 말이 쓰여 있는데, 이는 부분적인 금액을 지급하겠다는 뜻이다. 따라서 (B)가 정답이다.

어휘 **receive** ~을 받다 **extra** 별도의, 추가의 **partial** 부분적인 **payment** 지불 (비용) **voucher** 쿠폰, 상품권
<u>Paraphrase</u>
50 percent of your pre-arranged performance fee → partial payment

165-168 다음 편지를 참조하시오.

3월 13일

앨리슨 로트너
포트사이드 로드 567번지,
핼리팩스, 노바 스코샤
B0J 1J0

로트너 양께,

이곳 카밋 피트니스의 모든 직원을 대표에, **165** 장기 회원이 되어 주신 것에 대해 감사드리고자 하며, 또한 이 기회를 빌어 저희 회원 프로그램에 대한 몇몇 변동 사항에 관해 알려 드리고자 합니다. 5월 1일부터 시행되는 것으로, 연간 회비가 (**167(A)** 한 달에 1회 무료 개인 피트니스 시간 포함) **166** 480달러에서 540달러로 60달러 인상될 것이며, 이는 한 달에 45달러로 계산되는 비용입니다. 저희 요금을 인상하게 되어 유감스럽게 생각하지만, 이는 흔히 어떠한 무료 개인 (피트니스) 시간 없이 일반적으로 1년에 600~660달러, 즉 한 달에 50~55달러로서 우리 주에 있는 체육관 대부분의 연간 회비보다 여전히 낮다는 점에 유의하시기 바랍니다. 귀하의 현 회원권이 6월에 만료될 것이라는 점을 알고 있으며, **165** 10년 연속으로 갱신할 계획이시기를 바랍니다.

저는 또한 2층에 있는 **167(B)** 저희의 완전히 새로운 암벽 등반용 벽에 대해 저희 회원들께서는 모든 것을 무료로 이용하실 수 있는 권한이 있다는 점에 주목해 주셨으면 합니다. 이 암벽 등반용 벽은 매일 오전 8시에서 오후 9시까지 개방되며, 사고가 발생되지 않도록 보장하기 위해 항상 최소 2명의 자격 있는 강사들이 자리하고 있을 것입니다. **167(D)** 모든 필요한 로프와 안전 장비가 이 벽 바로 옆에서 제공되기는 하겠지만, 누구든 **168** 특수 장갑을 빌리기를 원하시는 분께서는 아래에 있는 1층의 프런트 데스크 옆에 위치한 행정 관리실을 방문하셔야 할 것입니다.

저희는 귀하께서 계속해서 저희 시설을 즐겁게 이용해 주시기를 바랍니다.

안녕히 계십시오.

샘 스미스
회원 서비스 관리 부장
555-3876

---

on behalf of ~을 대표해, 대신해 would like to do ~하고자 하다, ~하고 싶다 long-time 장기간의 take this opportunity to do 이 기회를 빌어 ~하다 inform A about B: B에 관해 A에게 알리다 modification 변경, 수정 effective + 시점: ~부터 (시행되는) yearly 연간의, 해마다의 including ~을 포함해 free 무료의 session (특정 활동을 위한) 시간 increase 인상되다, 증가되다 by (차이) ~만큼, ~정도 work out 계산되다,

산출되다 regret to do ~해서 유감이다 raise ~을 인상하다, 증가시키다 rate 요금 note that ~라는 점에 유의하다, 주목하다 below ~보다 낮은 annual 연간의, 해마다의 province (행정 구역) 주 typically 일반적으로, 보통 or (동격을 나타내어) 즉 notice that ~임을 알다, 알아차리다 current 현재의 expire 만료되다 plan to do ~할 계획이다 renew 갱신하다 consecutive 연속적인 bring to one's attention that ~라는 점에 …가 주목하게 하다, …가 관심을 기울이게 하다 have full access to ~을 모두 이용할 권한이 있다 brand-new 완전히 새로운 climbing wall 암벽 등반용 벽 a minimum of 최소한의 qualified 자격 있는, 적격의 instructor 강사 present 자리하고 있는, 참석한 ensure that ~임을 보장하다 occur 발생되다 necessary 필요한 harness 장비, 용구 provide ~을 제공하다 right (강조) 바로 next to ~옆에 although (비록) ~이기는 하지만 borrow ~을 빌리다 administration 행정 continue to do 계속해서 ~하다 facility 시설(물)

165 사실 관계 확인 유형

해석 로트너 양에 관해 언급된 것은 무엇인가?
(A) 체육관 회원 자격이 5월에 만료될 것이다.
(B) 자신의 체육관 회원 자격 업그레이드에 관해 문의했다.
(C) 여러 해 동안 체육관 회원이었다.
(D) 최근에 자신의 체육관 회원 자격을 갱신했다.

해설 첫 단락 시작 부분에 언급된 장기 회원이 될 사실(being a long-time member)과 같은 단락 마지막 부분에 쓰여 있는 10년 연속으로 회원 자격을 갱신하는 일(renew for your tenth consecutive year)을 통해 여러 해 동안 회원이었음을 알 수 있다. 따라서 이와 같은 사실을 말한 (C)가 정답이다.

어휘 inquire about ~에 관해 문의하다 several 여럿의, 몇 몇의 recently 최근에

166 사실 관계 확인 유형

해석 카밋 피트니스 회원들은 5월 1일 이후에 연간 회원 자격에 대해 매달 얼마를 지불할 것인가?
(A) 45달러
(B) 50달러
(C) 55달러
(D) 60달러

해설 비용 정보가 제시되는 첫 단락 중반부에, 480달러에서 540달러로 60달러 인상된다는 점과 이것이 한 달에 45달러로 계산되는 비용이라고(~ will increase by $60 from $480 to $540, which works out to $45 per month) 알리고 있으므로 (A)가 정답이다.

167 사실 관계 확인 유형

해석 카밋 피트니스에 관해 언급되지 않은 것은 무엇인가?
(A) 회원들에게 개별 트레이닝을 제공한다.
(B) 최근에 새로운 시설을 추가했다.
(C) 운영 시간을 변경할 것이다.
(D) 회원들에게 안전 장비를 사용할 수 있게 해준다.

해설 첫 단락 초반부의 "one free personal fitness session"이라고 하는 부분에서 개별 트레이닝을 언급하는 (A)를, 두 번째 단락 시작 부분의 our brand-new climbing wall에서 새로운 시설 추가를 말하는 (B)를 확인할 수 있다. 또한 두 번째 단락 후반부의 "All necessary ropes and safety harnesses"라고 하는 부분에서 안전 장비를 사용할 수 있다는 것에 관해 말하는 (D)도 확인 가능하다. 하지만 운영 시간 변경과 관련된 정보로 제공된 것이 없으므로 (C)가 정답이다.

어휘 offer ~을 제공하다 recently 최근에 add ~을 추가하다 facility 시설(물) hours of operation 운영 시간 allow A to do: A에게 ~할 수 있게 해주다 equipment 장비

168 키워드 찾기 유형

해석 스미스 씨에 따르면, 회원들은 행정 관리실에서 무엇을 받을 수 있는가?
(A) 안전 장비
(B) 회원 가입 신청서
(C) 운동용 의류
(D) 암벽 등반용 장갑

해설 행정 관리실이 언급되는 두 번째 단락 마지막 부분에, 특수 장갑을 빌리려는 사람이 행정 관리실을 방문해야 할 것이라고(~ anyone wishing to borrow special gloves will need to visit the administration office ~) 알리고 있다. 이 장갑은 바로 앞서 언급된 암벽 등반용 벽을 이용할 때 필요한 것이므로 (D)가 정답이다.

어휘 according to ~에 따르면 obtain ~을 받다, 얻다 application 신청(서), 지원(서) exercise 운동 clothing 의류

169-171 다음 기사를 참조하시오.

지역 뉴스 보도

덴퍼드(5월 2일) – 베이징에 본사를 둔 챙 주식회사가 최근 폴센 호텔 그룹(PHG)에 대해 성공적인 인수를 완료했습니다. 챙 사의 대변인은 또한 **169** 이 회사가 한때 인기 있었던 그레이포드 호텔을 덴퍼드 지역에 재개장할 것이라고 발표했으며, 이는 그 호텔이 PHG의 재정 문제로 인해 문을 닫은 지 약 2년만입니다.

그레이포드 호텔은 20년이 넘게 성공을 누렸으며, 한때 덴퍼드 지역에서 유일한 5성급 호텔로서 심지어 유명 인사들과 중요한 사업가들을 끌어들이기도 했습니다. 하지만, PHG가 몇 년 전에 있었던 불경기 중에 발버둥치기 시작했을 때, 고객 숫자의 상당한 감소가 호텔의 불운한 폐업으로 이어졌습니다. 챙 사의 대변인 애덤 링 씨는 이 호텔이 완전히 개조되어 내년에 고급 부티크 호텔로 새롭게 선보일 것이라고 어제 밝혔습니다.

"**170** 저희는 올 9월에 저희 공사팀과 인테리어 디자인팀에게 그곳에서 작업을 시작하게 할 계획입니다."라고 링 씨가 말했습니다. "그리고, 저희는 12월까지 호텔 내의 아주 다양한 직책에 있어 직원을 고용하기 시작할 계획이며, 봄에 영업을 위해 문을 열 수 있기를 희망하고 있습니다."

그레이포드 호텔의 객실과 중앙 로비를 개조하는 동안, 이 회사는 또한 **171** 아시아 전역에서 크게 성공을 거둔 챙 사의 카지노를 본뜬 완전히 새로운 게임 공간에 카드 게임 테이블과 슬롯 머신을 추가할 것입니다.

챙 주식회사는 5년 전에 접객업과 게임 업계에서 선두 주자가 되었으며, 최근 *비즈 인사이더* 매거진의 "세계에서 가장 빠르게 성장하고 있는 회사들"이라는 이름의 목록에서 1위에 올랐습니다.

A-based: A에 본사를 둔 recently 최근에 complete ~을 완료하다 successful 성공적인 acquisition (기업의) 인수, 매입, 획득 spokesperson 대변인 announce that ~라고 발표하다, 알리다 once-popular 한때 인기 있었던 approximately 약, 대략 due to ~로 인해 financial 재정적인, 재무의 difficulty 문제, 어려움 more than ~을 넘는 decade 10년 at one point 한때 attract ~을 끌어들이다 celebrity 유명 인사 prominent 중요한, 유명한 struggle 발버둥치다, 크게 어려움을 겪다 recession 불경기, 경기 불황 significant 상당한 decline in ~의 감소 lead to ~로 이어지다 unfortunate 불운한 closing 폐업 fully 완전히, 전적으로 renovate ~을 개조하다, 보수하다 relaunch ~을 새롭게 선보이다 as (자격, 역할 등) ~로서 intend to do ~할 계획이다, 작정이다(= plan to do) have A do: A에게 ~하게 하다 hire 고용하다 a wide variety of 아주 다양한 position 직책, 일자리 hopefully 희망하여, 바라건대 while ~하는 동안 add ~을 추가하다 brand-new 완전히 새로운 modeled on ~을 본뜬 throughout ~전역에서 hospitality 접객(업) industry 업계 top 1위를 하다 titled A: A라는 이름의, 제목의 growing 성장하는

169 주제 찾기 유형

해석 기사의 목적은 무엇인가?
(A) 한 호텔이 왜 이전하는지 설명하는 것
(B) 한 호텔을 새롭게 선보이는 계획을 상세히 말하는 것

(C) 두 회사의 합병을 발표하는 것
(D) 뎃퍼드 지역 내 관광 산업의 성장을 이야기하는 것

해설 첫 단락에 한 업체가 한때 인기 있었던 그레이포드 호텔을 뎃퍼드 지역에 재개장할 것이라고(~ the company will reopen the once-popular Grayford Hotel in Deptford ~) 알리면서 그 계획과 관련된 정보를 제공하고 있으므로 (B)가 정답이다.

어휘 explain ~을 설명하다 relocate 이전하다 detail ~을 상세히 말하다 merging 합병 discuss ~을 이야기하다, 논의하나 growth 싱장 tourism 관광산업

Paraphrase
reopen the once-popular Grayford Hotel
→ relaunch a hotel

170 키워드 찾기 유형

해석 링 씨에 따르면, 9월에 무슨 일이 있을 것인가?
(A) 모집 기간이 시작될 것이다.
(B) 호텔이 영업을 위해 문을 열 것이다.
(C) 긴물이 개조될 것이다.
(D) 공사 현장이 선정될 것이다.

해설 9월이라는 시점이 언급되는 세 번째 단락에, 올 9월에 공사팀과 인테리어 디자인팀에게 그곳에서 작업을 시작하게 할 계획이라는(We intend to have our construction and interior design teams start working there this September ~) 말이 쓰여 있다. 따라서 이와 같은 작업에 해당되는 (C)가 정답이다.

어휘 recruitment 모집, 채용 site 장소, 부지, 위치 choose ~을 선정하다, 선택하다

171 사실 관계 확인 유형

해석 챙 주식회사에 관해 언급된 것은 무엇인가?
(A) 베이징 본사를 닫았다.
(B) 여러 카지노를 운영하고 있다.
(C) 재정적으로 큰 어려움을 겪어 왔다.
(D) 뎃퍼드 지역에 여러 사업 지점이 있다.

해설 챙 주식회사의 이름이 언급된 부분들 중에서, 네 번째 단락의 Chang's highly successful casinos throughout Asia를 통해 여러 곳에서 카지노를 운영하고 있다는 사실을 알 수 있으므로 (B)가 정답이다.

어휘 headquarters 본사 operate ~을 운영하다 several 여럿의, 몇몇의 various 다양한 location 지점, 위치

172-175 다음 기사를 참조하시오.

곧 개장하는 패럴렐 월즈 매장

(블루밍턴, 7월 22일) – 만화책 매장인 패럴렐 월즈가 9월에 인디애나주 블루밍턴에 다섯 번째 지점을 개장할 계획입니다. 이 지점은 마커 애비뉴에 위치한 브로드뱅크 몰 내부에 위치할 것입니다. — [1] —. 최근에 개장한 다른 주목할 만한 지점들은 시카고와 칼라마주에 위치해 있습니다.

"**172** 블루밍턴이 세 곳의 큰 대학교들이 자리잡고 있는 본거지이고, 학생들이 일반적으로 저희의 주요 고객들이기 때문에, 이 도시가 저희의 최신 매장을 개장하기에 완벽한 곳입니나," 라고 패럴렐 월즈의 창업자이자 회장인 브렌트 캡쇼 씨가 말했습니다. "저희는 빨리 매장을 개장해 지역 사회에서 찾아오는 분들을 맞이하고 싶습니다. 저희 매장은 단지 만화책이 판매되는 곳이 아니라, 사람들이 모여 이야기를 나누고 친구를 사귈 수 있는 사교 활동의 중심입니다." — [2] —.

173 인디애나폴리스에 본사를 둔 이 만화책 매장 회사는 또한 **174** 최근 모든 지점에 보드 게임과 다과 메뉴를 추가했습니다. — [3] —. **174** 고객들은 주스나 커피를 즐기는 동안 휴식하면서 만화책을 읽거나 게임을 할 수 있습니다. **175** 이 회사는 또한 내년 연말이 되기 전에 캐나다에 처음으로 두 곳의 매장을 개장하기를 바라고 있습니다. — [4] —.

plan to do ~할 계획이다 location 지점, 위치 be situated inside ~내부에 위치하다, 자리잡다 notable 주목할 만한, 두드러진 branch 지점, 지사 recently 최근에 be located in ~에 위치해 있다 home to ~의 본거지 typically 일반적으로, 보통 founder 창립자, 설립자 president 회장, 사장 cannot wait to do 빨리 ~하고 싶다 local 지역의, 현지의 community 지역 사회 simply 단지, 그저 social 사교적인 hub 중심(지) gather 모이다 A-based: A에 본사를 둔, A에 기반을 둔 add ~을 추가하다 refreshment 다과, 간식 relax 휴식하다, 쉬다 either A or B: A 또는 B 둘 중의 하나 while ~하는 동안 hope to do ~하기를 바라다

172 사실 관계 확인 유형

해석 캡쇼 씨는 신규 지점의 무슨 장점을 언급하는가?
(A) 대중 교통에 대한 편리한 접근성
(B) 상업용 부동산의 저렴한 가격
(C) 많은 잠재 고객들의 수
(D) 숙련된 대학 졸업생들을 고용할 수 있는 기회

해설 두 번째 단락 시작 부분에 블루밍턴에 세 곳의 큰 대학교들이 있고 학생들이 주요 고객들이라는(Because Bloomington is home to three large colleges, and students are typically our main customers ~) 말이 있는데, 이는 잠재 고객들이 많다는 뜻이므로 (C)가 정답이다.

어휘 **advantage** 장점, 이점 **access to** ~에 대한 접근, 이용 **public transportation** 대중교통 **commercial** 상업의 **property** 부동산, 건물 **the large number of** 아주 많은 (수의) **potential** 잠재적인 **chance to do** ~할 수 있는 기회 **hire** ~을 고용하다 **skilled** 숙련된 **graduate** 졸업생

173 사실 관계 확인 유형

해석 패럴렐 월즈의 본사는 어디에 있을 것 같은가?
(A) 칼라마주에
(B) 블루밍턴에
(C) 시카고에
(D) 인디애나폴리스에

해설 마지막 단락 시작 부분에 패럴렐 월즈를 인디애나폴리스에 본사를 둔 회사라고(The Indianapolis-based comic store company ~) 언급되어 있으므로 (D)가 정답이다.

어휘 **headquarters** 본사

174 키워드 찾기 유형, 사실 관계 확인 유형

해석 기사에 따르면, 회사가 최근에 무엇을 했는가?
(A) 매장 내에서 음료를 판매하기 시작했다.
(B) 고객들을 위해 특별 행사를 개최했다.
(C) 미국 외의 지역으로 사업을 확장했다.
(D) 새로운 만화책 시리즈를 출간했다.

해설 최근의 일이 언급되는 마지막 단락에, 보드 게임과 다과 메뉴를 추가했다는 말과 함께 주스나 커피를 즐길 수 있다고(~ recently added board games and refreshments ~. ~ while enjoying juice or coffee) 알리고 있다. 이는 음료 판매를 시작했다는 말과 같으므로 (A)가 정답이다.

어휘 **according to** ~에 따르면 **beverage** 음료 **in-store** 매장 내에서 **hold** ~을 개최하다 **expand** (사업 등을) 확장하다, 확대하다 **launch** ~을 출시하다, 공개하다

Paraphrase
refreshments / juice or coffee ➝ beverages

175 문장 삽입 유형

해석 [1]~[4]로 표시된 곳 중에서 다음 문장이 들어가기에 가장 적합한 곳은?
"현재 고려되고 있는 도시에는 토론토와 밴쿠버가 포함되어 있습니다."
(A) [1]
(B) [2]
(C) [3]
(D) [4]

해설 제시된 문장은 현재 고려 중인 도시 두 곳을 언급하는 내용을 담고 있다. 따라서 두 곳의 특정 장소와 관련된 문장 앞뒤에 위치해야 하므로 캐나다에 처음 개장할 예정인 두 곳의 매장을 언급한 문장 뒤에 위치한 [4]에 들어가 두 매장의 개장 위치를 말하는 흐름이 되어야 자연스럽다. 따라서 (D)가 정답이다.

어휘 **currently** 현재 **under consideration** 고려되고 있는 **include** ~을 포함하다

176-180 다음 이메일과 표를 참조하시오.

발신: 마리아 워커, 지점장 (록필드)
수신: 그레고리 루이스
회신: 마케팅 계획
첨부: 마케팅 예산

루이스 씨께,

경영진 회의에서, **176** 귀하께서는 록필드 지사의 올해 마케팅 비용에 대한 제 예상액을 보시고 싶다고 언급해 주셨습니다. 그에 따라, 저는 귀하께서 참조하실 수 있도록 이 이메일에 표를 첨부해 드렸습니다. 작년과 비교해 광고 지출 비용을 줄일 수 있도록 최선을 다해 보았습니다. 하지만, 대표이사님께서 요청하신 바와 같이, **178** 우리가 추가 온라인 광고를 개발하고 운영하는 연말 무렵에 더 많은 비용을 소비하게 될 것입니다. 보시게 될 또 다른 변동 사항은 시장 조사가 작년처럼 네 번이 아닌 이번 해에는 오직 두 번만 실시된다는 점이지만, 각 조사 활동에 대한 비용은 두 배가 될 것입니다. 따라서, 전반적으로, **177** 작년과 비교해서 조사 비용 지출에 있어 변화는 없을 것입니다.

어떠한 추가 정보든지 필요하시거나 제 예상액과 관련해 우려 사항이 있으시면 주저하지 마시고 저에게 알려 주시기 바랍니다.

안녕히 계십시오.

마리아 워커
지점장, 록필드 지점
그란데 타코

branch 지점, 지사 **budget** 예산 **management** 경영(진) **mention that** ~라고 언급하다, 말하다 **would like to do** ~하고 싶다, ~하고자 하다 **projection** 예상(치), 추정(치) **accordingly** 그에 따라서 **attach A to B**: A를 B에 첨부하다 **table** 표 **reference** 참조, 참고 **try one's best to do** ~하기 위해 최선을 다하다 **reduce** ~을 줄이다, 감소시키다 **advertising** 광고 (활동) **expense** 지출 (비용), 경비 **compared with** ~와 비교해 **toward** (시점 명사와 함께) ~무렵, ~쯤 **develop** ~을 개발하다, 발전시키다 **run** ~을 운영하다 **additional** 추가적인 **advertisement** 광고 **as** ~하는 바

와 같이, ~하는 것처럼 request 요청하다 research 조사, 연구 perform ~을 실시하다, 수행하다 rather than ~가 아니라, ~대신 per ~당, ~마다 double ~을 두 배로 하다 therefore 따라서, 그러므로 overall 전반적으로, 전체적으로 spending 지출, 소비 hesitate to do ~하기를 주저하다 let A know if: A에게 ~인지 알리다 require ~을 필요로 하다 further 추가적인, 한층 더 한 concern 우려, 걱정

록필드 지점 179 마케팅 비용 예상액
마리아 워커

	180 1월 – 3월	4월 – 6월	7월 – 9월	10월 – 12월	총액
177 179 시장 조사	$0	$3,000	$0	$3,000	177 $6,000
온라인 광고	$3,000	$4,000	$5,000	$7,000	$19,000
인쇄물 광고	$5,000	$5,000	$3,000	$1,000	$14,000
180 특별 행사	180 $10,000	$0	$0	$0	$10,000
총액	$18,000	$12,000	$8,000	$11,000	$49,000

print 인쇄(물)

176 주제 찾기 유형

해석   워커 양은 왜 이메일을 보냈는가?
(A) 일부 재무 데이터를 요청하기 위해
(B) 과다 지출에 대해 사과하기 위해
(C) 예산 변경에 대해 불만을 제기하기 위해
(D) 요청 사항에 대해 답변하기 위해

해설   첫 지문 시작 부분에 상대방이 특정 자료를 보고 싶다고 말한 것에 따라 그 표를 첨부했다고(~ you mentioned that you would like to see my projections ~. Accordingly, I have attached a table ~) 말한 부분이 이메일을 보낸 이유에 해당된다. 이는 상대방의 요청에 응답하는 것이므로 (D)가 정답이다.

어휘   ask for ~을 요청하다 financial 재무의, 재정의 apologize for ~에 대해 사과하다 overspending 과다 지출, 과소비 complain about ~에 대해 불만을 제기하다 respond to ~에 답변하다, 대응하다 request 요청

177 사실 관계 확인 유형, 이중지문 대조 유형

해석   워커 양에 따르면, 소속 지점이 작년에 조사 활동에 총 얼마를 소비했는가?
(A) 1,500달러
(B) 3,000달러
(C) 6,000달러

(D) 12,000달러

해설   시장 조사 비용과 관련된 정보가 제시된 첫 지문 첫 단락의 마지막 문장에 조사 비용 지출에 있어 작년과 비교해서 변화가 없을 것이라고(~ there will be no change in the research spending from last year) 알리고 있다. 그리고 예상 비용이 제시된 두 번째 지문인 표를 보면 시장 조사에 대한 1년 비용 총액이 6,000달러로(Market Research / $6,000) 쓰여 있으므로 (C)가 정답이다.

어휘   in total 총, 모두 합쳐

178 키워드 찾기 유형

해석   워커 양은 올해 후반에 무엇을 할 계획인가?
(A) 모든 신문 광고를 중단하는 일
(B) 록필드 지점에 직원을 모집하는 일
(C) 새로운 인터넷 광고를 개발하는 일
(D) 경영진에 재무 데이터를 제공하는 일

해설   올 해 후반과 관련된 시점은 첫 지문 첫 단락에서 찾아볼 수 있다. 이 단락 중반부에 연말 무렵에 추가 온라인 광고를 개발하고 운영한다는(~ the end of the year when we develop and run additional online advertisements ~) 말이 있으므로 이와 같은 광고 개발 작업을 언급한 (C)가 정답이다.

어휘   recruit ~을 모집하다 ad 광고 present ~을 제공하다, 제시하다

Paraphrase
online advertisements → Internet ads

179 추론과 암시 유형

해석   표에 포함되어 있을 가능성이 있는 한 가지 비용 지출의 종류는 무엇인가?
(A) 장비 수리
(B) 배송 요금
(C) 직원 연봉
(D) 설문 조사 비용

해설   표인 두 번째 지문의 제목이 마케팅 비용(Marketing Cost) 예상액이며, 그 하위 항목으로 제시된 것 중에 시장 조사(Market Research)가 쓰여 있으므로 시장 조사의 하나에 해당되는 설문 조사를 언급한 (D)가 정답이다. 나머지 선택지들은 모두 표에 있는 마케팅 비용의 하위 항목과 관련 없는 것들이므로 오답이다.

어휘   include ~을 포함하다 equipment 장비 repair 수리 shipping 배송, 선적 fee 요금, 수수료 survey 설문 조사

해석 표가 워커 양의 지점에 관해 암시하는 것은 무엇인가?
(A) 인쇄물 광고에 대한 집중도를 높일 계획이다.
(B) 연초에 특별 행사를 개최한다.
(C) 매 분기에 시장 조사를 실시할 것이다.
(D) 과거 어느 때보다 올해 마케팅에 더 많은 돈을 소비할 것이다.

해설 두 번째 지문인 표를 보면, 1월에서 3월 기간에 해당되는 항목들 중에서, 특별 행사(Special Events) 비용으로 1만달러($10,000)가 표기되어 있는 것을 볼 수 있다. 따라서 연초에 특별 행사를 개최한다는 사실을 알 수 있으므로 이를 말한 (B)가 정답이다. 보기 (D)의 경우, 우선 두 번째 지문인 표에 마케팅 비용 예상액만 나타나 있으므로 과거의 정보와 비교하는 것이 불가능하다. 또한, 첫 번째 지문 첫 단락 중반부에 표의 항목 중 하나인 온라인 광고 비용이 더 소비될 것이라는 말은 있지만 (we will be spending more toward the end of the year when we develop and run additional online advertisements~) 이것이 (D)에서 말하는 마케팅 비용 전체에 해당되는 것이 아니므로 지문에서 근거를 찾을 수 없어 오답이다.

어휘 plan to do ~할 계획이다 increase ~을 높이다, 증가시키다 focus on ~에 대한 집중(도) hold ~을 개최하다 conduct ~을 실시하다, 수행하다 quarter 분기 spend A on B: (돈, 시간 등) A를 B에 소비하다, 들이다 than ever before 과거 어느때 보다

Paraphrase
Jan – Mar ➡ at the beginning of the year

181-185 다음 이메일들을 참조하시오.

수신: employees@lethocorp.com
발신: pturturro@lethocorp.com
제목: 엘리베이터 (중앙 로비)
날짜: 4월 2일

레소 주식회사 직원 여러분,

181 4월 5일 금요일, 오후 12시부터 긴급 엘리베이터 수리 및 부품 교체 작업이 진행될 것입니다. 이 시간에 중앙 로비에 있는 모든 엘리베이터에 전원이 차단될 것이며, 3~4시간은 지나야 다시 전원이 들어올 것입니다. 2층에서 5층에 걸쳐 근무하는 직원들께 점심 식사를 마치고 돌아오는 대로 계단을 이용하시도록 요청 드리며, 6층에서 10층에 걸쳐 근무하는 분들께서는 뒤쪽 출입구 근처에 있는 서비스 엘리베이터를 이용하시도록 허용됩니다.

추가로, 몇몇 부서들은 오후 시간 중의 몇몇 특정 시점에 전력이 끊길 수 있는데, 작업이 진행되는 동안 **182** **184** 저희 팀이 몇 차

례 잠시 동안 6층에서 전기를 꺼야 하기 때문입니다.

여러분의 협조 및 이해에 감사드립니다.

182 폴 터투로

urgent 긴급한 repair 수리 part 부품 replacement 교체, 대체 take place (일, 행사 등이) 일어나다, 개최되다 power down ~의 전원을 차단하다 turn A back on: A를 다시 켜다, 틀다 not A for B: B는 지나야 A하다 A through B: A에서 B에 걸쳐 be asked to do ~하도록 요청 받다 upon -ing ~하자마자 while ~인 반면, ~하는 동안 those (수식어구와 함께) ~하는 사람들 have permission to do ~하도록 허용되다 near ~근처에 rear 뒤쪽의 additionally 추가적으로, 게다가 department 부서 at a certain point 특정 시점에 as ~하기 때문에, ~이므로 turn off ~을 끄다, 잠그다 ongoing 진행되는 appreciate ~에 대해 감사하다 cooperation 협조

수신: hbulmer@lethocorp.com
발신: fsanchez@lethocorp.com
제목: 직원 오리엔테이션
날짜: 4월 3일

벌머 씨께,

우리의 신입 고객 서비스 담당 직원들을 위한 이번 달 오리엔테이션에 영향을 미칠 가능성이 있는 사안에 관해 알려 드리기 위해 이메일을 씁니다. 이 오리엔테이션이 이번 주 금요일에 진행될 예정이었지만, 어제 터투로 씨께서 보내신 이메일을 읽어 본 결과, **183** **184** 전원 차단으로 인해 초래되는 어떠한 불편함이든 피할 수 있도록 해당 오리엔테이션의 일정을 재조정하고자 합니다. **185** 제가 컨퍼런스 때문에 다음 주 월요일과 화요일에 사무실에 없을 것입니다. 제가 내일 아침에 이 오리엔테이션을 개최할 수는 있지만, 참가자들에게 겨우 하루 미리 일정 변경을 알리는 것이 매우 갑작스러운 통보일 수 있습니다. 저에게 **185** 4월 10일 수요일에도 이 시간을 개최할 시간이 있습니다. 하지만, 대부분의 참석자들이 4월 8일 월요일에 근무를 시작하기로 되어 있으므로, 그분들의 근무 첫째 날을 넘겨 오리엔테이션을 개최하는 것은 이상적이지 않을 것입니다. 이 문제에 관해 저에게 의견을 알려 주시면 감사할 것이며, 답변 기다리고 있겠습니다.

183 **184** **185** 플로라 산체스

inform A about B: A에게 B에 관해 알리다 possible 가능한 issue 문제, 사안(= matter) affect ~에 영향을 미치다 be scheduled to do ~할 예정이다 would prefer to do ~하고 싶다, ~하고자 하다 avoid ~을 피하다 inconvenience 불편함 cause ~을 초래하다, 야기하다 power outage 전원 차단 hold ~을 개최하다 short notice 갑작스러운 통보

participant 참가자 in advance 미리, 앞서 session (특정 활동을 위한) 시간 attendee 참석자 be supposed to do ~하기로 되어 있다, ~할 예정이다 ideal 이상적인 employment 근무, 고용 I'd appreciate it if ~한다면 감사하겠습니다 let A know B: A에게 B를 알리다 opinion 의견 look forward to ~을 고대하다 reply 답변, 응답

181 주제 찾기 유형

해석 첫 번째 이메일의 목적은 무엇인가?
(A) 한 부서가 접근 불가능할 것임을 설명하는 것
(B) 엘리베이터 시스템의 새로운 기능을 설명하는 것
(C) 곧 있을 수리 작업을 알리는 것
(D) 최근의 인터넷 연결 끊김 문제에 대해 사과하는 것

해설 첫 지문 첫 단락에 엘리베이터 수리 작업 일정과 전원 차단 문제를 언급하면서(Urgent elevator repairs and parts replacement will take place on Friday, April 5, starting at 12:00 P.M. All elevators in the main lobby will be powered down ~) 직원들이 해야 하는 일을 알리고 있다. 이는 곧 있을 수리 작업을 알리는 것이므로 (C)가 정답이다.

어휘 explain ~을 설명하다 department 부서 inaccessible 접근 불가능한, 이용 불가능한 describe ~을 설명하다, 묘사하다 feature 기능, 특징 announce ~을 알리다 upcoming 곧 있을, 다가오는 apologize for ~에 대해 사과하다 recent 최근의 loss 손실, 분실

182 추론과 암시 유형

해석 터투로 씨는 어떤 부서에서 근무하고 있을 것 같은가?
(A) 영업
(B) 고객 서비스
(C) 채용
(D) 시설 관리

해설 터투로 씨가 쓴 이메일인 첫 지문 첫 단락을 보면, 엘리베이터 수리 작업과 관련된 정보를 제공하면서 소속 팀을 our team으로 지칭해 전기를 차단하는 일을(~ our team will need to turn off electricity ~) 언급하고 있다. 이는 시설 관리를 담당하는 팀이 할 수 있는 일에 해당되므로 (D)가 정답이다.

183 사실 관계 확인 유형

해석 산체스 양은 왜 한 가지 일의 일정을 재조정하고 싶어 하는가?
(A) 지장을 받고 싶어 하지 않는다.
(B) 특정한 방을 이용하고 싶어 한다.
(C) 동시에 두 가지 일들이 예정되어 있다.
(D) 오리엔테이션 참가자들에게 엉뚱한 정보를 보냈다.

해설 산체스 씨가 쓴 이메일인 두 번째 지문 중반부에, 일정 재조정을 언급하면서 어떠한 불편함이 든 피할 수 있도록 오리엔테이션의 일정을 재조정하고 싶다고(~ I'd prefer to reschedule the orientation to avoid any inconveniences ~) 알리고 있다. 이는 오리엔테이션 진행에 지장을 받고 싶지 않다는 뜻이므로 (A)가 정답이다.

어휘 task 일, 업무 specific 특정한, 구체적인 have A p.p.: ~된 A가 있다, A가 ~되게 하다 at the same time 동시에

Paraphrase

avoid any inconveniences ➔ not want to be interrupted

184 사실 관계 확인 유형, 이중지문 대조 유형

해석 산체스 양은 몇 층에서 오리엔테이션을 개최할 계획인가?
(A) 2층
(B) 5층
(C) 6층
(D) 10층

해설 산체스 양이 쓴 이메일인 두 번째 지문 중반부에, 전원 차단으로 인해 초래되는 불편함을 피하기 위해 오리엔테이션의 일정을 재조정하고 싶다고(~ reschedule the orientation to avoid any inconveniences caused by power outages) 알리고 있다. 그리고 첫 지문 두 번째 단락에 전원이 차단되는 층으로 6층이(our team will need to turn off electricity on the sixth floor ~) 언급되어 있으므로 (C)가 정답임을 알 수 있다.

어휘 plan to do ~할 계획이다

185 키워드 찾기 유형, 추론과 암시 유형

해석 산체스 양은 4월 9일에 무엇을 할 것인가?
(A) 신입 사원들을 교육하는 일
(B) 컨퍼런스에 참석하는 일
(C) 새로운 직책을 시작하는 일
(D) 벌머 씨와 만나는 일

해설 지문에 4월 9일이라는 날짜가 직접적으로 언급되지는 않지만, 두 번째 지문 중반부의 'Wednesday, April 10'를 통해 4월 9일이 화요일임을 알 수 있다. 또한 이 날짜 표기에 앞서 다음 주 월요일과 화요일에 컨퍼런스 때문에 사무실에 없을 것이라고(I'll be out of the office on Monday and Tuesday next week for a conference) 말하고 있으므로 4월 9일 화요일에 컨퍼런스에 참석한다는 것을 알 수 있다. 따라서 이를 언급한 (B)가 정답이다.

어휘 train ~을 교육하다 attend ~에 참석하다 position 직책, 일자리 meet with (약속하여) ~와 만나다

186-190 다음 기사와 제품 라벨, 그리고 후기를 참조하시오.

세계로 뻗어 나가는 유니버설 사운드

노르위치(8월 27일) – 유니버설 사운드가 일부 중대한 변화를 거치게 될 예정일지도 모릅니다. 5백만 달러의 가치가 있는 것으로 여겨지는 거래 계약을 통해, **186** 로스앤젤레스에 본사를 둔 뉴 에이지 미디어가 공식적으로 이 영국 음악 제작사를 인수했으며, 미국 내에서 자사의 인기 있는 CD를 유통시킬 계획을 발표했습니다. 이 CD들은 쉽게 알아볼 수 있는 유니버설 사운드 스티커를 붙인 채로 여전히 판매될 것이지만, 뉴 에이지 미디어는 미국 소비자들을 대상으로 더욱 효과적으로 제품을 마케팅하기 위해 일부 수정을 가할 수도 있습니다.

미소 짓는 지구 행성과 **187** "가장 평온한 명상 사운드"라고 쓰여 있는 표제를 특징으로 하는 로고가 있는, 20트랙짜리 긴 유니버설 사운드 CD들은 영국 내에서 평온함과 휴식을 찾는 수천 명의 음악 감상자들에게 인기를 얻어 왔습니다. 하지만, 뉴 에이지 미디어는 몇 가지 마케팅상의 조정이 불가피하다는 뜻을 나타냈습니다.

"저희는 유니버설 사운드의 성공적인 방식을 바꾸기 위해 너무 많은 것을 하고 싶지는 않습니다,"라고 뉴 에이지 미디어의 마케팅 부장 리지 코왈스키 씨가 말했습니다. "하지만, 그 CD들이 뉴 에이지 미디어의 제품이라는 점을 소비자들에게 분명히 해 둘 필요가 있습니다. 따라서, 저희는 명칭, 표제, 또는 심지어 트랙 개수까지 변경하기로 결정할 수도 있습니다."

일부 유니버설 사운드 팬들은 뉴 에이지 미디어가 사람들의 사랑을 받고 있는 그 CD 시리즈의 일부 매력을 빼앗아 갈 것을 두려워하면서 온라인상에서 우려의 목소리를 내었습니다. 일부 팬들은 심지어 작곡가들이 미국에 본사를 둔 이 대기업을 위해 새로운 음악을 덜 작곡하는 경향이 있을 수도 있다고 걱정하고 있습니다. 코왈스키 양은 동일한 높은 품질의 음반이 예상되며, 오직 포장과 마케팅에 대한 최소한의 표면적인 변화만 있을 것이라고 팬들에게 장담했습니다.

be set to do ~할 예정이다 undergo ~을 거치다, 겪다 significant 중요한, 상당한 deal 거래 (계약) thought to be A: A로 여겨지는 worth + 비용: ~의 가치가 있는 A-based: A에 본사를 둔 officially 공식적으로, 정식으로 acquire ~을 인수하다, 매입하다 distribute ~을 유통시키다 bear ~을 지니다, 갖다 recognizable 쉽게 알아볼 수 있는 make a modification 수정하다, 변경하다 market ~을 마케팅하다 effectively 효과적으로 consumer 소비자 feature ~을 특징으로 하다 tagline 표제 state ~라고 쓰여 있다, ~을 언급하다 tranquil 평온한, 고요한 meditation 명상

lengthy 긴 popular with ~에게 인기 있는 seek ~을 찾다, 구하다 relaxation 휴식 indicate that ~임을 나타내다, 가리키다 adjustment 조정, 수정 inevitable 불가피한 winning 성공적인, 승리하는 formula 방식, 공식 make A clear: A를 명확하게 하다 as such 그러한 이유로, 그래서 choose to do ~하기로 결정하다 track (음반의) 트랙, 한 곡 voice one's concerns 우려의 목소리를 내다 fear that ~임을 두려워하다, 우려하다 take away ~을 빼앗다 charm 매력 beloved 사람들의 사랑을 받는 be worried that ~할까 걱정하다 composer 작곡가 be less inclined to do 덜 ~하는 경향이 있다 assure A that: A에게 ~라고 장담하다, 확언하다 quality 질, 품질 expect ~을 예상하다, 기대하다 minimal 최소한의 cosmetic 표면상의, 겉치레의 packaging 포장(지)

유니버설 사운드 편안하게 해 주는 음악 **187** "우주의 평화로운 소리"	저희의 다른 최신 CD들도 한 번 즐겨 보세요: 수면의 소리 자연의 포옹 그리고 곧 발매되는 작품도 눈여겨 보세요: **190** 별의 자장가 리차드 오툴의 신곡 20곡
새벽의 하모니 유안 스미스 작곡 20곡 플루트와 피아노, 팬파이프, 그리고 퍼커션을 포함한 다양한 악기를 특징으로 함	유니버설 사운드 제작 노르위치, 영국 뉴 에이지 미디어 회사의 자회사 로스앤젤레스, 미국

relaxing 편안하게 해 주는 universe 우주 instrument 악기 including ~을 포함해 try ~을 한 번 시도해 보다 keep an eye out for ~을 눈여겨 보다, 지켜 보다 upcoming 곧 있을, 다가오는 release 발매(작), 출시(되는 것) composition 작곡(된 작품) subsidiary 자회사

http://www.newagemedia.com/universalsound/reviews

188 몇 달 전에, 저는 미국에 있는 한 회사의 직책을 맡았는데, 이로 인해 저는 영국에서 건너와야 했으며, 제가 있는 지역의 음반 매장에서 제가 가장 좋아하는 유니버설 사운드 CD 시리즈가 구매 가능하다는 사실을 알고 기뻤습니다! 저는 모든 최신 발매 작품들을 구입해 전부 꼼꼼하게 감상했는데, 특히 유안 스미스의 '새벽의 하모니'가 마음에 들었습니다. **190** 그리고 지금은 리차드 오툴의 신곡들을 크게 기대하고 있습니다.

189 제가 겪고 있는 유일한 문제는 조엘 하워스가 작곡한 곡들이 담긴 CD를 하나도 찾을 수 없다는 점이며, 그의 곡들은 제가 가장 좋아하는 것들입니다. 이곳 미국에서는 제가 오직 제한된 종류의 유니버설 사운드 CD들만 구입할 수 있는 건가요? 제인 밀튼이 작곡한 플루트를 기반으로 하는 '황혼의 멜로디'와 같이 인기 있는 CD들은 봤지만, 하워스의 작품은 한 번도 본 적이 없습니다. 저는 그의 데뷔 CD인 '지구의 분위기'를 정말 좋아했습니다. 제가 수입품 수수료를 지불해야 한다 하더라도, 음반 매장을 통해 앞으로 나올 그의 CD들을 주문할 수 있기를 바랍니다!

188 **189** **190** 제럴딘 미첼
8월 21일

position 직책, 일자리 A require B to do: A로 인해 B가 ~해야 하다, A가 B에게 ~하도록 요구하다 be delighted to do ~해서 기쁘다 find that ~임을 알게 되다 favorite 가장 좋아하는 available 구매 가능한, 이용 가능한 local 지역의, 현지의 pick up ~을 구입하다 latest 최신의, 최근의 thoroughly 꼼꼼히, 철저히 particularly 특히 highly 크게, 대단히, 매우 anticipate ~을 기대하다 issue 문제, 사안 the most 가장 be able to do ~할 수 있다 purchase ~을 구입하다 a limited selection of 제한된 종류의 A-based: A를 기반으로 하는, 바탕으로 하는 hopefully 희망하여, 바라건대 even if ~한다 하더라도 import 수입(품) fee 요금, 수수료

186 주제 찾기 유형

해석 기사의 목적은 무엇인가?
(A) 새로운 음악 CD 시리즈를 홍보하는 것
(B) 두 가지 성공적인 마케팅 접근 방식을 비교하는 것
(C) 최근의 사업체 인수에 관해 보도하는 것
(D) 인기 있는 음반 제작 회사의 폐업을 알리는 것

해설 기사 지문인 첫 지문 첫 단락을 보면, 로스앤젤레스에 본사를 둔 뉴 에이지 미디어가 공식적으로 영국 음악 제작회사인 유니버설 사운드를 인수한 사실을(~ Los Angeles-based New Age Media officially acquired the British music production company ~) 언급하면서 그에 따른 변화에 관해 알리는 것으로 지문이 구성되어 있다. 따라서 사업체 인수에 관해 보도하는 기사인 것으로 판단할 수 있으므로 (C)가 정답이다.

어휘 promote ~을 홍보하다 compare ~을 비교하다 successful 성공적인 approach 접근 방식 recent 최근의 acquisition 인수, 매입, 획득 closing 폐업, 폐쇄 firm 회사

187 사실 관계 확인 유형, 대조 유형

해석 제품 라벨에 유니버설 사운드에 대한 어떤 변화가 반영

되어 있는가?
(A) 로고
(B) CD의 곡 숫자
(C) 업체 위치
(D) 표제

해설 첫 지문 두 번째 단락에는 표제가 "The Most Tranquil Sounds of Meditation"이라고 언급되어 있는데, 제품 라벨인 두 번째 지문 왼편을 보면 표제가 "Peaceful Sounds of the Universe"라고 표기되어 있다. 따라서 표제가 변경되었음을 알 수 있으므로 (D)가 정답이다.

어휘 reflect ~을 반영하다

188 추론과 암시 유형

해석 미첼 양에 관해 언급된 것은 무엇인가?
(A) 최근에 새로운 일을 시작했다.
(B) 음반 매장에서 근무한다.
(C) 다른 모든 종류의 음악보다 플루트 음악을 선호한다.
(D) 유니버설 사운드 녹음 스튜디오를 방문한 적이 있다.

해설 미첼 씨의 이름은 세 번째 지문 맨 마지막에 후기 작성자 이름으로 언급되어 있다. 이 지문 시작 부분에 미첼 씨는 자신이 몇 달 전에 미국에 있는 한 회사의 직책을 맡을 사실을(A few months ago, I took a position with a company in the United States, ~) 말하고 있는데, 이는 최근에 새로운 일을 시작했다는 뜻이므로 (A)가 정답이다.

어휘 recently 최근에 prefer ~을 선호하다, 더 좋아하나 over (비교) ~보다

Paraphrase
A few months ago, I took a position
→ recently started a new job

189 사실 관계 확인 유형

해석 후기에 따르면, 미첼 양은 왜 만족하지 못하는가?
(A) 유니버설 사운드의 음질이 하락했다.
(B) 자신이 좋아하는 아티스트의 CD를 찾을 수 없다.
(C) 영국보다 미국에서 음악 CD 가격이 더 높게 책정되어 있다.
(D) 오직 수입된 유니버설 사운드 CD만 구입할 수 있다.

해설 세 번째 지문 두 번째 단락에, 조엘 하워스의 CD를 찾을 수 없다는 문제점을 말하면서 그 사람의 곡들을 가장 좋아한다고(The only issue I have is that I can't find any of the CDs with tracks written by Joel Howarth, and his songs are the ones I like the most) 알리고 있다. 따라서 이와 같은 문제점을 언급한 (B)가 정답이다.

어휘 dissatisfied 만족하지 못하는 decline (품질, 가치 등이) 하락하다, 감소하다 be unable to do ~할 수 없다

price ~의 가격을 책정하다 imported 수입된 copy 1장, 1부, 1권

190 사실 관계 확인 유형, 이중지문 대조 유형

해석 미첼 양은 무슨 CD를 듣는 것에 들떠 있는가?
(A) 황혼의 멜로디
(B) 새벽의 하모니
(C) 별의 자장가
(D) 지구의 분위기

해설 미첼 씨가 쓴 후기인 세 번째 지문에서, 질문의 excited 와 유사한 의미를 나타내는 표현이 첫 단락 마지막 문 장의 I'm highly anticipating이다. 이 문장에서 리차 드 오툴의 신곡들을 크게 기대하고 있다고(I'm highly anticipating the new compositions by Richard O'Toole!) 알리고 있는데, 두 번째 지문에 리차드 오툴의 작품명이 Astral Lullabies로 표기되어(Astral Lullabies, 20 new compositions by Richard O'Toole) 있으므로 (C)가 정답이다.

어휘 be excited to do ~하는 것에 들뜨다, 흥분하다

191-195 다음 기사 발췌문과 양식, 그리고 이메일을 참조하시오.

헤드 스페이스: 올해 가장 혁신적인 비즈니스 소프트웨어?

이달 초에 출시된, 헤드 스페이스는 비즈니스 세계에서 이미 파 장을 일으키고 있습니다. **191** 헤드 스페이스는 최첨단 가상 현 실 기술을 활용해 사업 동료들과 협업하고 의사 소통하는 신 선하고 새로운 방법입니다. 이는 전 세계 곳곳에 기반을 둔 사람 들과 자주 만남을 가져야 하는 개인 또는 회사에 있어 완벽합니 다.

헤드 스페이스 소프트웨어는 국제적인 업체들을 위해 특별히 고 안되어 있으며, 그로 인해, 여러 가지 흔히 사용되는 언어에 대한 동시 통역 툴이 포함되어 있습니다. **192** 헤드 스페이스 소프트 웨어 패키지를 구입하시면, 온라인 프로필을 설정하는 과정 을 안내해 드리며, 저희 기술자들 중의 한 명이 여러분의 업체 를 방문해 장비를 설치하고 적절하게 사용하는 방법을 알려 드릴 것입니다. **195** 일반 브론즈 패키지는 한 달에 150달러 의 비용이 들지만, 오직 네 명의 인원만 각 회의 시간에 참가 힐 수 있게 해 줍니다. 최대 참가자 수가 더 많은 다른 패키지들 은 추가 기능 및 더 큰 규모의 그룹을 원하는 분들을 대상으로 이 용 가능합니다.

innovative 혁신적인 launch ~을 출시하다, 공개하다 make waves 파장을 일으키다 refreshing 신선한 way to do ~하는 방법 collaborate 협업하다 communicate 의사 소 통하다 business associate 사업 동료, 동업자 cutting-edge 최첨단의 virtual reality 가상 현실 individual 사람, 개인 frequently 자주, 흔히 meet with (약속하여) 만나다

based ~에 기반을 둔, 바탕을 둔 specifically 특히 be designed for ~을 위해 고안되어 있다 as such 그러한 이유로, 그래서 include ~을 포함하다 instantaneous translation 동시 통역 tool (컴퓨터의) 툴, 프로그램 several 여럿의, 몇몇의 commonly 흔히 guide A through B: A에 게 B를 안내하다 set up ~을 설정하다, 설치 하다, 준비하다 premises (건물 등의) 부지, 구내 install ~을 설치하다 equipment 장비 how to do ~하는 법 properly 적절히, 제대로 take part in ~에 참가하다 maximum 최대의 participant 참가자 available 이용 가능한 those who ~하는 사람들 desire ~을 원하다, 바라다 additional 추가의 feature 특징, 기능

헤드 스페이스 소프트웨어를 구매해 주셔서 감사드립니다! 개 인 상세 정보를 작성하시는 대로, 귀하의 개인 프로필이 설정될 것이며, 가상의 공공 회의실 및 개별 회의실을 만드실 수 있습니 다. 3D 가상 물체들이 각 방 내부에 배치될 수 있습니다. 헤드 스 페이스에 대한 의견을 온라인으로 제공하기를 원하시면, www. headspacevr.com/feedback을 방문하십시오. 저희는 언제나 기꺼이 고객들의 의견을 듣습니다.

<개인 상세 정보>
193 성명: 벤자민 심슨
이메일: bsimpson@agraxarchitecture.net
전화번호: 793-555-6510

얼마나 자주 화상 회의에 참가하시나요? 최소 일주일에 3회
외국인 동료 직원 또는 고객과 자주 화상 회의를 하시나요? 네
참가자들의 대표 언어: 영어, 표준 중국어, 일본어, 한국어

<선호하는 서비스 가입 패키지>
브론즈: $150/1개월 ( )   실버: $200/1개월 ( )
193 골드: $250/1개월 (X)   플래티넘: $300/1개월 ( )

purchase ~을 구입하다 once ~하는 대로, ~하자마자 fill in ~을 작성하다 details 상세 정보, 세부 사항 create ~을 만들다 public 공공의, 일반 대중의 private 개별의, 사적인 object 물체 place ~을 놓다, 두다 give opinions 의견을 제공하다 participate in ~에 참가하다 teleconference n. 화상 회의, v. 화상 회의를 하다 typical 대표적인, 일반적인 participant 참가자 preferred 선호하는 subscription 서비스 가입, 구독

수신: bsimpson@agraxarchitecture.net
발신: customersupport@headspace.com
제목: 고객 정보

헤드 스페이스 이용자께,

저희는 이 기회를 빌어 저희 제품과 서비스에 대한 몇몇 필수 변

경 사항을 알려 드리고자 합니다. 훨씬 더 나은 경험을 제공해 드리기 위해, 몇 가지 새로운 기능들과 함께, 저희 패키지에 대한 월간 이용료를 인상해야 합니다. 이는 서의가 **194(B)** 10가지의 추가 언어에 대한 통역 지원 서비스와 **194(A)** 새로운 개인 맞춤형 아바타, 그리고 새로운 가상 업무 공간 선택권을 포함할 수 있게 해 줄 것입니다. 추가로, 골드 및 플래티넘 이용자들께서는 곧 독점 기능을 추가하실 수 있게 되는데, 여기에는 웹 캠을 통해 가상 현실 업무 공간을 직접적으로 들여다보는 **194(D)** 동영상 실시간 재생 선택권이 포함됩니다. 아래에 간략히 언급된 새 가격은 6월 1일부터 시행됩니다.

패키지	**195** 최대 참가 인원	월간 요금
195 브론즈	**195** 5	165달러
실버	8	210달러
골드	12	275달러
플래티넘	15	325달러

193 저희 골드 또는 플래티넘 패키지 비용을 지불하시는 고객들께서는 6월 1일에 12개의 헤드 스페이스 커피 머그잔으로 구성된 무료 세트를 받으시게 될 겁니다. 어떠한 질문이든 있으실 경우, customersupport@headspace.com으로 저희에게 이메일 보내 주십시오.

take this opportunity to do 이번 기회를 빌어 ~하다
inform A of B· A에게 B를 알리다 necessary 필요한, 필수의 in order to do ~하기 위해 provide A with B: A에게 B를 제공하다 even (비교급 수식) 훨씬 increase ~을 인상하다, 증가시키다 support 지원, 후원 additional 추가의 customizable 개인 맞춤 사용이 가능한 additionally 추가적으로 be able to do ~할 수 있다 exclusive 독점적인 including ~을 포함해 livestream ~을 실시간으로 재생하다, 방송하다 outline ~을 간략히 말하다 below 아래에 come into effect 시행되다, 효력을 발휘하다 charge 청구 요금 receive ~을 받다 complimentary 무료의

191 추론과 암시 유형

해석 기사 발췌문에 따르면, 헤드 스페이스 소프트웨어는 이용자들에게 무엇을 할 수 있게 해 주는가?
(A) 비즈니스 웹 사이트를 만드는 일
(B) 가상 회의를 개최하는 일
(C) 직원 생산성을 관찰하는 일
(D) 혁신적인 건물을 디자인하는 일

해설 기사 발췌문인 첫 번째 지문 첫 단락에, 헤드 스페이스가 최첨단 가상 현실 기술을 활용해 동료들과 협업하고 의사 소통하는 새로운 방법이라고(Head Space is a refreshing new way to collaborate and communicate with business associates using cutting-edge virtual reality technology) 되어 있다. 이는 가상 회의를 개최할

수 있다는 뜻이므로 (B)가 정답이다.

어휘 hold ~을 개최하다 monitor ~을 관찰하다, 주시하다 productivity 생산성

192 사실 관계 확인 유형

해석 헤드 스페이스 구입에 포함되는 것은 무엇인가?
(A) 제품 할인 코드
(B) 월간 소식지
(C) 사용 설명서
(D) 장비 사용 시범

해설 헤드 스페이스 구입에 따른 혜택은 첫 지문 두 번째 단락에 언급되어 있다. 이 단락 중반부에 헤드 스페이스 소프트웨어 패키지를 구입하면 기술자 한 명이 직접 방문해 장비를 설치하고 적절하게 사용하는 방법을 알려 줄 것이라고(~ will visit your premises to install equipment and show you how to use it properly) 쓰여 있다. 따라서 사용 방법을 알려 주는 일에 해당되는 것으로서 장비 사용 시범을 의미하는 (D)가 정답이다.

어휘 instruction manual 사용 설명서 demonstration 시범, 시연(회)

Paraphrase
show you how to use it properly
→ demonstration

193 사실 관계 확인 유형, 이중지문 대조 유형

해석 심슨 씨는 왜 무료 커피 머그잔을 받을 자격이 있는가?
(A) 동료를 헤드 스페이스에 소개해 주었다.
(B) 헤드 스페이스의 골드 패키지를 구입했다.
(C) 일주일에 세 번 헤드 스페이스 소프트웨어를 사용한다.
(D) 헤드 스페이스에 고객 의견을 제공했다.

해설 우선, 무료 커피 머그잔과 관련된 정보가 언급된 세 번째 지문 맨 마지막에, 골드 또는 플래티넘 패키지 비용을 지불하는 고객들이 무료 커피 머그잔 세트를 받을 것이라고(Customers who pay for our Gold or Platinum package will receive a complimentary set of 12 Head Space coffee mugs ~) 쓰여 있다. 그리고 심슨 씨의 성명이 쓰여 있는 두 번째 지문을 보면, 골드 패키지에 구입 표기가 되어 있으므로(Gold: $250/month (X)) 골드 패키지 구입에 따라 무료 커피 머그잔을 받는다는 것을 알 수 있다. 따라서 이 사실을 언급한 (B)가 정답이다.

어휘 be eligible to do ~할 자격이 있다 free 무료의
refer A to B: A를 B에 소개하다 feedback 의견

194 사실 관계 확인 유형

해석 이메일에서 가격 변동에 대한 이유로 언급되지 않은 것은 무엇인가?
(A) 더 많은 아바타 선택권을 제공하는 일
(B) 더 많은 통역 지원 서비스를 추가하는 일
(C) 소프트웨어를 더욱 안전하게 만드는 일
(D) 동영상 재생 기능을 포함하는 일

해설 가격 변동 관련 정보가 언급되는 세 번째 지문 첫 단락에, 가격 변동에 따른 변화로 추가 10가지 언어에 대한 통역 지원 서비스(translation support for an additional ten languages)와 새로운 아바타(new customizable avatars), 그리고 실시간 동영상 재생 기능(livestream video)이 언급되어 있으므로 (A)와 (B), (D)의 내용을 확인할 수 있다. 하지만 소프트웨어 안전과 관련된 서비스는 언급된 바가 없으므로 (C)가 정답이다.

어휘 add ~을 추가하다 make A 형용사: A를 ~하게 만들다 function 기능

195 키워드 찾기 유형, 사실 관계 확인 유형, 이중지문 대조 유형

해석 브론즈 패키지에 어떤 특정 변화가 이뤄질 것인가?
(A) 최대 참가자 숫자가 늘어날 것이다.
(B) 고객 지불 비용이 한 달 단위로 수금될 것이다.
(C) 이미지 해상도가 향상될 것이다.
(D) 소프트웨어 이용자들이 새 기능에 관한 알림 메시지를 받을 것이다.

해설 브론즈 패키지가 언급되는 첫 지문 마지막 부분에 오직 네 명의 인원만 참가할 수 있다고(A standard Bronze package ~ only allows four people to take part in each session) 쓰여 있다. 그런데 세 번째 지문에 있는 표에는 브론즈 패키지의 최대 인원 수가 5명으로 (Maximum Participants / 5) 표기되어 있으므로 이와 같은 수치 증가를 말한 (A)가 정답이다.

어휘 specific 특정한, 구체적인 make a change 변화시키다, 변경하다 payment 지불 (비용) collect ~을 수금하다, 모으다 on a monthly basis 한 달 단위로, 매달 resolution 해상도 improve ~을 개선하다, 향상시키나 notification 알림 (메시지), 통보

196-200 다음 광고와 이메일, 그리고 온라인 후기를 참조하시오.

에이펙스 철물점
엘리엇 로드 1067번지, 샌프란시스코 94104
전화 번호: (415) 555-9128
196 일주일 내내, 오전 9시에서 오후 6시까지 영업

저희 에이펙스와 함께 크리스마스 시즌을 기념하세요!

---

197 크리스마스 할인 행사: 12월 1일 월요일부터
12월 28일 일요일까지

셀프 작업용 공구, 최대 20% 할인
공사 자재, 최대 15% 할인
가정용 청소 제품, 최대 30% 할인
배관 용품, 최대 20% 할인
열쇠, 자물쇠, 경첩, 최대 10% 할인

저희 매장은 준비 작업에 필요한 추가 시간을 감안하기 위해 **196** 12월 1일에 오전 10시에 문을 열 것입니다. 이 한 달 동안 할인되는 모든 제품은 밝은 노란색 스티커로 인해 분명하게 알아보실 수 있을 것입니다.

일년 내내 추가 독점 할인 권한을 받으실 수 있도록 에이펙스 철물점 온라인 계정을 만들어 보세요. 친절한 저희 팀원들이 기꺼이 여러분의 모든 질문에 답변해 드릴 것입니다.

---

celebrate ~을 기념하다, 축하하다 festive season 크리스마스 시즌 saving 할인, 비용 절약 DIY 셀프 작업, 직접 하기 tool 공구, 도구 up to + 숫자: 최대 ~까지 construction 공사, 건설 material 자재, 재료, 물품 household 가정의 plumbing 배관 supplies 용품, 물품 lock 자물쇠 hinge 경첩 in order to do ~하기 위해 allow ~을 감안하다 extra 추가의, 별도의 preparation 준비 mark down (가격 등을) 할인하다, 인하하다 recognizable 알아볼 수 있는, 인식 가능한 due to ~로 인해, ~때문에 create ~을 만들다 account 계정, 계좌 gain access to ~에 대한 이용 권한을 얻다 further 추가의, 한층 더 한 exclusive 독점적인 all year round 일년 내내

수신: 전 직원
발신: 레이 말린
제목: 일정
날짜: 11월 25일

안녕하세요,

최근의 직원 회의에서 논의된 바와 같이, **197** 우리는 12월 1일 아침에 추가 지원이 필요한데, 상품에 스티커를 부착하는 일과 진열 제품을 **198** 정렬하는 일, 그리고 기타 다양한 업무를 수행할 사람들이 필요하기 때문입니다. 예를 들어, 제가 스파키 이벤트를 통해 산타 클로스 분장 배우 한 분을 고용했는데, 이분께서 의상을 갈아 입으신 다음에 우리가 준비해 드릴 공간에 앉으실 동안 도움이 좀 필요하실 겁니다. **197** **199** 그날 아침에 도움을 주실 의향이 있으시면 11월 28일까지 저에게 알려 주십시오.

안녕히 계십시오.

총무부장
에이펙스 철물점

as discussed 논의된 바와 같이 **recent** 최근의 **extra** 별도의, 추가의 **assistance** 지원, 도움 **affix** ~을 부착하다, 붙이다 **merchandise** 상품 **set up** ~을 정렬시키다, 준비하다, 설치하다 **display** 진열(품), 전시(품) **carry out** ~을 수행하다, 실시하다 **various** 다양한 **hire** ~을 고용하다 **impersonator** (흉내 내는) 분장 배우 **while** ~하는 동안 **change into** ~로 갈아 입다 **costume** 의상 **then** 그런 다음, 그리고 나서 **get seated** 앉다, 착석하다 **prepare** ~을 준비하다 **let A know:** A에게 알리다 **by + 기한:** ~까지 **be willing to do** ~할 의향이 있다, 기꺼이 ~하다 **lend a hand** 도움을 주다

http://sparkyevents.com/testimonials

회사 소개	고객 추천 후기	서비스	이용 요금

저희가 스파키 이벤츠를 통해 어떤 종류이 서비스든 예약해 본 것은 이번이 처음이었으며, 저희는 매우 깊은 인상을 받았습니다. 저희 매장 내에서 산타 클로스로 의상을 갈아 입을 분으로 존 피니건 씨를 보내 주었는데, 그분께서 일을 아주 잘해 주셨습니다. **200(D)** 그분은 예정된 날짜에 정확히 제때 도착하셨습니다. **199** 그날 아침 저희 매장에 15명의 직원들이 있었으며, 피니건 씨가 의상을 차려 입자, 그 직원늘 보누 사신를 이 그동안 봐 온 것 중에서 **200(C)** 가장 선통적으로 진짜 같은 산타라고 말했습니다. **200(A)** 저희 고객들 모두 동일하게 기뻐하셨으며, 특히 아이들과 함께 오신 분들이 그랬습니다. 저는 내년에도 꼭 그분을 다시 예약하겠습니다.

레이 말린

ever 지금까지, 줄곧, 언제나 **book** ~을 예약하다 **through** ~을 통해 **impressed** 깊은 인상을 받은 **dress up** 옷을 차려입다 **in-store** 매장 내에서 **do an outstanding job** 일을 아주 잘 해내다 **arrive** 도착하다 **right** (강조) 바로 **on time** 제때, 제 시간에 **scheduled** 예정된 **put on** ~을 착용하다, 입다 **remark that** ~라고 말하다 **traditionally** 전통적으로 **authentic** 진짜인, 정통의 **equally** 동일하게 **pleased** 기쁜, 만족하는 **especially** 특히 **those** (수식어구와 함께) ~하는 사람들 **certainly** 꼭, 분명히, 확실히

196 키워드 찾기 유형

해석 광고에 따르면, 12월 1일에 무슨 일이 있을 것인가?
(A) 온라인 계정 선택권이 이용 가능하게 될 것이다.
(B) 업체가 음악 공연을 주최할 것이다.
(C) 신제품 라인이 소개될 것이다.

(D) 매장이 평소보다 늦게 문을 열 것이다.

해설 12월 1일이라는 날짜가 언급되는 첫 지문 하단에, 12월 1일에 10시에 문을 연다고(The store will open at 10:00 A.M. on December 1 ~) 쓰여 있다. 그런데 이 개장 시간은 이 지문 상단에 일주일 내내 오전 9시에 문을 연다고(Open 7 days a week, 9 A.M. to 6 P.M.) 표기된 것보다 1시간 늦은 것이므로 이와 같은 변동 사항을 말한 (D)가 정답이다.

어휘 **become + 형용사:** ~한 상태가 되다 **available** 이용 가능한 **host** ~을 주최하다 **performance** 공연, 연주(회) **range** 제품 라인, 종류, 범위 **introduce** ~을 소개하다 **than usual** 평소보다

197 사실 관계 확인 유형, 이중지문 대조 유형

해석 말린 씨는 직원들에게 무엇을 하도록 요청하는가?
(A) 긴급 직원 회의에 참석하는 일
(B) 매장 내 설문 조사를 실시하는 일
(C) 행사 준비 작업을 돕는 일
(D) 오래된 상품을 폐기하는 일

해설 말린 씨가 쓴 이메일인 두 번째 지문을 보면, 시작 부분에 12월 1일에 지원이 필요하다고(~ we need extra assistance on the morning of December 1 ~) 알리면서 그 일을 설명하고 있고, 마지막 부분에 가서 도움을 줄 수 있는 사람은 자신에게 알려 달라고(Please let me know by November 28 if you are willing to lend a hand ~) 으 정하고 있다. 이는 첫 지문에 제시된 12월 1일 행사를 준비하도록 돕는 일에 해당되므로 (C)가 정답이다.

어휘 **ask A to do:** A에게 ~하도록 요청하다 **attend** ~에 참석하다 **urgent** 긴급한 **survey** 설문 조사 **assist with** ~을 돕다 **preparation** 준비 **throw away** ~을 폐기하다, 버리다

Paraphrase
lend a hand → assist with

198 동의어 찾기 유형

해석 이메일에서 첫 번째 단락, 두 번째 줄의 표현 "set up"과 의미가 가장 가까운 것은 무엇인가?
(A) 정렬시키다
(B) 시작하다
(C) 일치하다
(D) 할당하다

해설 해당 문장에서 set up 뒤에 목적어로 product displays 가 쓰여 있는데, 이는 진열 제품을 의미한다. 따라서 set up이 진열 제품을 정렬시키는 일을 나타내는 것으로 볼 수 있으므로, 이의 동의어인 (A) arrange가 정답이다.

199 사실 관계 확인 유형, 이중지문 대조 유형

해석 얼마나 많은 직원들이 말린 씨의 요청에 응답했는가?
(A) 10명
(B) 15명
(C) 20명
(D) 25명

해설 말린 씨의 이메일인 두 번째 지문 마지막 부분에, 행사 날 아침에 도움을 줄 수 있는 사람은 자신에게 알려 달라고(Please let me know by November 28 if you are willing to lend a hand ~) 요청한 것과 관련해, 마지막 지문 중반부에 그날 아침에 15명의 직원이 있었다고(I had 15 employees in the store that morning ~) 쓰여 있다. 따라서 말린 씨의 요청에 15명의 직원이 도움을 주겠다고 답한 것으로 생각할 수 있으므로 (B)가 정답이다.

어휘 respond to ~에 응답하다, 반응하다 request 요청

200 사실 관계 확인 유형

해석 온라인 후기에 언급되지 않은 것은 무엇인가?
(A) 고객들의 만족도
(B) 한 서비스의 가격 적정성
(C) 한 의상의 품질
(D) 한 사람의 시간 엄수

해설 온라인 후기인 세 번째 지문에, "All of our customers were equally pleased"라고 하는 부분에서 고객 만족도를 뜻하는 (A)를, "the most traditionally authentic Santa"라고 하는 부분에서 의상의 수준을 말한 (C)를, 그리고 "He arrived right on time"이라고 하는 부분에서 시간 엄수 사실을 언급한 (D)를 확인할 수 있다. 하지만 서비스 가격의 적정성과 관련된 정보는 제시되어 있지 않으므로 (B)가 정답이다.

어휘 satisfaction 만족(도) affordability 가격 적정성 quality 품질 punctuality 시간 엄수

실전 모의고사 TEST 2

147 (C)	**148** (D)	**149** (C)	**150** (B)
151 (B)	**152** (B)	**153** (A)	**154** (D)
155 (B)	**156** (D)	**157** (D)	**158** (D)
159 (C)	**160** (A)	**161** (D)	**162** (C)
163 (A)	**164** (C)	**165** (A)	**166** (C)
167 (C)	**168** (B)	**169** (C)	**170** (A)
171 (D)	**172** (B)	**173** (A)	**174** (C)
175 (D)	**176** (A)	**177** (C)	**178** (B)
179 (D)	**180** (D)	**181** (D)	**182** (B)
183 (D)	**184** (C)	**185** (B)	**186** (C)
187 (C)	**188** (A)	**189** (B)	**190** (C)
191 (C)	**192** (A)	**193** (C)	**194** (B)
195 (D)	**196** (C)	**197** (A)	**198** (D)
199 (C)	**200** (B)		

147-148 다음 송장을 참조하시오.

몬탈반 솔루션즈
고객 거래 송장

148(A) 수신인: 짐 리먼, 아얄라 주식회사
148(B) 지불 대상 서비스 실시일: 8월 12일-15일
148(C) 지불 기한: 8월 21일
프로젝트 팀 책임자: 클린턴 제숍

제공된 서비스	1시간당 요금	필요 시간 (1시간 단위)	지불 예정 금액
147 벽면 도색	250달러	4.5	1,125 달러
147 배치도 초안 작업	100 달러	3	300 달러
147 카펫 설치	150 달러	3.5	525 달러
147 가구 배치 작업	125 달러	2.5	312.50 달러
			총액: 2,262.50 달러

저희 몬탈반 솔루션즈는 상기 자금의 즉각적인 지불에 대해 감사드립니다. 어떠한 질문이든 있으실 경우, 555-3487번으로 저희에게 직접 연락 주시기 바랍니다.

invoice 송장 For the attention of + 받는 사람: ~앞 payment 지불(액) perform ~을 실시하다, 수행하다 due + 날짜: ~가 예정일인 supervisor 책임자, 관리자, 부서장 provide ~을 제공하다 rate 요금 per hour 1시간당 required 필요한, 필수의 amount due 지불 예정 금액 floor plan 배치도, 평면도 drafting 초안 작업 laying 놓음, 깔아둠 arranging 배치, 정렬 appreciate ~에 대해 감사하다

prompt 즉각적인 above 상기의, 위의 balance (지불) 잔금, 잔액 contact ~에게 연락하다 directly 직접, 곧장

147 추론과 암시 유형

해석 몬탈반 솔루션즈는 무슨 종류의 업체일 것 같은가?
(A) 행사 기획 대행사
(B) 건축 회사
(C) 인테리어 디자인 회사
(D) 철물점

해설 제공 서비스 종류가 세시된 표의 항목들을 보면, 벽면 도색(Wall painting), 배치도 초안 작업(Floor plan drafting), 카펫 설치(Carpet laying), 그리고 가구 배치(Furniture arranging)가 쓰여 있다. 이는 실내 인테리어에 필요한 작업들인 것으로 볼 수 있으므로 (C)가 정답이다.

어휘 agency 대행사 architectural 건축(학)의 firm 회사, 업체

148 사실 관계 확인 유형

해석 거래 내역서에 무슨 정보가 포함되어 있지 않은가?
(A) 어디에서 서비스가 실시되었는지
(B) 언제 해당 프로젝트가 진행되었는지
(C) 언제까지 잔금이 지불되어야 하는지
(D) 얼마나 많은 사람들이 해당 작업을 실시했는지

해설 상단의 수신인 항목에 언급된 업체 이름(For the attention of: Jim Liman, Ayala Corporation)에서 (A)를, 바로 다음에 쓰여 있는 서비스 실시일에(Payment for services performed on: August 12-15) (B)를 확인할 수 있다. 또한 그 아래에 제시된 지불 기한에서(Payment due: August 21) (C)도 확인 가능하다. 하지만 작업 실시 인원에 관한 정보는 제시되어 있지 않으므로 (D)가 정답이다.

어휘 include ~을 포함하다 carry out ~을 실시하다, 수행하다(= perform) take place (일, 행사 등이) 발생되다, 개최되다 by + (기한): ~까지

149-150 다음 잡지 기사를 참조하시오.

저희 뮤직 네이션이 올해의 톱 10 목록 자료를 수집하도록 도와주십시오!

(10월 25일) - 매년, 저희 <뮤직 네이션>은 해당 연도 최고의 노래와 앨범, 그리고 라이브 공연을 기념하기 위해 149 독자인 여러분께 연말 목록을 만드는 데 도움을 주시도록 요청 드리고 있습니다.

따라서, 저희는 잡지 다음 달 호에 각 부문에 대한 최종 후보 목록

을 실을 것이며, 각각의 부문에서 여러분 개인이 가장 좋아하는 톱3에 대해 149 투표해 주실 수 있다면 감사하겠습니다. 이는 이메일로 선택 사항을 제출해 주시거나 저희 웹 사이트에서 전자 투표를 이용하시는 방법으로 하실 수 있습니다. 150 전체 톱 10 목록은 저희 12월 28일 발간 호에 게재될 것이며, 같은 날 www.musicnationmagonline.com에서도 보실 수 있게 될 것입니다.

compile (자료 등) ~을 모아 정리하다 ask A to do: A에게 ~하도록 요청하다 help A do: A가 ~하는 것을 돕다 create ~을 만들다 end-of-year 연말의 celebrate ~을 기념하다, 축하하다 live act 라이브 공연 as such 따라서, 그러한 이유로 publish (출판물에) ~을 게재하다, 발간하다 shortlist 최종 후보 목록 category 부문 issue (잡지 등의) 호 we would appreciate it if ~라면 감사하겠습니다 vote for ~에 대해 투표하다 favorite 가장 좋아하는 것 respective 각각의 either A or B: A 또는 B 둘 중의 하나 by (수단, 방법) ~로, ~함으로써 submit ~을 제출하다 choice 선택 (사항) electronic ballot 전자 투표 appear 보여지다, 나타나다

149 주제 찾기 유형

해석 기사는 왜 쓰여졌는가?
(A) 독자들에게 구직 기회에 관해 알리기 위해
(B) 기사 오류에 대한 이유를 설명하기 위해
(C) 독자들에게 투표하도록 권하기 위해
(D) 연례 여론 조사의 결과를 게재하기 위해

해설 첫 단락에 독자들에게 목록을 만드는 데 도움을 주도록 요청한다는(~ asks you, our readers, to help us create our end-of-year lists ~) 말이 있고, 두 번째 단락에 투표하는 일이(~ you could vote for your personal top 3 favorites ~) 그 방법으로 제시되어 있으므로 (C)가 정답이다.

어휘 inform ~에게 알리다 job opportunity 구직 기회 explain ~을 설명하다 article (잡지 등의) 기사 encourage A to do: A에게 ~하도록 권하다, 장려하다 cast vote 투표하다 result 결과(물) annual 연례적인, 해마다의 poll 여론 조사

150 사실 관계 확인 유형, 키워드 찾기 유형

해석 최종 목록에 관해 알 수 있는 것은 무엇인가?
(A) 매달 만들어진다.
(B) 온라인으로 볼 수 있을 것이다.
(C) 11월에 게재될 것이다.
(D) 음악인들에 의해 취합된다.

해설 최종 목록이 언급된 두 번째 단락 끝부분에, 모든 톱 10 목록은 12월 28일 발간 호에 게재될 것이며, 같은 날 www.musicnationmagonline.com에서도 볼 수 있다

고(~ will appear on www.musicnationmagonline.com ~) 쓰여 있다. 따라서 이 둘 중 하나인 온라인을 말한 (B)가 정답이다.

어휘 viewable 볼 수 있는 online 온라인으로, 온라인에서

Paraphrase
appear on www.musicnationmagonline.com
→ viewable online

151-152 다음 공고를 참조하시오.

일파 스포츠웨어가 대규모 세일 행사를 진행합니다!

저희 알파 스포츠웨어가 10월 1일부터 10월 31일까지 많은 제품에 대해 어마어마한 할인을 제공합니다. 시카고에 위치한 두 곳의 저희 지점, 즉 3번가의 대표 매장 및 주니퍼가와 5번가가 만나는 모퉁이에 있는 두 번째 지점에서 최대 70퍼센트에 달하는 할인 서비스를 이용해 보십시오.

저희 알파 스포츠웨어는 전례 없는 양의 겨울 재고 물량을 받을 준비를 하고 있으며, 여기에는 새로운 종류의 스키 및 스노우보드용 장비와 의류가 포함됩니다. 이는 **151** 저희가 최신 재고품을 진열할 충분한 공간을 확보하기 위해 기존의 제품 라인들, 특히 수영복과 같은 여름 재고품을 처분해야 한다는 것을 의미합니다.

세일 행사 첫 날에, 저희 알파 스포츠웨어는 3번가에 있는 매장 옆에 위치한 주차장에서 **152** 콘서트를 무대에 올리는 것으로 이 행사를 기념할 것입니다. 오전 9시 30분부터, 지역 내 몇몇 밴드들이 공연할 것이며, 이 행사 입장료는 완전히 무료입니다. 이 밴드들을 확인해 보시는 동안, 저희 제품 할인에 관한 추가 정보를 담고 있는 몇몇 홍보용 전단들도 받아가실 수 있습니다.

그리고 곧 입고되는 저희 재고품에 관한 추가 상세 정보를 확인하실 수 있도록 잊지 마시고 www.alphasportswear.com을 방문해 보시기 바랍니다.

---

huge 대규모의, 엄청난 offer ~을 제공하다 massive 어마어마한, 거대한 take advantage of ~을 이용하다 saving 할인, 절약(된 금액) both of + 복수명사: ~ 둘 모두 location 지점, 위치 flagship store 대표 매장 branch 지점, 지사 on the corner of A and B: A와 B가 만나는 모퉁이에 prepare to do ~할 준비를 하다 unprecedented 전례 없는 amount 양, 수량 stock 재고(품)(= inventory) including ~을 포함해 range (제품) 종류, 범위 equipment 장비 apparel 의류, 의복 mean that ~임을 의미하다 sell off (팔아서) ~을 처분하다 existing 기존의 particularly 특히 in order to do ~하기 위해 display ~을 진열하다, 전시하다 celebrate ~을 기념하다, 축하하다 by (방법) ~함으로써, ~해서 stage ~을 무대에 올리다 parking lot 주차장 next to ~옆에 several 여럿의, 몇몇의 local 지역의, 현지의 perform 공연하다, 연주하다

admission to ~에 대한 입장(료) completely 완전히, 전적으로 free 무료인 while ~하는 동안 check out ~을 확인해 보다 pick up ~을 받아가다, 가져가다 promotional 홍보의 flyer 전단 contain ~을 담고 있다, 포함하다 forget to do ~하는 것을 잊다 details 상세 정보, 세부 사항 incoming 들어오는

151 사실 관계 확인 유형

해석 공고에 따르면, 알파 스포츠웨어는 왜 세일 행사를 진행하는가?
(A) 폐업할 것이다.
(B) 새 재고품에 대한 공간을 확보할 것이다.
(C) 회사 설립을 기념할 것이다.
(D) 최근에 신규 지점을 열었다.

해설 두 번째 단락에 세일 행사의 목적이 언급되어 있는데, 최신 재고품을 진열할 충분한 공간을 확보하기 위해(~ in order to have enough space to display our newest inventory) 세일 행사를 연다고 쓰여 있다. 따라서 이를 언급한 (B)가 정답이다.

어휘 go out of business 폐업하다 make room 공간을 확보하다 founding 설립, 창립 recently 최근에

Paraphrase
have enough space → making room

152 사실 관계 확인 유형, 키워드 찾기 유형

해석 알파 스포츠웨어는 어떻게 세일 행사 시작을 기념할 것인가?
(A) 무료 선물을 나눠줌으로써
(B) 라이브 공연을 주최함으로써
(C) 광고 캠페인을 시작함으로써
(D) 신제품을 시연함으로써

해설 행사 기념 방법이 제시된 세 번째 단락에, 콘서트를 무대에 올리는 것으로 이 행사를 기념할 것이라고(~ will celebrate the event by staging a concert ~) 쓰여 있으므로 (B)가 정답이다.

어휘 mark ~을 기념하다 distribute ~을 나눠주다, 배부하다 complimentary 무료의 host ~을 주최하다 launch ~을 시작하다, 출시하다 advertising 광고 (활동) demonstrate ~을 시연하다, 시범 보이다

Paraphrase
staging a concert → hosting live performances

153-155 다음 회람을 참조하시오.

수신: 아틀러스 섬유 회사 전 직원

발신: 라스 에릭슨, 운영 부장

회신: 디터 패스밴더

날짜: 2월 11일, 금요일

직원 여러분께,

153 뮌헨 파이낸셜의 디터 패스밴더 씨께서 다음 주에 아틀러스 제조 공장을 둘러보시기 위해 찾아 오실거라는 사실을 알려 드리고자 합니다. 패스밴더 씨는 거의 3년 전에 우리 아틀러스 섬유 회사가 제대로 운영되도록 하는 데 도움을 주시기 위해 **153** 총액 3백만 달러의 넉넉한 금액을 제공해 주신 가장 중요한 주주들 중의 한 분이십니다. 당연히, 그분께서는 초기 투자금이 어떻게 잘 활용되고 있는지 확인해 보시는 데 관심이 있으십니다.

패스밴더 씨께서 처음 우리 회사에 관여하게 되셨을 때, 우리는 **154** 오직 천연 섬유, 주로 면직물과 실크의 제조 및 유통만 전문으로 했습니다. 따라서, 그분께서는 **154** 우리의 새 인조 섬유 시설을 보시는 것과 우리가 현재 대규모로 생산하는 폴리에스테르 및 나일론에 관한 이야기를 들으시는 데 특히 관심이 있으실 것입니다.

155 패스밴더 씨께서는 2월 16일 수요일, 오전 10시에 우리 공장에 도착하실 예정입니다. 이날은 일반적으로 주간 회의가 개최되는 때이지만, 이 시간 중에 모든 분께서 패스밴더 씨를 맞이할 수 있도록 공장 작업장에 참석해 주셨으면 합니다. **155** 여러분께서는 곧 새로운 날짜와 시간을 통보받으실 것입니다. 감사합니다.

I would like to do ~하고자 하다, ~하고 싶다 inform A that: A에게 ~라고 알리다 take a look around ~을 둘러보다 manufacturing plant 제조 공장 shareholder 주주 generous 넉넉한, 후한 sum 총액, 액수 help do ~하는 것을 돕다 get A up and running: A가 제대로 운영되게 하다 understandably 당연히 be interested in ~에 관심이 있다 initial 초기의, 처음의 investment 투자(액) put A to good use: A를 잘 활용하다 become involved with ~에 관여하게 되다 firm 회사 specialize in ~을 전문으로 하다 natural fiber 천연 섬유 primarily 주로 as such 따라서, 그로 인해 particularly 특히 view ~을 보다 artificial 인조의, 인공적인 facility 시설(물) produce ~을 생산하다 on a large scale 대규모로 arrive 도착하다 typically 일반적으로, 보통 take place (일, 행사 등이) 일어나다, 발생되다 I would prefer that ~하면 좋겠습니다, ~했으면 합니다 present 참석한, 출석한 factory floor 공장 작업장 be informed of ~을 통보 받다 shortly 곧, 머지 않아

153 주제 찾기 유형

해석 회람의 목적은 무엇인가?
(A) 한 투자자의 방문을 알리는 것
(B) 회사에 오는 신임 부서장을 환영하는 것
(C) 자원자들에게 패스밴더 씨를 돕도록 요청하는 것
(D) 직원들에게 그들의 노고에 대해 감사하는 것

해설 첫 단락에 뮌헨 파이낸셜의 디터 패스밴더 씨가 제조 공장을 둘러보기 위해 찾아올 거라고(~ Mr. Dieter Fassbender of Munchen Financial will be coming ~) 알리면서 회사 운영을 위해 3백만 달러의 금액을 제공했다고(~ having provided a generous sum of $3 million ~) 언급하고 있다. 이는 투자자가 회사를 방문한다는 말이므로 (A)가 정답이다.

어휘 investor 투자자 supervisor 부서장, 책임자 request A to do: A에게 ~하도록 요청하다 volunteer 자원자 assist ~을 돕다

154 추론과 암시 유형

해석 아틀러스 섬유 회사에 관해 알 수 있는 것은 무엇인가?
(A) 패스밴더 씨에 의해 설립되었다.
(B) 재정적인 문제를 겪고 있다.
(C) 뮌헨 파이낸셜 사와 합병했다.
(D) 자사의 제품 범위를 확대했다.

해설 두 번째 단락을 보면, 처음에는 천연 섬유 중에서도 주로 면직물과 실크의 제조 및 유통만 전문으로 했는데(~ we only specialized in ~ natural fibers, primarily cotton and silk), 이제 새 인조 섬유 시설을 갖추고 있고 폴리에스테르 및 나일론도 생산한다는(~ our new artificial fibers facility and hearing about the polyester and nylon we now produce ~) 말이 쓰여 있다. 이는 회사의 제품 범위가 확대된 것을 뜻하므로 (D)가 정답이다.

어휘 found ~을 설립하다 experience ~을 겪다, 경험하다 financial 재정의, 재무의 merge with ~와 합병하다 expand ~을 확대하다, 확장하다 range (제품) 범위, 종류

155 키워드 찾기 유형, 추론과 암시 유형

해석 다음 주 직원 회의에 관해 암시된 것은 무엇인가?
(A) 다른 장소에서 개최될 것이다.
(B) 연기되었다.
(C) 패스밴더 씨에 의해 진행될 것이다.
(D) 오전 10시에 시작될 것이다.

해설 직원 회의가 언급되는 마지막 단락에, 패스밴더 씨가 오는 날이 원래 주간 회의가 열리는 날이지만 이 시간 동안 패스밴더 씨를 맞이하도록 요청하고 있다(Mr. Fassbender will be arriving at our plant at 10 A.M.

on Wednesday, February 16. ~ I would prefer that everyone be present on the factory floor during this time to greet Mr. Fassbender). 그리고 다음 문장에 새로운 날짜와 시간을 통보받을 것이라고(You will be informed of a new time and date shortly) 알리고 있는데, 이는 패스벤더 씨의 방문으로 인해 연기된 회의 일정을 알려주겠다는 뜻이므로 (B)가 정답이다.

어휘 hold ~을 개최하다, 열다 location 장소, 위치 postpone ~을 연기하다 lead ~을 진행하다, 이끌다

156-158 다음 광고를 참조하시오.

애버딘 치과 대학에서 무료 검진을 받아 보세요!

무료 검진과 치아 세정을 받아 보고 싶으신가요? – [1] –. 애버딘 치과 대학은 스코틀랜드에서 손꼽히는 치과 의사 교육 기관이며, 일반 대중에게 치과 치료 서비스를 제공하는 유일한 곳들 중 하나입니다. **157(C)** 무료 검진은 신입생들에게 실제 환자들을 치료하는 데 있어 실무 경험을 얻을 수 있는 기회를 주기 위해 **157(A)** 매년 8월에 제공됩니다. – [2] –. **156** 검진은 높은 수준의 치료 서비스가 제공되도록 보장하기 위해 코스 리더들에 의해 관찰됩니다.

예약하시는 데 관심이 있으실 경우, **157(B)** 수요가 예년과 마찬가지로 높을 것으로 예상하고 있으므로 주저하지 마시기 바랍니다. – [3] –. 이용 가능한 예약 시간대를 보여주는 일정표는 www.aberdeendentalschool.co.uk/checkups에서 확인해 보실 수 있습니다!

158 저희 치과 대학의 무료 주차 시설이 현재 공사 작업으로 인해 이용 불가능하므로 다른 곳에 주차하셔야 한다는 점에 유의하시기 바랍니다. – [4] –.

---

receive ~을 받다 free 무료의 check-up 검진 Would you like to do? ~하고 싶으세요?, ~하기를 원하세요? cleaning 세정, 세척 leading 손꼽히는, 선도적인 training 교육 institute 기관, 단체 provide ~을 제공하다(= offer) dental 치과의 treatment 치료(법) the public 일반 대중 opportunity to do ~할 기회 gain ~을 얻다, 획득하다 hands-on 실무의, 직접 해 보는 treat ~을 치료하다 real-life 실제의 patient 환자 monitor ~을 관찰하다, 주시하다 ensure that ~임을 보장하다, 반드시 ~하도록 하다 a high standard of 높은 수준의 be interested in ~에 관심이 있다 make an appointment 예약하다 hesitate 주저하다 expect A to do: A가 ~할 것으로 예상하다, 기대하다 demand 수요 as A as B: B만큼 A한 previous 이전의, 과거의 available 이용 가능한 time slot 시간대 view ~을 보다 be aware that ~임을 알고 있다, 인지하다 parking 주차 facility 시설(물) currently 현재 inaccessible 이용 불가

능한, 접근 불가능한 due to ~로 인해, ~때문에 construction 공사, 건설 park 주차하다 elsewhere 다른 곳에

156 키워드 찾기 유형, 사실 관계 확인 유형

해석 애버딘 치과 대학의 코스 리더들에 관해 언급된 것은 무엇인가?
(A) 8월에 학과 지원자들을 면접 볼 것이다.
(B) 치의학 분야에서 상을 받은 적이 있다.
(C) 신규 환자들에게 무료 상담을 제공한다.
(D) 학생들에 의해 제공되는 검진을 감독한다.

해설 학과 지도 교수가 언급되는 첫 단락의 마지막 문장에, 높은 수준의 치료 서비스가 제공되도록 보장하기 위해 코스 리더들에 의해 검진이 관찰된다고(Check-ups are monitored by course leaders to ensure that a high standard of treatment is provided) 쓰여 있다. 이는 코스 리더들이 검진을 감독한다는 뜻이므로 (D)가 정답이다.

어휘 applicant 지원자 award 상 dentistry 치의학 field 분야 consultation 상담 supervise ~을 감독하다

Paraphrase
Check-ups are monitored → supervise check-ups

157 사실 관계 확인 유형

해석 무료 치과 검진에 관해 언급되지 않은 것은 무엇인가?
(A) 매년 한 달간 이용 가능하다.
(B) 과거에 인기 있었던 것으로 드러났다.
(C) 학생들의 교육에 도움이 된다.
(D) 두 곳의 다른 장소에서 제공된다.

해설 첫 단락 중반부에 신입생들에게 실무 경험을 얻을 기회를 주기 위해 매년 8월에 제공된다고(Free check-ups are offered every August to give our new students an opportunity to gain hands-on experience ~) 알리는 부분을 통해 (A)와 (C)를 확인할 수 있다. 또한 두 번째 단락에서 예년과 마찬가지로 수요가 높을 것으로 예상한다고(~ we expect demand to be as high as in previous years) 언급한 부분을 통해 (B)도 확인할 수 있다. 하지만 두 곳의 다른 장소에서 제공된다는 말은 나타나 있지 않으므로 (D)가 정답이다.

어휘 available 이용 가능한 prove to be A: A한 것으로 드러나다, 입증되다 popular 인기 있는 in the past 과거에 contribute to ~에 도움이 되다, 기여하다 location 장소, 위치

158 키워드 찾기 유형, 사실 관계 확인 유형

해석 [1], [2], [3], [4]로 표시된 곳 중에서 다음 문장이 들어가기에 가장 적절한 곳은?

"다행히도, 학교 인근에 비싸지 않은 여러 선택권이 있습니다."

(A) [1]
(B) [2]
(C) [3]
(D) [4]

해설 제시된 문장은 긍정적인 정보를 말할 때 사용하는 Fortunately와 함께 학교 인근에 비싸지 않은 여러 선택권이 있다는 의미를 지니므로 부정적인 정보를 담은 문장 뒤에 위치해 대체 가능한 방법을 제시하는 문장임을 알 수 있다. 따라서 무료 주차 시설이 현재 공사 작업으로 인해 이용 불가능하기 때문에 다른 곳을 이용하라는 의미를 지닌 문장 뒤에 위치한 [4]에 들어가 주차와 관련된 대체 방안을 제시하는 흐름이 되어야 알맞으므로 (D)가 정답이다.

어휘 fortunately 다행히도 several 여럿의, 몇몇의 affordable 비싸지 않은, 가격이 알맞은 option 선택 (권) in the vicinity of ~인근에

159-160 다음 문자 메시지 대화를 참조하시오.

샐리 맥그레거 (오전 8:40)
제임스 씨, 오리엔테이션 참석자들을 위해 10개의 머핀과 10개의 베이글을 구입하도록 요청 드렸는데, 제가 요청 드린 머핀만 보이네요. 159 베이글은 어떻게 된 건가요?

제임스 제너 (오전 8:42)
아, 제가 말씀드리는 걸 잊었네요… 159 베이글이 준비되지 않았는데, 그쪽에 여분의 머핀 10개도 있지 않았어요. 원하시면, 지금 그 커피숍으로 다시 뛰어갔다 올 수 있어요.

샐리 맥그레거 (오전 8:43)
그렇게 해주시면 감사하겠습니다. 오리엔테이션 참석자들이 몇 분 후면 도착할 예정입니다. 얼마나 걸릴까요?

제임스 제너 (오전 8:44)
아마 30분 미만으로 그곳에 갔다가 다시 돌아올 수 있을 거예요. 가는 중이기는 하지만, 그쪽이 지금 약간 바쁠 수도 있을 겁니다.

샐리 맥그레거 (오전 8:46)
알겠어요, 괜찮습니다. 160 오리엔테이션 참석자들이 모두 도착하는 대로 그들에게 공장 작업장을 견학시켜주도록 조지 씨에게 요청 드릴 수 있을 거예요. 그리고 나서 아침 식사를 위해 교육실에서 저와 함께 할 수 있습니다.

제임스 제너 (오전 8:47)
불편함에 대해 사과드립니다. 하지만 어쨌든 참석자들은 분명 생산 과정을 보고 싶어할 겁니다.

샐리 맥그레거 (오전 8:48)
맞아요. 다녀오시면 뵙겠습니다.

ask A to do: A에게 ~하도록 요청하다 **attendee** 참석자 **ask for** ~을 요청하다 **What happened to A?:** A는 어떻게 된 건가요?, A에게 무슨 일이 있었나요? **forget to do** ~하는 것을 잊다 **extra** 여분의, 추가의 **run back down to** ~로 다시 뛰어가다 **if you'd like** 원하신다면 **appreciate** ~에 대해 감사하다 **orientee** 오리엔테이션 참석자 **arrive** 도착하다 **in a few minutes** 몇 분 후에 **less than** ~미만의 **on one's way** 가는 중인, 오는 중인 **a little** 약간, 조금 **give A a tour of B:** A에게 B를 견학시켜주다 **then** 그리고 나서, 그런 다음 **join** ~와 함께 하다 **training** 교육 **inconvenience** 불편함 **I'm sure (that)** 분명 ~할 것으로 생각하다 **be interested to do** ~하고 싶어하다 **process** 과정 **anyway** 어쨌든 **get back** 돌아오다

---

159 화자의 의도 파악 유형

해석 오전 8시 43분에, 맥그레거 양이 "I'd appreciate it"이라고 썼을 때 의도한 것은 무엇이겠는가?
(A) 제너 씨가 교육 시간을 진행하기를 원하고 있다.
(B) 커피숍을 방문할 시간이 필요하다.
(C) 제너 씨가 베이글을 구입하기를 원하고 있다.
(D) 마감 기한 연장에 대해 감사해하고 있다.

해설 맥그레거 양이 8시 40분에 베이글이 어떻게 된 건지 묻자(What happened to the bagels?), 제너 씨가 베이글이 준비되어 있지 않아 구입하지 못했다는 말과 함께 지금이라도 다시 구입하러 갈 수 있다고(I could run back down to the coffee shop now, if you'd like) 말한 것에 대해 '그렇게 해주면 감사하겠습니다'라고 대답하는 흐름이다. 따라서 베이글을 구입해 오기를 원한다는 의미로 쓰인 말임을 알 수 있으므로 (C)가 정답이다.

어휘 would like A to do: A가 ~하기를 원하다(= want A to do) lead ~을 진행하다, 이끌다 session (특정 활동을 위한) 시간 be grateful for ~에 대해 감사하다 deadline 마감 기한 extension 연장

---

160 사실 관계 확인 유형, 추론과 암시 유형

해석 맥그레거 양에 관해 무엇이 사실일 것 같은가?
(A) 제조 공장에서 근무한다.
(B) 오늘 아침에 견학을 이끌 것이다.
(C) 간식을 구입하는 것을 잊었다.
(D) 제너 씨와 함께 아침 식사를 할 것이다.

해설 맥그레거 양이 8시 46분에 작성한 메시지를 보면, 오리엔테이션 참석자들이 도착하는 대로 공장 작업을 견학시켜주도록 조지 씨에게 요청드릴 수 있을거라고(I might just ask George to give the orientees a tour of the factory floor ~) 알리고 있다. 이는 자신이 근무하는 제조 공장에서 동료 직원에게 오리엔테이션 참석자들을 견학시켜주도록 요청하겠다는 말이므로 (A)가 정답이다.

어휘 manufacturing 제조 plant 공장 purchase ~을 구입하다 refreshments 간식, 다과

161-163 다음 구인 공고를 참조하시오.

데리 시 의회에서 정규직 여행 정보 안내 담당자를 찾습니다 (직책 번호 561)

저희 데리 시 의회는 시내 중심부를 기반으로 하는 여행 정보 담당팀과 함께 하실 세 명의 열정적인 분을 찾고 있습니다. 여행 정보 안내 담당자는 여행객들의 길 안내를 돕고, 지역 내 장소들에 관한 관련 정보를 제공하며, 전단이나 쿠폰 북과 같은 마케팅 물품을 배부해야 합니다. 이 직무는 길거리와 여행객 안내 센터에서 모두 수행될 것입니다.

추가적인 학력 요건이 필요하지는 않지만, 합격자는 영어와 수학에서 고등학교 수준의 합격 점수를 보유하고 있어야 합니다. 자격이 있는 지원자는 반드시 팀의 일원으로서 근무할 의향 및 적성을 보여주어야 하며, **161** 반드시 도시 내의 박물관, 공원, 기념물, 그리고 기타 관광 장소에 관한 지식을 지니고 있어야 합니다. 운전 면허증 소지는 **162** 부가적인 것이며, 엄격한 요건은 아닙니다.

관심 있는 분들은 7월 15일까지 **163** recruitment@derrycouncil.co.uk로 자기 소개서와 함께 이력서를 보내주셔야 합니다. 광고된 직책에 대해, 제목란에 '직책 번호 561'을 입력하십시오.

www.derrycouncil.co.uk/vacancies를 방문하셔서 지원 가능한 모든 직책을 담은 목록을 확인해 보시기 바랍니다. 해당 웹 사이트와 관련하여 어떤 문제든 겪으실 경우에는 555-2987번으로 저희 IT 부서에 전화 주시기 바랍니다.

---

seek ~을 찾다, 구하다 advisor 조언해 주는 사람 look for ~을 찾다 enthusiastic 열정적인 individual 사람, 개인 join ~와 함께 하다, ~에 합류하다 based in ~을 기반으로, 바탕으로 be required to do ~해야 하다 assist ~을 돕다 directions 길 안내, 방향 provide ~을 제공하다 relevant 관련 있는 local 지역의, 현지의 site 장소, 부지 distribute ~을 배부하다, 나눠주다 material 물품, 자료, 재료 flyer 전단 duty 직무 perform ~을 수행하다, 실시하다 both A and B: A와 B 둘 모두 qualification 자격 (요건) successful applicant 합격자 possess ~을 보유하다 passing grade 합격 점수 qualified 자격 있는, 적격인 willingness 의향 aptitude 적성 sightseeing 관광 location 장소, 위치 hold ~을 소지하다 strict 엄격한 requirement (필요) 요

건 résumé 이력서 cover letter 자기 소개서 advertise ~을 광고하다 position 직책 subject field 제목란 view ~을 보다 available 이용 가능한 experience ~을 겪다, 경험하다 issue 문제, 사안

161 사실 관계 확인 유형

해석 해당 직책에 대해 무엇이 필수 자격 요건인가?
(A) 견학을 제공해 본 경험
(B) 관광업 관련 학위
(C) 마케팅 전략에 대한 지식
(D) 지역 명소에 대한 친숙함

해설 자격 요건이 언급되는 두 번째 단락에, 반드시 도시 내의 박물관, 공원, 기념물, 그리고 기타 관광 장소에 관한 지식을 지니고 있어야 한다고(~ must have knowledge of the city's museums, parks, monuments, and other sightseeing locations) 쓰여 있다. 이는 지역 내 명소들에 대해 잘 알고 있어야 한다는 뜻이므로 (D)가 정답이다.

어휘 tourism 관광 산업 A-related: A와 관련된 degree 학위 strategy 전략 familiarity with ~에 대한 친숙함, 익숙함 attraction 명소, 인기 장소

Paraphrase

must have knowledge of the city's museums, parks, monuments, and other sightseeing locations → Familiarity with local attractions

162 동의어 찾기 유형

해석 두 번째 단락, 다섯 번째 줄의 단어 "bonus"와 의미가 가장 가까운 것은 무엇인가?
(A) 연장
(B) 지불
(C) 혜택
(D) 보상

해설 해당 문장에서 운전 면허증 소지를 보너스라고 언급하면서 엄격한 요건이 아니라고 알리고 있다. 이는 부가적인 요소임을 나타내는 것이며, 운전 면허증이 있으면 부가적인 혜택 또는 이득이 될 수 있다는 뜻이므로 '혜택, 이득' 등을 의미하는 (C)가 정답이다.

163 사실 관계 확인 유형

해석 사람들은 광고된 직책에 어떻게 지원할 수 있는가?
(A) 이메일을 보냄으로써
(B) 웹 사이트를 방문함으로써
(C) 전화를 함으로써
(D) 취업 박람회에 참석함으로써

해설 지원 방법이 언급된 세 번째 단락에, recruitment@derrycouncil.co.uk로 자기 소개서와 함께 이력서를

보내라고(~ should send their résumé along with a cover letter to recruitment@derrycouncil.co.uk ~) 알리고 있다. 이는 이메일을 통해 지원하라는 뜻이므로 (A)가 정답이다.

어휘   apply for ~에 지원하다 by (방법) ~함으로써, ~해서 make a phone call 전화하다 attend ~에 참석하다 career fair 취업 박람회

164-167 다음 온라인 채팅을 참조하시오.

캐런 올슨 [오후 1:11]
작가 칼 러들로우 씨와 곧 가질 회의에 관해 이야기하기 전에, 공유해 드릴 기쁜 소식이 있습니다. **164** 우리가 출간한 최신 도서인 로잘리 기븐스 씨의 *라벤더 스카이스*가 리터럴리 리터러리 웹 사이트에서 제공하는 '이달의 도서' 상을 수상했습니다.

올리버 태런트 [오후 1:12]
정말 잘됐어요! 우리 모두가 그 프로젝트에 대해 정말 열심히 했잖아요.

애나 브루머 [오후 1:12]
정말요. 그리고 **165** 그 일이 세상에 있는 더 많은 잠재 고객들에게 우리 회사의 이름을 알리는 데 도움이 될 거예요.

올리버 태런트 [오후 1:13]
좋은 지적입니다. 그 웹 사이트는 대부분의 다른 서평 사이트들보다 더 많은 접속량을 얻고 있어요.

캐런 올슨 [오후 1:14]
저는 비바리오 사가 그 프로젝트에 대해 다시 한 번 도움을 준 것이 너무 고마워요.

애나 브루머 [오후 1:15]
네, 우리 일은 그곳의 도움이 없었다면 똑같지 않았을 거예요.

캐런 올슨 [오후 1:16]
맞아요, 우리가 도서 표지를 우리의 컬렉션에 있는 다른 것들과 유사하게 보이기를 원했다는 것을 그들은 알고 있었어요. **166** 구체적인 색상과 서체, 그리고 삽화를 활용해서, 비바리오 팀은 정말로 주목할 만한 도서 표지 디자인을 만들어냈어요.

올리버 태런트 [오후 1:17]
네. 그들이 두꺼운 표지와 종이 표지 두 가지 모두에 대해 해준 작업이 정말로 그 책이 책장과 진열대에서 눈에 띄도록 하는 데 도움이 됩니다.

캐런 올슨 [오후 1:18]
동의해요. 알겠습니다… 이제 우리의 다음 프로젝트에 관해 얘기해 봅시다. 애나 씨, **167** 칼 러들로우 씨가 자신의 신작 소설인 *아일랜드 오브 드림즈*와 관련해 어떤 것이든 요청하신 사항이 있나요?

애나 브루머 [오후 1:18]
네, 사실 상당 수 있어요. 흠, **167** 어디서부터 시작해야 할까요?

---

upcoming 곧 있을, 다가오는 pleasing 기쁘게 하는 share ~을 공유하다 latest 최근의, 최신의 publish ~을 출간하다, 발간하다 award A B: A에게 B를 수여하다, 주다 prize 상, 상품 get A out there: A를 세상에 알리다 prospective 잠재적인, 장래의 Good point 좋은 지적입니다 traffic 접속량 book review 서평 be grateful that ~해서 고마워하다 help out 도와주다 without ~가 없었다면, 아니었다면 contribution 도움, 기여 want A to do: A가 ~하기를 원하다 have a similar appearance to ~와 유사한 모습을 하다 collection 컬렉션, 소장품, 수집(품) specific 구체적인, 특정한 font 서체 illustration 삽화 create ~을 만들다 eye-catching 주목할 만한, 눈길을 끄는 both A and B: A와 B 둘 모두 stand out 눈에 띄다 display rack 진열대 agree 동의하다 request 요청 concerning ~와 관련해 quite a few 상당 수 in fact 사실, 실은

164 추론과 암시 유형

해석   올슨 양은 자신의 동료들에게 무엇을 공유했는가?
(A) 새 업무 프로젝트를 위한 제안
(B) 현재의 베스트셀러 도서 목록
(C) 회사를 위한 긍정적인 발전
(D) 문학 시상식 행사 일정

해설   첫 메시지에서 올슨 양은 자사에서 출간한 도서가 상을 받은(The latest book we published, ~ was awarded the Book of the Month prize ~) 사실을 알리고 있는데, 이는 회사의 발전과 관련된 상황에 해당되므로 (C)가 정답이다.

어휘   coworker 동료 (직원) proposal 제안(서) current 현재의 positive 긍정적인 development 발전(상) literary 문학의

165 화자의 의도 파악 유형

해석   오후 1시 13분에, 태런트 씨가 "Good point"라고 썼을 때 의도한 것은 무엇이겠는가?
(A) 회사의 명성이 높아질 것이다.
(B) 한 웹 사이트가 업데이트되어야 한다.
(C) 도서 매출이 예상보다 높았다.
(D) 고객들이 한 출판물에 만족했다.

해설   'Good point'는 '좋은 지적이다'라는 의미로 일종의 동의를 나타내는 표현이다. 지문에서 1시 12분에 브루머 양이 상을 받은 일이 회사의 이름을 알리는 데 도움이 될 것이라고(~ that will help to get the name of our business out there ~) 언급한 데 대해 '좋은 지적이다'라고 말한 것은 회사의 명성이 높아진다는 점에 동의하는 말에 해당되므로 (A)가 정답이다.

어휘   reputation 명성, 평판 grow 늘어나다, 증가하다

sales 매출, 판매(량) than expected 예상보다 be pleased with ~에 만족하다, 기뻐하다 publication 출판(물)

166 사실 관계 확인 유형, 키워드 찾기 유형

해석 비바리오 사는 무슨 종류의 사업 분야에 속해 있는가?
(A) 재무 설계
(B) 고등 교육
(C) 그래픽 디자인
(D) 홍보

해설 비바리오 사가 한 일이 언급된 1시 16분 메시지를 보면, 구체적인 색상과 서체, 그리고 삽화를 활용해서, 비바리오 팀이 정말로 주목할 만한 도서 표지 디자인을 만들었다고(Using specific colors, fonts, and illustrations, the Vivario team created a really eye-catching book cover design) 알리고 있다. 이는 그래픽 디자인 작업에 해당되는 것이므로 (C)가 정답이다.

167 사실 관계 확인 유형

해석 브루머 양은 곧이어 무엇을 할 것 같은가?
(A) 러들로우 씨에게 곧 나올 그의 소설 상세 정보를 제공하도록 요청하는 일
(B) *라벤더 스카이스*의 도서 표지 디자인에 관한 세부 사항을 논의하는 일
(C) 칼 러들로우 씨의 여러가지 요청 사항을 설명하는 일
(D) *아일랜드 오브 드림즈*에 대한 몇몇 서평을 검토하는 일

해설 1시 18분에 올슨 양이 칼 러들로우 씨의 신작 소설과 관련해 그 사람이 요청한 사항이 있는지 묻자, 곧이어 브루머 양이 상당수라는 말과 함께 어디서부터 시작할지(~ where should I start?) 되묻고 있다. 이는 칼 러들로우 씨가 요청한 부분을 말하기 위한 질문에 해당되므로 (C)가 정답이다.

어휘 ask A to do: A에게 ~하도록 요청하다 details 상세 정보, 세부 사항 discuss ~을 논의하다, 이야기하다 describe ~을 설명하다 several 여럿의, 몇몇의 make a request 요청하다 examine ~을 검토하다, 살펴보다

168-171 다음 이메일을 참조하시오.

수신: all_members_list@hollyoakscc.com
발신: TheoSharren@hollyoakscc.com
171 날짜: 4월 21일, 목요일
제목: 주차장 업데이트
첨부: 문서_A

홀리오크 컨트리 클럽 회원 여러분,

저희 컨트리 클럽의 주차장이 일주일 더 문을 닫은 상태로 있게 된다는 사실을 알려 드리게 되어 유감스럽게 생각하며, 이는 최근의 폭우가 주차장에서 진행되고 있는 공사 작업을 상당히 지연시켰기 때문입니다. **168** 저희는 이 작업이 내일까지 완료될 것으로 예상했지만, 현재로서는 그 대신 4월 29일 금요일에 주차장을 재개장하는 것을 목표로 하고 있습니다.

이와 같은 불편함에 대해 사과 드리기 위한 방법으로, **169** 저희는 다음 주에 이용하실 수 있는 셔틀 버스를 마련해 두었습니다. 저희는 멀리 떨어져 있는 저희 클럽의 위치로 인해 근처의 다른 주차장 선택권 또는 대중 교통 정류장이 없다는 사실을 알고 있습니다. 이 셔틀 버스가 많은 분들께 도움이 되기를 바랍니다. 세 대의 다른 버스가 도시의 여러 다른 곳에서 저희 클럽의 정문까지 왕복으로 운행할 것입니다. **170** 어느 경로로 버스가 이동하는지 그리고 다양한 승차 지점을 보여주는 정보를 첨부해 드렸습니다.

마지막으로, **171** 저희 클럽 레스토랑의 모든 메뉴의 가격이 다음 달에 20퍼센트 할인될 것이라는 사실을 알려 드리게 되어 기쁘게 생각합니다. 이는 저희가 현재의 주차 상황과 관련해 여러분의 양해와 협조에 대해 보상해 드리기를 원하는 또 다른 방법입니다.

안녕히 계십시오.

테드 포레스터
회원 서비스 관리 부장
홀리오크 컨트리 클럽

---

regret to do ~해서 유감이다 inform A that: A에게 ~라고 알리다 parking lot 주차장 remain + 형용사: ~한 상태로 유지되다, 남아 있다 recent 최근의 significantly 상당히 delay ~을 지연시키다 take place (일, 행사 등이) 일어나다, 발생되다 expect A to do: A가 ~할 것으로 예상하다 by + (기한): ~까지 aim to do ~하는 것을 목표로 하다 instead 대신 as a way of ~하기 위한 방법으로 apologize for ~에 대해 사과하다 inconvenience 불편함 arrange ~을 마련하다, 조치하다 make use of ~을 이용하다 be aware that ~임을 알고 있다 due to ~로 인해 remote 멀리 떨어진 location 위치, 지점 nearby 근처의 option 선택(권) public transportation 대중 교통 hopefully 희망하여, 바라건대 run (교통편이) 운행되다 attach ~을 첨부하다 travel 이동하다 various 다양한 pick-up point 승차 지점 be delighted to do ~해서 기쁘다 mark down ~을 할인하다 reward ~에게 보상해주다 cooperation 협조 regarding ~와 관련해 current 현재의 situation 상황

168 사실 관계 확인 유형

해석 주차장 프로젝트에 관해 언급된 것은 무엇인가?
(A) 이미 예산을 초과했다.
(B) 일정대로 완료되지 않을 것이다.
(C) 일주일 전에 시작되었다.
(D) 해당 클럽으로 신규 회원을 끌어들일 것이다.

해설 첫 단락에 주차장 공사와 관련해 발생된 문제점을 언급하면서 그 작업이 내일까지 완료될 것으로 예상했지만, 현재로서는 그 대신 4월 29일 금요일에 주차장을 재개장하는 것이 목표라고(We expected the work to be finished by tomorrow, but we are now aiming to reopen the lot on Friday, April 29, instead) 알리고 있다. 이는 일정대로 완료되지 않을 것이라는 뜻이므로 (B)가 정답이다.

어휘 go over ~을 초과하다 budget 예산 complete ~을 완료하다 on schedule 일정대로 attract ~을 끌어들이다

Paraphrase
We expected the work to be finished by tomorrow, but we are now aiming to reopen the lot on Friday, April 29 → will not be completed on schedule

169 키워드 찾기 유형

해석 컨트리 클럽 회원들은 다음 주에 무엇을 하도록 권장되는가?
(A) 문서를 작성하는 일
(B) 회의에 참석하는 일
(C) 교통 서비스를 이용하는 일
(D) 특정 출입구 이용을 피하는 일

해설 '다음 주'라는 특정 시점이 언급되는 두 번째 단락에, 회원들이 이용할 수 있는 셔틀 버스를 마련해 두었다는(~ we have arranged shuttle buses that you may make use of next week) 말이 언급되어 있으므로 교통 서비스 이용을 의미하는 (C)가 정답이다.

어휘 be encouraged to do ~하도록 권장되다 fill out ~을 작성하다 attend ~에 참석하다 avoid -ing ~하는 것을 피하다 specific 특정한, 구체적인

Paraphrase
shuttle buses → transportation service

170 사실 관계 확인 유형

해석 포레스터 씨는 이메일에 무엇을 포함했는가?
(A) 경로 정보
(B) 버스 승차권
(C) 주차 허가증
(D) 회원 카드

해설 두 번째 단락의 마지막 부분에 어느 경로로 버스가 이동하는지 그리고 다양한 승차 지점을 보여주는 정보를 첨부했다고(I have attached information showing which ways the buses will travel ~) 쓰여 있는데, 이는 경로 정보를 포함해 두었다는 말이므로 (A)가 성립이다.

어휘 include ~을 포함하다 route 경로, 진로 permit 허가증

Paraphrase
information showing which ways the buses will travel → Route information

171 추론과 암시 유형, 키워드 찾기 유형

해석 5월에 해당 컨트리 클럽에서 무슨 일이 있을 것인가?
(A) 개조 작업이 시작될 것이다.
(B) 직원들이 고용될 것이다.
(C) 새 레스토랑이 문을 열 것이다.
(D) 할인이 제공될 것이다.

해설 지문 상단의 이메일 작성 날짜가 4월로(Date: Thursday, April 21) 되어 있고, 마지막 단락에 다음 달에 있을 일을 언급하는 부분을 통해 5월에 있을 일을 알 수 있다. 이 단락에서 다음 달에 클럽 레스토랑의 모든 메뉴 가격이 20퍼센트 할인될 것이라고(~ all menu prices in the club restaurant will be marked down by 20 percent next month) 알리고 있으므로 할인 서비스 제공을 언급한 (D)가 정답이다.

어휘 renovation 개조, 보수 hire ~을 고용하다 offer ~을 제공하다

172-175 다음 기사를 참조하시오.

> #### 카풀: 172 업체 참여 이끌어내기
>
> 작성자, 에드윈 잭슨
>
> 대다수의 직원들이 각자의 직장으로 개인 차량을 이용해 통근하고 있으며, 현재 "카풀"을 하는 직원들은 거의 찾아볼 수 없습니다. 172 카풀은 처음에는 직원들에게 복잡한 일일 수 있으며, 그것이 바로 고용주들이 준비 과정을 용이하게 하도록 노력해야 하는 이유입니다. -[1]-. 카풀의 환경적 혜택이 이미 잘 알려져 있는 반면, 많은 사람들이 카풀이 가져다주는 현실적이고 사회적인 혜택은 고려하지 않습니다. 카풀은 173(B) 직원들이 사무실 밖에서 함께 시간을 보낼 수 있게 해주며, 이 시간은 서로를 알게 되고 더 강한 관계를 형성하는 데 이용될 수 있습니다. 또한 장기적으로 통근 시간을 줄여 주기도 하는데, 173(D) 도로에 더 적은 차량과 더 적은 교통 체증을 야기하기 때문입니다. 또한 이것은 사람들이 전반적으로 173(C) 연료, 주차, 그리고 수리 작업에 더 적은 돈을 소비할 것을 의미하기도 합니다.
>
> 카풀 계획 실행을 고려하고 있는 고용주들은 몇몇 추가적인 보상

책을 제공해야 합니다. -[2]-. 예를 들어, 카풀을 하는 직원들은 추가 휴가일로 보상을 받을 수 있거나, 작은 보너스가 월급에 추가될 수도 있습니다. 또한 참여하는 직원들 사이에서 불만을 피하기 위해 카풀을 공정하고 평등하게 유지해야 하는 것도 필수입니다. -[3]-. 고용주들은 모두가 계속 만족하도록 하기 위해 **174** 카풀을 하는 직원들에게 때때로 지정된 운전자를 바꾸도록 장려해야 합니다.

마지막으로, 지역 시 의회 또한 카풀을 촉진하기 위해 **175** 업체들에게 보상책을 제공해야 합니다. 여러분의 회사가 어떤 면에서든 수혜를 입는다면 이와 같은 프로그램을 시행할 가능성이 더 클 것입니다. -[4]-.

carpool (승용차를 함께 타는) 카풀하다 get A involved: A를 참여시키다, 관여시키다 the vast majority of 대다수의 commute 통근하다 private 개인의 vehicle 차량 barely any ~가 거의 없는 currently 현재 seem + 형용사: ~한 것처럼 보이다 complicated 복잡한 at first 처음에는 try to do ~하려 노력하다 facilitate ~을 용이하게 하다 arrangement 준비, 조치, 마련 while ~인 반면 environmental 환경의 benefit 혜택, 이득 consider ~을 고려하다 practical 현실적인 allow A to do: A가 ~할 수 있게 해주다 get to do ~하게 되다 forge ~을 형성하다 relationship 관계 cut ~을 줄이다 in the long run 장기적으로 result in ~을 야기하다, ~의 결과를 낳다 fewer 더 적은 traffic jam 교통 체증 mean that ~임을 의미하다 spend A on B: (돈, 시간 등) A를 B에 소비하다 repair 수리 overall 전반적으로 implementation 시행 initiative (대대적인) 계획, 운동 offer ~을 제공하다 additional 추가적인 incentive 보상책 reward A with B: A에게 B로 보상해주다 add A to B: A를 B에 추가하다 monthly wage 월급 keep A 형용사: A를 ~하게 유지하다 fair 공정한 equal 평등한 avoid ~을 피하다 frustration 불만, 좌절(감) among ~사이에서 participating 참여하는 encourage A to do: A에게 ~하도록 장려하다, 권하다 designated 지정된 from time to time 때때로 in order to do ~하기 위해 satisfied 만족한 local 지역의, 현지의 council 의회 provide ~을 제공하다 promote ~을 촉진하다 be more likely to do ~할 가능성이 더 크다 implement ~을 시행하다 stand to benefit 수혜를 입다, 이득을 보다 in some way 어떤 면에서는

172 추론과 암시 유형

해석 기사는 주로 누구를 대상으로 하는가?
(A) 환경 연구원들
(B) 업체 관리자들
(C) 차량 제조사들
(D) 시 의회 구성원들

해설 업체 참여 이끌어내기(Getting Businesses Involved)라는 제목과 함께, 첫 단락에 고용주들이 직원들의 카풀 준비 과정을 용이하게 하도록 노력해야 한다고(~ employers should try to facilitate arrangements) 알리면서 카풀의 이점 및 장려 방법 등을 언급하고 있다. 따라서 업체의 관리 책임자들을 대상으로 하는 것임을 알 수 있으므로 (B)가 정답이다.

어휘 be intended for ~을 대상으로 하다 researcher 연구원, 조사자 manufacturer 제조사

173 사실 관계 확인 유형

해석 카풀의 혜택으로 언급되지 않은 것은 무엇인가?
(A) 유해 배기 가스를 줄여 준다.
(B) 직원들에게 어울릴 수 있는 시간을 준다.
(C) 자동차와 관련된 지출을 최소화한다.
(D) 교통 혼잡을 완화시킨다.

해설 첫 단락 중반부에 직원들이 사무실 밖에서 함께 시간을 보낼 수 있게 해준다고(~ allows staff to spend time together out of the office ~) 알리는 부분에서 (B)를, 첫 단락 마지막 부분에 연료, 주차, 그리고 수리 작업에 더 적은 돈을 소비한다고(~ spend less money on gas, parking, and car repairs ~) 언급하는 부분에서 (C)를 확인할 수 있다. 그리고 그 바로 앞 문장에서 더 적은 차량과 더 적은 교통 체증을 야기한다고(~ results in fewer cars on the road and fewer traffic jams) 하는 부분에서 (D)도 확인 가능하다. 하지만 유해 배기 가스를 줄여 준다는 말은 나타나 있지 않으므로 (A)가 정답이다.

어휘 reduce ~을 줄이다, 감소시키다 harmful 유해한 emission 배출(물) socialize 어울리다, 사교 활동을 하다 minimize ~을 최소화하다 A-related: A와 관련된 expense 지출(액) alleviate ~을 완화하다 traffic congestion 교통 혼잡

174 사실 관계 확인 유형, 키워드 찾기 유형

해석 기사에 따르면, 주기적으로 무엇이 발생해야 하는가?
(A) 교육 시간
(B) 요일 교환
(C) 운전자 교대
(D) 안전 점검

해설 주기적으로 해야 하는 일은 두 번째 단락의 끝부분에 나타나 있다. 카풀을 하는 직원들에게 때때로 지정된 운전자를 바꾸도록 장려해야 한다고(Employers should encourage carpooling staff to change the designated driver from time to time ~) 되어 있으므로 운전자 교대를 뜻하는 (C)가 정답이다.

어휘   training 교육   session (특정 활동을 위한) 시간
         rotation 교대   inspection 점검

Paraphrase

         change the designated driver ➡ rotation of
         drivers

175 문장 삽입 유형

해석   [1]~[4]로 표시된 곳 중에서 다음 문장이 들어가기에 가
       장 적절한 곳은?

       "예를 들어, 회사들은 카풀에 대한 보상으로 감세 조치
       를 제공받거나, 연간 보조금을 받을 수 있습니다."

       (A) [1]

       (B) [2]

       (C) [3]

       (D) [4]

해설   제시된 문장은 예시를 나타낼 때 사용하는 For example
       과 함께 회사들이 카풀을 시행함으로써 받을 수 있는 두
       가지 보상책을 언급하고 있다. 따라서 카풀 촉진을 위
       해 업체들에게 보상책을 제공해야 한다고(~ provide
       incentives to businesses ~) 알리는 문장 뒤에 위치한
       [4]에 들어가 보상책에 대한 예시를 언급하는 흐름이 되
       어야 자연스러우므로 (D)가 정답이다.

어휘   tax break 감세 조치, 세금 우대 조치   receive ~을 받
       다   annual 연간의, 연례적인   grant 보조금   reward
       보상

176-180 다음 이메일과 정보를 참조하시오.

수신: eweller@ssi.net
발신: pmoffat@brightflash.com
제목: 회사 단체 여행
날짜: 5월 11일

웰러 양께,

제가 이메일을 쓰는 이유는 **176** 제가 브라이트플래시 주식회
사 직원들을 위한 여행을 계획하고 있기 때문이며, 꼬박 하루
동안 나가 직원들을 시애틀 과학 연구소(SSI)로 데려가고자 합니
다. 이렇게 하려는 이유는 이 기관에서 제공하는 전시회와 활동이
저희 직원들에게 영감을 주고 그들의 상상력을 자극하기를 바라
기 때문입니다. **176** 저희 직원들은 매우 중요한 고객들을 대상
으로 광고 캠페인을 만들어내는 일을 맡고 있으며, 저희는 직
원들의 마음이 혁신과 창의성으로 폭발하기를 원합니다.

180 저희는 5월 20일 금요일에 연구소를 방문할 계획이며,
대략 총 50명의 인원이 있을 것입니다. **177** 제가 알고자 하는
것은 저희가 50장 이상을 구입할 계획일 경우에, 입장권 가격
에 대해 할인을 받는 것이 가능한가 하는 점입니다. 틀림없이

저희와 같은 단체 고객에 대한 일종의 판촉 서비스가 있을 것으로
생각됩니다. 저희는 그곳의 4D 극장에서 영화를 즐길 계획이며,
179 또한 라이브 시연회도 보고 참여형 전시 건물에서도 시
간을 좀 보내고자 합니다.

귀하로부터 소식을 들을 수 있기를 고대합니다.

안녕히 계십시오.

177 폴 모팻
인사부장, 브라이트플래시 주식회사

---

plan ~을 계획하다   would like to do ~하고자 하다, ~하고
싶다   exhibition 전시(회)   activity 활동   offer ~을 제공하다
institute 연구소, 기관, 단체   inspire ~에게 영감을 주다
stimulate ~을 자극하다   imagination 상상(력)   be tasked
with ~에 대한 업무를 맡다   create ~을 만들다   ad 광고   want
A to do: A가 ~하기를 원하다   burst with ~로 폭발하다
innovation 혁신   creativity 창의성   approximately 대략,
약   individual 사람, 개인   in total 총, 전부 합쳐   whether
~인지 (아닌지)   obtain ~을 받다, 얻다   saving 할인,
절약(된 금액)   purchase ~을 구입하다   A or more: A 이상
의   assume (that) ~인 것으로 생각하다, 추정하다   some
kind of 일종의   promotion 판촉   demonstration 시연(회)
interactive 참여형의, 상호 작용의   exhibit 전시(회)   wing 부
속 건물, 동   look forward to -ing ~하기를 고대하다

시애틀 과학 연구소
방문객 안내 정보

시애틀 과학 연구소(SSI)는 1997년에 설립되었으며, 센트럴 버스
터미널 바로 맞은편에 위치하고 있습니다. 저희 연구소는 방문객
들께 소중한 교육 경험을 제공해 드리고 있으며, 영구적인 전시품
뿐만 아니라 기타 최신 편의 시설도 즐기실 수 있습니다. **178** 최
근에 개조된 4D 극장과 공연용 원형 극장은 현재 주어진 어느 시
간대에도 각각 120명과 150명의 방문객을 수용할 수 있습니다. 저
희는 모든 규모의 단체 고객을 환영하지만, 저희가 단체 고객에게
가장 적합한 입장권을 선택하는 데 도움을 드리고 이용 가능한 할
인 서비스를 알려드릴 수 있도록 사전에 연락 주시기 바랍니다.
부지 내 자동차 및 버스 주차 서비스는 소액으로 이용 가능합니
다.

입장권 선택 사항:

· 스탠다드 / $13.50 / 연구소 내의 모든 영구 전시회 입장 포함

· 스탠다드 엑스트라 / $15.00 / 스탠다드 입장에 더해 4D 영화
   관 입장 포함

· 프리미어 패스 / $17.50 / 스탠다드 엑스트라 입장에 더해 참
   여형 전시회 입장 포함

· **179** VIP / $20.00 / 프리미어 패스 입장에 더해 라이브 시

연회 입장 포함

라이브 시연회:
· 자석: 끌어당기는 힘의 법칙 (매주 토요일과 수요일)
· 날씨: 악천후의 힘을 느껴보세요 (매주 일요일)
· 은하계: 우리 태양계를 너머 탐험해 보세요 (매주 월요일과 목요일)
· **180** 인체: 가장 놀라운 창조물 (매주 화요일과 금요일)

found ~을 설립하다 be situated 위치하다, 자리잡고 있다 opposite ~맞은편에 provide ~을 제공하다 invaluable 소중한 education 교육의 permanent 영구적인 as well as ~뿐만 아니라 …도 state-of-the-art 최신의 amenity 편의 시설 recently a. 최근의 ad. 최근에 amphitheater 원형 극장 accommodate ~을 수용하다 respectively 각각 contact ~에게 연락하다 in advance 사전에, 미리 so that ~할 수 있도록 help A do: A가 ~하도록 돕다 choose ~을 선택하다 suitable 적합한 inform A of B: A에게 B를 알리다 available 이용 가능한 on-site 부지 내의, 현장의 fee 요금, 수수료 access to ~에 대한 이용, 접근 attraction 끌어당기는 힘 force 힘 elements 악천후 explore ~을 탐험하다 beyond ~을 너머 solar system 태양계 amazing 놀라운 creation 창조(물)

176 사실 관계 확인 유형

해석 브라이트플래시 주식회사는 무슨 종류의 업체일 것 같은가?
(A) 광고 대행사
(B) 가전 기기 제조사
(C) 제약 회사
(D) 도서 출판사

해설 첫 지문 첫 단락에, 이메일 작성자가 자사의 이름이 브라이트플래시 주식회사라고 언급하고(~ I am planning a trip for employees of Brightflash Co. ~) 있으며, 소속 직원들이 고객들을 대상으로 광고 캠페인을 만들어 내는 일을 한다고(They are tasked with creating ad campaigns ~) 알리고 있으므로 (A)가 정답이다.

어휘 agency 대행사 appliance 가전 기기 manufacturer 제조사 pharmaceutical 제약의 publisher 출판사

177 주제 찾기 유형

해석 모팻 씨는 왜 이메일을 썼는가?
(A) 새로운 전시회에 대한 아이디어를 제안하기 위해
(B) 연구소의 개장 시간에 관해 묻기 위해
(C) 대량 구매 할인에 관해 문의하기 위해
(D) 사업 제휴 관계 가능성을 논의하기 위해

해설 첫 지문에서, 이메일 작성 배경에 해당되는 첫 단락을 지나 두 번째 단락에서 50장 이상을 구입할 계획일 경우에 입장권 가격에 대해 할인을 받는 것이 가능한지 알고 싶다고(~ whether it would be possible to obtain a savings on ticket prices if we plan to purchase fifty or more) 묻는 부분이 목적에 해당된다. 이는 대량 구매에 대한 할인을 문의하는 말이므로 (C)가 정답이다.

어휘 suggest ~을 제안하다 inquire about ~에 관해 문의하다 bulk 대량의 discuss ~을 논의하다 partnership 제휴 관계

Paraphrase
obtain a savings on ticket prices if we plan to purchase fifty or more ➔ bulk discount

178 추론과 암시 유형

해석 시애틀 과학 연구소에 관해 암시된 것은 무엇인가?
(A) 원래 장소에서 옮겨졌다.
(B) 최근에 개조되었다.
(C) 방문객들에게 무료 주차를 제공한다.
(D) 기차역 근처에 위치해 있다.

해설 시애틀 과학 연구소에 관한 정보가 담긴 두 번째 지문 첫 단락에, 최근에 개조된(The recently remodeled ~) 시설물이 언급되고 있으므로 (B)가 정답이다.

어휘 original 원래의, 애초의 site 장소, 부지 renovate ~을 개조하다, 보수하다 free 무료의 be located 위치해 있다 near ~근처에

Paraphrase
remodeled ➔ renovated

179 사실 관계 확인 유형, 이중지문 대조 유형

해석 브라이트플래시 주식회사 직원들은 무슨 종류의 입장권을 요청할 것 같은가?
(A) 스탠다드
(B) 스탠다드 엑스트라
(C) 프리미어 패스
(D) VIP

해설 브라이트플래시 주식회사를 대표해 작성된 이메일인 첫 지문 두 번째 단락에 라이브 시연회도 보고 참여형 전시 건물에서도 시간을 좀 보내고 싶다고(~ we would also like to see a live demonstration ~) 쓰여 있다. 두 번째 지문의 두 번째 단락에 라이브 시연회 입장이 가능한 입장권 종류가 VIP로 되어 있으므로(VIP / $20.00 / Premier Pass access PLUS access to live demonstrations) (D)가 정답이다.

어휘 require ~을 요청하다

180 사실 관계 확인 유형, 이중지문 대조 유형

해석 브라이트플래시 주식회사 직원들은 무슨 라이브 시연회를 볼 것 같은가?
(A) 자석
(B) 날씨
(C) 은하계
(D) 인체

해설 첫 지문의 두 번째 단락에 5월 20일 금요일에 방문할 계획이라고(We plan to visit the institute on Friday, May 20 ~) 알리고 있는데, 두 번째 지문의 마지막 단락을 보면 금요일에 열리는 라이브 시연회가 '인체'이므로(The Human Body: The Most Amazing Creation (Tuesdays and Fridays)) (D)가 정답이다.

181-185 다음 공고와 이메일을 참조하시오.

글로벌 트래블러 퍼블리싱 (GTP)
여행 후기 작성자 필요

181 영국에 본사를 둔 저희 글로벌 트래블러 퍼블리싱이 여러 '유럽 여행 가이드'의 신판에 기고해 주실 열정적인 여행객을 찾습니다. 저희는 숙박 시설과 교통망, 식당, 그리고 여가 시설과 같이 다양한 장소와 편의 시설에 대해 평가해 주실 **184** 21~49세의 사람들을 찾고 있으며, **185** 대상 국가는 다음과 같습니다: 프랑스, 독일, 그리고 이탈리아. 관심 있으신 분들께서는 여행 및 글쓰기에 대한 어떤 경험이든 보이셔서 recruitment@gtp.co.uk로 소개 이메일을 보내주셔야 합니다. 유효 여권은 필수입니다. 외국어에 대한 지식은 우대되지만, 필수는 아닙니다. 합격하신 분들께서는 해당 가이드 책자의 출판본의 기고자로서 인정받으시게 될 것입니다.

회사 소개:
GTP는 거의 20년 전에 경험 많은 여행자이자 수상 경력이 있는 저널리스트인 **182** 마이클 코스그로브 씨에 의해 설립되었습니다. 저희 회사는 미국과 캐나다에 대한 여행 가이드를 저술하고 출판하는 것으로 시작되었으며, 이 출판물들의 성공은 저희 회사가 빠르게 그리고 상당히 크게 성장할 수 있게 해주었습니다. **182** 마이클 씨는 좋지 못한 건강 상태로 인해 2년 전에 대표이사 및 회장 직책에서 물러나셨으며, 통솔권을 동생인 조지 씨께 물려주셨습니다. 현재, GTP는 50개가 넘는 국가에 대한 가이드를 출판하고 있으며, 전 세계적으로 1억 권 넘게 판매해 왔습니다.

reviewer 후기 작성자, 평가자, 검토자 required 필요한, 필수의 based in ~에 본사를 둔, ~에 기반한 look for ~을 찾다 enthusiastic 열정적인 contribute to ~에 기고하다, 도움을 주다, 기여하다 edition (출판물 등의) 판 several 여럿의, 몇몇의 seek ~을 찾다, 구하다 aged A: 나이가 A인 review ~을 평가하다, 검토하다 various 다양한 site 장소, 부지 amenity 편의 시설 accommodation 숙박 시설 transportation network 교통망 recreational 여가의 facility 시설(물) following 다음의 interested 관심 있는 individual 사람, 개인 introductory 소개의 including ~을 포함해 have an experience in ~에 경험이 있다 valid 유효한 beneficial 혜택을 주는, 유익한 successful 합격한, 성공한 receive ~을 받다 credit 인정 contributor 기고자 establish ~을 설립하다 seasoned 경험 많은 award-winning 수상 경력이 있는 firm 회사 start off 시작되다 success 성공 publication 출판(물) allow A to do: A가 ~할 수 있게 해주다 grow 성장하다 rapidly 빠르게 significantly 상당히 (크게) step down as ~의 자리에서 물러나다 CEO 대표이사 president 회장, 사장 due to ~로 인해 hand over A to B: A를 B에게 건네주다 rein 통솔권, 지휘권 more than ~가 넘는 worldwide 세계적으로

수신: 샘 하퍼 <sharper@orcamail.com>
183 발신: 조안나 와일리 <jwiley@gtp.co.uk>
날짜: 7월 12일
제목: 세부 사항

하퍼 씨께,

저희가 제공하는 여행 후기 작성자 기회에 대한 귀하의 관심에 감사드립니다. 귀하의 소개 이메일을 읽어보았으며, **184** 해당 역할에 이상적으로 적합하신 것으로 보입니다. 하지만, 저희 인사 총괄 이사님께서 최종 결정을 내리시는 일을 책임지고 계십니다. 귀하께서는 이달 말 전에 선정되셨는지 아닌지를 통보받게 되실 겁니다. **183** 여행 수당과 관련해 귀하께서 여쭤보신 내용과 관련하여: 네, 각 기고자는 일일 경비를 충당할 충분한 수당을 지급받으며, 모든 숙박 시설 및 차량 대여는 GTP에 의해 비용 처리됩니다. **185** 독일 현지의 저희 직원인 조 데니히 씨가 공항에서 기고자들을 만나 여행 예산과 호텔 예약, 그리고 일일 일정에 관한 추가 세부 사항을 제공해 드릴 것입니다.

귀하께 행운을 빌어 드리며, 저희와 함께 일할 기회가 있으시길 바랍니다.

안녕히 계십시오.

조안나 와일리
인사부장
글로벌 트래블러 퍼블리싱

---

details 세부 사항, 상세 정보 interest in ~에 대한 관심 opportunity 기회 seem + 형용사: ~한 것 같다, ~한 것처럼 보이다 ideally 이상적으로 suited for ~에 적합한 role 역할 however 하지만, 그러나 be responsible for ~에 대한 책임이 있다 make a decision 결정을 내리다 notify ~에게 통보하다, 알리다 whether or not + 주어 + 동사: ~인지

아닌지 **select** ~을 선정하다 **with regard to** ~와 관련해 **allowance** 수당 **receive** ~을 받다 **adequate** 충분한, 적절한 **cover** (비용 등) ~을 충당하다 **expense** 경비, 지출(액) **vehicle** 차량 **rental** 대여 **local** 지역의, 현지의 **representative** 직원 **provide** ~을 제공하다 **further** 추가의, 한층 더 한 **budget** 예산 **reservation** 예약 **itinerary** 일정(표)

181 주제 찾기 유형

해석 공지의 목적은 무엇인가?
(A) 새 여행 가이드의 출시를 알리는 것
(B) 한 출판사의 성공을 축하하는 것
(C) 책에 도움을 줄 자원자들을 찾는 것
(D) 회사의 신임 임원을 소개하는 것

해설 첫 지문의 시작 부분에 글로벌 트래블러 퍼블리싱에서 여러 유럽 여행 가이드의 신판에 기고해 주실 열정적인 여행객을 찾는다고(~ is looking for enthusiastic travelers to contribute to its new editions of several European Travel Guides) 알리고 있는데, 이는 책에 도움을 줄 사람들을 찾는 것이므로 (C)가 정답이다.

어휘 **announce** ~을 발표하다 **launch** 출시, 공개 **celebrate** ~을 축하하다, 기념하다 **volunteer** 자원하는 사람 **introduce** ~을 소개하다 **executive** 임원

182 키워드 찾기 유형

해석 조지 코스그로브 씨는 누구인가?
(A) 한 회사의 설립자
(B) 한 회사의 회장
(C) 수상 경력이 있는 저자
(D) 인사 총괄 이사

해설 첫 지문의 두 번째 단락에 마이클 씨가 건강 문제로 대표이사 및 회장 직책에서 물러나면서 통솔권을 동생인 조지 씨에게 물려주었다는(Michael stepped down as CEO and president ~ handed over the reins to his brother, George) 말이 쓰여 있다. 또한 같은 단락 시작 부분에 마이클 씨의 성이 '코스그로브'로(Michael Cosgrove) 쓰여 있어 동생인 조지 코스그로브 씨가 현재 회장임을 알 수 있으므로 (B)가 정답이다.

어휘 **founder** 설립자, 창립자 **firm** 회사 **award-winning** 수상 경력이 있는

183 주제 찾기 유형

해석 와일리 양이 이메일을 쓴 한 가지 이유는 무엇인가?
(A) 더 많은 정보를 요청하는 것
(B) 합격하지 못한 지원서를 확인해 주는 것
(C) 하퍼 씨에게 일정표를 보내는 것
(D) 문의 사항에 답변하는 것

해설 이메일인 두 번째 지문의 시작 부분에 간단한 배경 설명을 한 후, 중반부에 가서 상대방이 물어본 내용과 관련된(With regard to what you asked about a travel allowance ~) 답변이 제시되고 있으므로 (D)가 정답이다.

어휘 **request** ~을 요청하다 **confirm** ~을 확인해 주다 **unsuccessful** 합격하지 못한, 성공하지 못한 **application** 지원(서) **respond to** ~에 답변하다, 빈응하다 **query** 문의

Paraphrase
what you asked → query

184 추론과 암시 유형, 이중지문 대조 유형

해석 하퍼 씨에 관해 알 수 있는 것은 무엇인가?
(A) 2개 국어를 한다.
(B) 데니히 씨와 전에 함께 일한 적이 있다.
(C) 최소 21살이다.
(D) GTP 여행 가이드를 구입한 적이 있다.

해설 하퍼 씨에게 보내는 이메일인 두 번째 지문 시작 부분에 적합한 사람인 것으로 보인다고(~ you seem ideally suited for the role) 알리고 있으며, 첫 지문에서 자격 요건의 하나로 '21세에서 49세 사이'라는 나이가 제시된 것으로(We are seeking people aged 21~49 ~) 볼 때 하퍼 씨는 최소 21세인 사람임을 알 수 있다. 따라서 이를 언급한 (C)가 정답이다.

어휘 **bilingual** 2개 국어를 하는 **at least** 최소한, 적어도 **purchase** ~을 구입하다

185 추론과 암시 유형, 이중지문 대조 유형

해석 하퍼 씨는 어느 국가를 방문할 것 같은가?
(A) 프랑스
(B) 독일
(C) 이탈리아
(D) 영국

해설 첫 번째 지문인 공고를 보면, 여행 후기 작성자가 다양한 장소와 편의 시설을 평가할 대상 국가로 프랑스, 독일, 그리고 이탈리아가 언급되어(We are seeking people ~ to review various sites and amenities, ~ , in the following countries: France, Germany, and Italy) 있다. 그리고 하퍼 씨에게 보내는 이메일인 두 번째 지문 후반부에 독일 현지의 직원인 조 데니히 씨가 공항에서 기고자들을 만나 하퍼 씨가 질문한 여행 예산과 일정 등의 추가 세부 사항을 전달드릴 것이라고(Our local representative in Germany, Joe Dennehy, will meet contributors at the airport and provide further details on the travel budgets, ~) 했으므로 위의 세 나

라 중 독일이 하퍼 씨가 방문할 국가라는 것을 유추할 수 있으므로 (B)가 정답이다.

186-190 다음 이메일과 웹 페이지, 그리고 기사를 참조하시오.

수신: 도널드 리, 대표이사
187 발신: 마누엘 코스타
제목: 제안
날짜: 1월 17일

리 대표이사님께,

귀하 및 다른 이사님들께서 우리 레스토랑 체인이 라스트 스트로 계획과 제휴 관계를 맺는 것을 고려해 보시기를 제안 드리고자 합니다. 이 계획은 '라스트 스트로 협회(LSO)'에 의해 시행되어 왔으며, 그 목적은 환경을 보호하기 위한 노력에 기업의 참여를 늘리는 것입니다. 회원들은 또한 각자의 고객들을 대상으로 **186** 친환경적인 아이디어와 전략을 홍보해야 하며, 그렇게 함으로써 우리 지구에 대한 중대한 위협과 관련된 대중의 인식을 향상시킬 수 있습니다.

이 계획에 함께 함으로써, 우리 회사는 여러 면에서 수혜를 입습니다. 이 계획을 통해, 우리는 제휴 관계를 맺은 **187(B)** 126곳의 다른 회사들과 교류하고 상호 이득이 되는 사업을 살펴볼 기회를 더 많이 갖게 될 것입니다. 또한, 이 계획의 일부가 되면 우리에게 **187(A)** 잠재 소비자들에 대한 더 많은 노출 기회가 주어지는데, 우리 브랜드와 회사 연혁이 LSO의 홍보 사료 및 웹 사이트에 보여질 것이기 때문입니다. 마지막이기는 하지만 미찬가지로 중요한 것은, 우리가 이 협회의 연례 컨벤션에 초대될 것이며, 이는 매우 널리 알려진 행사로서 **187(D)** 모든 주요 언론 매체를 통해 취재됩니다. 추가적으로, 이 행사는 협회의 웹 사이트를 통해 라이브로 재생되며, **190** 거의 백만 명의 사람들이 작년의 행사를 시청했습니다. 결국, 우리가 이 행사에서 수상을 한다면, 이는 우리 회사에 대한 훨씬 더 많은 언론 취재로 이어질 것입니다. 물론, 저는 기꺼이 이 계획의 목표와 관련된 우리 기업의 모든 노력을 감독할 것입니다.

귀하께서 이 제안을 고려해 보시기를 바랍니다.

안녕히 계십시오.

마누엘 코스타
마케팅 관리자
빅 랜치 레스토랑

proposal 제안(서) would like to do ~하고자 하다, ~하고 싶다 propose that ~하도록 제안하다 board member 이사, 이사진 구성원 consider -ing ~하는 것을 고려하다 partner A with B: A를 B와 제휴 관계를 맺게 하다 initiative (대대적인) 계획, 운동 implement ~을 시행하다 purpose 목적 increase ~을 증가시키다, 늘리다 corporate 기업의

participation in ~에 대한 참여 effort to do ~하기 위한 노력 protect ~을 보호하다 environment 환경 be required to do ~해야 하다 promote ~을 홍보하다, 촉진하다 eco-friendly 친환경적인 strategy 전략 in doing so (앞서 언급된 것에 대해) 그렇게 함으로써 enhance ~을 향상시키다 consciousness 인식 grave threat 중대한 위협 by (방법) ~함으로써, ~해서 join ~와 함께 하다 stand to benefit 수혜를 입다, 이득을 얻다 in several ways 여러 면에서 through ~을 통해 have an opportunity to do ~할 기회를 갖다 network with ~와 교류하다, 관계를 형성하다 explore ~을 살펴보다 mutually beneficial 상호 이득이 되는 business venture (모험적) 사업 grant A B: A에게 B를 주다 exposure to ~에 대한 노출 potential 잠재적인 consumer 소비자 company bio 회사 연혁 appear 보여지다, 나타나다 promotional 홍보의 material 자료, 물품 Last but not least 마지막이기는 하지만 마찬가지로 중요한 것은 invite ~을 초대하다 annual 연례적인 highly-publicized 매우 널리 알려진 cover ~을 취재하다 news outlet 언론 매체 additionally 추가적으로 stream ~을 재생하다 via ~을 통해 organization 기관, 단체 manage to do ~을 해내다 win an award 수상하다 result in ~라는 결과를 낳다, ~을 야기하다 coverage 취재 oversee ~을 감독하다 in relation to ~와 관련된 take A into consideration: A를 고려하다

http://www.laststrawintitiative.org/events/convention_information

라스트 스트로 협회 (LSO)
라스트 스트로 컨벤션

참가자를 위한 정보

라스트 스트로 계획의 회원들께서는 올해의 컨벤션에 참여하기를 원하시면 4월 1일과 5월 1일 사이에 등록하실 수 있습니다. 이 행사는 7월 21일부터 7월 23일까지 로스앤젤레스의 크라운 호텔에서 개최될 것입니다. 지난 12개월에 걸쳐 가장 많은 기여를 해주신 이 계획의 파트너 기업들이 시상식 행사 중에 표창을 받을 것입니다. 모든 수상 기업들은 7월 23일에 발표될 것이며, **188** 회사 대표자들께서는 8월에 여기 저희 웹 사이트에 특집으로 실릴 기사를 위해 인터뷰를 할 것입니다.

participant 참가자 register 등록하다 between A and B: A와 B 사이에 participate in ~에 참여하다 take place (일, 행사 등이) 개최되다, 발생되다 make a contribution 기여하다, 기부하다 significant 많은, 상당한 over ~동안에 걸쳐 recognize ~을 표창하다, 인정하다 prize winner 수상자

announce ~을 발표하다 representative 대표자, 직원
article (잡지 등의) 기사 feature ~을 특집으로 싣다

빅 랜치의 인상적인 시작

(8월 9일) - 라스트 스트로 계획은 기업의 낭비를 감소시키고 회사들마다 친환경적인 사업 관행을 채택하도록 장려하기 위한 노력에 있어 미국과 캐나다에 본사를 둔 업체들을 하나로 뭉치게 합니다. **189** 멕시코 요리를 제공하는 여러 레스토랑들이 지난 수년 간에 걸쳐 이 계획에 함께 해 오기는 했지만, 어느 곳도 빅 랜치만큼 그렇게 즉각적이고 상당한 영향을 미친 곳은 없었습니다. 불과 5개월 만에, 빅 랜치는 자사의 레스토랑에서 모든 플라스틱 빨대를 완전히 없앴고, 플라스틱 쟁반을 내구성이 좋고 재활용 가능한 금속 쟁반으로 대체했으며, 대량 소스 제공 기기 및 세척 가능한 금속 컵을 사용하기 위해 1인용으로 제공되는 소스 통들에서 벗어났습니다. 결과적으로, LSO는 최근에 열린 라스트 스트로 컨벤션에서 이 업체에 '최고의 신규 파트너' 상을 수여했습니다. **188** 이 상은 회사 대표인 마누엘 코스타 씨가 받았습니다. 이 컨벤션은 LSO의 웹 사이트에서 라이브로 재생되었으며, **190** 행사 종료 무렵에 140만 명이 넘는 시청자를 받았습니다.

---

impressive 인상적인 bring together ~을 하나로 뭉치게 하다, 한데 모으다 based in ~에 본사를 둔, ~을 기반으로 하는 in an effort to do ~하기 위한 노력으로 reduce ~을 감소시키다, 줄이다 corporate 기업의 waste 낭비, 쓰레기 encourage A to do: A에게 ~하도록 장려하다 adopt ~을 채택하다 environmentally-friendly 친환경적인 practice 관행, 관례 while ~이기는 하지만 several 여럿의, 몇몇의 serve (음식 등) ~을 제공하다 cuisine 요리 immediate 즉각적인 significant 상당한, 많은 have an impact 영향을 미치다 completely 완전히 remove ~을 없애다, 제거하다 replace A with B: A를 B로 대체하다 durable 내구성이 좋은 reusable 재활용 가능한 move away from ~에서 벗어나다 single-serving 1인용으로 제공되는 in favor of ~을 위해, ~에 찬성해 bulk 대량의 dispenser (소스 등이 나오는) 분배용 기계 washable 세척 가능한 as a result 결과적으로 award A B: A에게 B를 수여하다 firm 회사 recent 최근의 accept ~을 받다, 수용하다 representative 직원 receive ~을 받다 more than ~가 넘는 viewer 시청자 by ~무렵, ~쯤

186 사실 관계 확인 유형

해석 라스트 스트로 계획에 함께 하는 업체들의 한 가지 목표는 무엇인가?
(A) 오염을 감소시키기 위한 기술을 개발하는 것
(B) 월간 소식지에 기사를 기고하는 것
(C) 환경에 대한 인식을 증진하는 것

(D) 직원들의 건강을 개선하는 것

해설 라스트 스트로 계획이 처음 언급되는 첫 지문의 첫 단락에, 친환경적인 아이디어와 전략을 홍보함으로써 지구에 대한 중대한 위협과 관련된 대중의 인식을 향상시킬 수 있다고(~ promote eco-friendly ideas and strategies ~ enhance public consciousness about the grave threats to our planet) 언급되어 있다. 이는 환경에 대한 인식을 늘리는 일을 뜻하므로 (C)가 정답이다.

어휘 develop ~을 개발하다 technology 기술 pollution 오염, 공해 contribute ~을 기고하다 article (잡지 등의) 기사 promote ~을 증진하다, 촉진하다 awareness 인식 improve ~을 개선하다

Paraphrase
promote eco-friendly ideas and strategies / enhance public consciousness about the grave threats to our planet → promote environmental awareness

187 사실 관계 확인 유형

해석 코스타 씨가 라스트 스트로 계획에 합류하는 것의 혜택으로 언급하지 않은 것은 무엇인가?
(A) 소비자들에 대한 더 많은 노출
(B) 더 나은 교류 기회
(C) 더 낮은 연간 지출
(D) 증가되는 언론 취재

해설 첫 지문 두 번째 단락에서, 잠재 소비자들에 대한 더 많은 노출 기회(~ increased exposure to potential consumers ~)를 언급한 것에서 (A)를, 다른 업체들과의 더 많은 교류 기회(~ more opportunities to network with the other 126 partnered businesses ~)를 언급한 부분에서 (B)를 확인할 수 있다. 또한, 주요 언론 매체를 통해 취재된다는(~ covered by all major news outlets) 내용에서 (D)도 확인 가능하다. 하지만 더 낮은 연간 지출과 관련된 정보는 제시되어 있지 않으므로 (C)가 정답이다.

어휘 networking 교류, 관계 형성 opportunity 기회 annual 연간의, 연례적인 expenditure 지출, 경비 coverage 취재

188 사실 관계 확인 유형, 추론과 암시 유형, 이중지문 대조 유형

해석 코스타 씨에 관해 무엇이 사실일 것 같은가?
(A) 웹 사이트 기사를 위해 인터뷰했다.
(B) 올해의 LSO 컨벤션을 준비하는 데 도움을 주었다.
(C) 최근에 빅 랜치에서 이사진으로 승진되었다.
(D) 처음에는 라스트 스트로 계획에 함께 하기를 주저했

다.

해설 세 번째 지문 마지막에 마누엘 코스타 씨가 회사 대표자로서 상을 받은 사실이(The award was accepted by company representative, Manuel Costa) 쓰여 있다. 이와 관련해, 두 번째 지문 마지막 문장에 회사 대표자들이 8월에 웹 사이트에 특집으로 실릴 기사를 위해 인터뷰를 할 것이라고(~ company representatives will be interviewed ~) 되어 있으므로 코스타 씨도 인터뷰를 했다는 것을 알 수 있다. 따라서 이를 언급한 (A)가 정답이다.

어휘 organize ~을 준비하다 recently 최근에 promote ~을 승진시키다 board 이사진 be reluctant to do ~하기를 주저하다 initially 처음에

189 사실 관계 확인 유형

해석 빅 랜치에 관해 알 수 있는 것은 무엇인가?
(A) 자사의 메뉴 가격을 변경했다.
(B) 주로 멕시코 음식을 제공한다.
(C) 세계적으로 매장을 운영하고 있다.
(D) 올해 회사 합병을 거칠 것이다.

해설 빅 랜치와 관련된 정보가 제시되는 세 번째 지문 초반부에, 멕시코 요리를 제공하는 여러 레스토랑들이 지난 수년 간 계획에 함께 해 오기는 했지만, 어느 곳도 빅 랜치만큼 그렇게 즉각적이고 상당한 영향을 미친 곳은 없었다는(While several restaurants serving Mexican cuisine have joined the initiative ~ none has had such an immediate and significant impact as Big Ranch) 말이 쓰여 있다. 따라서 빅 랜치는 멕시코 음식을 제공하는 업체인 것으로 판단할 수 있으므로 (B)가 정답이다.

어휘 make changes to ~을 변경하다 primarily 주로 operate ~을 운영하다 worldwide 세계적으로 undergo ~을 거치다, 겪다 merger 합병

190 사실 관계 확인 유형, 이중지문 대조 유형

해석 가장 최근의 라스트 스트로 컨벤션에 관해 알 수 있는 것은 무엇인가?
(A) 예년에 비해 다른 행사 장소에서 개최되었다.
(B) 과거 그 어느 때보다 더 많은 참여 업체들을 특징으로 했다.
(C) 작년의 행사보다 더 많은 온라인 시청자들을 받았다.
(D) 올해 완전히 새로운 시상 부문을 도입했다.

해설 세 번째 지문 마지막에 140만 명이 넘는 시청자들을 받았다는(~ received more than 1.4 million viewers ~) 말이 쓰여 있는데, 이는 첫 지문 두 번째 단락에 작년의 시청자로 언급된 백만 명보다(~ almost one million

people watched last year's event) 많은 수치이다. 따라서 이와 같은 시청자의 증가를 말한 (C)가 정답이다.

어휘 hold ~을 개최하다 venue 행사 장소 previous 이전의, 과거의 feature ~을 특징으로 하다 participating 참여하는 than ever before 과거 그 어느 때보다 introduce ~을 도입하다, 소개하다 brand new 완전히 새로운 category 부문, 항목

191-195 다음 이메일과 광고, 그리고 메모를 참조하시오.

수신: 테리 풀 <tpoole@markhambio.com>
발신: 애나 두샘프 <aduchamp@markhambio.com>
날짜: 9월 4일
제목: 컨벤션

안녕하세요 테리 씨,

당신이 현재 **195** 우리가 11월 14일과 15일에 주최하는 마컴 바이오사이언스 연례 과학 및 기술 컨퍼런스를 위한 적합한 행사 장소를 찾는 과정에 있는 것으로 알고 있습니다. 이는 지난 2년 동안 제 책임이었기 때문에, **191** 몇몇 조언을 제공해 드리고 싶었습니다. 우리는 올해 그 어느 때보다 관심이 더 높을 것으로 예상하고 있기 때문에, **192** 반드시 대규모 관중을 수용하기에 충분히 넓은 장소를 선택하시기 바랍니다. 또한, 가능하면 버스 터미널 및 기차역과 가까운 장소를 찾도록 해보세요. 대부분의 참석자들이 이와 같은 유형의 교통 수단을 이용할 것입니다.

올해, 저는 이 행사의 연설자들을 예약하는 일을 맡고 있습니다. 저는 올해 **194** 살라자르 제약 회사의 연구 개발부장님을 우리의 기조 연설자로 확보해 두었다는 사실을 알려 드리게 되어 매우 기쁩니다! 저는 또한 행사 마지막 날에 몇몇 시연회를 제공하도록 플리머스 바이오테크의 몇몇 연구원들도 설득해 두었습니다. 저는 모든 참석자들이 제가 준비하고 있는 일정을 즐기게 될 것이라고 생각합니다.

어떤 질문이든 있으시면, 주저하지 마시고 연락 주세요.

안녕히 계세요.

애나 두샘프

currently 현재 in the process of ~하는 과정에 있는 suitable 적합한 venue 행사 장소 annual 연례적인, 연간의 host ~을 주최하다 responsibility 책임, 책무 offer ~을 제공하다 expect A to do: A가 ~할 것으로 예상하다 interest 관심 than ever 그 어느 때보다 make sure (that) 반드시 ~하도록 하다 choose ~을 선택하다 spacious 넓은 enough to do ~하기에 충분히 accommodate ~을 수용하다 crowd 사람들, 군중 try to do ~하려 노력하다 if possible 가능하다면 attendee 참석자 mode 유형, 방식 transport

교통 수단 in charge of ~을 맡고 있는, 책임지고 있는 book ~을 예약하다 announce that ~임을 알리다 secure ~을 확보하다 keynote speaker 기조 연설자 persuade A to do: ~하도록 A를 설득하다 give a demonstration 시연하다 attendee 참석자 put together ~을 준비하다 hesitate to do ~하기를 주저하다 get in touch 연락하다

스트릭랜드 컨벤션 센터
버밍엄

저희 스트릭랜드 컨벤션 센터는 거의 30년 동안 아주 다양한 기업 및 오락 행사를 주최해 왔습니다.

왜 스트릭랜드 컨벤션 센터가 영국 북부에서 손꼽히는 행사 장소로 여겨지고 있는지 여기 몇 가지 이유가 있습니다…

* 저희는 브라이어 국제 공항에서 불과 12마일 밖에 되지 않는 편리한 곳에 위치해 있습니다.
* **192** 저희 본관 행사 홀은 15,000명의 사람들을 앉힐 수 있도록 확장되었으며, 이로 인해 전국의 동종 업계에서 가장 큰 행사 장소가 되었습니다.
* 저희 최신 음향 및 조명 시스템은 모든 콘서트 및 기타 라이브 공연을 잊지 못할 경험이 되도록 보장해 드립니다.
* 저희는 친근한 분위기의 중립적인 공간을 제공해 드리는 것에 대한 자부심을 갖고 있으며, 그로 인해 **193** 정치적인 단체와 관련된 행사는 주최하지 않습니다.

저희 스트릭랜드 컨벤션 센터에서 행사를 주최하기를 원하실 경우, bookings@scc.com으로 저희에게 이메일을 보내 주시기 바랍니다.

a diverse range of 아주 다양한 corporate 기업의 decade 10년 consider A B: A를 B로 여기다 leading 손꼽히는, 선도적인 be conveniently located 편리하게 위치해 있다 enlarge ~을 확장하다 seat ~을 앉히다 make A B: A를 B로 만들다 state-of-the-art 최신의 ensure that ~임을 보장하다 performance 공연 unforgettable 잊지 못할 pride oneself on ~에 대해 자부심을 갖다 provide ~을 제공하다 welcoming 친근한 neutral 중립적인 as such 그로 인해, 따라서 related to ~와 관련된 political 정치의 organization 단체, 기관 would like to do ~하고자 하다, ~하고 싶다

레베카 포더링엄 교수님께 전하는 메모

11월 13일

포더링엄 교수님께,

버밍엄까지 오시는 기차 여행이 순조로웠기를 바랍니다. **195** 저희는 사교 모임을 위해 저희 본사로 교수님을 맞이하게 되어 기쁩니다. 컨퍼런스 룸에서 편히 계시기 바라며, 경영팀에서 곧 교수님과 함께 할 것입니다. **194** 저희는 모두 커퍼런스 개최 첫 날인 내일 교수님의 기조 연설을 듣는 것에 대해 대단히 고대하고 있습니다.

마음껏 다과를 즐기시기 바라며, 저희는 경영 회의 후에 교수님과 함께 자리하도록 하겠습니다.

안녕히 계십시오.

태리 풀

---

ride (교통편 등) 타기, 타고 가기 go smoothly 순조롭게 이뤄지다, 진행되다 be delighted to do ~해서 기쁘다 headquarters 본사 social gathering 사교 모임 make yourself comfortable 편하게 계십시오 join ~와 함께 하다 shortly 곧, 머지 않아 look forward to -ing ~하기를 고대하다 help yourself to ~을 마음껏 드세요 refreshments 다과, 간식

191 주제 찾기 유형

해석 이메일의 목적은 무엇인가?
(A) 도움을 요청하는 것
(B) 초대장을 보내는 것
(C) 의견을 제공하는 것
(D) 일정을 변경하는 것

해설 이메일인 첫 지문 시작 부분에, 상대방이 행사 장소를 찾는 과정에 있음을 밝히면서 몇몇 조언을 제공해 주고 싶었다고(~ I wanted to offer some advice) 말한 후에 그 내용을 구체적으로 언급하고 있다. 이는 의견을 제공해 주는 일에 해당되므로 (C)가 정답이다.

어휘 request ~을 요청하다 assistance 도움 extend an invitation 초대장을 보내다 suggestion 의견, 제안

Paraphrase
offer some advice ➜ provide suggestions

192 사실 관계 확인 유형, 이중지문 대조 유형

해석 무엇 때문에 스트릭랜드 컨벤션 센터가 행사에 적합한

개최 장소인가?

(A) 좌석 수용 능력
(B) 공항과의 근접성
(C) 조명 시스템
(D) 입장 요금

해설 첫 지문의 첫 단락에 반드시 대규모 인원을 수용하기에 충분히 넓은 장소를 선택하라는(~ make sure you choose a place that is spacious enough to accommodate a large crowd) 조언이 쓰여 있다. 두 번째 지문 중반부에 스트릭랜드 컨벤션 센터의 본관 행사 홀이 15,000명의 인원을 수용할 수 있다는(Our main event hall has been enlarged to seat 15,000 people ~) 정보가 제시되어 있어 좌석 수용 능력이 적합한 개최 장소일 수 있는 이유로 볼 수 있으므로 (A)가 정답이다.

어휘 suitable 적합한 capacity 수용 능력, 용량 proximity 근접(성) admission 입장(료), 입장 허가 fee 요금, 수수료

193 사실 관계 확인 유형, 추론과 암시 유형

해석 광고의 정보에 따르면, 스트릭랜드 컨벤션 센터는 어떤 종류의 행사를 개최할 것 같지 않은가?
(A) 자선 모금 행사
(B) 전문 컨퍼런스
(C) 정치 토론
(D) 음악 공연

해설 스트릭랜드 컨벤션 센터 관련 정보가 제시된 두 번째 지문 하단에, 정치적인 단체와 관련된 행사는 주최하지 않는다는(~ we do not host events related to political organizations) 말이 쓰여 있으므로 (C)가 정답이다.

어휘 based on ~에 따르면, ~을 바탕으로 be unlikely to do ~할 가능성이 없다 charity 자선 (단체) fundraiser 모금 행사 professional 전문적인 debate 토론(회)

194 추론과 암시 유형, 이중지문 대조 유형

해석 포더링엄 교수는 어디에서 일할 것 같은가?
(A) 마컴 바이오사이언스
(B) 살라자르 제약 회사
(C) 스트릭랜드 컨벤션 센터
(D) 플리머스 바이오테크

해설 포더링엄 교수에게 보내는 메모인 세 번째 지문 하단에, 포더링엄 교수의 기조 연설을 고대하고 있다는(We are all very much looking forward to hearing your keynote speech ~) 말이 쓰여 있다. 그리고 첫 지문의 두 번째 단락에 있는 살라자르 제약 회사의 연구 개발 부장님을 기조 연설자로 확보했다는(~ I have secured

the Head of Research & Development from Salazar Pharmaceuticals to be our keynote speaker) 말을 통해 포더링엄 교수가 살라자르 제약 회사에 소속된 사람임을 알 수 있으므로 (B)가 정답이다.

195 추론과 암시 유형, 이중지문 대조 유형

해석 포더링엄 교수는 언제 메모를 받았을 것 같은가?
(A) 컨벤션 센터에 들어갔을 때
(B) 연설하는 일을 끝마쳤을 때
(C) 기차역에서 떠나고 있을 때
(D) 마컴 바이오사이언스에 도착했을 때

해설 테리 씨에게 보내는 이메일인 첫 지문 시작 부분에 두샘프 씨는 자사에서 11월 14일과 15일에 주최하는 마컴 바이오사이언스 연례 과학 및 기술 컨퍼런스를(~ Markham Biosciences annual Science & Technology Conference we are hosting ~) 언급하는 것으로 소속 회사를 밝히고 있다. 또한, 마지막 지문에 포더링엄 교수님을 본사로 맞이하게 되어 기쁘다는 말과 함께 경영팀에서 곧 교수님과 함께 할 것이라고(We are delighted to welcome you to our headquarters ~. ~ the management team will join you shortly) 알리고 있어 마컴 바이오사이언스에 막 도착한 시점에 메모를 받은 것으로 판단할 수 있으므로 (D)가 정답이다.

어휘 receive ~을 받다 give a speech 연설하다 leave ~에서 떠나다, 나가다 arrive 도착하다

196-200 다음 웹 사이트와 두 이메일을 참조하시오.

http://www.palmerlandscaping.com/			
회사 소개	**패키지**	서비스 예약	연락처

가장 적합한 조경 서비스 패키지를 선택하신 다음, "서비스 예약" 탭을 클릭하십시오. 각 조경 서비스 패키지에는 선택적인 비료 살포 후 관리 계획(FCP)이 딸려 있습니다. 기재된 FCP 일정은 12월 31일까지 유효하며, 저희가 내년에 변경할 수도 있습니다.

브론즈(주간 서비스): 잔디 깎기, 울타리 손질, 그리고 화단 유지 관리. **196** FCP 일정: 일년에 한 번 잔디 비료 주기.

실버(주간 서비스): 브론즈 패키지의 모든 특징에 더해 집중적인 제초 작업과 전문적인 원예 조언 포함. **196** FCP 일정: 일년에 두 번 잔디 비료 주기.

골드(주간 서비스): 실버 패키지의 모든 특징에 더해 해충 방제와 세부적인 식물 가지치기 포함. **196** FCP 일정: 3개월마다 한 번 잔디 비료 주기.

198 다이아몬드(주간 서비스): 골드 패키지의 모든 특징에 더해 토양 폐하 지수 관찰 및 연례 관개 작업 상담. **196** **198** FCP 일정: 1개월마다 한 번 잔디 비료 주기.

을 다시 요청할 것이라는(~ we will require access to the yard again on September 8 ~) 말과 함께 두 번째 단락에 옥타그린으로 변경하려면 조경 회사가 해당 부지를 방문할 때 100달러의 고정 요금을 지불하도록 요청한다고(Should you be interested in this, we ask that you pay a flat fee of $100 when we visit the premises this month) 되어 있다. 그리고 마지막 지문의 두 번째 단락에, 라파포트 씨는 옥타그린이 자신에게 알맞은 선택(it certainly sounds like the right choice for me)이라고 말하면서 추가 비용을 지불할 의향이 있음을(I don't mind paying a little extra for quality goods) 밝히고 있다. 따라서 작업 시행 업체인 파머 조경 회사가 9월 8일에 라파포트 씨로부터 옥타그린에 대한 비용을 받을 것으로 판단할 수 있으므로 (B)가 정답이다.

어휘   be unable to do ~할 수 없다 comply with ~을 준수하다 receive ~을 받다 primarily 주로 corporate 기업의 subsidiary company 자회사

히트브랜드 토익·토스·오픽·인강 1위
시원스쿨LAB 교재 라인업
*2020-2022 3년 연속 히트브랜드대상 1위 토익·토스·오픽·인강

시원스쿨 토익 교재 시리즈

	왕초보 입문	650+ 기본	750+ 중급	850+ 정규	950+ 실전
기본서 보카 실전모의고사	시원스쿨 처음토익 / 시원스쿨 처음토익 기출 VOCA	시원스쿨 처음토익 700+	시원스쿨 토익 750+	시원스쿨 처음토익 850+ / 시원스쿨 토익 실전 모의고사	시원스쿨 토익 실전 1500제 LC / RC
전략서	시원스쿨 구문 독해 / 시원스쿨 처음토익 기초영문법 / 시원스쿨 처음토익 PART 7	승무원 토익 700+	기출 문법 공식 119 / Part 7 필수 전략서 / 토익 기본서 압축노트 RC+LC		시원스쿨 토익학습지 기본편 / 시원스쿨 토익학습지 실전편

시원스쿨 토익스피킹, 듀오링고, 오픽, SPA 교재 시리즈

10가지 문법으로 시작하는 토익스피킹 기초영문법 / 28시간에 끝내는 토익스피킹 START / 5일 만에 끝내는 토익스피킹 / 15개 템플릿으로 끝내는 토익스피킹 / 시원스쿨 토익스피킹 IM – AL / 시원스쿨 토익스피킹 실전 모의고사 10제 / 시원스쿨 토익스피킹 학습지 / Duolingo English Test 개정판 / Duolingo English Test 실전모의고사 / Duolingo English Test 영문판 / Duolingo English Test 기출 보카

시원스쿨 빅오픽 START / 시원스쿨 빅오픽 IM-IH / 시원스쿨 오픽 IM-AL / 시원스쿨 오픽 실전 모의고사 / 멀티캠퍼스X시원스쿨 오픽 진짜학습지 IM 실전 / 멀티캠퍼스X시원스쿨 오픽 진짜학습지 IH 실전 / 멀티캠퍼스X시원스쿨 오픽 진짜학습지 AL 실전 / 시원스쿨 오픽학습지 실전전략편 IH-AL / OPIc All in one PACKAGE iM-AL / 시원스쿨 SPA / 시원스쿨 SPA 실전 모의고사

시원스쿨 아이엘츠 교재 시리즈

빅아이엘츠 Speaking START / 빅아이엘츠 Writing START / 빅아이엘츠 Listening START / 빅아이엘츠 Reading START / 아이엘츠 MASTER / 아이엘츠 기출 VOCA

시원스쿨 토플 교재 시리즈

시원스쿨 TOEFL Basic / 시원스쿨 TOEFL Intermediate / 시원스쿨 TOEFL Actual Tests / 시원스쿨 TOEFL 기출 VOCA / 시원스쿨 TOEFL Speaking / 시원스쿨 TOEFL Writing / 시원스쿨 TOEFL Listening / 시원스쿨 TOEFL Reading

시원스쿨 지텔프 교재 시리즈

지텔프 기출문제집 공식 기출 7회분 / 지텔프 기출문법 / 지텔프 기출VOCA / 지텔프 기출독해 / 지텔프 기출청취 / 시원스쿨 지텔프 최신 기출 유형 문법 모의고사 / 시원스쿨 지텔프 32-50 / 시원스쿨 지텔프 65+

시원스쿨 텝스 교재 시리즈

시원스쿨 텝스 Basic / 시원스쿨 텝스 청해 / 시원스쿨 텝스 어휘·문법 / 시원스쿨 텝스 독해 / 뉴텝스 서울대 공식 기출문제집